蓝色基因 百年智慧

IBM

1984年，IBM香港的培训办公室

1987年，IBM中国开年大会

IBM China 1987 Kick-off Meeting—Beijing, China

1994年，作者代表IBM中国华南分公司与中国银行汕头分行签约

1994年，IBM华南分公司一周年纪念

2005年，在香港举办的IBM创新论坛

2006年，在北京举办的IBM全球科技服务部的10年盛典

2007年，大中华区全球科技服务部核心员工合影

2007年，作者代表IBM中国出席“首席信息官（CIO）论坛”

蓝色基因 百年智慧 IBM

作者与IBM

2004年，作者与彭明盛和东亚银行总经理陈其昌交流

IBM

蓝色基因 百年智慧

IBM大中华区副总裁解读企业长青密码

张烈生　王小燕　著

中国華僑出版社

图书在版编目（CIP）数据

IBM：蓝色基因 百年智慧 / 张烈生，王小燕著.
—北京：中国华侨出版社，2011.11
ISBN 978-7-5113-1846-6

Ⅰ.①I… Ⅱ.①张… ②王… Ⅲ.①
IBM公司—工业企业管理—经验 Ⅳ.①F471.266

中国版本图书馆CIP数据核字（2011）第221366号

IBM：蓝色基因 百年智慧

著　　者：张烈生　王小燕
出 版 人：方　鸣
责任编辑：文　珏
封面设计：门乃婷
经　　销：新华书店
开　　本：760mm × 1050mm　1/16　印张：22.5　字数：380千字　彩插：10幅
印　　刷：北京嘉业印刷厂
版　　次：2011年11月第1版　2011年11月第1次印刷
书　　号：978-7-5113-1846-6
定　　价：45.00元

中国华侨出版社　北京市朝阳区静安里26号通成达大厦三层　邮编：100028
法律顾问：陈鹰律师事务所
发行部：（010）82069015　82069000
网　址：www.oveaschin.com
E-mail：oveachin@sina.com

目录

CONTENTS

IBM，诞生于1911年，经历过两次世界大战、两次全球性金融和经济衰退，还出现过两次自身经营的问题。它发明过引领行业的新产品和新技术，也遭遇无数次技术革新带来的竞争。它曾经是美国最成功、最赚钱的企业，也曾经差点因骄傲和官僚主义分崩离析。它上市达95年，上市当年100股股票不到3000美元，如果不卖掉，今天值1.76亿（对！是亿，没错！）美元。

他雄心壮志，40岁白手起家。他在IBM成立伊始就建立竞争优势和做大做强（Think Big）的目标。他的个人信念铸就了IBM的企业基因。他的性格和能力使他几乎变成独裁者。但是创业者心态也使他成功地把职业经理人（CEO）的角色提升到当代新的高度。他穷极42年的精力为IBM打造“超长而优质”的创业期。他就是外来的IBM“创始人”老沃森。

第二章　IT巨擘的爆发与挑战

在小沃森的带领下，IBM迎来第一次爆发。他不但开创了现代计算机时代，引领行业的技术发展，并且强化了企业的管理能力和治理架构，引领IBM进入现代管理的殿堂；同时也在任内完成了IBM从“家族经营”到职业经理人“当家”的过渡。但是，IBM在屡创高峰的同时，“大企业病”悄然来袭，内外带来的挑战，差点将IBM毁于一旦。

第三章　管理大师的再造与复兴

IBM经历了凤凰涅槃般的痛苦煎熬和转型后，终于迈向了成熟期。“空降兵”CEO郭士纳为它成功止血，并开启了IT行业中最为经典的硬件向软件和服务业务转型的案例，让IBM变身成为真正全方位的企业解决方案提供者。沉淀和累积了近百年的核心能力，也在这次严峻的考验中，得到了第二次提升。

第二部分　西方大象起舞中国

第四章　试水中国

虽然IBM正值鼎盛时机，而中国则长期被“妖魔化”，但这家公司不乏有识之士，在20世纪70年代就已经看到了中国市场蕴藏着的机会，并且取得美好的开局。在国际化和全球化的进程中，IBM始终走在前沿，对中国市场的重视与投入，一直都是西方企业中的佼佼者。

第五章　踉跄起程

在尝到一点甜头之后，IBM给了所有跨国企业一个反面教材。在没有充分考虑到文化、制度的差异和政治、经济环境不稳定的情况下，IBM急于求成，大举投入中国市场。但当遇到磨合困难，又想撤手而去，并差点以“夭折”告终。

第六章　重装上阵

IBM交了10年的“学费”，才真正了解了中国政府和客户的需求。总部在困局中，却给予IBM中国团队最大的支持，开始实践在中国发展的承诺。1992年，IBM中国成为IT行业中第一个美资独资企业，开始了IBM在中国的“深耕期”。这段时期的IBM中国是转型的范例，也是一个活生生的跨国企业海外拓展的蓝本。

第七章　长袖善舞

IBM中国仅用了30年时间，就追上了IBM全球的发展水平，成为全球五大市场之一。成熟的代价，意味着IBM中国从此活在聚光灯下，策略的天平则从“特殊化”向“标准化”倾斜。按照总部策略，IBM中国放弃了极为成功的PC业务，继续加强服务和软件的转型。同时，在IBM的全球化策略中，IBM中国开始扮演着更多元化的角色。

第三部分　横跨百年的核心能力

第八章　基业长青源于基因

在IBM的“基因”中，对IBM影响最大的是它的价值观、文化和人才理念。这些基因经过百年考验得以固化，而且，这三个“基因”所体现出来的IBM企业相关行为，恰恰影响并指导着对它最重要的资产——人。

第九章　领跑世界赢在策略

百年间，为什么IBM屡屡在战场上得胜，又总能提出“电子商务”、“随需应变”、“智慧地球”这些引领世界方向的战略？答案是IBM具有超强的策略能力：市场思想领导力、创新力和业务模式设计能力。这三个元素相辅相成，赋予IBM策略克敌制胜的关键能力，帮助IBM走向高峰。IBM又潜心积累，把作策略的方法系统化，使之成为可重复的核心能力，跨越时空。

第十章　百年老店成就执行

执行就是把策略和业务模式中定下来要做的事情按计划的时间、速度和准确度去完成，而且能够周而复始。因此，显然执行的核心是员工，企业的执行力实际上需要系统化或流程化的相辅相成，而不仅仅基于员工的集体或个人能力。员工的领导力和技能固然重要，组织和流程的有效性也影响着执行的成败。在“人”和“事”的高度结合下，IBM的执行能力严谨如一台超级机器，几乎是滴水不漏。

前　言

当我的朋友知道我要写一部关于IBM的书时，他们大部分都投以惊奇的目光。然后他们会带着善意，不约而同地问这些问题："IBM很多人写过了，你还想写什么？""你都离开了，为什么还要写IBM？""你凭什么资历写IBM？"重复程度几乎百分之百。最有趣的问题是："你的书跟那本×××一样吗？"那位朋友所提到的是一本颇为流行的以IT行业为背景的职场小说。我跟朋友说，我不会写小说。如果人家期望这是一本以IBM为背景多姿多彩的IT小说的话，他们读完这一段就可以把书放下了。

的确，这不是一本情节起伏跌宕的小说，也没有太多文学价值。我很难把这本书归类，只知道它不是一本纯正的历史书，因为它没有足够严谨而准确的历史考证，却更像一本我和我的在IBM工作的朋友们的集体记忆。它也不是一本纯正的管理书，因为它没有管理大师的理论，却像一本我从IBM看到的大师级管理的总结。它更不是一本自传，因为这没什么价值，但读者特别是那些关注IBM的企业家和IT同业，可以通过我的经历，去了解它在中国30多年发展的起伏。

不管它属于什么类型，这是一部我对IBM百年和IBM在中国30余年历史的回顾，还有对IBM能够成为百年老店核心能力的分享。它是一部我在IBM的8 000个日子里看到的关于IBM的传奇故事。

本书分成三大部分。第一部分是关于IBM整个100年历史的回顾。这方面的题材，已经有很多重量级的作者包括IBM的几任CEO都书写过，不同的是很少有一本书从头到尾把IBM的100年共冶一炉。我希望通过这一部分，为读者呈现一个起码从时间上完整的IBM；也通过我对IBM的理解，分享这100年中IBM如何在带领行业发展的同时，完善自己的核心能力。改革开放30多年，造就了一批极为成功的中国企业。当这些正步入壮年的企业开始思考如何做到企业长青的时候，也许IBM100年的经验可以提供一些参考。

本书的第二部分，我得益于互联网上大量IBM中国的历史事件信息，和30多位IBM人的分享，再加上我个人22年亲历的经验去亲述IBM中国的经历。通过这些故事，我为IBM全球百年发展提供一个近距离的落地实例，特别是最近十多年的IBM转型过程。

和任何尝试拓展海外的中国企业一样，IBM在中国发展的道路并不平坦。历史、文化和社会制度的差异，及其他因素也曾经差点埋葬了IBM中国。但最终IBM的基因和管理能力克服了企业自大的心理和文化的差异，适当的策略和执行赢得了市场的认同。IBM中国的故事为我们塑造一个外国企业在中国落地生根的良好范例。正当众多的中国企业在取得国内的成功后迈向全球化的路途上，也许IBM中国的经历，可以为他们在扬帆出海的旅程上带来一些借鉴。

当然，每一家企业走的路不会一样，在一个成熟国家和一个新兴市场发展也需要截然不同的策略。但无论如何，认识国与国的差异而且接受它们是必然的共通之处；而坚持哪些基本信念和在什么策略上变通则是考验中国企业家智慧的根本。

本书的第三部分，是对IBM100年累积下来的核心能力作一个总结。这里没有管理学的模型和根据，我的观察分析都是在IBM这所“管理大学”8 000天里学到的和经历的，中间没有一点“原创”的东西。近十多年，IBM的执行能力严谨如一台超级机器，几乎是滴水不漏。但放眼过去更长的时间，IBM在不同阶段所作的策略决定，也大多能引领行业。而纵观100年，让IBM的策略和执行能力能够代代相传的则是来自于老沃森赋予IBM的基因能力。我试图从基因、策略和执行能力三方面总结IBM如何能够在百年中驾驭环境和技术的改变，在成长时乘胜追击，在危难中重整旗鼓，并在新的世纪重新焕发青春的活力。

当前几乎全球所有的企业都在热烈讨论“可持续的发展”，谈论的大多是对世界外部环境的影响和能源消耗等问题。**但其实“可持续的发展”对企业来说，根本的问题是它们自身是否具备活到100岁的能力，而不是它们每年的碳排放量或者是做了多少公益的事情**。我想企业如果对自身如何能“延年益寿”的核心能力不了解也没有花上大力气的话，那一切关于“可持续发展”的想法和做法也只是隔靴搔痒而已。

一直以来，很多中国IT行业的朋友和合作伙伴对IBM十分有兴趣，特别是它的管理之道。虽然有很多著作和教科书案例已对IBM有深入分析，但很少有从一个员工（除了IBM的CEO老、小沃森和郭士纳）视角去看IBM的能力和在中国的发展。2010年夏天，一位媒体的朋友鼓励我把我所认识的IBM写下来，我曾考虑过要写什么和怎样写，在掂量了可能性后，我放弃了。

我真正的力量来自于几位早期IBM中国和经历过20世纪80年代辉煌和90年代变革的IBM人。他们有些还在IBM，有些已经退休或在领导其他企业，无论他们在做什么，他们都不约而同地感谢IBM对他们的培养。无论他们是什么原因离开的，他们都会在别人批评IBM的时候挺身而出。无论他们曾经埋怨IBM如何官僚，如何不灵活，他们同时也在新的公司中借鉴IBM的方法。在和他们的交流中，我开始觉得这件事情变得有意义，因为它已变成一个有意思的集体记忆。我想，70年后，当IBM中国也成为百年老店时，人们应该有兴趣知道100年前IBM中国从无到有的成长过程。而那些曾经帮助过IBM中国的人，也不应该被遗忘。

另一个巧合发生在去年年底，我刚好离开一份工作。于是，我决定把这部书的撰写作为我今年的全职工作。

对于一个花了半辈子在外企工作写英文电邮的人来说，我从来没有想到写一本中文书是如此的困难，时有提笔忘字，慨叹写作比管理业务挑战更大。我非常幸运地得到一些好朋友的帮助。王小燕小姐是我在IBM全球服务部时负责媒体的同事，她把我的片段故事和观点整理得更合理，又对我拙劣的文字加以润饰，使读者不至于边看边骂。而且由于她曾在IBM中国工作，对很多IBM的历史和我的观点都有所了解，大大减轻了沟通的负担。还有金银岛科技的刘保华先生和中国计算机报社的陈翔和许继楠女士，他们作为我的好朋友，也在百忙之中提出宝贵意见。

在这里我要感谢的是历代的IBM人不吝的分享，让我有机会书写IBM这一位“管理大师”的故事，特别是顾森坡先生、奥田先生、方展骥先生、余伟强先生、史济良先生、柯维柏先生、朱道凯女士、蔡豪仁先生、冯兴源先生、施智仁先生、任培善先生、卢矿先生、杨晓明先生、戴洁贞女士、吴岸先生、宋家瑜先生、徐辉先生和郭希文女士等（以服务IBM中国先后为序）。他们虽然已退休或已离开，但都愿意把他们在IBM中国的经历奉献出来。还有更多仍在IBM中国工作的朋友，也是慷慨地交流，只是为了避免引起不必要的问题，在这里我把他们的名字稍作保留，希望他们不会介意。我还要特别感谢中国工商银行的信息科技部前总经理单怀光先生，对书中关于工商银行故事的指正。总之，这本书关于IBM中国的部分是属于所有曾经付出努力和智慧的人，希望我不至于词不达意。

最后，我谨以这本书献给IBM，祝贺它成功跨越100年的里程。

张烈生

2011年10月

引 子

2004年12月8日，北京。正是寒风凛冽的时节，五洲大酒店的大宴会厅里面却是热浪袭人——人们内心的兴奋，似乎连带空气的温度也升高了。在这里，联想集团正在召开规模盛大的新闻发布会，宣布以价值12.5亿美元的现金和股票，收购IBM的PC（个人电脑）业务。当时联想是中国PC的老大，年收入30亿美元左右，约占全球市场份额2.2%；而IBM的PC部门曾经是PC全球老大，其PC业务年收入约100亿美元，约占全球市场份额6%。“新联想的国际化梦想”“联想离PC老大有多远”……这个被许多媒体报道比喻为“蛇吞象”的收购，成为中国民族企业迈向国际舞台的经典象征。

但在IBM这一方，这个消息带来的却不都是兴奋，特别是那些根据收购协议要无条件转至联想IBM PC部门的员工。有一对都在IBM中国工作的夫妻，先生由于职务关系提前得知了收购的消息，但是因与公司签了保密协议，不能告诉在PC部门工作的太太；蒙在鼓里的太太在消息公布之后，两个星期没与自己的先生说话。当时的PC部门大中华区总经理，一位“巾帼不让须眉”的女性，后来自述是在哭过之后才能够面对这个事实。而那些美籍员工，对于加入一家中国公司的不确定性感到更加不安，他们调侃道“我们以后的养老金也要改发人民币了”。而留在IBM的员工，也无法避开这个消息的影响，我的一位同事的外国朋友就曾经隔空问话：“你们IBM是不是成了一家中国公司了？”

的确，在很多年里，对于非IT行业的人而言，IBM就是“做PC的那间公司”，就是那通体方正黝黑、键盘上一个小红点鼠标、最能代表商务人士气质的ThinkPad笔记本计算机。而今，IBM把自己的“象征”给卖了，这家公司还剩下什么？

6年之后，2011年2月，美国。在一个流行20多年广受欢迎的智力问答电视竞赛节目《危险边缘》（Jeopardy）中，非常罕见地同时出现两位历来最成功的参赛者。他们之中，一位是保持着连赢纪录最多次的擂主，他叫肯·詹宁斯（Ken Jennings），曾经连续赢得74场比赛和250万美元的奖金；另一位布拉德·鲁特（Brad Rutter），则是该节目历来的奖金王，共赢得325万美元的奖金。他们的出现，是为了要和一位第一次参加《危险边缘》节目的菜鸟比赛，胜利者将会获得100万美元的奖金。这只劳烦二位高手出马的菜鸟，不是人，不是生物，但拥有大量的记忆和知识。它“熟读”多部百科全书；它也“浏览”了互联网上各类新旧资讯；它被教授如何去“听”和“理解”人类语言的问题，然后以最快速度找到可能的答案，并按照可能性来决定“信心”的高低，以“信心”来决定按铃抢答的速度。它甚至会“听”懂我们的俗语和含有多种意义的词语。它是一群顶尖的人工智能和自然语言问答系统及计算机科学家所创造的“半成品”。人们很想知道它是否能够在比赛中打败人类。更准确地说，人们很想知道它是否真的能“听”懂人类的语言，“理解”问题，然后像人类一般被“信心”影响反应。它的名字叫“沃森”（Watson），它来自IBM，那家曾经的“PC公司”。

经过3天的两场比赛，“沃森”以大比分赢得比赛。一时间，全世界媒体都在惊呼，曾经在科幻片《星际迷航》中出现过的会说话的计算机和科幻片《2010太空漫游》中名为HAL（H、A、L三个字母在英语字母表中的下一个字母分别是I、B、M）的拥有人类的思想和情感的计算机的场景，似乎变得不再那么遥不可及了。

而它的缔造者IBM，这一年正在庆祝自己的100岁生日。在壮士断腕般地舍弃了象征品牌但难以盈利的PC业务后，IBM更加集中精力去追求为社会、政府和企业提供更高价值的业务。专家预测，在2010到2015年间，甚至可能只要两年时间，人们在零售、医疗、交通、服务等领域将有机会享受到“沃森”背后的神奇科技。

人们可能会好奇地问，作为一个100岁的IT老企业，在21世纪的网络IT世界中，还会有IBM什么事吗？的确，人们总在讨论着苹果（Apple）最新的手机和平板电脑的酷；在互联网上用“谷歌”（Google）或“百度”搜索想要获得的资讯；又或者通过“脸谱”（Facebook）、微博或“推特”（Twitter）维系自己的“社会网络”。很多人以为，在技术不断更新的IT行业中，一个100岁的“老头”会显得格格不入，这应该是一个永远属于“年轻”一代的行业。

但是，正是这家已步入百岁的“老”公司，却一次次地证明引领世界与“年龄”无关，它依然在各个年代和那些“年轻”公司比肩为改变人类的生活而努力。

IBM虽然不是计算机的发明者，但通过S/360（系统360计划，详见本书第三章）开创了计算机模块化、通用化、标准化、系列化和兼容化的基本产品模式，并通过各种相关技术的发明或者推动，让信息化走进政府、企业和社会各阶层。是它发明的磁盘存储（现代硬盘的鼻祖）和软盘，让各种数据从此可以被大量保留并可以快速搜索。也是它发明的第一种计算机高级程序语言FORTRAN，推动了其他程序语言（如Cobol、Basic、C++和Java等）的开发，才有后来的Windows、Unix和无数互联网应用，以及像ERP这样的企业管理应用软件出现的可能。它还发明了关系型数据库的程序语言，让使用者可以用普通逻辑思维在计算机上组织和搜索数据。同样地，个人计算机虽然也不是IBM的发明，却因为它强大的市场影响力成为标准，带领计算机走进寻常人家庭。

大胆地说，IBM把计算机开创成为一个真正的行业，也造就了软件行业的出现和现代IT行业多元化（还有存储、打印和计算机服务等行业）。很难想象，没有IBM的贡献，互联网时代还会来得如此之快。而在影响行业的同时，更多人不知道的是，IBM设计的芯片甚至“垄断”了索尼PS3、微软XBOX360和任天堂Wii这些现在主流游戏机的运算核心。

100年间，IBM的许多竞争对手，像王安电脑公司、美国数字设备公司（Digital Equipment Corporation，简称DEC）、康柏电脑、太阳微系统公司（SUN）等，虽然曾经都红极一时，如今却已成明日黄花，而IBM的市值却依然保持在行业的前三名；同时，它也催生了像比尔·盖茨和拉里·埃里森（世界上最大数据库软件公司的老板）这些巨富以及微软、甲骨文、英特尔（Intel）等众多IT公司和互联网公司的崛起。更重要的是，IBM从没放弃通过创新解决人类的问题，让“电脑”更好地辅助“人脑”，不动声色地影响着我们几代人的生活。

今天，能思考、会分析的“沃森”就是IBM以最尖端的技术研制的超级计算机。IBM希望利用这些最新能力，帮助人类解决社会上更具挑战的问题：如今交通拥堵已经蔓延到全球许多大中城市，而IBM帮助新加坡陆路交通管理局建设了一套智能的交通系统，不仅可以反映实时路况，而且可以预测未来10~60分钟的交通状况，准确率高达

90%。看病难、看病贵是另一个世界性难题，而IBM正在利用科技进行医疗数据的联通和分析，以节省患者的时间、费用和提高诊断准确率。事实上，IBM正在致力于打造一个“智慧的地球”。

2008年年底，当IBM刚刚提出“智慧的地球”这个概念时，曾经有人笑评IBM是要“把世界管起来”。然而，在了解了这家公司在过去百年和现在所做的事情后，你不得不承认，以科技改变世界的宏大理想，一般的企业还真不是可以轻易做到。

这就是100岁的IBM。它还在继续追求创新，还在不断专注地为人类解决问题。这是你认识的IBM吗？

序　章　蓝色巨人的不老传说

IBM，诞生于1911年，经历过两次世界大战，两次全球性金融和经济衰退，还出现过两次自身经营的问题。它发明过引领行业的新产品和技术，也遭遇无数次技术革新带来的竞争。它曾经是美国最成功最赚钱的企业，也差点因骄傲和官僚分崩离析。它上市达95年，上市当年100股股票不到3000美元，如果不卖掉，今天值1.76亿（对！是亿，没错！）美元。

百年IBM百炼成钢

百年老店似乎并不是一件新鲜的事情。全球各国都有很多超过100年的机构，有些是营利的，有些是非营利的；有些是政府支持的，有些是私人的；有些是上市企业，有些仍然保持独资或合伙经营。同样百年历史的机构在中国也有不少，像我们熟悉的同仁堂、全聚德等。他们的故事我们很多已经耳熟能详。“没什么有趣的”，有年轻人这样说。

但凡是做过企业的人，无不希望自己的企业健康长寿。也许他们并不真正了解这是多么困难的事，因为创始人从来看不到100年那么长。要知道，要成就一时，努力加上幸运和适当的时机或许能够达到，所谓“时势造英雄”指的就是这一点。可是，**要做到不是昙花一现，进而富过三代乃至成为百年老店，这中间要经历多少次“时势造英雄”，要面对几次技术的兴替，还要打败多少个竞争对手，才能修成正果**！只要有一次闪失，企业就可能如大江东去，一去不复还。所以说，无论企业是怎样的性质，能够生存100年或更长时间，每家机构肯定都有它的独到之处。

在众多的百年老店中，有一类机构，不但要面对上一世纪全球跌宕起伏的环境和挑战，而且要恪守着严格监管的要求和对投资者的责任。面对更多的约束和责任，这些公开上市的企业要做到基业长青难度也就更大了。有趣的是，西方公司的企业化发生在19世纪后期，然后经历20世纪的完善和验证；而中国的企业改革和证券市场的出现却是发生在20世纪后期，然后步入21世纪。两者相差大约100年。虽说相隔100年，也许差异性太大而无法比较，但个别西方企业所经历的发展过程，与改革开放后许多中国企业所面临的环境和机遇颇有相似之处。因而，了解它们的成长经历，对中国本土企业成为下一世纪的百年老店，或许会有所帮助。

今年刚好100岁的IBM，就是这样的企业。有不少来自不同行业的国内领军企业表达过“做中国的IBM”的愿景，它可能是最被企业界推崇的偶像级企业了。它上市达95年，经历过两次世界大战（1918年和1941年）、两次全球性金融和经济衰退（20世纪30年代的大萧条和2008年的全球金融危机），无数次的技术革新带来的竞争和机遇，还出现过两次自身经营的问题。它曾经是美国最成功最赚钱的企业，也差点因骄傲和官僚主义分崩离析。在走过这些路后，IBM今天依然在多个领域中有着优秀的表现。

诚然，IBM已经不那么时尚——对于一个以IT为主业的公司来说，100岁是够老了；严格说来，IT这个词所代表的信息科技行业，真正形成只有几十年。这个行业里很多明星企业要比IBM年轻许多：苹果公司成立于1976年，微软成立于1984年，谷歌成立于1998年……人们注意的焦点，经常是最新款的数码产品几时上市，或者哪一家新锐公司的股票市值又创造了新高。相比之下，百岁高龄的IBM，似乎成了保守甚至乏味的代名词。

100年是一段很长的时间，一个个体的生命难以亲历或见证所有的事情，所以人们往往容易把时间变成片面的东西，只看到今天而忘了昨天。其实，那些新锐企业得到的光环与追捧，IBM都得到过；那些面临中年危机的企业所遭遇的困惑与瓶颈，IBM也都经历过。打开历史，我们会发现一些非常有意思的事实：当人们惊叹谷歌于2007年11月创下的741美元的股价纪录时，早在1968年5月，IBM的股价就达到了688美元，市盈率达到59倍之高！而在这个数值以前，IBM的股票就已被多次分拆，688美元没有被突破，是因为后来IBM的股票再次被分拆（谷歌的股票从来未被分拆过）。

从技术上来看，作为一家IT企业，IBM在100年间始终是这个行业的引领者。它以划时代的S/360大型机系列颠覆了此前计算机设计“各自为政”的做法，将“通用性”和“兼容性”这两个我们今天看来理所当然的特质最早引入计算机产品，由此成为现代计算机架构的定义者。而所谓的“大型机”，在人们脑海中也成了S/360架构及其后代的特指。计算机它所采用的WINTEL架构（WINDOWS操作系统+INTEL处理器）也成为整个PC行业的通用架构。还有磁盘存储、软盘，最早让人可以有效指挥计算机的程序语言（例如FORTRAN），第一套交易处理系统CICS①，能够更好地进行数据管理

①CICS：全称为 Customer Information Control System，即客户信息控制系统，是一系列为IBM和非IBM平台上的应用提供联机事务处理和事务管理的中间件产品，其功能是为商业应用提供一个事务处理环境。

的第一个关系型数据库（Relational Database）等。这些一个又一个的“第一”，代表了IBM以科技为本的业务。

100年来，信息技术行业的发展和演进，始终躲不开绕不过IBM这个名字。我们的生活早已被它改变，只是我们大多数人都不自知，那是因为他们已经成为了人类IT应用的最基本元素。就如同我们每天用的水电，人人都觉得理所应当是生活的一部分，只有当某天突然断了供应，我们才会发现它们的弥足珍贵。

IBM到底是做什么的

在分析IBM的与众不同之前，有必要了解IBM到底是做什么的。几乎人人都知道，微软是做软件的，苹果是做个人计算机、电子科技终端及其相关产品的，而IBM的业务呢？要回答这个问题看似容易，其实十分困难，原因是在100年间，IBM所处的行业发生了多次极大的变化，而IBM也在跟着一起变化。特别是IBM卖掉PC业务以后，除了工作需要必须接触IBM的一小部分人以外，能搞清楚IBM是做什么的人寥寥无几。当他们在电视中看到IBM的广告，今天说“什么使您与众不同”，明天说“停止空谈，开始行动”，后天又说“让我们共建智慧的地球”的广告语时，很多IBM员工都被家人和朋友问得哑口无言——“IBM到底是做什么的？”

在《财富》杂志的分类中，IBM被归类的行业为“信息技术服务”。IBM自己则说，IBM是“全球最大的信息技术和业务解决方案公司”。恐怕一般人还是搞不懂，这解决方案到底是什么。就连IBM总部也觉得，公司的业务实在是太纷繁复杂，难以在一段话里说清楚，所以在发布的新闻稿中，都不像一般公司一样在后面附上公司简介，而是在“关于IBM”一段只放一句话：“欲了解更多信息，请访问：www.ibm.com”，请读者到公司网站上自己去了解。

从早年称肉用的磅秤、考勤时间记录器、打卡机和时钟，到今天的大型机和软件，IBM的产品已经很难找到早年的踪影。但恰恰是因为它在100年里并没有只是依附在一种产品或一种技术上，它才能活到今天。中国有些百年老字号如今已经踪迹全无，其中一个原因就是产品没有与时俱进。而IBM依附的是一些理念，这些理念以数据和信息的科学为经，以客户的需要为纬，并因此能够带领整个行业的前进。无论它在做什么，IBM最成功的地方是把20世纪的发明和市场需要结合起来（IBM所说的Invention+Business Insight），从而把市场的使用不断扩大。而它的另一个成功之处，是在于无论它的业务成分如何改变，他着眼于解决客户问题和需要的眼光始终不变。这一个想法，随着时代和技术的发展而付诸不同形式的实现，到了今天，就成了“全面解决方案”。用最简单的语言来表达，IBM今天做的事情，是帮助企业利用不同的IT技术去解决业务问题，同时由于IT技术本身越发复杂，IBM也做帮助客户做好建设和管理IT的工作。

目前，IBM的业务简单来说分成四大部分：

· 系统与科技业务。就是我们俗称的硬件，包括服务器、存储、POS机等零售解决方案和半导体等微电子产品；

· 软件业务。包括协作办公软件Lotus、开发软件Rational、办公管理软件Tivoli、应用系统和整合软件Websphere、信息管理软件Information Management等中间件以及操作系统软件；

· IT服务。即IT基础架构服务、硬软件维护支援服务和业务流程外包服务；

· 咨询服务。包括IT和业务咨询、应用实施、系统集成，以及应用外包服务。

IBM的业务内容，都是针对企业用户的，面向金融、电信、制造、流通、政府部门等主要行业和中小企业，几乎可以满足所有行业的企业IT需求。在这个业务组合中，随着软件和服务等高价值业务的比重不断加大，硬件占IBM年收入的比例，已经从早年的百分之百降到2010年的不足两成了（18%）。而软件、计算机语言和服务业务，已经从原来的“支持”角色变成了独当一面的利润中心。2010年，IBM的软件业务占22.5%，而服务业务比例更上升至史无前例的56.5%。外界评论IBM在“由硬变软”。其实，用“软硬并举”来形容可能更为合适，因为这才是IBM花费百年修炼出的最大价值——为客户提供整合解决方案的能力，也是适合有着大象般庞大身躯的IBM的最佳业务组合，而所有这些业务，与人类社会的每一个方面都密不可分。

低调中的不平凡

IBM是一家与众不同的百年老店。说它与众不同，不仅是因为它从事的信息科技业是一个技术更新换代迅速、发明层出不穷的行业，也不是因为在它漫长的历史中有着不平凡的经历，打败过多少对手；我们还应从以下三个更高的层面去分析：

1.它作为一个企业的业务成就

衡量一个企业是否与众不同，首先企业的业务水平必须非同一般。业务成就可以从很多地方反映出来，因此衡量业务成就必须具有多面性。其次，百年老店顾名思义，要求企业的业务成就是长久的，而且经得起时间的考验，因此衡量业务成就也必须具有持续性。

说到多面性，我们可以从5个层面来看IBM作为一个百年老店展现持续性的表现。这5个层面分别为：收入、盈利和成长；财务稳健程度；股东创值；品牌和市场价值和技术创新领导地位。

（1）收入、盈利和成长

人们看一个企业的业务成就，首先会看它的收入和盈利。在100年的IBM历史中，IBM只有11次营业收入负增长（详见附录三），其中4次发生在1920—1950年间（分别为1921年、1932年、1945年、1946年），7次发生在1990—2010年间（1991年、1992年、1993年、2001年、2002年、2005年、2009年）。其中，两次世界大战、大萧条、金融风暴和第一次互联网泡沫破裂导致了大部分营业收入的下滑，除了1991—1993年是因为IBM自身的经营问题导致外。在它的高峰期，1957—1992年，它的收入35年连续取得成长，不能不说不厉害。

也就是说，在这100年间的89个年头中，IBM的业务都是在不断成长。百年间，IBM的复合年均增长率（简称CAGR）为11%，达到了双位数。这看似平凡的数据能够持续在100年中实现，其实并不平凡，特别是当你知道在1914年IBM年收入仅为400万美元、1916年IBM在纽约证券交易所首次上市时年收入600万美元，而到了2010年IBM营业收入达到999亿美元，分别是1914年和1916年的约24975倍和16650倍。

在盈利方面，IBM在百年间有14次盈利负增长（详见附录三），其中发生在1920—1950年和1999—2010年间的盈利负增长原因和营业收入大致吻合，不同之处是，在1979—1989年间的4次盈利负增长，发生在IBM如日中天的数年中，也导致了IBM在之后的1991—1993年间发生危机时的挣扎。

即便是如此，IBM在100年间的86个年头都取得盈利增长，而且除了80年代中期到90年代初期那段困难时期外，IBM在其余的时间，利润的成长都是双位数以上。通过盈利，IBM扩大规模以及还利于股东，确实不是一件简单的事情。而通过1993年以来17年的转型，IBM更专注于利润的产生，通过产品服务结构调整以及不断地提升生产力，让毛利从1992年时的低于39%提升到2010年的46%。

（2）财务稳健程度

能在百年的风浪中安然渡过，稳健的财务和充足的现金是必需的先决条件，因为它往往是直接导致一个企业突然倒下最致命的原因。稳健的财务让你在需要出击的时候能够投资，也让你在困境中保持实力。打从老沃森的时代，IBM就非常注重财务和现金管理。这或多或少跟老沃森在早期因为过分扩张导致库存太多差点破产的经历有关。IBM把赚到的钱分别平衡地用在维持业务运作、为股东创造利益和投资（以收购和研发为主）上，不会盲目投资扩张。

即便是在IBM历史上亏损最多的1993年（80亿美元），IBM从经营中还是获得8亿美元的正现金流。以短期资产值除以短期负债得出的流动比率，可以看到IBM偿还短期债务的能力。在1993年财报中显示，IBM的该项指标为1.18，也就是说IBM的短期资产足以覆盖它的债务。而在同年的另一个指标——负债比率（Debt Ratio）中，我们可以看到IBM对于所有总债务的覆盖能力。即便是十分困难的时刻，它的负债比率是63%，没有超过100%（数值低表示债务少于资产）。

看看2010年，IBM自由现金流达到161亿美元，年终现金储备及有价证券140亿美元，而在2005年到2009年的5年间，手中现金始终保持在100亿到160亿美元；截至2009年年底总资产1 090.2亿美元，总负债261亿美元。

再比较一下1993年和2010年的负债比率。1993年时为1.18，2010年时还是差不多的1.19。这稳健的理财之道可能是IBM在100年中没被突然而来的巨浪吞噬的原因之一。

（3）股东的价值

作为美国上市企业中历史最久的股票之一，IBM非常明白股票市场最根本的道理，就是要通过自身的成长和盈利为股东带来利益。要能在百年之中不被股东“抛弃”，为股东带来持续不断的利益就变得十分重要，那些仅靠一两个亮点上市的企业很难在百年的时间长廊里给股东带来足够的价值回报。

从1916年上市后，95年来，和另一家老牌美国企业通用电气一样，IBM每季度都给股东分红，从未间断。到2010年年底，IBM已经连续384个季度分红，即使在1991—1993年的亏损导致公司差点分拆的年份也是如此。截至2010年，IBM已经连续15年提高季度分红水平，而且连续7年分红达到两位数增长，2010年第四季度的分红为每股0.65美元，是2006年第一季度（每股0.20美元）的3倍还多。

除了通过分红让股东获得回报以外，IBM还通过股票的回购来还利于股东并且保护股价，间接保护股东的投资。这是IBM多年来一直奉行的策略。从1995年以来，IBM已经拿出超过1 000亿美元进行股票回购，以提高股东手中股票的价值，仅2010年就拿出154亿美元进行股票回购。

为了让更多的中小投资者买得起IBM股票，从1916年上市以来至今，IBM的股票分拆了15次，其中20世纪90年代有2次，70年代有4次，50—60年代有6次，包括1968年在每股688美元时的历史性分拆。只有在20世纪的10年代、30年代、80年代和刚过去的10年没有分拆。但经过如此多的分拆后，截至2011年2月份，IBM股票价格又重新达到历史最高的160美元以上（按分拆后价格）。

但要真正领悟到股东价值的创造，请看以下的一个例子：《时代周刊》在1968年的一篇文章中提到，在1916年IBM上市时的100股股票价值为2 750美元。**根据另一篇文章的计算，光凭股票的15次分拆，这100股的IBM股票已变成（2011年）110万股今天的股票。按160美元（2011年2月）一股来计算，当年价值2 750美元的100股，今天价值**

1.76亿美元！无论我们怎样计算货币的贬值或通胀的影响，这6.4万倍的回报不能不让人惊讶。

（4）品牌和市场价值

相对于股东价值，对于企业以外的人而言，他们可能把企业的市场价值作为衡量企业业务成就的另一个指标。当然很多人会说以股票价格来看一家企业的市场价值可能不准确，特别是那些标榜未来的价值而非当下价值的企业。但对于一家已经100岁的企业来说（它的市盈率为14倍左右），它的市值相对而言更真实地反映出它在股票市场中的现在价值。

人们普遍认为，IBM的辉煌时期已经过去，不可能在市值上和"年轻"的企业相提并论。事实上这家曾经是全球最大和市值最高的高科技企业，在最近（2011年2月）的比较中，依然以市值2 000亿美元占据第三位，仅次于苹果（约3 200亿美元）和微软（约2 200亿美元），后来还曾短暂超过微软。有趣的是，微软这家在20世纪90年代市值最高的高科技公司，已不再是今天的领头羊。而被认为有机会在21世纪初继IBM和微软后成为新的IT"霸主"的谷歌，则以微弱差距排在第四位。以一家百年高龄之老企业，能与一群70后（苹果）、80后（微软）和90后（谷歌）逐鹿天下，同时反映在股票市场市值之中，实属难能可贵。

顺便一提的是，同属"老一辈"的对手惠普（HP），在经过收购康柏和电子数据服务公司（EDS）后，虽然营业收入超过了IBM，但是它的市值只是IBM的一半左右。至于比IBM还要资深的NCR（国家现金出纳机公司），在100多年后，市值大约是IBM的2%（约30亿美元）。

与股票市值有一点不谋而合的是品牌价值的比较。自从2001年《商业周刊》与Interbrand公司（全球最大的品牌咨询公司）联合发布全球最有价值品牌排行榜以来，IBM的品牌价值一直位居前三名。其中，2001—2007年，IBM排在可口可乐和微软之后；2008—2010年，IBM甚至超过微软仅次于可口可乐名列第二，品牌价值达到647.27亿美元（详见下表）。

年份	全球排名	品牌价值（百万美元）
2010	2	64,727
2009	2	60,211
2008	2	59,031
2007	3	57,090
2006	3	56,201
2005	3	53,376
2004	3	53,791
2003	3	51,767
2002	3	51,188
2001	3	52,752

IBM品牌价值2001—2010年

无独有偶，世界顶尖品牌传播服务集团WPP旗下的华通明略（Millward Brown）进行的2010全球BrandZ全球品牌100强研究中，IBM同样排名第二，品牌价值为863.83亿美元，仅次于谷歌。而苹果和微软在这一排名中分列第三和第四。如果把两个调查的时间往后推到2011年，苹果可能会仗着新产品的优势而获得更高排名。但无论如何，和市值的比较一样，IBM的品牌和当今那些年轻的高科技企业品牌不相上下。而在这些品牌中，除了IBM以外，其他的品牌都是和个人消费者有关。唯独IBM能以服务企业客户而获得青睐，它背后代表的价值比起其他高科技品牌，更显得独一无二。

（5）技术创新领导地位

技术创新的领导地位，是在众多衡量业务成功的指标中最难做到的。它不是一次或一时的技术领导地位，而是需要在100年下来，经得起无数技术革新的浪潮，并且参与其中，然后领导其发展；又或者是直接带领技术革新的浪潮。要能够做到每次机会都看得见和抓得到，企业的技术基础必须非常深厚而宽广，缺一不可。IBM在100年来建立了非常强大的技术创新体系、组织和机制，在IT技术圈中，无可置疑是历来“最牛”、创新发明最多的企业。

IBM位于美国纽约州阿曼克（Armonk）的全球总部大楼里，有一条专门展示IBM各个时期代表性和里程碑式产品的展示长廊，可以让人们感受它的技术创新力量。置身其中的人，即使是完全不懂技术者，也往往会被感动、变得谦卑。从用于统计和财务的打印制表机、考试计分器，甚至是提高了计时精确度的时钟……早在IT行业的史前时代，IBM就已经开始不断技术创新的征程。沿着这条长廊走下去，如同进入了时间隧道：世界上第一台可编程控制的大规模计算器、世界最早使用的真空管电路、世界第一台存储程序的计算器——“国防计算器”701电子数据处理机、20世纪60年代初最受欢迎的中型机1401数据处理系统、全球第一套磁盘存储计算机RAMAC305和350硬盘存储系统、电动打字机等；还有划时代的S/360大型机；还有最早被叫做PC的5150台式个人计算机，以及被国内技术粉丝昵称为“小黑”的ThinkPad笔记本计算机系列。还有UNIX服务器，前面所说的大型机一般用于银行电信等行业中大型复杂的数据处理任务，而基于UNIX系统适用范围更为广泛和灵活。IBM在UNIX操作系统上进行优化，结合最早为IBM院士率先提出的RISC（精简指令集）架构（它简化了计算机操作指令，从而使系统运行速度加快、计算机性能提升）的处理器，生产出后来领导行业的RISC System/6000系统。这个技术，也被应用到那些不断创造世界纪录的超级计算机，比如曾经战胜世界棋王卡斯帕罗夫的“深蓝”以及前文提到的“沃森”这些人工智能系统。此外，鲜为人知的还有半导体芯片，有人会以为有了英特尔之后IBM已经放弃了芯片，其实，IBM不仅仍然生产大型机所使用的CMOS芯片，还是世界三大游戏机厂商——索尼PS3、微软XBOX和任天堂芯片的第一供应商，驱动着所有当今游戏机的灵魂。

抛开以上的东西，以最直观的数据——专利数来衡量，到2010年年底，IBM已经连续18年位居美国专利榜榜首，超过了任何行业任何一家其他公司。仅在2010年一年，IBM就获得创纪录的5 896项美国专利，其后的三星和微软的专利数分别为4 551项和3 094项。同时，IBM历来持有仍然生效的专利超过3万项，仅在近年来出售给谷歌公司的专利就有上千项。此外，IBM很长时间一直把营业收入的10%投入研发；即便在过去10年，IBM依然以每年50亿—60亿美元的力度继续进行。而且这些投入其中部分是从事和IT没有直接关系但对未来有用的基础研究。这一切代表着IBM虽然已是百岁高龄，但在技术创新方面的投入和产出，比起年轻的IT新贵，只有过之而无不及。

也因为如此长期真心的投入，百年历程中，IBM以一家非学术机构的身份却有5人获得诺贝尔奖，特别难能可贵。他们分别是：1973年，江崎玲于奈（Leo Esaki）因为发现了半导体的隧道效应而获得诺贝尔物理学奖；1986年，格尔德·宾宁（Gerd K. Binnig）和亨利希·罗勒（Heinrich Rohrer）因为发明扫描隧道显微镜而获得诺贝尔物理学奖；仅在第二年（1987年），德国科学家伯德诺兹（Georg Bednorz）和瑞士科学家缪勒（Alex Muller）又因为发现一类新材料的高温超导特性，而获得诺贝尔物理学奖。除了诺贝尔奖之外，IBM还拥有6位图灵奖最高获得者，包括第一位图灵奖女性获得者弗朗西丝·阿伦（Frances Allen）。在美国，IBM又曾获得7次美国国家技术奖章和5次美国国家科学奖章；11人进入美国国家发明家名人堂。IBM的实验室与源自AT&T的贝尔（Bell）实验室齐名，被科学家推崇备至。几乎所有相关科学研究领域的荣誉，IBM的科学家都曾经染指。

这一切，都无可争议地表明，在IT业界，IBM的技术创新能力无出其右者。

IBM能够经得起时间的考验，在收入和盈利成长、财务管理、股东价值、市场和品牌价值以及技术创新上交出长达100年的成绩单，它是一家业务上的成就受到认同的百年老店。

2.它为所处的行业作出的贡献

除了“独善其身”，自身的业务有所成就外，一家企业是否与众不同也须看它的一举一动是否在影响着行业的发展，并为行业做出贡献。

虽然单凭IBM一家公司无法创造一个行业，但纵观整个IT行业的诞生与发展，IBM无疑是其中最主要的角色之一。在硬件技术上，它通过掌握技术发展的趋势，带领行业从机械处理方式进入电动处理方式，再进入电子和半导体集成电路的时代。这几次的技术更新换代，IBM都起到行业带头作用，从而帮助整个行业的技术过渡。下面几个产品的回顾，可以带出IBM早期技术转型的面貌：IBM刚成立时的产品，包括穿孔制表机、工业用时钟、计算尺等都是机械工具；在1923年IBM率先制造出电动键控穿孔机，与仍采用机械方式的竞争对手区隔开来；1935年，IBM制造出首台电动打字机；到1943年，IBM制造出首台真空管乘法器，1944年制造出第一台可以自动顺序控制计算机（ASCC Mark I），这是世界上第一台可以进行大型运算的计算机，自此进入电子时代。

从技术应用的发展来看，IBM通过对技术和技术应用的理解，把一个本来只做计量和记录仪器的行业，延伸到学术科学研究，进而发现对各行各业有着几乎是无限的应用可能，从而带领我们进入数据处理（Data Processing）时代，把技术率先应用在处理大量交易的生活和商业需要上面。然后通过网络、通信、数据库、PC、超高速的处理能力和其他技术的研究和推广，把技术应用到更广泛的层面，带领我们走进真正意义上的信息技术时代。

对于整个IT行业的发展和壮大，IBM也在历史上扮演一个举足轻重的角色。随着上述技术阶段的演进，从原来只有“机器”销售和租赁的行业逐渐延伸出来包括独立兼容的磁盘存储、打印、通信、应用软件、系统管理和中间件、计算机语言以及服务这些新兴的细分行业。IBM在创业前期是以硬件为主，软件、编程和服务的存在是为了更好地去发挥硬件的最大效益，并非独立的盈利来源。但由于需求越来越大，使有空间让独立的厂家在不同的细分领域中成长起来。到了20世纪80年代，IBM的竞争对手已经从单纯的主机系统厂家，像DEC、宝来、通用自动电子计算机Univac等扩展到四面八方。而苹果、甲骨文、易安信（EMC）、日立数据（HDS）、思科（Cisco）、微软、戴尔（Dell）、EDS等专注于不同领域的公司，也都在这段时间先后诞生。细分行业的出现和壮大，和IBM早期市场的领导角色有着不可分割的关系，从此IT行业的定义也随着技术的发展不断改变，而规模也比数十年前大上百倍。

除了催化出来很多细分行业的厂家以外，IBM的另一贡献在于培养行业的生态链条。出于自身的业务要求，IBM需要培养大量的合作伙伴。这些伙伴可以是硬件、软件或服务的伙伴。它们掌握了对IBM技术的了解后，附加它们的价值，让客户得到完整的解决方案。同时，IBM也帮助更多的人才进入并从事IT行业。而与学术界的合作也是IBM从创始人老沃森时代就已经非常重视打造的另一种生态系统。

从“硬件”到“软件”，把IT服务提到另一个规模层次、把IT服务科学化变成了IBM在技术创新上的第三架马车等，IBM在“计算机行业”、“数据处理行业”、“信息科技行业”以及未来的网络世界中都扮演着创造者、领导者或培育者的角色。很难想象，100年前如果没有IBM的诞生，或者IBM在发展中途由于种种原因而分崩离析，或者IBM当年没有推出S/360或是IBM PC这些改变行业秩序的产品的话，人类IT行业的发展历史将会被如何改写。

3.它对当代社会发展带来的影响

除了自己的业务有所成就和对行业有所贡献以外，一家与众不同的企业应该要达到更高的水平和境界。虽达到不能“治国、平天下”的境界，但期望它对国家和社会有所贡献也是衡量的重要条件之一。IBM这家公司的影响和意义，绝不仅仅局限于IT行业的产生和发展以及自身的成就，它对美国乃至全球的经济、商业和社会发展，都有着相当巨大的影响。

作为一家源于美国的企业，它早期对社会的贡献主要都在美国本土，通过它的产品对当代美国国家军事和政府管理提供帮助。早在1890年的人口普查中，美国人口普查局就使用了IBM早期重要人物赫尔曼·霍尔瑞斯（Herman Hollerith）发明的穿孔制表机，从而将原本需要近10年的工作量缩减到两年半完成，并且节省了500万美元的成本。在美国大萧条之后的罗斯福新政时期，美国政府推行《社会保险法案》（Social Security Act），产生了巨大的信息处理需求，IBM的产品由此大量进入政府各部门。第二次世界大战开始后，IBM把公司所有设备为政府服务，除了生产自己的传统产品之外，还大量生产枪支、瞄准仪和发动机部件等军用设施，创始人老沃森为生产军用产品象征性地收取1%的利润，还用这1%的利润建立了一个基金，援助IBM牺牲人员的家属。此外，无论是第二次世界大战中生产的能将一台打字机上的文件通过短波发送到千里之外的另一台机器上并打印出来的无线电产品Radiotype，还是在战后IBM为美国海军制造的海军军用品研究计算机，以及为美国空军生产的半自动防空警戒地面指挥系统计算机，都具有强大和先进的功能，并在军方得到广泛而长久的应用。

IBM也热衷于参与美国的太空计划。从1944年IBM就开始赞助哈佛大学教授霍华德·艾肯（Howard Aiken）研制世界上第一台大型自动顺序控制计算机，用来计算弹道的表格。在20世纪50和60年代，IBM在美国第二个载人航天计划——“双子计划”（Gemini Project）中提供多项支持。当然最为人称道的是在1969年7月，IBM参与了第一次人类登月的创举，整个发射和登陆的大量计算都由5台IBM S/360所提供和管控。从70年代开始，IBM也参与了“太空穿梭机”（Space Shuttle）的计划，为其提供了专用的计算机和程序。1993年，IBM的笔记本计算机ThinkPad成为第一个商用计算机“坐”上穿梭机，提供各项的服务。到目前为止，ThinkPad已经为超过30次穿梭机任务效力，其中最多一次一共有超过20部ThinkPad在穿梭机内工作。而在1997年，一部改装的RISC System/6000成为第一次登陆火星的探测器“探路者”的重要装备之一，负责超过100样“粗活”，像“打开降落伞”、“气囊充气”和“发动降落用的反向火箭”等。

回到地球，它对当代科学研究的支持从创始人老沃森开始就非常重视，其后的历任领导也都不遗余力支持。早在1928年时，当计算机还没出现、人们还停留在解决基本数学运算的时候，老沃森就支持哥伦比亚大学一个教授的要求，给他们设计并捐赠了一套大量改试卷的机器；还有前面提到的第二次世界大战期间为哈佛大学教授生产ASCC并于1944年赠送给哈佛大学，这仅是两个早期的例子。1945年，IBM在哥伦比亚大学设立沃森运算科学实验室。此后几十年，IBM与美国和海外包括中国在内的许多大学建立了一系列的合作关系研发各种创新技术，如超级计算机、SOA（面向服务的体系结构）、云计算等。在一段很长的时间中（一直持续到20世纪90年代），IBM对用于学校学术和科研用途的客户设有特殊的优惠政策，分别称做教育补贴和学术研究补贴，让这类客户能以非常优惠的价格得到IBM的设备。在往后的数十年，IBM和美国多所大学展开合作，协助它们从事各样的研究。事实证明，IBM这种和学校合作的做法，加上当代美国政府的引导和支持，这三股力量扭在一起，形成了美国一个巨大的创新能力源泉。**翻看在过去40年里全球IT相关的技术和标准，我们会发现绝大部分都是美国政府、学校和IT企业互动的结果。**

但是IBM的贡献范围远远超越了美国国界。早在1917年时，IBM（当时还叫CTR）就已经在加拿大设立分公司，走出了国门。到1923年，IBM在德国成立了分公司。1924年，老沃森把公司名字改为IBM，正式向国际进军。在20世纪30年代，老沃森又提出"世界贸易促进世界和平"的口号，把IBM的世界观带出，同时IBM在美国本土所做的很多思想和政策，也随之带到世界各地，非美国的学校、政府等也变成IBM的合作对象。贡献当地的社会，成为良好的企业公民从当时就开始成为IBM的一个重要的政策。在中国，IBM和大学的合作在20世纪90年代初期已经开始，并在1994年和电子部的一个合作备忘录里进一步扩大和加强。时至今天，IBM中国和超过百家大学分别设有课程和研究的合作。

计算机的出现，根本地改变了人类生活的方式和效率，这是它给人类带来最大的贡献。有人说20世纪最伟大的发明可能是电灯、电话、飞机、抗生素等。无论答案是什么，它的发明者总是一个或几个伟大的人。有趣的是，对于计算机来说，虽然从来没有人怀疑它在20世纪对人类的影响和帮助不亚于以上的发明，却从来没有人说它是最伟大的发明之一。而IBM，虽然并不是计算机的发明者，但却无可置疑地创造并带领着这个行业，融入了人类生活的方方面面。也许，这就是IBM伟大之处。

看到这里，我不知道读者心里会想得到几家企业在这些方面有着同样或更犀利的表现。无论你的具体数字是多少，我想答案还是一样——“不多”。那么，IBM是怎样铸就与众不同的百年老店的呢?

通过本书对IBM百年历史的回顾，我希望可以把IBM的三个时期成就和如何面对挑战呈现给读者，同时通过时间的推移，让大家看到它的核心能力的形成和演变。我还希望以IBM中国的历史为例，比较近距离地分析这家百年老店跨地域的成功因素，最后总结出一篮子让它活到100岁的核心能力。

第一部分　领跑世界100年

正常的人从出生到死亡，经历婴儿和少年时期的快速吸收和性格长成，青年和壮年时期的朝气蓬勃和信心十足，中年时期的经验累积和能量释放，达到人生的高峰。当步入晚年，身心的衰退让再多的经验也显得有心无力，最后步入死亡。这是大自然的定律，虽然有健康长寿的老人，也只是时间长短问题，生生世世的生命周期，依然不变。

一般而言，企业和人类一样有着相同的生命周期。创业伊始，企业的学习能力最高，价值观的特征于此时出现。为了生存，始创的企业用尽一切学到的本领获得养分，并且尝试快速成长，因为成长本身也有着一定保护生存的作用。在能力和规模逐渐到位时，企业真正进入快速成长阶段，并在成熟中达到高峰。像人类一样，企业在高峰后，成长曲线会有所回落，有时候甚至下滑。经验固然随着时间增加，活力却往往不如从前，这可能是企业的管理架构已经老化，也可能是从前成功的经验已经不合时宜。如果此时没有及时调整，企业将会像人类一样从下滑步入死亡。能够及时对症下药、死里逃生甚至重拾过去活力者，历来屈指可数。

IBM是为数不多能做到这样的公司。它在100年间经历了生命周期中所有阶段，除了死亡。但当它从死亡边缘走出来时，并没有变成苟延残喘的老人，而是变得思想更为成熟而且视野更高，同时比年轻时执行和活动能力更为严谨，因为它珍惜生存的机会。它不再盲目追求简单的规模成长，毕竟已经是100岁的企业了，而是希望通过对地球、社会和客户带来价值去赢取投资者的认同。

为把IBM到目前为止的生命过程勾画出来，我把这100年分成三个阶段。它们分别是“创业期”、“高峰期”和“成熟期”。这三个时期各有特点，通过时间的推移和大事的纪要，可以更立体地看到IBM得以生存百年的核心能力的来源，并不是只在高峰期才出现，大部分的能力是从创业期便开始逐渐酝酿，然后在高峰期得到固化和系统化，并在成熟期得到“二次”提升，越发稳固。这些能力，如果单独提起，都只是老生常谈，无甚新意。它们“集体”出现在本书中，更多是观察和分析百年来影响IBM成败最深远的结果。**今天的创业者虽然不可能看到百年后他或她撒下的种子会长成多大的树，但IBM的经验告诉我们，创业者的责任深远而且要顾及企业多方面能力的发展，要在创业期为基业长青打下关系成败的基础。**作为一个职业经理人，老沃森愿意奉献他前半生的经验，穷后半生的精力，为IBM“创造”一个超长的创业期环境，是IBM能成就百年不可或缺的因素。

在创业期和高峰期之间，我们看到典型的“家族传承”的欲望和心态，也幸运地看到另一个职业经理人小沃森以企业利益为最后依归的良好典范。在小沃森领导的IBM第一次变革中，IBM正式离开创业期，以摧枯拉朽之势，创造现代的计算机行业，迈向高峰。在这一阶段中，IBM的价值观得到固化，而在创业期的策略和执行能力则通过管理体系的变革得到系统的深化。这一时期，我们也看到技术创新和业务模式如何分别成为IBMS/360和微软的PC操作系统的制胜策略的威力，让我们看到抢占战略制高点的重要性。**而IBM在20世纪90年代初由于官僚僵化与保守错过几次技术领先的机会，跌入巨额亏损的泥潭、陷入险些被分拆的境地，则提醒着今天的成功的企业家和CEO，必须时刻保持头脑清醒，不被成功蒙蔽耳目，不让良好文化变质，否则明天只会变成官僚臃肿。**

幸好IBM并没有从高峰期后走向死亡，反而在危难之后变得成熟。当IBM被自己的成功蒙蔽，董事局当机立断引进郭士纳，敲响警钟，利用外来人的特点，把IBM变质的文化拨乱反正。郭士纳也给所有现代企业家和CEO，示范了一课“手术刀般精准”的复杂转型“手术”，由内到外，从止血到复兴。但能够在如此短时间内反弹，实在又是老沃森当年打下核心能力的基础的缘故。两大CEO虽然生不同时，但仿佛曾经“隔空对接”过一样。在康复过程中，IBM的核心能力，也因此通过重大考验而获得第二次提升，为IBM踏入第二个100年提供新的活力和动力。这样，我们才有机会看到IBM的“成熟期”，而非在“高峰期”之后“死亡”。

无论是对企业家还是职业经理人，无论是刚下海的创业者还是成功的CEO，这家百年老店的历史都应该有值得借鉴的地方。

第一章　商业帝国的沉淀与崛起

他40岁白手起家。他雄心壮志，在IBM成立伊始就建立竞争优势和做大做强（Think Big）的目标。他的个人信念铸就了IBM的企业基因。他的性格和能力使他几乎变成独裁者。但是创业者心态也使他成功地把职业经理人（CEO）的角色提升到当代新的高度。他穷极42年的精力为IBM打造"超长而优质"的创业期。他就是外来的IBM"创始人"老沃森。

我把1911年到1956年IBM的前身CTR成立到老沃森卸任CEO职务这段时期定义为IBM的创业期。**和其他企业（特别是中国的企业）比较，它的创业期显得十分长，**这部分是因为当年全球大环境的起伏较多，还有计算机技术演变速度较慢的缘故；但更重要的，是因为在这一持续近50年的阶段，无论是为成长奋斗，还是在克服环境的挑战，**IBM都不曾停止打造企业长期发展所需要的价值观、文化、核心能力和全球布局等基本素质，为迎接更大的未来打基础。**这一时期，老沃森以职业经理人身份“空降”IBM，他虽然不是IBM的创始人但无碍他以后半生全部精力，为IBM打造一个接近完美的创业期，和培养一位把IBM带上真正高峰的接班人。

所谓沉淀，是通过长时间经验的学习、形成和过滤，IBM逐渐生成了和企业不可分割的基本信念和价值观，就像是企业的基因一样。也在同一时期，通过老沃森的智慧和无数内部、外部的挑战，企业的策略和执行能力也得到初步的成长。这些能力经过时间的检验，成为IBM发展的基础，大部分IBM日后的进步，都可以和这些能力挂上钩。至于所谓的崛起，指的是IBM几乎从无到有，然后成为一方领袖企业的过程。IBM在这段时间从债务缠身直到成为当时计算机行业的领袖，从一个无人知晓的名字到一个广为人知的企业，并跻身成为《财富》杂志全美国50强的一个中型企业，为下一个30年的高速成长奠定基础。

外来的“创始人”老沃森

IBM诞生于20世纪之初，也是现代公司企业制度和市场经济的起始阶段，很多做法还在完善的过程中。这一时期也涌现了大量发明者，许多发明者只管技术，却并不懂如何应用新技术去创新，对于市场竞争和客户第一这些观念也是不甚了解。在这样一个环境中出现了老沃森，他把企业经营和技术创新联系起来，创造了一个行业，也创造了一家与众不同的百年老店。准确一点说，他创造了一个伟大的现代企业，并通过这个企业一次又一次的成就带领着计算机行业的诞生和壮大。而在这家伟大的企业中，老沃森在信念和价值观上，在企业文化上，在对市场的洞察力上，在推动技术创新上，在现代客户服务和销售管理上，在对人才的重视上，在对国际市场的推动上，都创造了现代企业管理的理念。他为公司建立和培养的许多核心能力，都成了IBM往后能战胜一次又一次困难和挑战的原因。对于老沃森本人，在20世纪初那个以工业家、资本家和企业家（洛克菲勒、亨利・福特、JP・摩根等）为标杆的时代，**他成功地把职业经理人（CEO）的角色提升到另一个高度，让世人认识到职业经理人可以发挥的作用，甚至公开认为他就是IBM的“创始人”。**

IBM并不是从一诞生就显露出英雄本色的。1911年，国际时间记录公司（International Time Recording Company）、计算尺公司（Computing Scale Company）和制表机器公司（Tabulating Machine Company）三家公司合并成一家新公司，名叫CTR（Computing-Tabulating-Recording Company，即“计算—制表—记录公司”）。这三家公司一家做磅秤，一家做时间记录仪器，一家做穿孔制表机（通过在穿孔卡片上打孔来处理统计信息的机器，它把数据转成二进制信息，是数据处理机器的前身），并由来自国际时间记录公司的乔治·费尔柴德（Geoge Fairchild）担任董事长。一手缔造这次合并的是华尔街著名金融家查尔斯·弗林特（Charles R. Flint），他有“托拉斯之父”之称，是做兼并收购的行家，曾经组建过多家托拉斯（Trust）企业，如美国橡胶公司、美国羊毛公司、美国口香糖公司等。和今天不一样，在那个时代，垄断经营并不是一个违法的经营方法，弗林特就是它的拥护者。在他的手底下，促成了三家公司的合并，目的就是创立一个更大的托拉斯。可是因为计时、计算和制表这三个行业的共性太低，也没有人能把它们融合在一起，所以CTR最初的三年经营并不顺利，用后来IBM的CEO小沃森在回忆录中的话说“几乎濒临倒闭”，否则恐怕幕后老板弗林特也不会想到要从外面请一位经理人来做总经理。在此以前，CTR公司实际上还有一位CEO，但只做了两年便知难而退，在IBM的历史上鲜为人知。

在美国其他大部分著名的同期或更老企业中，它们的经营者往往也是它们的创业者，并一直主导着企业的早期发展，带领它们步入辉煌。甚至放眼到今天的中国企业中亦然。老沃森绝对是一个例外，这个当时40岁、正在失业的经理人，既非IBM的创业者，也从来不曾控股，后来却成为世间公认的IBM创始人和缔造者。他为何会把这家当时还不叫IBM的公司当成自己的企业来经营，甚至看做和生命一样重要？这就要追溯到他的个人成长。

从挫折中走过来的职业经理人

弗林特之所以煞费苦心找来老沃森，是因为他在老沃森身上看到能够把CTR打造成为一个成功的企业，并赋予之许多令今天的企业都会羡慕的特质的能力。这很大程度上和老沃森个人的人生经历和价值观有关系。

老沃森的人生经历是典型的白手起家传奇。1874年他出身于一个贫寒的农民家庭，17岁就开始打工生涯，做过记录员，赶着马车推销过缝纫机。有一天晚上，年轻的老沃森进到一家酒吧喝酒，把马车和车上的缝纫机留在酒吧外面，等到酒吧打烊了出来，马车和缝纫机都不见了，于是老沃森的这份工作也随之不见了。这次经历让年轻的老沃森终生不再碰酒，并且在日后为IBM立下了一条“任何人不得在办公期间饮酒”的规矩。（也就是说，午餐时也不得饮酒。）

之后老沃森还经历过一系列的挫折，直到1896年加入NCR公司做见习销售。NCR

的全称是全国现金出纳机公司（National Cash Register Corporation，以下简称NCR），创建于1884年，这家公司在后来的许多年里经历了一系列的收购与被收购，成为AT&T的一部分后又拆分出来，到今天已经转型成为一个纯粹的IT公司（惠普前CEO马克·赫德就出自这里）。但是在老沃森的时代，NCR是以销售现金收款机为主营业务，它的创始人约翰·帕特森（John Paterson）被誉为“现代销售之父”，在技术而不是销售主导公司经营的年代，他将NCR打造成为一家具有强大销售能力的企业巨头。

刚进公司的那几周，老沃森很努力地拜访客户，却没有拿到一张订单。他的经理检查他的工作成果，老沃森说自己这些天的收获总是“已经看到了商机”。好在他遇到了一位好经理，这位经理亲自带着老沃森去见客户，手把手地教他怎样进行销售。在经理的传帮带之下，老沃森的销售天赋很快被发掘出来，并渐渐成长为公司的金牌销售，直到成为NCR公司的第二号人物——销售总经理，掌管公司200多个分支机构中900多名销售人员。而这种言传身教的销售培训方式，后来也被老沃森引进到IBM。

老沃森在NCR的美好岁月持续到1912年。那一年，美国政府以违反刚建立的“反托拉斯法”为由起诉垄断了美国收款机市场90%以上市场份额的NCR。老沃森因为曾经根据公司指示，秘密开设一家二手收款机公司，以先哄抬再打压价格的手段把二手收款机经销商一一挤出市场从而垄断价格，而与帕特森一起受到指控，并被判有罪。虽然这之后帕特森利用NCR总部所在地俄亥俄州代顿市（Dayton，Ohio）发洪水的机会大力抢险救灾，得到了美国社会舆论的同情从而成功翻案，相关的指控被撤销，但是在救灾中起到了关键作用的老沃森始终没有同意政府提出的撤销条件，因为他始终认为他没有犯法。只是最终政府对他的案子也没有再追究下去才不了了之。可是更不幸的事情发生了，1913年他被心胸狭小和忌才的帕特森扫地出门，以5万美元离职金的代价离开了他为之工作17年之久的NCR。这是他第二次被解雇，而且发生得不是时候——他的太太怀孕了。

一系列的失败，两次被解雇的经历，从无到有再从有到无的遭遇，并没有挫败老沃森的信心，反而让他得到了宝贵的人生经验。所以当他40岁遇上CTR时，他已经拥有与别人不同的一套信念。他出身低微，这不单让他有无比的动力向上爬，同时也让他愿意建立一个更公平的环境，使更多人可以获得平等的待遇和发展的机会。他遭遇的挫折和起伏，让他更能够灵活多变，寻找机会适应生存，同时无时无刻不充满强烈的危机感。

这种危机感也不断地推动他追求完美，走在竞争对手前面，因为他不能够容许任何错误危及他的生存。而在NCR公司作为销售总经理时的成功，加上从17岁开始摸爬滚打的丰富人生经历，让他充分认识到自己的销售天赋，培养了自信和对客户服务的推崇。而由于有过失败的经验，让他更清楚什么是对什么是错。当他把这些信念放到日后的IBM上时，他有着绝对的权威和信心，这是他能够一直贯彻这些信念的原因。当然这些人生经验，也对他日后的脾气和行事方法有着一定的影响：在IBM中，被他狠批和骂过的人不计其数，但由于他那发自内心对事业的热情和对员工的重视，让他依旧赢得了员工的爱戴。

离开NCR的那一天，他对他的秘书说，有一天他要建立一个比NCR更大的企业！失业的老沃森本想自己创业，却苦于没有足够的资金，于是想找一个现成的小公司来经营。而此时，弗林特也正需要给CTR寻找一个勇于承担风险的经理人，为此他专门成立了一个搜寻委员会。在面试过数名候选人之后，他和老沃森碰上了，而且一拍即合。因为老沃森当时的官司还没结束，弗林特费了不少唇舌说服众人接受老沃森。

1914年，老沃森以总经理的身份加入CTR公司，翌年被董事局任命为总裁。他获得的报酬是2.5万美元的年薪，以及约值3.6万美元的1 200股CTR股份，再加上CTR税后及分红后利润的5%。他的年薪与他当时的经验和工作大小并不匹配，但他对自己充满信心，他看得更重的是那利润的提成；而他接手的，却是一家市值约300万美元，年收入400万美元，负债却有650万美元的烂摊子，每100股股票价值不到3 000美元。不过，恰恰就在这家挣扎求生的小公司身上，老沃森得到了一生中最好的机会。他把“建立一个比NCR更大的企业”的愿景带到这家公司来！

韬光养晦，胸怀国际

老沃森刚加入CTR的时候，是一个纯粹的职业经理人。虽然一直拥有弗林特的支持，但他必须顾及两个重要人物：一位是CTR的董事长乔治·费尔柴德，他是国际时间记录公司的创始人，又是美国国会议员；另一位是首席工程师赫尔曼·霍尔瑞斯，他是制表机器公司的创始人，享有“数据处理之父”的盛誉，他所发明的自动制表机，在后来很长一段时间里都是IBM的主要收入来源。对于老沃森来说，费尔柴德不算是太大的阻力，虽然他会要求老沃森事事向他汇报，但老沃森总是给予他足够的重视，最后他自己却不时因为健康原因而无法按时听取汇报，久而久之老沃森也就逐渐能按照自己的想法做事情。可霍尔瑞斯则是一个恃才傲物的技术天才，与销售出身的老沃森关系始终不睦。尽管竞争对手已经制造出性能更好、更便宜的制表机，霍尔瑞斯却拒绝对自己发明的制表机进行任何改进，理由是这些机器已经“非常完美”，同时拒绝对于老沃森请来改进制表机的工程师给予任何帮助。

这样的困境，相信不少职业经理人或多或少遇到过，是正面对抗，还是退缩忍让？老沃森的选择是迂回应对。面对霍尔瑞斯出的难题，老沃森的对策是尽量开发新的行业应用，通过适应新的需求去扩大市场，避免被竞争对手边缘化。在这两位资历深、地位高的创业元老面前，老沃森一直保持着足够的耐心和隐忍，尽量避免冲突，韬光养晦达10年之久。直到1921年霍尔瑞斯退休、1924年费尔柴德去世以后，老沃森才真正能够按照自己的想法去打造这家公司。今天看来，职业经理人要想从创始人手中成功过渡，除了根本的理念重合以外，像老沃森这样懂得在适当时候韬光养晦也是需要的技能。

老沃森全面掌控公司后所做的第一件事情，就是把公司的名字从CTR改成IBM（International Business Machine），意思是“国际化的商业机器”。至于为什么要叫IBM，有传闻说是他为了压过旧东家NCR而改的（在英文字母表中I、B、M三个字母分别位于N、C、R三个字母之前），不过未得到证实。根据IBM的历史记载，加拿大分部从1917年开始就用IBM的名字运营，原因是当时公司希望用一个不同的名字去经营所有海外业务。到了1923年，拉丁美洲的分部也用上了IBM的名字。在1924年2月，老沃森对公司员工发出一道通告，正式改名IBM。其实这个名字是不是老沃森自己想出来的并不重要，可以确定的一点是，老沃森想要创立一个巨大企业的愿景可以从IBM的名字上看出来：20世纪初公司还没在美国站稳时，老沃森就已看到日后的业务将要国际化；尽管当时还在卖穿孔制表机，他就已想到日后他的产品是将要用在各行各业中的“商业机器”。历史证明，这个超前的思路和愿景很好地引导了这家企业100年，至今不变。

无论是出于什么动机给公司改名，这件事本身证明老沃森的愿景对于公司具有强大的影响力，充分展现了一个创业者的目光。而且，即便是在韬光养晦的那段时期，我们也可以从他最早的一些做法窥见他对这家公司的一些长远打算，而不是如一般人想象的CEO一样只图短线成绩。打从加入CTR开始，老沃森就已经把从NCR学到的许多管理技巧与手段都引入CTR，比如要求男性雇员一律穿蓝西服、白衬衫，系深色领带（其实他要求的是IBM人应该穿得跟客户一样。在那个时代，销售并不是一个高尚的职业，社会地位不高，所以老沃森要求员工穿得和客户一样来拉近双方的距离。建立员工俱乐部，把公司塑造成一个大家庭，自己像大家长一样管理员工工作与生活的方方面面。这些事情，在日后成为他的管理理念实现的根本体现。

正是老沃森这样一种创业者的心态，不断关注企业发展愿景，逐步夯实企业发展的基础，才奠定了IBM百年的基业，也成就了老沃森从一个CEO到企业“创始人”的转变。

时势造英雄，英雄造时势

谋事在人，成事在天。无论古今中外，如果赶不上、抓不住好的机遇，本领再大的人也很难取得大的成功。反过来看，机遇总是留给预备最好的人。所以当机遇碰上有预备的人时，结果就出了一个IBM。

老沃森执掌CTR后并不是一直都一帆风顺。1921年，因为库存过大，CTR的营业额下降36%、利润下降50%，靠着贷款才逃脱倒闭的厄运。1932年世界经济大萧条正盛时，公司再次遭遇负增长，营业额和利润分别下降11%和14%，股票跌到1921年的水平，董事会甚至考虑过罢免老沃森。

CTR的第一桶金，有赖于抓住了两次世界大战和世界经济大萧条的机遇。第一次世界大战结束时，对于制表机的需求大大增加，先是铁路和保险行业大量使用，后来又延伸到政府部门。主营制表机的CTR又适时将产品加以改进，致使订单大量涌来，公司业务进入了第一个增长时期。

20世纪30年代的大萧条，虽然也给已经改名的IBM带来了不小的影响，但老沃森顶住压力，在困难时期仍然加大研发投入，给股东分红派息，他深信在风暴之后会有晴天，而机会将会留给在雨天时有充足预备的人。1929年在美国股票市场崩盘之际，IBM的收入达到1800万美元，净利润700万美元，而且给股东派发5%的股息。1930年到1934年，虽然IBM的营业收入几乎没有增长，但是公司非但没裁员，还在继续雇用员工。大萧条之后，美国政府实施罗斯福新政，确立了美国的社会保障体系，社会福利、价格控制和公众工程等项目都需要大量的IBM机器去处理，其他制表机生产厂商在危机时期普遍减产求生，而老沃森未雨绸缪的投入为抓住这一机会打下了基础，IBM成为唯一有能力满足政府需求的厂商。美国政府成为了IBM最大的客户，而各大企业也向IBM订购大量制表机以向政府报送大量统计材料。自此，IBM超越了所有竞争对手，成为数据处理行业的霸主。

第二次世界大战更给IBM提供了高速扩张的机会。作为美国国防部签约的供货商，IBM将所有生产设备都用来服务美国政府，生产了大量投弹瞄准镜、来复枪、马达部件等军需品，并且通过技术研究和支持大战需要，推出了很多新技术，比如1943年制造出的第一台以真空管代替电动继电器的乘法器，这是世界上第一台完全以电子方式进行数学计算的机器。还有IBM初涉计算机行业的自动顺序控制计算机（ASCC），也是在第二次世界大战期间的1944年推出的。老沃森甚至在1937年提出“让世界贸易促进世界和平”的口号，这句话后来也成为IBM在全球的口号。

从1914年到1940年大战前，IBM的年收入从400万美元增长到4 500万美元，26年增长了11倍。到了1943年年收入便首次突破1亿美元，比三年前翻了一番，29年增长了25倍。到1945年大战结束时，收入又增加到1.38亿美元，比1940年增长了两倍。其中1941年至1943年，营业额增长率分别为33%、43%和52%。1946年大战结束后，收入仍达到1.16亿美元，而且在1947年时又回到1.39亿美元水平。老沃森通过抓住这几个时机，在30多年间，以傲人的成长速度带领IBM奠定了在美国企业界举足轻重的地位。

从个人价值观到企业基因

老沃森对IBM的发展贡献巨大。他领导着IBM走过两次世界大战和一次全球性的经济衰退，并在计算机行业还没出现前，成功利用他对技术和业务的洞察力，引领公司走在行业和竞争对手的前沿，为IBM带来第一次事业的高峰。

但正如所有企业的创始人一样，他对IBM更大的贡献，则是他为IBM塑造出企业的价值观和基本的核心竞争能力。他所建立的价值观对IBM后来的数十年都有着深刻的影响。虽然因为时代的发展和企业转型的需求，管理方式被后来的领导者有所调整，但老沃森为IBM制定的行为准则和文化特征的绝大部分都被传承到了今天，并且已经渗入IBM的血液之中，成为这家公司的基因（本书第八章将有更多讨论）。

老沃森为IBM留下的精神文化遗产有很多，其中最著名的有：

三大基本信念。IBM最为人所道的三大基本信念其实是老沃森个人价值观的反射，而他的价值观又是从当代美国的价值观和他个人的人生经历而来。他带领的公司在当时有很多不同阶层的人和劳工，他深信每一个人都要朝着同样目标出发，不能光靠外来的压力或竞争，而公司内部必须有一股力量把大家凝聚在一起。他的这三大信念是：（一）尊重个人；（二）顾客服务；（三）追求卓越。“尊重个人”特别针对公司的员工，让上下一心不分阶层都获得公平的对待。他要求经理人去聆听和关心他们的下属，并协助他们发展，这与当时流行的管理思想非常不一样。“顾客服务”就是让每一位员工都以客户为依归，使大家目标一致。“追求卓越”，则是鼓励每位员工都发挥自己的极致和潜能。这三大基本信念针对企业最宝贵的财富——人——而设计，简单却非常到位。从CTR到IBM，老沃森领导下的公司用这些基本信念来指导每一个员工的行为和指明公司发展的方向，使得IBM成为一家有凝聚力的、积极向上的企业。有趣的是，这三大基本信念在当时并未被落实到文字，成为公司的正式价值观，但通过老沃森的措施和身体力行，无碍这些信念的落地。每一个员工从进入IBM的那天起，就受到这些价值观的影响。百年风云变幻，这些基本信念的具体词汇随着时代的发展而有些许调整，但是其核心内涵始终没有变化，IBM始终是一个有信仰的公司，始终坚守着三大基本信念。

“思考”（THINK）。早在NCR做销售主管时，老沃森就非常喜欢“思考”这个词汇。他鼓励员工多作思考，从思考中更了解如何做对的事情和如何去做好事情。他经常在开会的时候要求他的下属思考，有时候着急得甚至拍起桌子来。为了让员工更深刻地记得，他制作了很多印着“思考”一词的卡片来激励他的销售团队。这个词慢慢地被他带进IBM。从1915年开始，老沃森把“思考”几乎变成了公司的第二标志，公司各处都可以看见以各种质地、各种形式出现的“THINK”，1935年还出台了名为《THINK》的公司刊物。每一期《THINK》的开本、风格都不尽相同，有时甚至差异很大，但都设计精美、内容丰富，不光介绍IBM的公司理念和抱负，还有关于产业、社会甚至人类发展的主题，用以刺激员工开阔思考的领域。《THINK》在很长的一段时间里一直是一本能够影响所有阅读者对于IBM这家公司的看法和信仰的刊物，也被管理学者奉为当时企业文化传播的一个典范。直到今天，《THINK》仍然在不定期出版。而无论是“THINK”还是“思考”一词，后来也被翻译成多国文字，成为在IBM里超越物质上的一种行事的精神、方法和态度。

对诚信的重视。作为一家以销售为重心的公司，老沃森并不唯业绩是从。诚信是他成长过程中被播下的种子，而曾经困扰他的官司经验（虽然他从来不认为自己犯法），则让这些种子长成非常强壮的大树，没人能够动摇。他要求员工行为必须正直得体而且庄重有礼，特别是在对待客户和竞争对手时；同时对于诚实极其看重。从他的CTR时代一直到今天的IBM，诚信一直被放在比业绩更重要的位置。每一个人的考核与升迁都要以诚信为基本素质，而且在越高级的管理人员的升迁上越被看重。另一方面，员工一旦触犯了诚信底线，无论职位多高，身上刚好有大单或重要的客户在手，公司的立场都是"零容忍"，不会袖手旁观。早在数十年前，IBM已经发布正式的"业务行为守则"（Business Conduct Guidelines），要求每一位员工包括CEO每年复习一次，并且签名确认。这一种做法在今天广为上市跨国企业所用，在当年这种耗费大量时间和金钱（数十万员工每人每年花最少30分钟）但自发性的做法，足以印证了这家公司受老沃森影响对诚信的看重和落实。

对客户和服务的专注。老沃森不仅把为客户提供最好的服务当做三大基本信念之一，而且用各种口号、标语提醒员工"IBM就是服务"（IBM Means Service）。老沃森深知不管产品是否最好，客户满意是市场上决定胜负的最后"裁判"。他率先在行业中建立客户服务工程师的角色，去辅助销售人员。他要求每个员工不论处于什么工作岗位都要不断思考怎样满足客户的需要，销售对用户提出的问题要在一定期限内解决或回复，客户工程师要站在客户的角度思考问题和解决问题。这些看法和做法对当年的IBM以租赁为主的业务模式尤为重要。老沃森在满足客户要求方面常常亲自作出表率，而且在招聘员工的时候，也注重对于客户服务的认同。这让客户至上的观念在IBM深入人心。

赏罚分明。老沃森是一个非常懂得怎样利用奖惩手段来贯彻企业文化和价值观的人。他提倡忠诚和公司自豪感，实行"终身雇用制"和"优先内部升迁"等政策，还于1924年设立了"四分之一世纪俱乐部"（Quarter Century Club），专门用来褒奖那些为公司服务满25年的员工。成为这一俱乐部成员时公司给以非常贵重的礼物作纪念，名片上还可以印上"四分之一世纪俱乐部"的徽章，以彰显荣誉和资历。他懂得人的心理，多次在不同的场合给优秀的员工宣布突发的升迁。他重视销售，公司待遇都向销售倾斜，给优秀的销售非常丰厚的提成和奖励。他同时又是一个非常严厉的领导，如果谁违反了公司制度，哪怕是着装规范或者是禁酒规定，都会受到惩罚。这样的做法，和他尊重个人的基本信念一脉相承，虽然当时还没有被完全固化成公司的管理制度，却是后来IBM激励机制的精神源泉。

核心能力初养成

如果说老沃森为IBM留下的这一系列企业价值观遗产，更多的是帮助企业的长期生存与良性发展的话，那么他所培养的企业核心能力，带来的则是IBM持久的辉煌与抵抗风雨的韧性。

销售文化和能力。老沃森加入的时候，CTR远没有拥有老沃森的前雇主NCR那样强大的销售队伍。而且在那个时代，销售这个职业本身在美国并不受重视，那时候主导公司的通常是产品和技术人员，而不是推销员。老沃森自己出身销售，又在号称“销售鼻祖”的NCR浸淫多年，他看到帕特森和自己的相同之处，都是不懂技术，却能利用销售打造一个成功的企业，更何况销售的本领也是他自己赖以发迹的技能。他深信一支强大的销售队伍是公司所需要的最根本的能力，因而将在NCR学来的培养销售的方法在IBM一一实行。他设立教育部门，由专人负责销售的培训项目，由业绩出色的销售培训新员工销售技巧和愿意担当的精神；他甚至把销售人员如何和客户交谈的内容都尽量标准化并编辑成手册（这本手册在IBM叫Primer），使销售人员出错机会降低。他建立指标制度（quota system）给销售高提成、重奖励。他在加入CTR的第二年就开始仿效NCR举办销售人员大会，到了1925年，他把销售人员大会演变为“百分百俱乐部”（Hundred Percent Club），这与NCR的“一百点俱乐部”（Hundred Point Club）只有一词之差。这个一年一度的销售表彰大会往往选在知名城市或者旅游胜地举办，所有100%完成当年定额的销售人员都被邀请参加，参加这一活动的销售人员不仅充分感受到业绩优秀的荣光与骄傲，而且公司付费让销售人员尽情休闲。百分百俱乐部直到今天仍然是IBM每年一度奖励销售的盛宴。此外，老沃森还要求管理者要像师傅带徒弟一样，为下属提供亲身示范与指导，这就是IBM的“导师”（Mentor）制。这些举措在近百年时间里全都保留了下来。在他的培养之下，IBM销售人员都具有出色的技巧和深厚的专业知识，令所有的竞争对手望而生畏。到今天IBM的销售能力依然称雄业界，销售人员依然是IBM最受重视的群体，多数高管都出身销售或有过销售的经验。

对技术的重视和洞察力。在老沃森加入之前，CTR的产品就如同公司名字所代表的那样，生产计算（如计算尺）、制表（制表机、打孔卡片）、记录（工业时钟）产品，还有自动切肉机、切奶酪机等机械工具。他们的用途各自非常专业，有不一样的客户群，重合度十分低。

老沃森非常过人的一点，就在于他虽然不是技术人员，但他多年销售和聆听客户的经验，使他对于技术和市场需要有着深刻而敏锐的洞察力。加入CTR之后，他很快认识到，相比起计算尺和时钟来说，财务处理所使用的穿孔制表机所蕴涵的机会更大，更加适合美国正在兴起的办公需求。于是，老沃森将资金和政策都向大型的、定制的穿孔制表机倾斜。和霍尔瑞斯的固执于自己的发明不一样，老沃森在霍尔瑞斯发明的制表机产品的基础上，推动开发了功能更为强大的产品，去迎合客户的需求，而且不断开辟新的行业应用。如最早可以进行减法、乘法的制表机、首台复制穿孔机等。并且他说服企业用户放弃以往使用的分类账簿而改用制表机来记账。此外，他又看到大学中对于科学运算日益强大的需求和由于战争所带来利用技术去提升战斗力的空间，展开了与大学和政府国防部之间的合作之路。这一方向，影响了美国在往后数十年科技行业发展合作的模式，直接和间接为美国带来领先优势（从20世纪60年代以后出现的IT和计算机行业标准，大多来自于美国企业、政府和大学之间的合作）。

值得一提的是老沃森早在1922年的时候，就已考虑到以后行业需求和技术发展同步的重要性，成立了“未来需求委员会”（Future Demands Committee），然后又在1929年把委员会升格为“未来需求部”，负责研究和建议新产品、新应用的发展工作。从CTR时代到IBM，公司一直在不断推出新型的制表机，还推出电子打字机、字母制表机等产品，并且在铁路、化工公司、公用事业公司、人寿保险公司和美国政府部门等广开新的应用，培养了相当数量的忠实客户并且培育了市场。

也正因为这种洞察力，造就了老沃森的另一个重要成就，那就是带领IBM从穿孔打表机等财务处理机器业务进入数据处理时代。早在1914年，CTR的主要产品还是机械的和手工的穿孔制表机，到了20世纪20年代就开始制造电动穿孔机；1933年IBM收购了纽约罗切斯特的电气自动打字机公司，从此进入打字机业务（直到1991年才将其剥离给IBM与Clayton Dubilier公司合资的利盟国际（Lexmark International））。1944年是IBM产品历史上划时代的一年，这一年IBM与哈佛大学合作制造出了世界上第一台自动顺序控制计算机ASCC，这台50英尺长，8英尺高，重达5吨的大家伙后来被哈佛大学命名为MarkI，是第一台可以进行自动长运算的设备，也是IBM迈向计算机领域的第一步。随后在1952年IBM再应美国国防部要求制造出使用真空管的701电子数据处理机从事科学的计算。但聪明的老沃森看到商机，把701改进后推出702及704、705和709面向商业用途。在几番改变中，因老沃森应市场需要和技术的出现，再加上巧妙利用科学运算作为商用计算机的踏脚石，IBM从一个仅是穿孔打表机的生产商，带领行业进入了数据处理时代。

老沃森舍得在技术上投入，这一点丝毫不逊于任何技术出身的创业者。到了CTR之后他所得到的第一笔贷款就是用于研发。即使在20世纪30年代的世界经济大萧条时期也没有减少对研发的投入，相反，老沃森还在1932年拿出惊人的100万美元在纽约恩迪科特建立了第一个现代化的企业实验室，进行没有特定方向的研究与开发。这笔钱相当于IBM年营业额的6%！即便是在经济景气时期，这样的研发投入比例都是非常惊人的。后来IBM的许多新技术和新产品都出自于这个实验室。而他对科研技术专家和人才，也是不惜三顾茅庐、礼贤下士，以丰厚的报酬对待。

能把业务需要和技术结合起来做新的事情，这是我们今天经常挂在嘴边的“创新”，老沃森差不多在一个世纪以前已经精于此道，并挖掘出更多的市场“蓝海”。他在市场经济还没成熟的年代对市场经济的理解，足可以让许多现代企业经营者汗颜，也孕育了后面我会谈到的“市场思想领导能力”。但假如他没有具备强大的争胜之心和足够的“创业者”心态，要在如此艰难和可能朝不保夕的年代不断突破，几乎是不可能的事。

建立竞争优势，做大做强。老沃森留下的另一个重要能力，是灌输IBM建立竞争优势，和力争做大做强（Think Big）的心态。

“Think Big”是员工进IBM以后就一直被灌输的想法。虽然他没有著名的通用电气CEO 杰克·韦尔奇（Jack Welsh）所说的“要做到行业第一或第二”那么具体，但它在

IBM的出现比韦尔奇的观念早了数十年。源于追求卓越（隐含力争第一的意思）和取胜的决心，老沃森在他的年代就一直要求员工争取做大做强。即便是环境困难，他依然勇于投资发展规模和技术。他了解做大做强能为公司带来竞争优势，也为员工带来所需要的成长空间和满足对成功的渴望。也正因为如此，才有后来小沃森S/360“豪赌”的魄力和不断推动行业技术突破的创新（详见第二章）。

“上兵伐谋”，老沃森在“设计”他的业务的时候已经把竞争优势建立其中，这种优越的业务模式使得当时IBM无往不利。要知道今天管理学者挂在嘴边的“业务模式设计”的说法在当年尚未出现，所以这点尤为珍贵。撇开在今天的角度看某些做法是否恰当不谈，他对通过业务模式的设计去创造竞争优势的思维在当时来说是非常前瞻的。

诞生在美国发明家年代的IBM，从霍尔瑞斯的时代开始就很重视知识产权的价值。老沃森认同这一点并加以利用。他四处购买专利来充实自己的专利资源，例如1922年收购了Pierce财务机器公司的专利和设备，1933年收购纽约罗切斯特的电气自动打字机公司（Electromatic Typewriters Inc.）的工具、专利和生产设备，从而进军打字机行业并推出全美第一台成功的电动打字机等，都是很好的例子。他很早就制定专利政策，鼓励科研部门员工申请专利，并在1926年就成立IBM专利部，统筹所有关于内外的专利策略和执行。他利用制表机的一系列专利提高竞争门槛，使得竞争对手要支付可观的专利费用才能生产类似的产品，为自己赢得更多的时间和空间。

另一方面，1928年IBM开始推出IBM的专用卡片用于制表机上，同时把这种穿孔卡片打造为业界标准，IBM生产的制表机只能使用IBM生产的穿孔卡片，这样的做法有效阻止了竞争对手的进入，而且客户要想更换供应商成本也变得很高。到20世纪30年代，IBM穿孔卡片的年销量已经达到40亿张，利润达到公司总利润的1/5。

最为客户喜欢的要算是使用租赁模式为客户提供产品。这样，客户不用付出大笔投资购买制表机，只需要付相对低廉的租金，而且很多其他相应的服务开销（例如维修费用和调试费用等）也已经含在租金之中。这种模式受到了客户的欢迎。对于IBM来说，租赁的方式保证了IBM每年都有稳定的租金收入，让IBM的业绩下滑降到最低，特别是在世界大战和经济不景气的时候。同时由于需要维护这些租赁的机器，IBM需要经常派遣服务人员到客户那里，和客户自然建立更密切的关系，对客户的需求更加了解。这样，当IBM要和其他竞争对手比拼时，已然占据上风。

这一系列的“业务模式设计”帮助IBM稳定成长。老沃森加入公司仅仅四年之后的1918年，CTR年收入就达到900万美元，比1914年他加入时的400万美元增加了一倍还多。到1924年公司改名为IBM时，年收入已有1 100万美元，员工有3 300多人。

海外扩张策略。在老沃森“建立一家更大的企业”的蓝图中，国际化是非常重要的一环。老沃森到来以前，CTR除了在成立之前就有的加拿大、英国、德国等分支机构之外，并没有完整的海外发展规划。老沃森加盟后迅速拓展海外业务，他的意图在1924年公司更名为IBM之时表达得极为清楚，而在这之后，公司的海外扩张速度进一步加快。到了1949年，老沃森认为美国本土以外的业务已经成气候，便成立IBM世界贸易公司（IBM World Trade Corporation）作为IBM的一个全资子公司，专门负责管理海外业务。这时IBM已经扩张到49个国家，拥有8 000名海外员工。到1954年时，本土外分部遍及57个国家。1959年达到87个国家，海外员工29 000人。50年之后的2010年，IBM在170多个国家和地区设有分公司和办事机构，在全球39万多员工中，一半都在美国以外工作，收入也有超过一半来自于美国以外，是真真正正的全球化公司。这一切都直接源于老沃森的愿景和前瞻，使IBM始终在全球化上领先于许多企业。从“国际”公司，到“跨国”公司，以及“全球化”公司或者是“全球整合企业”（Globally Integrated Enterprise，简称GIE），IBM的世界观始终是走在最前沿的（更多有关这方面的分享，将在第三章出现）。

在销售能力、技术应用、竞争优势和超前国际化多个领域，老沃森在IBM建立的这些能力，为IBM成长为巨人并且日后能战胜一次又一次困难和挑战建立起重要的基础。

一个天才和一千个帮忙的人

老沃森在IBM拥有绝对的权威。虽然他并非从不听取下属的建议，但重要的决定都"需要"他亲自拍板，而他的队伍也总是毫无保留地执行他的策略和决定。曾经有人这样形容早期的IBM，说它就像是由"一个天才和一千个帮忙的人"组成的。这个"天才"自然就是老沃森。这位"天才"有经验、有抱负、有热心、高标准、洞察力强、性格直接（固执）、充满个人魅力且行动快速。在企业规模还不大、管理制度还没有完善以前，创业时期的IBM在老沃森带领下走过了几个困难的时期，并且因为大胆的决定捕捉了重要的机会，让他毫无悬念地成功建立一个比NCR更大的企业。

我们熟悉的大部分成功的企业创始人往往都是某一方面的天才，老沃森也不例外。但他们更多依靠的是自己的经验、信念、个人魅力和能力，加上高超的"销售"技巧去指挥他的部下，而不是一个体系。这与今天我们看到的中国企业创始情况如出一辙。不同的是，老沃森除了把他个人的特质和风格深深地镌刻在IBM的身上之外，他也投入了大量的时间（10年）去培养他的接班人。

以当时的规模放到今天，IBM还是一个小公司。和今天的小企业一样，当这个当年的小企业以非常速度成长的时候，它们的管理也无可避免地经过以始创人为中心带领所有人的阶段。早期的IBM管理也有着同样的特点，**虽然它拥有能力最强的领导者，但高度集中的决策对于越来越复杂的业务成长非常不利，而且随着老沃森步入晚年，他的成功经验也成为他决策上的盲点**（抗拒进入电子技术就是最好的例子）。很明显，IBM需要更多聪明又有热情的人一起，才能把它做大做强。聪明而固执的老沃森，在晚年时知道需要改变才能把IBM做得更大更强，但他已不可能也不愿意亲自去推倒很多自己一手建立的东西，于是他找来培养了10年、在他身边唯一一位敢于挑战他的人——他的儿子。

这个“一个天才和一千个帮忙的人”现象，在小沃森接棒的时候被打破。小沃森将建立新的组织架构，带领IBM走入现代管理企业的行列，也促使IBM能够去经营更大的业务。

老沃森的“家天下”

IBM公司成立的前几十年，是老沃森一手打下了天下，和我们今天中国很多的民营企业一样。虽然老沃森和他的家族在IBM的持股从来没有超过5%，但是他毫无疑问将IBM当成自己的公司一样呕心沥血。他像很多家族企业创始人一样，喜欢当英雄的感觉。他也的确是那个时代的商业英雄，在20世纪30年代是美国收入最高的职业经理人，也是那个时代美国著名的CEO之一。

但是，无论是多么伟大的英雄，也有迟暮的时候。第二次世界大战以后，年事已高的老沃森思想趋于保守，固守当时销量仍然可观的制表机不放，拒绝承认电子技术已经引领了新的趋势，老沃森甚至戏言说：“世界市场对计算机需求大约只有五部。”这导致IBM在电子领域步履蹒跚。1944年的ASCC（MarkI）有了计算机的雏形，但是这台机器是由3000多个继电器组成的，是机械电器产物而并非电子管计算机。1946年IBM制造出了世界上第一台电子乘法器IBM603并在报纸上大做广告，但这台机器没有存储程序，也不能算做真正的计算机。到了1948年，IBM制造出“选择顺序控制计算机”（Selective Sequence Electronic Calculator，简称SSEC），这是世界上第一台大型数字计算机，但这台机器是12 500个电子管和21 400个继电器的混合物，仍然不是纯粹的电子计算机。

但市场并未按照老沃森希望的方向和速度发展。1946为美国军方服务的世界上第一台电子计算机ENIAC诞生，使用了18 800个电子管；1951年ENIAC的发明者制造出首台具有存储程序的通用电子计算机（UNIVAC），使用了5000个电子管，在技术上比IBM至少领先5年。而且，后者还是IBM的主要竞争对手雷明顿·兰德公司（Remington Rand）收购的产品，雷明顿·兰德还为通用电子计算机想出了一个高超的营销手段：让通用电子计算机去预测有艾森豪威尔参加的那届美国总统大选结果。结果，通用电子计算机准确预测到了大出意料的投票比例而声名大噪。这严重影响了IBM传统制表机的需求，从政府客户到企业客户，大量的订单转向竞争对手。

一世英明的老沃森也陷入了第一次转型困境。好在，此时他的两个儿子都已堪大用。和很多家族企业的创始人一样，老沃森也想把打下的天下交给自己的儿子来接班。他的大儿子小托马斯·沃森（Thomas J. Watson Jr.，简称小沃森）出生于1914年，正是他父亲加入CTR的那一年。他生性顽劣，是个让学校和家长都头疼的孩子。这位“富二代”能够混到美国名牌大学布朗大学的文凭，多少要归因于他父亲的钱与名。1937年，小沃森大学毕业进入IBM当销售，这位公子依然不务正业，整天花天酒地，直到第二次世界大战爆发，他加入美国空军成为一名飞行员。战争的枪林弹雨激发了小沃森的血性与自信，这位经历过很多危险的勇敢的飞行员成为了一名中校。小沃森退役后在1946年年初回到自己战前工作过的IBM，6个月后就被任命为副总裁，很快又加入了公司董事会。而这时的他已经脱胎换骨，显示出性格中坚毅果敢、开明智慧的一面。至于他的弟弟阿瑟·沃森（Arthur K. Watson），也参加了第二次世界大战，在军队服役5年之后于1947年加入IBM。

1949年，老沃森被任命为IBM公司董事长，同年，他任命自己的大儿子小沃森为公司执行副总裁，任命小儿子阿瑟·沃森为新成立的IBM世界贸易公司的执行副总裁兼董事。1952年，小沃森开始担任IBM总裁。1954年，阿瑟·沃森开始担任IBM世界贸易公司总裁。两个儿子一管本土，一主海外，老沃森的家族传承格局已经基本成形。

小沃森初登舞台

IBM面临的第一次转型困境，在长子小沃森的努力之下成功度过。聪明又固执的老沃森，深知自己很难下决心放弃自己赖以成功的一切（这一点是所有成功的创业者最难逾越的鸿沟），却又深深感到需要在电子领域突破。于是他特别把电子技术研究的重任交给小沃森，让他开创另一个技术时代，同时也是对他的考验。浪子回头的小沃森，在对电子计算机这一新生事物的态度上显示出了自己的开明与远见。他与父亲在这方面的保守和抗拒态度截然相反，为此父子俩经常发生争执。从担任执行副总裁开始，小沃森带领IBM研发团队开始进军电子技术领域。他先对研究机构进行大力改革，将公司的电子工程师团队由500人扩充至4 500人，聘请有“电子计算机之父”之称、20世纪最优秀的数学家之一冯·诺依曼（John Von Neumann）担任顾问，加大数据处理的技术研究。

1951年，应国防部要求，IBM开始研制国防计算机，1952年，IBM第一台存储程序大型电子计算机IBM701电子数据处理机（IBM 701 Data Processing Machines）研制成功。这台被称为“国防计算机”（Defense Calculator）的设备每秒可以执行17 000次指令，比那台电子管和继电器混合的SSEC快了25倍，占地却不到SSEC的1/4。IBM在1953年4月举行了盛大的701发布仪式，邀请了150位工商界名流出席，包括“原子弹之父”奥本海默（J. Robert Oppenheimer）和“计算机之父”冯·诺依曼。IBM701的问世和量产，也标志着IBM正式从打孔机和机械计算时代进入电子计算机时代。

这之后，IBM的新产品源源不断。继701之后，IBM又先后推出改进型702、704、705、709等。1953年，IBM开发出中型计算机650磁鼓计算器（Magnetic Drum Calculator），650共生产和安装了约2 000套，成为20世纪50年代最畅销的计算机。1956年推出IBM 305 RAMAC会计和控制随机存取系统，这是世界上第一个计算机磁盘存储系统，可以存储5MB数据，不久就成为业界标准。这一系列的新产品让IBM重新获得了技术优势地位，再加上IBM强大的销售能力，无异于既有好马又有好鞍，从雷明顿·兰德手里夺回市场主导权成为易如反掌之事。到1956年老沃森退休时，IBM已经占据了美国计算机行业约2/3的市场份额。

这里有一个有趣的事情和大家分享。一般人会认为IBM作为行业领导，“计算机”的英文Computer一词的来源肯定和IBM有关，事实刚好相反，老沃森一直拒绝使用计算机这个词。原因是Computer的英文意思在当时是指“负责或帮助计算的人”，他害怕用Computer一词去代表IBM的机器，会让人产生抗拒，觉得有了IBM的产品，人就会失去工作。因此在早期，IBM的407就叫做财务机器（Accounting Machine）；到了电气时代，IBM601叫做电动乘法器（Electric Multiplier）；到了电子时代初期，当Computer已被竞争对手放在产品名称上时，IBM的603还叫做电子乘法器（Electronic Multiplier），而稍后的IBM 604、608和其他当时的很多机器都被叫做计算器（Calculator）。但是最终计算机（Computer）这一名字由于它的简单还是被大多数人接受，也变成这一类型机器，甚至在一段很长时间内整个行业的名字。很多人以为计算机（Computer）这个词也是IBM率先使用的，其实老沃森作为一个成功又自信的人，是这个名字最大的反对者。

1956年5月，老沃森的“传位”预备工作已然完成。经过10年的考验，他知道IBM的将来在他儿子小沃森手里是安全的，而海外业务在他的小儿子阿瑟的经营下也是有声有色。在将CEO职位交给小沃森后的6个星期之后，他因病与世长辞。是年，IBM收入达到8.92亿美元，比1914年他加入公司时的年收入400万美元增长220多倍，年均复合增长率达到13%。

老沃森兑现了对自己的诺言，建立了“一个更大的企业”。

而且幸运的是，他那曾经玩世不恭的儿子，在经营企业上并不逊色于父亲。小沃森及其后来者，在之后的半个多世纪里，带领IBM收入又成长了110多倍。但最重要的是，**小沃森在任内把IBM变革成为一个真正的现代企业，一个完全脱离了家族色彩，“一个人说了算”和“父子两代掌权”的公司，成为一个拥有现代管理体制和由真正职业经理人主导的企业。**出于“家天下”的想法，老沃森可能没有想过IBM会流到沃森家族以外的人手里；但有意思的是他选择小沃森作为他的继承人，却成为了“开放”IBM的最重要的决定。这个“天才”留下众多的贡献中，最后也可能是最重要的一个，或许就是培养了一个能够而且敢于改变他赖以成功做法的接班人。

作为IBM的“创始人”，他和我们中国过去30余年成功的创业者一样忐忑。**一方面感情上希望把江山留给自己的后代，却又担心因此而葬送一手创立的基业；一方面知道需要更规范的管理去迎接成长的需要，却不愿意亲手改变自己熟悉的经营方法。**他能够得到小沃森这样“两者兼顾”的接班人实在是可遇不可求。小沃森既是他的儿子，对老爸的价值观充分认同，又能认识到企业发展对管理规范的需要，用人为能。老沃森的“幸运”留给我们成功的创业者去思考的问题是如何找到合适的接班人，一方面能够传承创业者的优良价值观，同时又能够吸引一流的职业经理人愿意为企业的壮大付出努力。我以为无论如何，企业要想长青，当以如何做大和发展为最后的底线。老沃森选择接班人的过程，让我们看到一个成功创业者在面对寻找接班人时面对的问题，为我们提供一些思考的角度。

另外，老沃森自己的故事也让我们看到不一定是“创始人”才会如创业者一样对企业呕心沥血，关键是要找到对这个企业有热情和承诺的人。在今天的环境中，**创业者有时候会埋怨职业经理人只是“雇来的枪”，不会对企业有长期打算，但反过来说，假如企业能长期吸引和重视职业经理人，则企业内部就有机会自我提供既有才能又有担当的CEO。**整个IBM九任CEO中，全都是职业经理人，除了老沃森和郭士纳以外，其余全是通过IBM内部培养产生；除了老沃森、小沃森和郭士纳以外，其余全是通过自己的努力和表现从IBM最基层做起，直到登顶。

老沃森留下的智慧

1911年至1956年IBM的45年创业期中，老沃森领导了42年之久。除了提到过的以外，他还留给企业经营者很多简单但强大的建议，给我印象最深的是下面几点（部分将在后面章节中分享）：

1. 职业经理人也可以当好企业家或创业者，关键是对企业的热诚和承诺。

2. 创业者需要花时间物色和培养“接班人”。价值观和能力是接班人必备的条件，敢于改变创业者的做法则是跨越鸿沟，做大做强的桥梁。

3. 创业者在创业期间需要留有充分时间在为业务奋斗的同时，还要去实现价值观的落地和建立长期的竞争力，比如人才的追求、业务创新和创造竞争优势等。有些年轻的企业为了快速上市，人为地把创业期缩短，忽略企业最基本价值观、素质和能力的建立。而缺乏这些基础，企业将不可能基业长青。

4. 任何企业必须建立在一套价值观和基本信念之上。企业必须一直贯彻这些基本信念，尽管是面对短期困难。而当环境变化出现时，企业要愿意抛弃任何的东西去改变，除了这些基本信念之外。不能做到的话，基本信念只会是公司网站上的宣传语句。

5. 诚信是所有企业行为的最低标准。因此它的重要性和基本信念一样，任何时刻不能忽略。

6. 企业要永远保持一个“小公司”心态，就算是企业变大了以后亦然。企业长大后又需要建立像机器一样的执行体系，却不能因此失去热诚。每一个职业经理人都需要拥有一个“创业者”心态，因为自满骄傲是企业的最大敌人。

在美国创业潮出现100年后，同样的创业大潮在中国民企出现。20世纪末中国改革开放带来大量商机，新技术不断涌现，融资渠道逐渐开发，环境和当年老沃森时代也有相似之处。此时，创业者此起彼伏。创业者莫不希望做成百年老店，于是把自己的生命和价值观融入自己的企业，理所当然。而若能如老沃森一般花更长的时间领导企业，并在早期就理清企业的理念和深耕价值观可能会比“赶快上创业版”来得有用。

第二章 IT巨擘的爆发与挑战

在小沃森的带领下，IBM迎来了第一次爆发。他不但开创了现代计算机时代，引领行业的技术发展，并且强化了企业的管理能力和治理架构，引领IBM进入现代管理的殿堂，同时也在任内完成了IBM从“家族经营”到职业经理人“当家”的过渡。但是，IBM在屡创高峰的同时，“大企业病”悄然来袭，内外带来的挑战，差点将IBM毁于一旦。

从1957年到1992年，IBM进入了它的高峰期。之所以称这一阶段为“爆发”，是因为这一时期IBM从一家中型的企业，通过几次巨大的成功，摇身一变成为美国乃至全球首屈一指的企业，就如同我们熟悉的21世纪初的苹果、谷歌和20世纪90年代的微软一样鼎盛。经过之前半个世纪的厚积薄发，在这一阶段，IBM在财富500强的排名达到历史最高的第四位，也一度成为美国最赚钱的企业。在小沃森的领导下，IBM强化企业管理能力和公司治理架构，进入现代管理的殿堂。另一方面，无论是数据处理还是我们今天所谓的信息处理行业，在这段时间也在IBM的带动下得到多元化的发展。随着技术的发展和用户的经验提升，市场对“电脑”的期望和要求越来越多而且变得更复杂，更多的行业新公司从中崛起，有的直接和IBM短兵相接挑战IBM的传统业务，更多的公司在新的领域中悄然冒起。遗憾的是绝大部分新领域的技术IBM都拥有、参与或曾经有机会去领先，只是由于得了“大企业病”，让IBM没有及时进入，等到发现市场变化时，市场已经变得拥挤，而IBM的战线也被迫拉得更长，同时受到来自多方面的“挑战”和夹击。像所有的“高峰”一样，盛极必衰，这些挑战带来的伤害，差点让IBM彻底倒下。

50亿美元的豪赌

全面踏入电子时代

1956年5月，从父亲手中正式接过IBM衣钵的小沃森，继续带领着IBM从机电技术穿孔制表机和真空管技术向晶体管和集成电路的方向进一步转型。在他的推动下，IBM的产品和技术更替速度飞快。在老沃森的时代，虽然也经历从机械到机电技术的转移过程，但更多的创新都是把技术放到新业务应用的研究领域。在全面进入电子时代后，真正意义的技术创新便不断出现，这些技术创新不再只是围绕“处理器”发生，而是开始出现“软件”和“记忆体”等概念。这也是小沃森为IBM第一次转型中作出的一个重要贡献。

1956年，IBM成功发明第一个磁盘存储器350（Magnetic disk），以全新的技术去补足乃至代替传统的穿孔卡作为外在的存储媒介。这个技术是所有现代磁盘存储器的祖先。其后，于1971年发明的软盘和1973年的“温盘”（Winchester disk）也是IBM在存储方面朝“微小化”发展的重要创新，并先后在20世纪80年代成为PC上的必备配置。

1957年，IBM的约翰·巴克斯（John Backus）发明的FORTRAN语言“编译器”（compiler）在计算机上开始使用，这是世界上最早出现的计算机高级程序设计语言。在此之前，所有指挥机器工作的指令都需要通过机器“认识的语言”来进行，巴克斯认为需要发明一套更接近人类使用者的语言，让使用更方便，然后通过一个编译器去把它变成机器能懂的语言。FORTRAN的出现，为普及科学和工程计算作了极大贡献，同时它也鼓励了其他计算机语言的产生，包括后来广为使用的COBOL、BASIC、PASCAL、

APL以及C语言等。此外，计算机语言的出现，让更多的人能够编写软件程序，也直接衍生出后来整个独立的应用软件行业，也间接让互联网变得可能。

1957年12月，第一台完全使用晶体管技术制造的IBM 608晶体管计算器（Transitorized Calculator）被推出到商用市场，这意味着包括逻辑、内存、电源供应等所有线路完全应用晶体管技术，彻底摆脱真空管和机电技术。1959年，使用晶体管的IBM 1401数据处理系统问世，这款中型机比20世纪50年代最受欢迎的IBM 650更便宜、速度更快、更加稳定，创下了超过一万套的销售纪录，成为20世纪60年代初最受欢迎的数据处理机器。

1960年，IBM推出7000系列晶体管计算机取代700系列真空管计算机。其中为“伸展项目”（Project Stretch）而制成的超级计算机IBM 7030，当时号称是IBM 701速度的200倍。Project Stretch是IBM应美国原子能委员会的委托制造的一款超级计算机，它的设计目标是当时性能最强、速度最快的计算机，并使用了很多开创先河的概念设计，如多程序运行、先行控制、标准的输入输出设备接口、字节的定义、将较大的作业分成一系列较小而部分完成程序的流水线技术等（这些都已成为现代计算机技术最基本的概念）。只是伸展项目的研发费用大大超出预算，性能却只达到了事先承诺的70%。为此，小沃森公开宣布将伸展项目产品的价格降低30%，并且除完成原有订货外不再接受新的订货。虽然Stretch计算机的性能没有达到预期，但在伸展项目里头谈到的很多新计算机观念后来都被应用到划时代的产品S/360上，因此伸展项目可以说是为S/360后来的成功奠下了基础。而7000系列总的来说还是为IBM获得很好的收入。

进入电子领域的决定被证明是正确的，在这段时期IBM的业绩高歌猛进。1957年，IBM年收入首次超过10亿美元，达到12亿美元，进入财富30强。四年后，IBM销售额首次突破20亿美元大关，达到22亿美元，是1956年老沃森去世时的2.5倍；员工人数突破11万。这一年的5月，小沃森被IBM董事会选举为董事长兼CEO，并委任阿尔·威廉姆斯（Al Williams）为总裁，负责日常运营。

但小沃森并没有满足于7000系列和1400系列计算机的畅销带来的漂亮的财务数字。相反，他感到忧虑。他看到IBM虽然还在成长，但1959年和1960年连续两年的增幅各只有8%，比前几年的20%至37%的年成长率有所下降。他在回忆录《父亲、儿子和公司》中提到，将公司的工程部门分成大型机和小型机有它的好处，能够激发良性的内部竞争；但这个做法使得两个部门的工程师对自己的技术和产品非常“忠心”，彼此却无法合作。一件事情可能有两种做法、两套工程和两套研发班子，这导致成本也相应提高。更严重的问题是两个部门的机器互不兼容，而且互相重叠，使客户无所适从；当客户成长到了尽头，也不能从一个IBM机器转移到另一个更大的机器系列，而必须重写软件程序和更换外围设备。1960年9月，IBM有八个机器系列在销售中，而它们的结构互不兼容，就同一厂商生产八种不同型号的手机，充电器、电池、芯片、操作系统通通不一样，就连名片簿都不能互相传输。

50亿美元的赌博

面对重叠又不兼容的产品环境，小沃森在1961年作出了重大的决定，投资研发一条全新的、具有通用性和兼容性的大型计算机产品线。这一计划被命名为“S/360”，由当时的副总裁文森特·利尔森（T. Vincent Learson）带领由13位最资深的工程、软件和市场经理组成的名叫“SPREAD”（代表Systems、Programming、Review、Engineering and Development，意思为系统、编程、检验、工程和开发）的任务小组来推进。“360”指的是罗盘的所有角度，寓意这种计算机能够适应从科学到商业的所有应用需求，从小到大。

S/360的研制过程并不顺利。预算不断超支，软件开发工程巨大，同时支持商业应用和科研应用困难重重，而更重要的是，S/360项目首次提出的“兼容性”这个概念本身，在IBM内部也遇到了非常强大的阻力。在今天，兼容性已经是IT界的基本准则，但是在当年，这可是改变计算机业界游戏规则的革命性的概念。当时的技术人员以前在设计每一款计算机时都是各自为政，没有顾及其他机型的习惯；而且如果这一项目研制成功，不仅竞争对手的产品将受到巨大冲击，就连IBM自己以前的所有产品都将被代替，同时客户为了使用新的机器需要放弃以前的投资而购买全新的机器，这样的冒险必然会遭到反对。为了克服门户之见，利尔森把两个工程部门的主要人员互换工作多月，让他们了解另一部门的技术可取之处，这对S/360工作的开展带来良好的改变。

无论从哪一个角度来说，S/360项目都是一个巨大的冒险。首先，该项目投资巨大——总耗资50亿美元，比美国研发第一颗原子弹的“曼哈顿计划”总投资20亿美元还要高出一倍多，是20世纪60年代美国投资第二大的项目（第一大项目是阿波罗登月计划）。对于当年收入为22亿美元的IBM而言，以50亿美元来研发一个颠覆自己以往的畅销产品线、市场前景却不甚明朗的项目，这无疑是一个把身家性命都压上的赌注，难怪《财富》杂志称之为“50亿美元的豪赌”。在50亿美元中，7.5亿被花在产品工程上，40多亿花在工厂、生产线和为租赁机器的投入，6 000名新员工为此加入IBM。与投资相比更大的挑战和风险，则是前所未有的协作难度。该项目要求必须做到全球所有不同生产工厂的协同合作（当时还没有今天的通信环境和条件），去生产彼此兼容的软件和不同的机器、外围设备。同时，为了使S/360更完美地工作，大量的系统软件程序必须重新开发，这在当时软件概念刚刚诞生的时代极为困难，致使工程部门严重低估了它需要的投入（最终的投入是原先估计的10倍之多）。

定义计算标准，重写游戏规则

尽管过程曲折，但在小沃森的支持之下，利尔森坚定不移地统一思想，终于让S/360成功问世。第一个使用了大量集成电路的S/360是计算机历史上里程碑式的划时代产品：它是世界上第一个计算机家族。家族的意思是：S/360拥有同样技术但有不同能力的计算机主机和外围设备，它们之间使用同样的软件系统，就像“兄弟亲戚”之间有“血缘”关系。当时面世的产品包括从低端到高端、性能不同的6款计算机、40款通用外围设备（包括磁盘存储、终端机、通信机、读卡机、穿孔机、打印机和OCR），替代了IBM原有的所有五条产品线。它也是第一次在行业中使用模块化的硬件（包括外围设备）概念，产品组件都是标准化、可以互换的；使用统一操作系统，产品之间（除一款外）都可以使用相同的程序指令、相同的软件；是真正意义上的兼容系统。它也同时是一个企业、科学和政府部门都适用，可以提供不同运算需要的“通用系统”（General Purpose Computer）。模块化、通用化、标准化和系列化，这些后来都成为计算机业界的标准。

1964年4月7日，IBM破天荒地在美国的165个城市以及其他14个国家同步召开新闻发布会，听众超过10万人。正如小沃森所说，这是“IBM至今为止最重要的产品发布……S/360代表着与旧的计算机设计和制造理念的彻底决裂……这是一个新时代的开始”。S/360正式发布就取得了巨大的成功，在两个月内就签订了超过2 000份订单。1965年S/360开始正式向客户交付安装，由于供不应求，在相当一段时间内IBM不得不延迟交货。到1970年，S/360共卖出了3万多台，此时的IBM已经不再经营打孔机业务。

这一年，IBM年收入达到75亿美元，净利润10.1亿美元，首次超过10亿美元。同时IBM员工数已经增长到了将近27万人。

整个20世纪60年代，美国计算机市场被八家公司占领，除IBM外的另外七家分别是兰德公司（Sperry Rand）（由雷明顿·兰德公司发展而来）、控制数据公司（Control Data Corp，简称CDC）、美国无线电公司（RCA）、霍尼韦尔（Honeywell）、通用电气（General Electric）、宝来（Burroughs）和NCR。S/360的出现把很多保护客户投资的计算机概念融于一身，深受市场欢迎，也变相成为行业的标准。作为“定义”行业标准的IBM因而赢得了改变竞争游戏规则的机会，弹指间把竞争对手甩到身后。到20世纪60年代后期，IBM市场份额在70%以上，企业界把IBM和它的七个竞争对手称为“IBM和七个小矮人”。观察今天的行业中，苹果的iPhone和iPad产品，有着当年S/360一般的统治力，所不同的是它的对手，今天已经懂得拥抱开放标准平台，如安卓系统（Android），深知“团结才是力量”的生存之道。

1970年，IBM推出S/360的换代产品S/370系列，之后30年，又研发出基于S/370架构的4300、3000系列，以及S/390系列和同一架构的ES9000系列，这一系列产品构成了IBM在大型主机市场的绝对优势。在2000年之后，IBM的大型机不再以数字命名，而演变成了Z系列和System Z。1989年曾经有一个统计说明，基于S/360架构及其换代者的产品总安装数量占全世界当时计算机存量的一半以上。

S/360的成功不仅改变了计算机行业，也改变了IBM，正如小沃森所说，它让IBM明白了“没有什么事情是IBM不能做的”。**但它给人最大的震撼，则是一个企业敢于颠覆自己的“现金奶牛”（Cash Cow）业务（取代五种产品系列），从而去改变行业和游戏规则的勇气和智慧。**这种冒险精神不是源自盲目自信，而是以客户和市场价值为依归的价值观。

继续技术创新之路

也是在小沃森任内，IBM强化并制度化了技术创新为核心能力。1963年，IBM研究实验室（IBM Research）正式升格成为独立的部门，在之后的岁月中迅猛发展，成为IBM的核心部门，研发出大量新产品和新技术。

1970年，IBM研究部的科学家特德·科德（Ted Codd）发表论文提出关系型数据库

（Relational Databases）的概念，将计算机中存储的信息按照容易解读的方法进行排列，使非技术型用户也能访问和管理海量数据。现今几乎所有商用数据库产品架构都是以关系型数据库概念为基础的，他的发明衍生了数据库软件行业。

1971年，IBM研制出了最早的计算机语音识别应用技术。1980年，IBM在S/360和370基础上研制出RISC（精简指令集计算）架构，后来被广泛利用到UNIX的环境中。1986年，IBM的科学家发明高温超导体（Super Conductor）并一举获得诺贝尔奖，这个看似和计算机无关的技术，后来大大加强了IBM在芯片技术上的领导地位。1992年，IBM发表ThinkPad笔记本电脑，改变了PC的市场格局。1998年的CMOS处理器的突破让IBM的最大型机器可以摆脱水冷的环境要求，大大缩小大型主机的占地要求和制造成本，挽救了它的生存。凡此种种，都是IBM研究部的创新成果，在此期间，先后六人四次获得诺贝尔奖。

在产品和解决方案方面，1969年，IBM发布了面向中小企业的SYSTEM/3X中型机。同年还帮助美国宇航局（NASA）实现登月计划，IBM的计算机在轨道天文观测站Ⅱ号（Orbiting Astronomical Observatory Ⅱ）运行了一整年。除了上述领域外，在1957到1992年这一阶段，IBM还在UNIX、网络、存储等领域研发出大量新技术与发明。

小沃森任内的重要决定，则是IBM决定成立自己的半导体元器件（Component）部门。半导体是计算机芯片（也就是集成电路）的核心材料，半导体技术也就是处理器芯片制造的核心技术。早在20世纪50年代后期，IBM的研究人员一直相信半导体技术前景甚为远大，尽早确立IBM的领导地位将会让IBM更早接触到更尖端技术和获得更多创新的机会，从而帮助IBM系统的发展。可是在初期进入半导体计算时，IBM一直摇摆不定。不知应否自己生产半导体元器件，原因是它的毛利比系统的毛利低，而且资本投入很大。甚至在1957年年底，IBM和德州仪器（Texas Instruments，下称TI）签下合作协议，交换知识专利和技术资料，联合研究，同时把IBM的成果转到德州仪器，而IBM承诺只从德州仪器购买元器件。这样的做法引起研究部门强烈的反对。

与此同时，美国无线电公司（RCA）在半导体技术上号称要超过IBM，并生产出全晶体管化的电脑，让IBM坐立不安。再加上在1959年年初第一个关于定义集成电路的专利申请浮出水面，让IBM觉得未来系统的设计只会越来越缩小，如果不把握半导体元器件的设计和制造工艺，将来会直接影响IBM系统的生存。一年之后的1960年10月，IBM

下定决心，宣布成立一个独立机构去研究有关技术和生产工艺，目标是要去供应大部分IBM的元器件需求。翌年该组织升格为IBM元器件部门（IBM Components Division）。这个决定影响深远，至今IBM除了在PC和PC服务器的处理器上采用别人的技术外，其他所有的处理器都是IBM自己研制。在业界，IBM的处理器在超级计算领域，在商用的各类系统，还有1990年推出POWER架构①，一直占据领先地位。

IBM技术创新通过不断大量的投入和专业化的管理得以持续，使它能够在技术领域取得一个又一个突破，也是IBM引领世界的原动力。

①POWER架构：IBM开发的一种基于RISC指令系统的架构。相对于常见的X86架构的处理器，采用POWER架构的处理器具有结构简单和高效率的特点。

小沃森的“公天下”

第一次管理转型

带领IBM进入电子时代和推出S/360无疑是IBM技术转型的一个重要里程碑，对此小沃森功不可没。而小沃森的另一大贡献，是带领IBM走过管理的转型。世人大多只知道郭士纳带领IBM在20世纪90年代转型，却不知道IBM的第一次技术和管理转型，其实是小沃森一手策划的。

和父亲看重的忠诚和服从不一样，小沃森更看重员工的专业性和创造力。在刚接手工作以后，小沃森便意识到父亲的管理方法不能适应越来越大的IBM和以后发展的要求。在上任第一年（1956年）中，他便集中了100位当时最资深的人员到弗吉尼亚州一个叫威廉斯堡（Willamsburg）的地方开了三天会，决定如何把权力下放。在小沃森的领导下，IBM人员逐步建立起一套完整的组织架构和专业化的管理方法，包括如何作计划和制定业务政策，并仿效军方的作战部队（Line）和幕僚（Staff）的管控方式。这种方式早在20世纪20年代杜邦和通用汽车这些企业界“大腕”已经采用，但对仍是中等规模的IBM来说当时就像一场革命。

老沃森是个独断专行的人，喜欢自己处理和决定一切。根据小沃森自己的说法，老沃森时的IBM“有一个非常出色的销售部门，但是在其他各方面都缺乏专业的管理机构”。老沃森的做法在企业规模不大时具有优势，但当企业发展到一定程度，这种管理方法已经无法适合越来越繁杂的业务和越来越壮大的团队。小沃森宣布重设IBM的组织架构，设立了五大集团（Groups），分别负责总部幕僚职能、军工/计时/特殊产品、新成立的数据处理产品、电动打字机产品和负责美国本土外地区的世界贸易公司，由五位高级副总裁兼任集团主管（Group Executive）负责，下面分设各部门（Division）各司其职。而这五位主管加上他本人组成IBM最高管理核心的管理委员会（Corporate Management Committee）。这种集团（Group）和部门（Division）的组织方法，至今依然沿用。

在1956年会议之后，小沃森特别在公司的新闻特刊中刊登IBM历史上第一幅组织架构图，这在老沃森时代从未有过（勉强画的话可能是一幅非常扁平和超宽的图）。虽然往后这些结构随着需要时有改变，但从一人发号施令的老沃森式管理过渡到集体和分权管理的做法是小沃森的一个重要决定。这个改变让决定权不会落到一人身上，降低风险；加快决定速度使IBM在变大的同时不会变慢；而且让更多的员工有机会参与公司的决策，间接提高员工的积极性。

小沃森的管理转型并不是为改变而改变。他传承父亲所有对的理念，比如赏罚分明和追求卓越的高标准等，并把它们通过管理制度强化和固化。他对普通员工和蔼可亲，对于管理人员严厉。通过给经理们轮换岗位、交给他们超出他们水平的工作等手段来锻炼他们的能力；而那些犯了错误的经理则会被暂时调离核心岗位。为了奖励与他共生死的重要IBM高管，他把作为CEO得到的利润提成（老沃森加入CTR时待遇的一部分来自利润提成）和他们分享。他同时加强培训的制度化，使人才培养更加有系统。

IBM的三大基本信念也是由小沃森正式明文确立的。大家都知道IBM的基本信念出自于老沃森，但是很多人不知道它们一直是不成文的精神指引。直到1962年，小沃森把父亲的三个信念正式付诸文字，“尊重个人，客户服务，追求卓越”成为公司的正式基本信念。这之后，即便不能说IBM每一个员工都把这三条倒背如流也相差无几，而且在企业界也广为人知。知易行难，更可贵的是，IBM人在作决定的时候和日常行为中，往往自觉地以三大信念为指导原则。员工之间，也常把是否遵循这些价值观当做判断一个员工的“蓝色基因”是否纯正的标准。

为了把管理做到尽量上下一致和让IBM的价值观为每位经理人所认同，小沃森定期发给全体经理人员所谓的“管理简报”（Management Briefings），以信的形式分享自己的管理心得和真实事例，这个做法一直被往后的四任CEO延续至1989年，后来又将“简报”汇集编辑成书。我在1990年成为IBM的经理人时，也获得了这一本书，并从中领悟到小沃森和历任CEO传承下来的IBM信念和精神。虽然IBM给我正统的经理人培训，但远没有这本书里一封封平实的信来得有力量，让我知道一个职业经理人的内心应该是怎样的。

小沃森对于老沃森传统的传承和改变，是IBM成为今天百岁IBM的基础和根基。在小沃森领导的15年时间里，IBM建立了一套正规的、符合世界级大企业规模要求的组织架构和管理规范，成为殿堂级现代管理企业之一。

老沃森的专权和个人魅力带领IBM走过“创业期”，也导致了一些管理、发展盲点，也阻碍了高级管理人才的发展。而正是从这次管理转型开始，小沃森的放权和建立符合世界级大企业规模的组织架构和管理规范，使IBM走上了现代企业之路。这样的改变让每个员工，尤其是高级管理人员，可以更大程度地发挥他们的作用，也促进他们的成长，最终为IBM培养大量合格的职业经理人和接班人，把“家天下”变为“公天下”。接班问题一直是困扰我们很多的企业家的问题。老沃森和小沃森的不同做法都取得了成功，可以为企业家们提供更多的思考。

小沃森之“公天下”

在IBM最高位上工作了十几年之后，1970年，小沃森心脏病发作。1971年他从董事长和CEO职位上退下来，交班给曾经负责S/360研发的文森特·利尔森（当时他已是总裁）。

作为沃森家族第二代掌门人，小沃森没有像父亲一样将IBM的大权交给自己的家人，而是交给了外姓人。他为了完成父亲的遗愿——让他的弟弟阿瑟成为他的接班人，曾经尝试把阿瑟放在继承的人选中，在S/360项目中把阿瑟从IBM世界贸易公司调回总部，负责S/360的开发并把原来的负责人利尔森调往负责S/360的全盘销售，但事与愿违，事实证明阿瑟无法驾驭这个复杂的研发计划。小沃森不得已又把利尔森调回，并把阿瑟放在一个无关紧要的总部幕僚长岗位上。小沃森后来承认，虽然S/360获得空前的商业成功，他对无法完成父亲心愿和伤害了他的弟弟深感不安。小沃森在清楚地认识到自己的弟弟不是合适的接班人选之后，没有为了家族的传承而牺牲IBM的利益。他的职业经理人素养让他在IBM和他的弟弟之间，选择了以IBM的利益为决定接班人的唯一条件。

小沃森的继任者利尔森基本上是一位过渡性的领导。在小沃森的弟弟阿瑟失去成为

CEO的机会后，小沃森本来看上了弗兰克·克里（Frank Cary）。原因是在老沃森退休以后，小沃森定下了规矩，CEO必须在60岁退休。按照原先的计划，当他自己在正常年龄退休时，利尔森也已经退休（他比小沃森年长一点），而克里的年龄可以让他带领IBM七八年。然而，当小沃森决定于1971年提前退休时，利尔森还有一年半才到退休年龄。于是，他作为小沃森身边功劳最高的员工，当上了IBM历史上最短的CEO，在位上工作了只有一年半。他的时间虽短，却充分反映出IBM用人为能的精神，让其他员工佩服小沃森的大度。

小沃森退休之后曾经在1979—1981年出任美国驻苏联大使。他的弟弟阿瑟·沃森于1970年辞去IBM副董事长和IBM世界贸易公司董事长职务，担任美国驻法国大使。1970年他离任时，IBM世界贸易公司从1949年成立时的不到5 000万美元收入增长到超过25亿美元，与美国本土收入持平（老沃森曾说过有一天海外业务会比美国本土大），海外运营从49国增长到108国。有意思的是，兄弟两人离任后都从商人变成了外交官，践行了他们父亲“世界贸易促进世界和平”的格言。

从利尔森之后至今，IBM又经历了五任CEO，他们分别是1973年接替利尔森出任CEO的弗兰克·克里，他在任内促成了IBM PC的出现，退休时IBM的收入差不多是小沃森时的四倍。1981年克里交班给了约翰·欧佩尔（John Opel），后者领导IBM直到1985年。仗着前人耕种的成果，欧佩尔时代的IBM也是IBM最如日中天的时候。欧佩尔之后的CEO是约翰·埃克斯（John Akers）、郭士纳和现任CEO彭明盛。这些人中，除了那位传奇的郭士纳以外，其他都是IBM内部培养的表现出色的人才。可以说，老沃森把IBM变成了“家天下”，而小沃森又把它变回“公天下”。小沃森清楚地知道IBM需要怎样的人才才能“延续香火”。**“任人唯能”成为选拔接班人的唯一标准，IBM因此也避免了家族企业常常遇到的“富不过三代”的宿命。**小沃森在任时，已经有数十年历史的IBM像一家新兴企业般快速成长。小沃森对于IBM的贡献绝不逊于其父，他也被《财富》杂志称为“历史上最伟大的资本家”。

成功的代价

反垄断诉讼

然而，伴随着从小沃森到欧佩尔四任CEO的辉煌的，除了大型机和IBM PC的热销之外，还有一件对于IBM影响深远的事情，那就是美国政府对IBM反垄断竞争的诉讼。

IBM历史上曾经遭到多次反垄断诉讼，比如1932年美国司法部针对IBM和雷明顿·兰德公司之间的交叉专利许可和IBM强迫制表机客户只能购买自己公司生产的穿孔卡片的诉讼，最后美国高等法院的判决支持司法部，取消了IBM对客户购买穿孔卡片的限制。1952年的那一次则是针对IBM只租不卖制表机的商业模式，四年之后的判决中美国司法部再次胜利，IBM的制表机变得既可租也可买，这之后衍生出一个专门出租二手IBM设备的市场。

但IBM遭遇的最著名的一次反垄断诉讼，则是1969年的这一次。S/360的巨大成功为IBM带来在大型机领域的绝对性的优势，引起了美国政府的注意和竞争对手的投诉。1968年，IBM的竞争对手CDC以垄断为由对IBM提起法律诉讼，起诉IBM向客户提前销售尚未达到研制完成阶段的“不存在的产品”，目的在于阻止客户订购CDC产品。1969年1月，美国司法部也对IBM提起了反垄断诉讼，指责它垄断市场、阻止竞争等。之后的几年里，大大小小的竞争对手共对IBM发起22起反垄断诉讼，要求IBM赔偿损失，甚至要求分拆IBM。

对于这些诉讼，IBM聘请了大批律师进行应诉，最多同时雇用了200名律师。在这些官司中，与控制数据公司（CDC）的官司以庭外和解告终，与电报公司（Telex Corporation）一案IBM一审败诉、终审胜诉；其余的全部胜诉。其中与司法部一案持续了13年，历经五届美国政府、四任IBM CEO，传唤了近千名证人，直到1982年里根担任美国总统，时任反托拉斯局领导人威廉·巴斯特（William Baxter）重新审查了案件后，以“没有价值”为由撤销了这一诉讼。巴斯特认为，IBM是以合法手段赢得市场份额的，反垄断法不应该因为一个公司的成功而针对这家公司。这个结局与同一时间的另外一起反垄断诉讼正好相反，在那个案件里，AT&T被分拆成几家较小的公司。

这些诉讼的胜诉并不意味着IBM在这个长达13年的过程中是受益者，IBM付出了沉重的代价，损失了大量的时间、金钱和创新精力。为了与CDC和解，IBM不得不将1958年设立的专门从事数据服务业务的服务局（Service Bureau）公司以1600万美元的价格卖给CDC，而服务局公司的市场估值接近6000万美元。同时IBM要向CDC支付1500万美元律师和诉讼费用；还要在五年内向服务局公司购买服务，并且自己六年内不得从事数据服务业务。

在司法部的相关指控中，有一项内容是指责IBM通过捆绑销售硬件、软件和服务，阻碍了服务领域和外围设备领域竞争对手的发展。为此，IBM于1969年宣布将软件和服务从硬件销售中“松绑”，把软件与服务单独收费，非IBM设备客户也可以购买IBM的软件和服务。在与司法部达成的协议中，IBM同意政府监督自己的行为，在开发竞争性新产品的时候，要把计划书和备忘录交给司法部进行审批。这对于IBM的产品和经营都形成了非常大的牵制，也影响了之后若干年IBM的技术创新和行业领导地位。而另一方面，这些对IBM的牵制也进一步催生了一些新兴细分行业，如软件和服务行业的出现，也为苹果这样的新兴公司的诞生和成长创造了土壤。和今天互联网相关行业的出现一样，当年的IBM正处于行业交替的时代，法规环境并不完善。但不同的是IBM十分重视法律和诚信，在事件发生后变得谨慎。这种谨慎或许会被一些“大胆”的企业新贵所不屑，却是IBM能够绵延百年的根本基础。

如果反垄断诉讼是反映一个企业的行业领导地位的一个风向标，则在数十年间遭遇如此之多的反垄断诉讼的IBM无疑是横跨制表机以及信息处理行业的绝对领头羊。**但也许作为行业领头羊的代价就是要小心处理市场竞争问题，免得落入反垄断的竞争陷阱。**强大如IBM一样的企业也不免在诉讼过程中产生巨大耗损，同时也把企业的注意力有所分散。这也和IBM后来遭遇的下滑挑战有着一定程度的挂钩影响。在技术创新多变的时代，一个技术的出现有可能带来一家企业在一段时间内的绝对优势（微软也同样受到这方面困扰，不知道苹果会否成为下一个对象），因此有效地避免被反垄断诉讼拖垮也是基业长青的一个元素之一。

新的竞争——小型机与兼容机的兴起

在IBM依靠S/360风生水起以后，到了20世纪70年代，整个计算机业进入了电子和芯片时代。此时的竞争格局已经不再是“IBM和七个小矮人”。经过市场的严酷洗礼，通用电气GE将绝大部分计算机业务出售给了霍尼韦尔，而RCA将计算部门卖给了兰德公司（Sperry Rand），IBM的竞争对手由七家变成了五家，分别是宝来（Burroughs）、UNIVAC（母公司为Sperry Rand）、NCR、控制数据公司（CDC）、霍尼韦尔，业界将它们的首字母合起来，称为“IBM and the BUNCH”。在英文里，bunch的意思是“一堆”的意思。这六家经营大型机的企业共同掀起了电子芯片时代的第一次高潮——大型机的硬件时代。不过，就在IBM因S/360大型机的成功被反垄断竞争法拖进泥沼之时，新的竞争却悄然出现。

以DEC、王安电脑等为代表的中小型机开始在20世纪70年代出现在企业之中。小型机比大型机的体积小很多、价格低很多，不像大型机那样需要非常专业的技术人员操控，它的出现意味着计算机市场不再仅仅是大型机的天下。需求没有那么复杂、规模没有那么大的企业和机构，也可以使用计算机设备了，中小企业市场的概念开始产生。

成立于1957年的DEC从1965年起推出最早的小型机并且取得了很好的成绩，使DEC在20世纪80年代成为仅次于IBM的第二大计算机公司。比起DEC来，王安电脑公司更为华人所熟知，美籍华人发明家王安因为发明的磁芯存储器专利被IBM压价而与IBM有隙，他成立的王安电脑公司先后推出打字印刷机、王安计算器等产品，后来又放弃计算器生产而转向文字处理机，都取得了很大的成功，20世纪70年代后期至80年代王安又从文字处理转向数据处理，开始生产价格低廉却具备部分大型机性能的小型机产品，又一次受到市场的热烈欢迎。

为了迎接这些小型机的竞争和满足所谓中小企业的需要，IBM在前期的650机之后分别先后推出多款S/3X的系统。这些系统和S/360（和后来的S/370）虽然不兼容，但不单用在中小企业中，同时也被用作大企业的部门处理机。因此，小型机除了中小企业的市场外，也直接威胁和蚕食了S/360的大型机市场。但遗憾的是，在反垄断诉讼中，当

IBM提出小型机为S/360的竞争产品，而且如果把小型机的市场份额一起计算的话，IBM根本没有构成所谓的垄断市场情况时，美国司法部并不相信。但无论如何，小型机的出现，把原来单纯的计算机市场变得复杂。

除了小型机以外，IBM还面临着另外一种竞争：IBM大型主机兼容机。其中阿姆达尔（AMDAHL）是最有威胁的一家。吉恩·阿姆达尔（Gene Amdahl）曾经两度供职于IBM并担任S/360的主要设计者，1965年就成为了IBM院士（这是IBM技术人员的最高荣誉）。不过阿姆达尔因为一些误会于1970年愤而离开了IBM，创立了以自己名字命名的公司，制造从插口到操作系统完全与IBM兼容的大型机，与IBM的主营业务进行直接的竞争。但由于创业时资金短缺，阿姆达尔将大部分股权转让给日本富士通公司，最终被富士通收购。以富士通和日立公司为代表的日本厂商，由此成为生产IBM兼容机的最重要厂商。

与小型机和兼容机同时出现的，还有其他相应的外围设备生产厂商，专门在存储、磁带、打印机和通信等领域，通过生产和大型机兼容的外围设备分食市场蛋糕，使整个计算机行业的构成在这个阶段发生了巨大的变化。蛋糕越来越大，吃蛋糕的人也越来越多，计算机硬件行业的发展此时可谓达到一个高峰。

在这段时间，IBM虽然由于反垄断诉讼的结果要让系统、外围设备和软件独立定价，但IBM的基本销售方式依然从完整解决方案（Total Solution）出发，在系统方面三线发展：以S/370为基础的30××顶级的水冷系统和4300风冷系统，再加上面向中小企业的System/38和System/36，对阵来自四方八面的竞争对手。我在1984年加入IBM时，学的就是这些系统。这三种系统各有技术特点和针对性，在市场上都获得很好的反应，是直接让IBM在20世纪80年代走上顶峰的产品。

最终这几家在20世纪70—80年代IBM最强大的硬件竞争对手，包括一些其他的公司，大部分都以消失、被收购或者缩小经营并转型的结果告终。这一方面可能是由于IBM强大的竞争能力的缘故，但另一方面，也可能跟他们自身企业的核心能力和基础问题有关。这三家公司的共同点，都是由一个优秀的技术天才开始，并以它们的技术特点在行业杀出一条血路，但最后都没逃过失败的命运。这或许可以证明，在一个以技术挂帅的行业中，光有一时的技术亮点并不能够保证持久的成功，它还需要具备其他的核心能力。

IBM PC的得失

提起PC，几乎所有人都会想到IBM。甚至在一段很长的时间里，整个行业都在做着“IBM PC兼容机”的生意，围着IBM PC大做文章。对于很多一般老百姓来说，IBM就是“做PC的那个公司”。

但其实IBM并不是PC的发明者。自英特尔公司1971年发明微处理器后，1975年，一家叫做MITS的公司研制出PC的前身ALTAIR8800，使用英特尔8080微处理器，但是没有显示器和键盘。1976年，一家名叫苹果电脑的公司成立，并于1977年推出了配有键盘和显示器以及拥有彩色图形功能的APPLE Ⅱ电脑，这是最早进行大规模生产的PC，在市场上获得青睐。不过开始时人们还只把这类产品叫做“微机”（Microcomputer），一直等到IBM推出以“PC”为名的产品时，这种机器乃至这个行业才被称为PC行业。

苹果电脑的快速成功吸引了大批的仿效者。随后的几年，市场上出现了几十家微机生产商，但是，无论是苹果还是这些厂商，都像S/360之前的大型机厂商一样，使用不同的微处理器、操作系统和软件，没有统一标准，彼此互不兼容。

传统的IBM研发势力并不重视这个市场，早在1975年时他们曾以自己的技术推出一部叫做IBM 5100、定价从9 000美元到2万美元的“重量级”（约22千克）微型电脑来测试市场，结果失败，因而下了对市场并不看好的结论。直到IBM的总部管理委员会看到像VisiCalc（最早的电子表格软件）这样的商用软件出现，能把微机用在企业环境中，才感到威胁和势头不对，于1980年匆忙介入。为了避开传统研发势力的干扰，管理委员会在佛罗里达州成立一个独立的业务部门研发PC。为了一举超越竞争对手，他们必须在一年之内推出自己的产品。但假如要依靠IBM自己重新设计的话，起码要三年时间。这个部门认为唯一的方法是采用开放架构和标准，操作系统委托独立软件公司开发，而处理器则从第三方或IBM内部以竞标方式选择。这个建议最后被管理委员会接受，打破长久以来的研发传统。一年后的1981年8月12日，IBM发布了售价不到1600美元的第一款PC，IBM 5150，并将其命名为IBM Personal Computer（IBM PC）。而PC这个缩写，也由此成为所有微机或PC的代名词，PC的时代正式开始。

IBM PC一上市立刻受到疯狂追捧，1982年中，IBM PC以每分钟销售一台的速度席卷市场。很快，PC市场就形成了IBM和苹果双雄较量的局面，双方各自推出新的产品，在技术上进行激烈的竞争。在IBM PC面世以前，PC只是专业人士“个人业余”的嗜好。IBM的参与，为这个行业加上了“商业用”的标签。独立的软件公司看到企业客户的商机，纷纷开发能在IBM PC上使用的商业应用。得益于企业市场和开放架构的帮助，到了1984年，IBM推出的PC/AT已经彻底击败苹果的Macintosh电脑，成为PC业无可争议的霸主。

虽然PC不能说是IBM发明的，但PC行业的兴旺无可争议地和IBM的市场思想领导力分不开。在IBM振臂一呼的同时，IBM的开放架构实际上制定了PC的行业标准，同时也延伸出一个IBM PC兼容机和应用软件的市场。一些PC兼容机生产商如康柏、虹志电脑（AST），一度成为IT的新贵，抢走不少IBM的市场份额，二者甚至曾经抢在IBM之前制造出基于英特尔386处理器的电脑，康柏还一度成为PC界老大。只是这些公司和DEC、王安等一样，最终都悄然消失。前者一度想进军系统业务而吞并DEC，最后被HP收购，而后者则在1998年把剩余的知识产权卖掉。

IBM PC的诞生，虽然让自己在多年内拥有PC市场的“冠名权”，但IBM并不是其中的最大赢家。由于IBM5150使用的是英特尔8088微处理器，操作系统使用的是IBM委托微软公司开发的MS-DOS系统，而且IBM采用开放标准，公开了大部分技术资料，这使得其他生产商很容易生产出相同架构、采用IBM标准接口的IBM PC兼容机。于是，英特尔的微处理器和微软的操作系统得益于IBM的市场影响力，成为了PC的标准架构，在IBM PC兼容机市场中，坐收渔利。英特尔和微软也因为这个机会脱颖而出，前者战胜了摩托罗拉等微处理器生产商，后者的MS-DOS超过了另外两种主要操作系统CP/M和PASCAL，成为PC市场的最大赢家。

当今天再来回顾那段历史，如果当初IBM选择的不是英特尔和微软，那么今天的IT行业不知会是怎样的。又假如老沃森或小沃森还在经营IBM的话，他们会否容许IBM PC的处理器和操作系统两个最重要的部分不被IBM所拥有？又假如IBM当时坚持“买断”MS-DOS的话，微软还能够在20世纪90年代叱咤风云吗？这几个问题关系到谁真正主宰PC市场标准的问题，直接影响了将近30年的PC时代的格局，同时也带给我们有关业务模式设计和战略制高点的讨论。

PC业务曾经对IBM在20世纪80年代后期的收入有很大贡献，也让IBM的名字走入寻常百姓之家。但失去战略制高点标准的控制意味着，开放架构是市场竞争中最纯粹和残酷的一种状态，随着时间的转移，生产的效率和成本几乎成为唯一的生存条件。明白这个道理，也就不难明白为何IBM最终在20年后也要洗手离场，专注于利润更高的业务。而至今还活跃于PC市场的企业，全都已变成成本控制和市场包装专家，在狭小的创新和利润空间中生存。唯一的例外是苹果，在第一次PC大战之时，它以技术创新赢得部分市场的欢心，却因为"标准"原因败阵于IBM和兼容机体系。30年后，苹果从经验中学到，光是技术创新并不足够。它第二次的成功，实际上是业务模式设计、产品创新、建立标准和企业文化等综合能力的执行成果。

UNIX的出现和IBM后来居上

UNIX是一种多用户、多任务和分时的操作系统，并支持多种处理器架构。在20世纪60—70年代当S/360广为人用的时候，很多人在分别研究和开发更多用途的系统，在一个偶然的情况下UNIX系统的前身被开发出来。当时的系统都是以批量的方式"排队"来工作，对于学校学术研究尤为不方便，因为学校需要为多名学生同时使用计算机提供环境。所以当AT&T（美国电报电话公司）在20世纪70年代以很低的价格提供UNIX给学校时，很多学校都趋之若鹜，并在UNIX上面不断增加新的功能，使它越发完善。在经过多番变化后，它渐渐成为一个颇为完善的"开放"系统。但是，真正让UNIX登上更大舞台的是和RISC（精简指令集）处理器的结合。UNIX的设计思想是追求简单，而RISC指令集的设计思想也是为了让计算机的处理速度更快而把指令集精简化，两者的结合如鱼得水。再加上当时新的通信技术以太网（ETHERNET）和客户端/服务器（CLIENT/SERVER）的出现，进一步把UNIX变成一个更为完整的系统。

SUN公司是第一家把UNIX运行到以RISC架构为基础的处理器上的公司，以自行研发的UNIX操作系统Solaris和RISC架构芯片SPARC组合的系统，曾在很长一段时间内占得先机，被认为是UNIX系统的鼻祖。其后其他的公司像美国硅谷图形公司（SGI）、惠普和阿波罗公司（Apollo）等相继发布它们的UNIX系统和处理器。

同样是开放系统，却和PC的故事刚好相反。RISC架构其实是IBM的院士约翰·科克（John Cocke）在20世纪70年代首先在IBMS/360的基础上提出，通过简化运算指令提高处理器运算速度，可是IBM并没有像S/360或者IBM PC一样成为RISC和UNIX系统的领头羊，只有在1986年时发布过一款名为RT/PC的机器。直至1990年，看到以SUN为首的UNIX系统集团成功占据学术科研领域并开始对企业市场展开攻势，IBM才又一次被动地作出反应，设计出基于RISC架构的IBM POWER处理器芯片，和自己优化的UNIX系统，并以此为基础推出IBM RISC System/6000系列的系统。至此，在大型主机市场以外的另一计算机服务器市场又开始成形，并在日后“迫使”IBM的大型主机也参与其中。

和PC一样，IBM本来也掌握了RISC架构标准的主动权，却因为公司成功后的骄傲和怕出错，以致把主动权送给SUN公司。幸好和PC不一样的是，这个市场的标准并不只是掌握在一两家公司手里，而是真正的开放。IBM得以掌握自己的命运，利用优良技术生产出处理器芯片，然后又在UNIX上加入大量IBM用在大型交易处理的经验，使得IBM在硬件和软件的开放标准上具有竞争实力。另一方面，IBM又瞄准应用软件决定硬软件平台的市场状况，运用市场影响力和一系列“共荣”策略，大力投资建立独立软件开发商（Independent Software Vendors，简称ISV）的生态环境，丰富了能在RISC System/6000系统上运行的应用软件数目，这一系列的策略，终于让IBM在UNIX市场站稳了脚跟。但从推出RISC System/6000开始，IBM前后经过10年奋战，才从竞争者手里夺回市场第一，成本不可谓不高。

值得一提的是，PC和UNIX系统其中一个重要的相同之处，在于它们都把系统的环境和接口定义清楚，这样的做法鼓励了很多人愿意在这种环境下开发更多的应用，从而带来真正意义上的独立软件开发商的生态环境，进一步刺激和加速了独立应用软件行业的发达。在此以前，只有为数不多的独立应用软件公司（如全球最大的管理软件公司SAP）在IBM的S/370上开发软件产品，而且成本较贵。UNIX和PC的出现，把系统硬软件和应用软件的成本大幅降低，促进了计算机在中小企业以及个人使用上的普及。这是它们会在众多技术中脱颖而出的原因。

计算机的春秋战国时代

20世纪60—90年代间，S/360和370、UNIX和PC分别是信息处理或数据处理行业的三大主要平台。S/360和370开拓信息处理的时代，UNIX帮助降低计算成本和普及应用，而PC则把处理能力放到个人手里。这些技术分别在这段时间里显现它们的价值并且被市场接受而获得生存的空间。虽然三个平台间看似找到一个各自生存的均衡环境，但是身处在每个平台上的各个企业间，竞争依然存在而且极为激烈。哪怕你选对了技术平台甚至你是掌握技术的佼佼者，最终还是有可能被淘汰。

细看当年的“BUNCH”的结局。宝来收购了UNIVAC成立了优利公司（Unisys），并逐渐转型成一家行业IT服务公司。NCR被AT&T收购，后来又分拆出来，之后将计算机硬件业务出售给美国旭电公司（Solectron），退出了通用计算机市场转而专注于ATM和POS等特定行业领域。CDC分拆成了几个公司，后来大部分被别的公司收购。而霍尼韦尔则把计算部门卖掉转去做工业制造。

前文提到的IBM S/370兼容机厂商阿姆达尔和日立数据（HDS），分别在2000年宣布放弃或缩减在该领域的技术投资（那一年IBM推出技术更先进的64位主机Z900）。以DEC和王安为主的一系列中小型机厂家，也大多以被并购和退出收场。

在IBM PC兼容机战场上，以技术起家的AST最早退出。康柏于2003年被惠普收购。IBM于2004年出售PC业务于联想。代之而起的是戴尔（Dell）和新近以并购晋身PC前列的宏基（Acer），再加上并购后的惠普和联想，形成四足鼎立。但笑得最开怀的则还是微软和英特尔两家控制着标准的公司。

不过，由于受到互联网和所谓“后PC时代”各种个人电子设备（手机、平板、电子书、上网本、各种嵌入式设备等）的冲击，PC市场现在正处于一个微妙的状态。一方面，兼容机厂家正努力在PC（包括笔记本电脑）的市场中继续寻求薄利的生存空间，另一方面，它们又在积极开拓新的发展路向，降低风险。历史将会见证，曾被比尔·盖茨预测将会在数年间成为“恐龙”的IBM大型主机（mainframe）会否比PC活得更久。而在“后PC时代”的个人电子设备市场中，除了苹果的“中兴”以外，还将有谁会冒出头来，谁又会笑到最后？

在UNIX市场上，由于RISC处理器持续的研发投入非常惊人，市场的玩家越发稀少，过去10多年的角逐几乎只在三家公司之间展开。踏进21世纪，最先投降的SUN公司接受甲骨文的收购，好让其“香火”得以延续。甲骨文在收购以后形成硬软件一体的企业客户供应商。而惠普也宣布采用Intel处理器作为UNIX系统的核心，放弃原来自己的处理器投入。通过收购EDS和其他企业中间件公司，惠普也将在企业客户市场中更直接与IBM和甲骨文短兵相接。企业客户的市场，又将进入另一个“三国时代”。

猛一看，以上在30多年间进出行业的几乎全是系统硬件公司，这固然和前期行业以硬件为主的格局有关，但依然可以看出这个行业的变化实在太快。而在这段时间最大的赢家，除了IBM以外，似乎是随着IT行业大潮而崭露头角的软件和通信公司。它们很多在20世纪90年代百花齐放，并见证互联网的降临。

花无百日红，高处不胜寒

IBM年收入在1973年首次超过100亿美元，在1985年超过500亿美元。1986年，IBM在美国财富500强榜上列第四位，是IBM有史以来的最高峰，这个排名一直保持到1992年。到了1990年，IBM的年收入达到691亿美元，比1957年的10亿美元增长69倍，33年间年均复合增长率13%；盈利从1957年的9 000万美元到增长到1990年的60亿美元，增长67倍。在同一时期，IBM营业额始终保持正增长，并只有四次盈利倒退，这对于在20世纪50年代已经步入不惑之年而且规模已然不算小的IBM而言，是一个难能可贵的成绩。

这期间，IBM的信念、技术创新和市场思想领导力、销售和客户专注、服务观念的形成都得到了强化和提升，并且开始固化到管理体制之中。同时，经历了五位CEO的IBM也完全从一个家族企业过渡到完全由职业经理人管理的现代企业“机器”。

但是，如同中国的那句古话“高处不胜寒”一样，IBM成功抓住电子时代的第一波，成就了他在20世纪60—70年代的辉煌，但面对70—80年代百花齐放的其他机遇，它并没有第一时间把握机会，后知后觉的结果是只能作为其中的一家分享成果。虽然PC和小型机（S/36和S/38）帮助IBM达到80年代后期事业（收入）的顶峰，但如果从IBM的统治力和新生细分市场份额的角度来看，此时的IBM已不能和其70年代同日而语。种种迹象表明，这家曾经以大型主机“统治”市场的公司，正在受到多方面的挑战。

像很多别的公司一样，达到了高峰的IBM，由于成功的骄傲而出现盲点，在摆脱了家族企业色彩的同时，也忘记了“小公司”和“创业者”心态。公司也缺少像老、小沃森原来的冒险精神。这个机器开始变得缓慢、官僚、骄傲和内向。“不是这里发明”的NIH（Not-Invented-Here，拒绝使用非自己发明的技术）现象，让公司差点失去重要的机会；就算是已握在手里的新技术，却往往没有好好利用。但最致命的是IBM听不到市场的声音，忽略了“开放标准”时代的来临，也不警惕竞争对手悄然来袭。骄傲使公司不用耳朵聆听，而用嘴巴做事，“部门墙”让团队疏离，事情总要通过无数会议来解决。同时，由于大量的新技术和其他供应商的出现，竞争把IBM的战线无限拉长，使IBM疲于奔命。到了20世纪80年代末期，IBM企图通过成立多个独立业务单元

（IBU），重拾“小公司”和“创业者”心态，但官僚主义的羁绊又让决定来得太晚。

结果显而易见，IBM得了“大企业病”，开始从高峰开始下滑，盛极而衰。这点其实从20世纪80年代IBM的盈利情况中已经可以略见一二。前面提到IBM在这30多年间仅有的四次盈利倒退，通通都出现在从1979年到1990年期间。而到了1991年和1992年，IBM的营业收入也出现了倒退，甚至出现历史上首次亏损，公司的生存岌岌可危。

IBM盛衰的原因

在IBM100年历史的中间30多年，我们看到IBM达到第一次高峰。小沃森在任的15年，IBM年收入从1956年的8.92亿美元增长到1971年的82.7亿美元，增长了将近10倍，是IBM历史上成长最快的时期；净利润也从8 700万美元增长到10.7亿美元，增长了12倍。这期间，IBM从美国100大公司中的37位，跃升成为美国乃至世界最大公司的前十，市值增长了360亿美元。第一章里曾提到，在成立将近60年已届花甲之年后，IBM的股票在1968年仍能像今天的年轻成长型公司一样创下每股688美元和57倍市盈率的纪录。这与当时行业需求旺盛的大环境有着密不可分的关系，计算机的出现，让大量手工的工作和运算得以自动化，大大提高效率和准确性。只要有合适的技术和性价比，需求几乎是“无限”的。对IBM来说，这是占了天时地利。但在同一时期，我们也看到企业开始走入困境，其中一个外因就是IBM遭遇的反垄断诉讼。就算IBM赢得绝大部分的诉讼，它对IBM的影响还是很大的。不说大量的诉讼费用，更重要的是大量的精力被吸进去，正常的业务得不到更多的关注。而诉讼的阴影，直接影响到IBM销售人员竞争的方法和一代IBM高管对风险的接受程度，也间接让IBM变得缓慢。

但是除了外在因素，我认为IBM自身的原因对于这一阶段的成功和失败影响更大。这些原因主要有：

1. 前期布局和基础的优势。老沃森时代所建立的基础，无论是基本信念或其他能力，通过小沃森的重视和传承，都在这时候发挥作用，特别是早期建立的强大销售队伍和海外公司，规模化的生产能力和优越的商业模式等，都为这时期的IBM提供了竞争优势。

2. S/360的出现。S/360的成功，对IBM的成功至关重要。它帮助IBM定义了计算机行业的标准，因而重新制定“游戏规则”，让竞争对手陷入被动。它是行业中第一次听取并满足不同客户需要的系统，为客户提供更好的价值。它也让IBM理顺内部不兼容的多条产品线，降低成本而提高竞争效率。

3. 技术创新的专注和投入。从进入电子时代到S/360的研发，IBM几个重要的技术创新决定和不断的投入为IBM在这个高科技行业的成功立下了汗马功劳，而这方面的成功又加强了IBM对研发和技术创新的信心，并成为企业的核心能力。

4. 管理能力的提升。小沃森带领IBM进行第一次重要的管理转型，他认识到没有适当的管理机制和组织，权力不能下放，这会引起效率的问题。小沃森所花的工夫没有白费，管理能力的提升让IBM能驾驭更大的成长。后来的CEO继续把它优化。

5. 市场思想领导力。S/360无疑是建立对市场非常好的理解的基础上而产生的成果，在IBM的影响下，现代的计算机行业正式出现。IBM PC也是一个很好的例子，虽然它不是PC最早的发明者，但在它的影响下，也带领了PC市场的形成，并享受早期的成果。

6. 官僚化和内向。成为了“机器”的IBM，减少了果断决定和冒险的能力，更倾向于如何减少错误。更多看到的是眼前的成功和企图长期保住这些成功，因而忽略新的机遇和挑战，动作变得缓慢，直接导致后来的失利。

这些成败的原因，可以为今天的企业提供有价值的参考，在成长的过程中趋吉避凶。但是历史证明，**企业的起跌现象，却好像大自然中不变的“地心引力”定律一般，只要有成长，就会有高峰；只要有高峰，就必然会下坠，问题只是什么时候而已。因此，企业要做的，是用尽一切方法推迟和缩短下滑的时间，让企业能在最短时间内反弹。**在下一章，我们可以看到IBM如何依靠它的核心能力，成功反弹，并且闯得更高。

第三章　管理大师的再造与复兴

IBM经历了凤凰涅槃般的痛苦煎熬和转型后，终于迈向了成熟期。“空降兵”CEO郭士纳为它成功止血，并开启了IT行业中最为经典的硬件向软件和服务业务转型的案例，让IBM变身成为真正全方位的企业解决方案提供者。沉淀和累积了近百年的核心能力，也在这次严峻的考验中，得到了第二次提升。

从1993年到今天，IBM从低谷中走出来，变得成熟而稳重。之所以叫“再造”，是因为在这一时期IBM经历了最痛苦的时期，在接受庞大的亏损之余，深刻了解到需要改变，尽管要让一个30多万人的企业把80多年的习惯改变非常困难。IBM作出了向软件和服务业务转型的重要决定，从单纯的硬件业务变身成为真正全方位的解决方案提供者。同一时期，为了应付环境和转型需要，IBM努力开发新能力和提升现有能力，也把过去和将来的能力很好地梳理和制度化，成为脱胎换骨的一个企业。IBM重拾市场意识和洞察力，又从追求收入转移到利润和股东价值最大化。它重新认清客户的需要并以客户为先，然后把企业的管理方法作了巨大的改动。这一切举措让业务成绩有所起色，提出的新概念和新技术再一次让市场接受，股东的价值再一次提升。这种种结果可以说为一个100岁的企业带来“复兴”。经过“再造”以后，IBM也许不再像昔日年轻时那般霸气外露，但它让我们看到企业不需要像人类一样，在高峰过后只会随时间衰弱和死亡，而是进入企业生命周期的另一个新阶段。这一点，殊堪现代管理者和企业家细味。

郭士纳以空降兵的身份降落IBM，很多人因为他不懂技术或IT而对他产生怀疑，他却成功地不单为IBM转亏为盈，而且重建领导地位，因而被企业界誉为当代最出色的CEO之一。在企业的历史上，能够替“病重”的企业“止血”的CEO很多，但往往这些企业经过“大病”以后大都变得衰弱（这在我们前面提到的很多IT企业可以看到），能够在如此高龄时经过“大手术”后重拾过去的健康和动力者寥寥无几。这让人们看到在现今短期行为充斥的市场中，外来的职业经理人也同样可以对一家企业长期利益付出他的热诚并能取得成功！

止血求生

IBM的成长势头在1985年后还是在延续，主要是因为计算机市场在PC和中小型机的推动下不断扩大。在这样的情形下，IBM凭借IBM PC和中小型机S/36、S/38，和原来的大型机S/370让收入往上走。只是在这时候，IBM的盈利已经开始出现问题。1985年IBM的利润为66亿美元，和1984年持平。1986年IBM的利润为48亿美元，骤降27%。1989年盈利38亿美元，降幅34%。从1984年到1989年间，IBM的收入从459亿美元扩大到634亿美元，增幅38%；可是盈利不升反降，从66亿美元跌至38亿美元，跌幅达58%之巨。这意味着游戏已经开始改变，传统上最盈利的S/370成长放慢而且价格下降；代之而起的收入来源IBM PC和S/36、S/38以及其他业务的盈利又没有S/370丰厚；再加上IBM以大型机为主的经营模式和巨大开销，这一切让IBM的盈利出现问题。终于，IBM PC和中小型机带来的收入再也掩盖不住IBM的真正问题。从1991年开始连续3年，IBM的收入也下降了；而当没有收入（哪怕是低利润的收入）时，亏损自然随之而来。在这3年中，IBM一共亏损了接近160亿美元。

作为当时CEO的约翰·埃克斯（John Akers）其实早就很清楚这些问题。他在1986年就对员工宣布了五个IBM的目标。

1. 扩展我们和客户的合作伙伴关系（Enhance our customer partnership）。

2. 以卓越的质量和创新，成为产品和服务的领导者（Be the leader in products and services - excelling in quality and innovation）。

3. 与行业一起成长（Grow with the industry）。

4. 在我们所做的每一件事情上都要达到最高效率（Be the most efficient in everything

we do）。

5. 保持我们的利润投资在成长上（Sustain our profitability which funds our growth）。

在这5个目标中，可以清楚地反映出当时埃克斯面对的问题——只要我们把这5个目标反过来看，就会知道问题所在——从客户的专注、产品和服务的创新，到成长、效率和利润，埃克斯很清楚他所要面对的挑战。

埃克斯看到市场在变和IBM问题所在，认为IBM需要转型。在小沃森著名的1956年威廉伯格的会议之后的1986年，埃克斯在纽约州一个叫珀切斯（Purchase）的地方举办了另一个战略计划会议（Strategic Planning Conference）。除了邀请IBM的高管外，他同时也邀请来自各国的重要客户，希望从他们的嘴巴中听到IBM该如何去满足他们的需求。在那个会议上，也定下来IBM在硬件、软件以及服务业务三线的方向。只是这一次的会议并没有像30年前小沃森的会议一样把IBM推上一个高峰。

1990年IBM有点回光返照，收入冲上691亿美元，盈利更重回60亿美元数量级。可是1991年，IBM身上沉重的负担，加上缓慢的步伐，面对灵活多变的竞争对手，终于出现了历史上第一次的亏损。尽管埃克斯把打字机部门卖掉，然后把打印机部门分拆成一个独立的公司（后来的利盟Lexmark），并把PC和存储部门变成独立的业务部门（Independent Business Unit，简称IBU），依然没有办法扭转颓势。1992年，埃克斯为了提高IBM的市场反应速度，宣布计划把IBM的业务分为13个独立的业务部门，分别主导大型机、PC、工作站、中小型机、存储、打印、通信、软件、维修服务等业务，要求每一个独立的业务部门（IBU）“上交”8%的资产回报率，同时部门领导的个人收入与之挂钩。但计划赶不上变化，那一年由于大型机、存储、PC、打印机和维修服务的生意都不好，只有软件、中小型机和新宣布的RISC System/6000的成绩不错，但仍不足以挽救IBM的业绩，IBM的亏损进一步扩大。此时，市场上普遍认为IBM的问题在于缺乏专注、冗员过多、开销太大、产品平庸、毛利失控等。

1991—1992年连续两年的巨亏，市场份额的下跌和客户满意度的下滑，让绝大多数的评论家、分析师、媒体和竞争对手都不看好IBM，比尔·盖茨甚至曾经预言“IBM将在几年之内倒闭”。更多的人认为，IBM应该拆分成几家规模较小的公司。IBM董事会终于坐不住了，他们认为IBM的内部积病太深，不能自拔，需要靠外力帮忙。1993年4月1日，IBM宣布CEO埃克斯退休，郭士纳担任新的IBM CEO。埃克斯退休时58岁，是自从小沃森之后唯一一位没到60岁就退休的CEO，而郭士纳则是老沃森之后唯一一位来自外部的空降兵CEO。

时年51岁的郭士纳，1965年哈佛大学MBA毕业后就进入麦肯锡公司做管理咨询，一直做到高级合伙人。1977年，他加入美国运通公司负责信用卡业务并最终在1985年成为美国运通的总裁。1989年，他来到纳贝斯克公司（RJR）担任了四年的董事长兼CEO，并帮助它扭亏为盈，这就是他加入IBM之前的履历。完全没有IT背景的、“卖饼干”的郭士纳来领导卖电脑的IBM，真的是一个明智的决定吗？那个时候就连郭士纳自己都没有把握。选择一个外来的人，意味着IBM的董事会认同IBM必须要经过真正的改变，而这些改变可能是“老”的IBM员工所难以贯彻的。另一方面，在这个公司里，依然有着非常强大的力量、优良的传统和丰富的资源。如何利用IBM的长处，把累积80年的蕴藏用在20世纪90年代的市场之中，这正是郭士纳迎来的最大挑战。

但除了最大的挑战外，他还有最急迫的挑战。上任3个月后，郭士纳在一次新闻发布会上大胆地表示IBM“在这时候不需要远景规划”（vision），语惊四座。后来郭士纳在那本著名的自传《谁说大象不能跳舞》中解释说，他的意思是IBM在当时的那种境况下不需要远景规划，因为IBM对于未来从来不缺乏准确的预测，只是僵化了的IBM已经不能根据任何预测来采取行动了。面对仍然不断下滑的公司业绩，郭士纳采用的是并不动听但是非常务实的策略：采取一切措施扭亏转盈，同时保持公司的稳定。

扭亏为盈的方法几乎都是从节流开始，而庞然大物IBM高得惊人的运营成本无疑是导致公司财务失血的重要原因之一。郭士纳的节流措施包括：削减（不是取消）股东分红，1993年年底给股东的每股分红从2.16美元下调到1美元；他卖掉了“联邦系统公司”（Federal Systems Division，专门从事美国政府的系统业务），这个低利润的业务部门，获得16亿美元；他出售非生产性资产，卖掉了不需要的不动产，其中包括位于纽约市著名的麦迪森大道（Madison Avenue）590号的IBM大楼，获得2亿多美元；他甚至拍卖了IBM收藏的部分艺术珍品获得2000多万美元。但这一切都比不了IBM历史上最“神圣”的一个政策被打破：继1992年埃克斯裁员4.5万人后，郭士纳再次裁员3.5万人，并且宣布取消老沃森定下来的“终身雇佣政策”（Lifetime Employment Policy）。裁员的决定是痛苦的，但是对于正在生死间挣扎的IBM来说，郭士纳不得不采取一切措施，为了更多员工的生存赢得时间和空间。即便如此，IBM在1993全年的“流血”还是达到80亿美元。幸好这些亏损大多发生在前几个月。后来的评论说，郭士纳的迅速行动是稳住IBM的重要一步，把IBM从急诊室救了回来。

在财务止血的同时，郭士纳并没有忽视构思未来。他走访了很多国家的客户和员工，聆听他们对公司的想法。比如他在上任的三个月后便第一次以IBM的身份访问中国。他对于整个IT产业未来发展方向的判断主要有两点：第一，客户想要的并不是自己去各个厂商处购买细分产品然后自己进行整合的模式，而是需要能够为客户把所有组件集成到一个整体流程中的供应商，因此IT将变成以服务为主导然后带出其他产品的模式。第二，独立的个人计算将让位于网络化计算，PC将丧失在IT领域的中心地位。基于这两个判断，郭士纳决定保持IBM的完整性，定下战略方向（Strategic Intent）要满足客户对整体解决方案的需求，做一个整体解决方案（total solution）的供应商，而不是让客户在复杂的IT环境中自己选择产品和工具然后自己进行整合。他把原先定下来的分拆的构想和独立业务部门（IBU）的架构改变过来，而这是他进入IBM之后最早的、也是最重要的决定。这个决定成为IBM建构未来的蓝图，但对当时的郭士纳来说，如果只看短期效益的话不如分拆，要知道分拆乃是当时市场的期望，很可能会让股价高升，他也可以获得美名和实惠，而且相对简单。相反，保持一个完整的IBM，则代表要去正面克服众多的困难，难度要比分拆高得多。然而，他依然选择后者。

1993年年底，IBM年收入627亿美元，亏损81亿美元，是IBM历史上从未有过的纪录。但是在第二年，郭士纳的“急诊室手术”初显成效，IBM止跌为盈，收入实现了3%的增长，利润达到30亿美元。

再造80岁的IBM

但是郭士纳深深知道，这只是复兴的第一步。在《谁说大象不能跳舞》一书中他曾经这样说过："20世纪90年代后半期所发生的事将决定IBM何去何从：要么成为一个更加愉快、安全、舒适但无关紧要的信息技术产业的参与者，要么重振雄风，再次成为一家举足轻重的公司。"在他的心里，不仅是想在IBM赚取丰厚的报酬，还希望带领IBM重拾往日的光辉。

1994年3月底，郭士纳在第一次发布IBM的年度业绩时，终于发表了他对IBM的愿景规划（Vision Statement），共有三句话。

"IBM的使命是要成为世界上最成功和最重要的信息科技公司。

"（IBM的）成功——在于协助我们的客户应用科技解决他们的难题，同时成功地把这些非凡的科技介绍给我们的新客户。

"（IBM的）重要——是因为我们会继续成为这个行业所发明的大部分东西背后的基本源泉。"

同时，他也展开了他认为重要的六项具有战略意义的工作。

1. 更好地运用科技。IBM的核心，我们是一家以科技为本的公司。
2. 增加客户机/服务器（Client/Server）计算的市场份额，不能只是旁观者。
3. 在网络化计算的市场取得领先地位。
4. 重新理顺如何为客户交付价值的方法。
5. 快速在成长中拓展市场和扩张。
6. 充分利用IBM的规模。

媒体和分析师对此毁誉参半。有人认为说得很实在，也有人把他批得体无完肤。但郭士纳似乎已经想得很清楚，而且下了决心。对于批评他似乎毫不在意，而是把更多的精力放在建构他的蓝图之上。事实上，在整个演讲和提问中，他多次强调问题不在于IBM是否有这个能力或是否知道问题所在，而是在于执行。的确，在往后的数年中，他围绕这六个战略工作孜孜不倦地执行，同时，他展开了一连串改变未来IBM的转型计划。这次转型的规模比起小沃森的第一次转型更为全面广阔，触及IBM的每一个部门和人员；比第一次转型更为复杂深远，因为它已经是一个八十多岁的“老头”，拥有更多历史的包袱。这是一次超大规模的“手术和康复计划”，郭士纳所做的一切，都是在一个开放竞争的市场中发生，没有一点国家的保护，但他依然敢于下手。

为了要实践他的战略方向，郭士纳重新为IBM设计策略和业务蓝图。这个蓝图建立在“一个IBM”的基础上，面向各行各业的不同IT解决方案的需要。这意味着IBM需要具备对多个行业的深入认识，还要有多种产品（硬件、软件和服务）和技术，而且由于客户越来越成熟，IBM需要的知识和技能要高度专业化才能满足市场需要。同时，为了给客户“整合”解决方案，IBM也必须具备超强的IT技术运维服务和IT业务应用服务的能力。

有了这些大纲后，郭士纳进一步勾画出在核心流程、组织和技能上与过去的差距，并思考如何去满足这些战略需要。很明显，多产品、多行业和全球化的运营模式跟之前的IBM很不一样，因此他需要重新建立一个管理体系（矩阵管理），让不同的部门既有清晰的分工又能有序地合作。在产品方面，IBM在硬件上本来已经很强，要做的是通过提高技术兼容性和缩短研发去提高效率，同时让IBM PC更独立地运作。对本来只在萌芽阶段的服务和软件部分，则大力投资务求成为和硬件一样强大的产品。为此，郭士纳要求IBM提高兼并收购的能力和采取尽量与ISV软件行业共同成长的态度，旨在缩短成长时间和加速影响。又由于“一个IBM”的关系，郭士纳认为IBM的市场和品牌策略应该只有一个而且必须统一使用，因此他对市场和品牌管理作出整合，对IBM的财务架构流程重新设计，去满足“一个IBM”的多产品、多行业和全球化的需求。最后，在从传统的地区经营模式转向矩阵后，地区的权力下降。为了不影响IBM对新兴市场的专注，他需要建立一个机制去帮助这些市场发展。这些，都是郭士纳为了执行战略方向，根据IBM当时的状况所设计的转型工作。这些工作，每一件都要求对流程、组织和技能进行改变，范围之广，牵涉IBM的每一个部门和员工。也因为如此，郭士纳转型的第一件工作，实际上是从价值观和文化开始的。

以下，我们一起看看郭士纳的再造工程蓝图：

<table>
<tr><td>人事(1)</td><td rowspan="3">研究与开发(8)</td><td rowspan="2">系统与其他硬件(7)(8)(2)</td><td rowspan="6">14个行业客户群(12)(2)</td></tr>
<tr><td>财务(11)</td></tr>
<tr><td>市场(10)</td><td>软件（中间件）(4)(5)(9)(2)</td></tr>
<tr><td>公关(10)</td><td rowspan="3">兼并与收购(9)</td><td rowspan="2">全球服务(3)(8)(2)</td></tr>
<tr><td>政府事务(12)</td></tr>
<tr><td>渠道合作(5)</td><td>PC(6)(2)</td></tr>
</table>

郭士纳再造工程蓝图和组织关系

1. 重塑IBM以客户和卓越为文化的队伍；2. 建立矩阵式管理，加强全球一体化；3. 开展服务业务为集成领航；4. 开展软件成为独立核算业务；5. 放弃应用业务，全力打造ISV生态系统；6. 成立IBM PC公司，放手一搏；7. 统一芯片技术，支持硬件业务；8. 缩短研发和市场的距离；9. 建立兼并收购能力；10. 整合市场部和品牌管理；11. 加强财务管理，利用规模节约开销；12. 加强对新兴市场的投入。

重塑IBM以客户和卓越为文化的队伍。从老沃森时代就养成的重视客户的文化，在多年的行业老大心理影响下已经悄悄变质了。曾经是为了接近客户规定的白衬衫、蓝西服，却没有随着客户衣着的休闲化而改变，IBM的文化变成了僵化的形式主义，IBM成了一个自我导向的公司而不是客户导向的公司。从研发到产品到销售，都是要求客户顺应自己的方向与节奏，而不是以客户的需求为指导。作为IBM曾经的客户，郭士纳对此深有感触。于是在上任刚一个月，他就宣布了"热烈拥抱"计划，要求他的50名高管以及他们的200位下属在三个月内各自出去拜访公司的大客户，并且交出一页的报告。这成为郭士纳改造IBM文化的第一步。而且，郭士纳并没有止步于此，他自己身体力行，把近一半的时间用于拜访客户，还要求他的领导团队也都这样做。他要求拆除IBM总部的很多间会议室，只为让总部的大大小小负责人把时间用在客户那里而不是开会上。他把奉行多年的“白衬衣、蓝西服”的着装规定放宽到和客户穿着一致。他告诉员工要在IBM良好的传统上建设IBM，但毫不犹豫地在必要的时候改变一切不合需要的事情和做法。很多人误会他改变了老沃森的基本信念，但他其实只是重新让员工认识老沃森的本来意思（有关价值观更多的分享，可在第八章看到）。

为了让员工更了解并跟随他的方向，他还要求IBM的各级管理人员把“客户放在第一位，IBM第二位，自己部门第三位”，并以此作为业绩考核的指标，基于它重新更改考核内容，以争胜（Win）、执行（Execute）和团队（Team）分类，要求员工的考核目标围绕这三方面展开，层层推行到每一员工和阶层。

他数次举行全球的视频会议，直接把他的观点与员工沟通。我印象最深的一次是，他把IBM不断下滑的市场占用率（前六年间掉了1/3）和客户满意度的图表展示给所有员工，让大家深知官僚化和自大带来的后果，刺激员工争胜的决心。此外，他除了勇敢地废除了“终身雇佣政策”外，还同时改变了员工的激励制度。从老沃森开始，IBM不相信员工股权作为一个激励手段，老沃森说过，员工应该努力工作把赚到的钱拿去买IBM的股票。但郭士纳又一次改变了IBM的老规矩，把员工期权（后来加上股票）作为员工收入和激励机制的一部分。从1992年到2001年间，获得员工股权相关的员工由1 300人（只有极高层人员）增加至72 500人。这一个改变，大大改变了一般员工对公司业绩的看法。

为了更好地服务客户，郭士纳把销售队伍分成14个不同的行业，每个行业有专门的经理人负责。销售人员专注于自己所负责的行业里面，可以更加深入地了解行业特点和发展趋势，更清楚地知道客户的需求所在，提供更有针对性的解决办法。这样，IBM从后端到前端，与客户越来越近，并形成了一支专业性的行业销售团队。在此之前，IBM的销售队伍是根据客户大小，分为大客户部（Account Marketing）、一般客户部（General Marketing）和零售及分销部（Retail & Distribution），其中大客户部以S/390大型主机为主，一般客户部针对中小企业部以销售AS/400和RISC system/6000中小型机为主，而零售及分销部则主要通过分销和代理并以PC为主。但显而易见，这样的分法会慢慢看到产品、客户群和渠道的重叠，比如大客户也有可能用中小型机和PC；而代理商除了PC以外也出现在中小型机的业务之上。另一方面，随着计算机在企业和政府的应用越来越普及，各行各业对计算机的要求从传统的普通应用走向行业化，这就要求IBM对客户行业的认识更加深入。在过去，传统上IBM的业务代表就是负责产品的销售，另外配备一支以产品分类的系统工程师去协助业务代表销售。但随着软件和服务业务的成长，客户对于软件和服务要求更专业化，发展到20世纪90年代中期，旧有的方式已经很难让客户接受。

在这样的情况下，郭士纳知道旧时的“阶梯形”组织已经不能满足多产品和多行业的市场和业务需要。他提出矩阵式的组织，分别成立以行业为主面向客户的行业部门，及以产品为主的专业产品管理和销售部门，这两类部门没有“阶梯形”组织中的上下级关系，而是需要通过相互合作来达到企业目标，各司其职。为此，IBM需要把原来的业务代表和系统工程师的资源重新分配到行业和产品部门去，同时重新定义他们的工作。行业部门的业务代表不再是产品销售，而变成需要了解客户行业需要和统筹客户端和IBM合作的人员，并更名为客户代表（Client Representative），象征一个更长期和深入的关系。由于产品的多元化，他们不再可能对所有产品的销售都精通；取而代之的则是各个产品部门需要担负起自身产品的销售责任。在产品部门里，顺理成章的是把过去的系统工程师纳入，但是他们的角色需要重新定义，从过去“以技术协助销售”变成“以技术销售”，通过对技术的论证去说服客户IBM产品的优越性。在改变这些角色的同时，IBM也相应地采取了从级别到激励方法等与角色相关的一系列人事制度上的改变。

行业的细分，是郭士纳推行整体解决方案的重要一步。针对不同客户进行分析后，他把客户需求分成三大类别，分别是商品化解决方案（Commoditized Solution）、部分定制化解决方案（Mass Customized Solution）和量身定做（One of a Kind）解决方案。他要通过这些行业的销售队伍，去认识不同行业客户的需要，然后把IBM的硬软件产品，包装成以上的解决方案，通过服务部或者业务伙伴交付于客户手里。这个行业的组织也变成IBM整个业务矩阵的其中一维。在往后的几年，IBM把14个行业合并，形成今天的六个行业组群（Sectors），分别为金融、电信、政府与公众事业、交通运输与流通、制造业、工商企业行业组群。而随着行业技术的普及，针对IBM客户规模的两极化，IBM又把其中一个行业组群专注于中小型规模企业，采用相应的方法来服务于他们。对于数百个IBM客户，为了更好地服务他们，IBM成立了一个全球“一条龙”的跨部门客户团队（Integrated Accounts Teams）去服务它们，并由CEO亲自拍板，任命服务这些客户的总监。这些总监在内部起码是副总裁级别，并被授权能决定任何IBM在客户端的事情，统筹IBM的各类资源，并直接负责该客户带来的销售及利润指标。为此，IBM要求财务部门特别打造针对这些客户的损益表。

建立矩阵式管理，加强全球一体化。郭士纳建立的这种行业销售的做法，和从前的大客户部、一般客户部和零售与分销部明显不同之处是要加强行业的认识，同时在结合了硬件、软件、PC和服务部的队伍后，形成了一个产品和行业的二维矩阵的市场发动机。这个二维矩阵的操作需要两个极为重要的前提条件。第一，各种产品（就以以上四个部门为例）的团队要和各个行业（就以14个行业为例）的团队相互合作。这需要重新定义角色，要求行业的团队专注于深度了解行业和客户的需要并定义所需的解决方案，同时协调一切IBM在客户端的工作和关系；对于产品的部门，他们除了负责各自的产品技术、创新和市场策略外，同时需要拥有一支精良的产品销售队伍。当行业的团队带来客户的商机，产品部门就要负起攻城拔寨的工作；遇到复杂的解决方案，不同的产品团队要在行业团队的领导下协同作战。产品部门由于和研发关系相对密切，也充当起利润中心的角色。这个改变，对IBM一直非常成功的销售体制带来巨大的改变；其改变不仅是在文化和历史感情上，同时也体现在配套角色所需技能的转移上。在一段颇长的时间里，IBM的前线各部销售人员也曾经过漫长的适应期。

第二，IBM美国以外业务的管理架构在改革以前是以各个海外分公司为权利核心，预算和决策权在海外分部的国家区域总经理手中，这样的做法从老沃森时代的海外拓展以及后来的世界贸易公司（World Trade Corporation）时一直相传，好处是它让区域能够集中各种资源快速反应；但另一方面，由于部分地区规模不够大，他们难以施展。此外，这也导致了部分海外分公司想要把利益留在自己手里，致使上下产生不一致。郭士纳为了改变这个情况，让二维矩阵得以展开，将海外分公司的预算和决策权都收回，交给各产品部门利润中心负责，再以行业部门牵头认识客户。原来各海外分公司自有的业务与职能体系也都随之被整合，全球管理体系变得标准化，削弱地区差异，加强了管理的客户导向和总部战略的执行力。而在这一过程中，地区分公司总经理的角色也从以前呼风唤雨的“战地司令”过渡成为协调各部门和面向当地政府社会的经理人。这是整个管理转型中阻力最大的一个做法。为此，郭士纳与那些不甘心放弃权力的地区总经理开展了一场“战争”，最终，不顺应变革的人只有离开。

过去的IBM是一个以等级分明著称的阶梯形企业。郭士纳深知要把新的矩阵式管理做好，必须要加强各部门间的合作和沟通，而这需要从公司最高领导层开始，把榜样立好，同时让30万IBM员工了解到等级不一定最重要，协同合作的团队精神应被重视。为此，他上任第一个月就撤销了由公司六名最高管理人员组成的存在多年的“管理委员会”（Corporate Management Committee，简称CMC），成立了由十几名成员组成的“执行委员会”（Corporate Executive Committee，简称CEC）。他对委员会成员的要求是，相互理解并协调各部门之间的策略和问题，使矩阵能有效运行。另外他又设立了由30多人组成的全球管理委员会（World Management Committee，简称WMC）。顾名思义，被委任的人都是来自于全球但不局限于总部的高管。郭士纳认为要行动迅速，他需要有来自各地区的人对政策和产品提出他们所代表市场的意见和评估。郭士纳一石二鸟，还亲自打破IBM的等级观念，委任一些具战略性但本来级别不够高的高管进入全球管理委员会，让员工感到改变。与原来的管理委员会不同，这两个新机构不行使公司决策权，而是进行跨部门的沟通、评估与协调。没有了权力，就不再是阶层和地位的象征，而IBM的决策效率和协调机制也因此有了大幅度的提升。到了彭明盛的时候，他分别以三个团队——运营团队（Operating Team）、业绩团队（Performance Team）和整合与价值团队（Integration & Values Team）代替郭士纳时期的两个委员会。运营团队以总部各大部高级副总裁为主，负责运营的方向和策略。业绩团队由总部和各重要地区资深高管组成，负责日常的业绩。至于整合与价值团队，则是一个300多人来自各部门和地区的资深高管，负责提供意见、带领贯彻IBM需要在各部门或地区内的改变和整合。尽管形式和人数不尽相同，但郭士纳和彭明盛的两种机制的设计基础都是让矩阵环境中的IBM如何在策略和执行上做到有效和快速，为全球标准化执行服务。

开展服务业务为集成领航。前文提到过，IBM从1969年开始为软件和服务单独定价，但是直到20世纪90年代初，服务业务在IBM的整个业务格局中的地位只能算是“二等公民”，IBM 600多亿美元的年收入中只有100多亿来自服务，与硬件业务不可同日而语，而且这100多亿中超过一半还是来自主机维修服务。1991年，IBM的管理委员会把服务作为未来的一个发展重点，同年在美国把服务业务单独调整为整合系统解决方案公司（Integrated Systems Solutions Corporation，简称ISSC），正式吹起IT服务的“集结号”。

这个决定和竞争对手的出现不无关系，眼见电子数据服务公司（EDS）、佩罗系统技术咨询公司（PEROT）等从事系统集成和开始创造外包模式的竞争者出现，IBM决定要用三年时间，意欲在1994年超越当时的服务业老大EDS，成为IT服务的全球第一。于是IT服务作为IBM一个新的增长点在成熟的国家开始建立起来，在加拿大、英国和日本都陆续成立相应的公司去专注于服务的发展。尽管直到1994年的最初3年，IBM的非维修服务都处于亏损状态，但IBM仍然继续投资在这条路上。到了1995年，IBM终于超过EDS成为全球最大的IT服务公司，那一年IBM的服务收入达到200亿美元，差一点占到IBM总收入的30%。

只是，在1991年刚成立时，ISSC只是居于销售部门之下的一个全资子公司，而且美国之外的服务业务并没有全部纳入进来。1992年，IBM又正式成立了IBM咨询部（IBM Consulting Group），利用1 500名顾问为30多个国家的客户提供管理和IT咨询服务，但是此时的服务仍然没有进入IBM核心业务的范畴之中。

郭士纳的到来加速了服务业务的独立。他清楚地认识到，IBM要想成为整体解决方案提供商，服务将是整合的牵头者。这个"整合者"的想法说起来很简单、很逻辑，但要实行起来是非常困难的。原因是作为一个独立核算的部门，它是要以盈利和收入最大化为目的，这样它必须具有相对独立的客户、机会、市场和业务伙伴的选择能力。举例来说，甲骨文是服务部的合作伙伴，但对软件部来说它是头号竞争对手。如何让服务部门在追求收入利润最大化的时候兼顾IBM的整体利益是一个不简单的问题。而且在IBM的传统中，销售总是以硬件为核心，要改变这一重心，也需要大量的工作和耐心。

1996年，郭士纳认为时机成熟，将IBM在全世界的服务业务集合起来成立了IBM全球服务部（IBM Global Services，简称IGS），作为与硬件业务并列的独立核算的业务部门。独立核算意味着全球服务部在为客户提供整合服务的时候，除了推荐客户购买IBM的产品外，也可以根据客户的需求推荐他们购买IBM竞争对手的产品，只要这对于客户是最好的选择。这对于IBM的传统销售模式和产品部门，都是一个巨大的挑战。郭士纳很清楚，服务是他下的一个大赌注，全球服务部如果失败了，IBM也会失败。

IBM全球服务部的第一任总经理是一位叫丹尼·韦尔什（Dennie Walsh）的美国人，而今天负责服务部的高级副总裁迈尔·丹尼尔斯（Mike Daniels），也是当年丹尼手下的一员猛将，今天的CEO彭明盛也曾经带领过服务部的业务。在IGS成立初期，

IBM特别在美国和成熟国家着力把外包市场建立起来，同时继续做它的系统集成（SI）业务。早期的IBM系统集成业务大多是非常客户化的项目，因而有非常大的风险，一不小心很容易就亏损。所以发展到后来，IBM的系统集成业务也尽量往标准的服务演变，比如做应用软件Oracle和SAP的实施风险相对较低，而且技能和知识产权的重复使用价值更高。在外包方面，早期的IBM专注于大的客户和整体的外包，这样的合同金额较大，同时周期更长。由于周期长，收入的稳定性就提高了很多，所以在IT行业中，服务通常是被认为最稳定的业务，抗衰退能力最高。等到美国和成熟国家的大型外包进入饱和的时候，IBM也把大型外包推到其他新兴国家。另一方面，他们也开始去做一些较小和局部的外包服务。第三方面，不同的客户有不同的购买形式，不是每一个客户都愿意把它的IT运维交给外包公司，还有很多客户愿意自己控制IT运营维护。针对这种需求，IBM从最基本的机器维修保养开始，随着系统和网络的复杂度越来越高，IT的运营维护变得非常复杂和多元化，因此也延伸出来专项的IT服务。从网络、安全、机房、系统服务、运作服务到终端用户的支持等，客户可以单独购买也可以作捆绑式购买，由此也带来“服务产品化”的概念。

服务产品化不单是市场的需要，它的出现也和服务厂商自身的需要分不开。IT服务是一个非常独特的东西，因为它最终呈现给客户、交付到客户面前的形态都随着客户的需要有所不同。同样是一个“系统安全服务”（Security）的合同，两个客户所需要的东西很可能不一样，因此很难去满足客户。而如果单纯为了满足客户的个性化需求的话，很可能会招致重大损失，加大风险和成本。为了解决这个问题，只有向服务产品化（标准化）入手。一方面，有了标准化的服务，厂商在和客户沟通的时候更能把交付的东西讲清楚，对客户的期望值也更清楚，使得后面产生沟通误会的概率减少。另一方面，有了标准化以后，服务的交付队伍也可以更有系统地去培训和组织交付资源，使成本更节省、更好控制、更有竞争力，再加上风险降低，每个公司打在服务成本里面的“风险成本”也能够降低。到后期，服务的产品化越做越细，小到每一个服务的单元，这也是另一个服务产品化的特点。

然而，单纯产品化还不足以让成本降得更快，如何把“量”给集中起来，产生规模经济，又成为另一个关键。产品化的出现也让集中交付变得更可能做到，由此又产生了专门负责服务交付的全球服务执行（GLOBAL DELIVERY CENTERS）的做法和部门。

由此可见，IT服务并不是一个容易或简单的业务。反观我国，“不就是多雇一些好人才和态度诚恳就行嘛”的想法在很多本土的IT企业寻找出路的时候经常萌生。服务固然是以人为本，但人只是成功的必要却不充分条件。由于对客户价值和服务管理的认知不够充分，也造成不期然而走进价格竞争的不良循环中。

郭士纳矢志不渝转型服务的赌注，如同小沃森的S/360赌注一样，获得市场和客户的认同。2001年，在IBM开始专注服务的第一个10年，IBM的服务收入历史性地超过硬件收入，达到350亿美元，并占IBM总收入的41%。从2005年开始，服务收入占到IBM年营业额的一半以上，这也为IBM 90年来硬件为主的IT巨人身份画上一个句号。到2010年，IBM的服务收入达到564亿美元，占IBM总收入的56%。有关IBM中国的服务转型之路，将在第七章中进一步分享。

开发软件成为独立核算业务。IT行业中的软件业经过多年的发展，逐渐演变为三大类：操作系统、应用软件和中间件。操作系统对计算机硬件进行控制，并管理、控制其他程序运行，如WINDOWS、LINUX；应用软件是直接解决用户的某种问题或需求，如办公软件、绘图软件、企业管理软件；而中间件位于操作系统和应用软件之间，管理计算资源、网络通信，为应用软件提供运营和开发的环境。在郭士纳之前，IBM一直以硬件厂商自居，尽管在1993年来自软件的营业收入已经超过了微软这样的专业软件公司，但是软件的收入大部分来自于S/370大机相关的业务，主要是为IBM主机服务，对软件产品的市场管理不够精细，而更致命的是与其他公司的产品都不兼容。最典型的例子是IBM花大力气开发的PC操作系统OS/2，是为了与微软的Windows竞争从而夺回PC的控制权，尽管技术上比Windows更出色，OS/2却不敌Windows的市场策略而屡战屡败，市场份额不到Windows的1/10。另一个例子是IBM发明的关系型数据库DB2，由于缺乏独立的市场销售能力，被后来者甲骨文乘虚而入而占据了市场的领导位置。郭士纳清楚地看到，在操作系统层面，IBM回避不了微软和UNIX的成长；在应用软件层面，SAP、甲骨文、CATIA、JDE等公司已经占据了主流位置。而位于操作系统和应用之间的中间件，则是IBM可以发挥的空间。而且对于郭士纳坚信不疑的网络式计算来说，中间件是一个非常关键的战略领域，但是这就要求中间件必须有很好的兼容性，才能够起到连接网络的作用。由此一个开放兼容的中间件软件策略应运而生。

1995年1月，郭士纳成立了IBM软件集团，将软件业务独立核算，放弃OS/2操作系统，并将公司所有关键性软件重写，采纳JAVA等开放标准，使其与微软、惠普、SUN等主要竞争对手的产品兼容。同年，IBM以39亿美元收购了Lotus公司，这是当时IT历史上最大的一次收购，从而获得了Lotus在办公自动化和协同软件方面的优势；1996年又收购了Tivoli公司，由此IBM从主机的系统管理进入到了多平台分布式系统管理软件领域。2003年，IBM又收购了专做软件开发平台的Rational公司。自此，Lotus、Tivoli、Rational与IBM自有的关系型数据库软件DB2、应用基础设施和集成软件Websphere一起成为IBM软件的五大品牌。这五个领域代表中间件在一个计算环境中的主要功能，在往后的变化中，大体还是基于这个格局：在2003—2010年的几年间，IBM又收购了大大小小数十家软件公司，如Cognos、SPSS、FileNet等。这些收购大多“物美价廉”，而且IBM很善于将收购来的技术很好地与现有产品整合，完善五大产品线，而且这些收购来的品牌往往比被收购前增长得更好！

和服务业务一样，软件业务也经过独立核算和销售文化的挑战。经过大量的内部协调和逐步调整、市场资源的投放，以及有利于软件业务的内部政策性倾斜，IBM软件集团很快成为IBM的核心业务之一。到今天，IBM软件的收入已经超过硬件的收入，而给公司贡献的利润更是超过40%。（关于IBM中国的软件转型之路，将在第七章中有更多分享。）

放弃应用业务，全力打造独立软件开发商生态系统。郭士纳在确立了软件中间件的发展策略后，发现全球各个独立应用软件商对IBM的软件策略还是将信将疑，原因是IBM自身还是拥有颇多的应用软件业务。一些独立应用软件商担心IBM会在竞争中倾斜。另一方面，基于市场业绩说话的郭士纳对IBM曾经在应用软件领域投入巨资而没有取得这一市场的领导地位失去耐心，这些应用软件业务也没有为IBM带来直接的盈利（当然很多人会说它间接为IBM赢得很多硬件的生意）。而最重要的一点是，他看到应用的普及速度将会远远快于IBM能够跟进的速度，应用软件业务将会变成遍地开花的格局。为了避免违背市场的发展，和千万家全球化和本地化的应用软件公司成为敌人，他选择了放弃应用软件的业务而主力推动中间件业务，并全力打造“独立（应用）软件开发商”生态系统。这些应用软件的ISV站在最接近客户的前沿，客户往往是先购买应用软件，然后要求应用软件商向他们推荐匹配的硬件产品。为这些ISV提供支持，将有利于带动IBM的硬件和软件中间件产品，形成互利互惠的良好关系。

1999年，郭士纳宣布退出应用软件领域，与ISV开展合作，为他们提供匹配的硬件和中间件产品，以及由服务部门提供的软件实施和系统集成服务。这一化敌为友的做法将那些曾经的竞争对手变成了自己的合作伙伴，帮助IBM加强了硬件、中间件和服务的市场份额，IBM也更加明确了自己集成商的定位。为了贯彻这个决定，IBM成立专门面向ISV的支持队伍，在开放的中间件策略上，投入资金和市场资源帮助ISV把它们的应用软件在IBM的软硬件平台上获得更好的表现，并以IBM的品牌协助小型ISV迅速成长。

成立IBM PC公司，放手一搏。打从IBM的PC在萌芽阶段开始，它就以一个相对独立的业务部门出现，以便让它能够以最快的速度迎接市场。IBM PC公司成为一个更独立运营的部门则是在1992年。郭士纳到来以后，认识到IBM PC特别是在1992年发布的笔记本电脑ThinkPad，是一个创新度高的产品，为公司带来了品牌美誉。但是PC业务属于规模制造的行业，与传统的IBM高端制造相比并不是IBM所擅长的，而且PC领域已被WINTEL控制了核心利润，加上以康柏和AST为首的兼容机厂商的活跃，IBM要取得利润比较不容易。幸好有ThinkPad的出现，让IBM在PC市场中利润空间最高的笔记本市场取得成就，业务得以维持下去。在这一过程中IBM也为了降低成本采取了不同的措施，包括外包PC组装的业务、集中采购零部件和在中国与长城组建合资公司生产等。在20世纪90年代，PC业务为IBM提供了一个很好的形象，IBM PC就是普通大众心目中的IBM。因此，尽管IBM PC和郭士纳的解决方案蓝图并不完全匹配，他在当时也没有放弃PC业务，而是将业务重点放在ThinkPad这样的移动计算产品（笔记本电脑）和专注于商业用户，以期获得较大的利润空间。

可是，把IBM PC赋予独立化的运作并没有让IBM的PC获得新的突破。直到2004年，IBM向高价值、高利润业务转型的方向已经越来越清晰，而低利润的PC业务也越来越远离IBM的蓝图，于是彭明盛终于把PC业务以17.5亿美元出售给联想，协助联想“借船出海”达到成为真正跨国企业的目标。值得一提的是，如果IBM不是早在中国扎根，对中国有着深刻的了解的话，则很难想象这个并购会出现。所以对于中国企业而言，当我们要在海外拓展时，如何深入认识当地市场至关重要。（有关IBM中国的PC故事，将在第六章分享。）

至此，IBM在推出第一台IBM PC的23年后，退出了这个舞台。而在那一年，IBM历来的各类PC销售超过一亿台。

统一芯片技术支持硬件业务。从S/360开始，大型主机一直是IBM最重要的利润来源。可是作为IBM最主要的主机产品——S/390销量和市场份额在郭士纳来时已经双双下降了好几个季度。来自DEC、SUN、HP甚至是Intel的服务器都在鼓吹着客户端/服务器（Client/Server）和分布式计算的方向，强调更低的计算成本。另一方面，生产IBM主机兼容机的日立、富士通和阿姆达尔等竞争对手的价格一直比IBM低40%甚至更多。相比之下，S/390的价格显得过高而因此受到极大的市场压力。

为了改变短期的劣势，刚刚加入IBM两周的郭士纳决定快速降低S/390产品价格的30%以降低客户流失的速度。他认为在网络化的计算中，必定会需要大量大型机的运算能力，因此IBM的大机必定会有市场；但与此同时，他必须要让大机的运算成本降低同时加强兼容性，使它可以在网络化的时代和其他系统兼容。很快，他发现了答案，而这个答案已经存在于IBM。

在他来到IBM以前，CMOS技术已被用在AS/400和RISC System/6000上。CMOS（互补金属氧化物半导体）是一种芯片处理器技术，比起用在大机上的传统的二极管处理器芯片（Bi-polar chip）来说，CMOS技术的发热、耗电以及面积都能够大幅度降低处理器成本。而且产品研发部门早有建议把它用在大机上。郭士纳很快作出决定，宣布把系统S/390由Bi-polar芯片转向CMOS技术，并承诺分阶段大幅降低S/390以后的价格。事实证明，从1994年的每一个MIPS（计算能力单元）的6.3万美元到2001年的每一个MIPS的0.25万美元，IBM的大机价格下降了96%。这一个决定和结果（加上软件的改造开放和其他创新），很大程度上驱使阿姆达尔和HDS在2000年时宣布退出或停止兼容机的研发投资，同时让这个曾被称为“恐龙”的计算机获得重生。

1994年IBM发布了第一款基于CMOS技术的产品S/390并行企业服务器；1997年，IBM宣布所有的大型机都将切换到CMOS处理器。而IBM大型机的销量也在1993年探底后从1994年起连续多年强势反弹。看准了在高端硬件和服务器的巨大研发成本和市场进入成本，IBM利用一个统一的芯片策略去获得经济规模，IBM在Intel市场以外的服务器全部统一。

对外，IBM在1993年又建立一个新的OEM芯片业务，把规模经济进一步推开至IBM以外的高科技企业。为此IBM还发起IBM CMOS技术联盟，与AMD、新加坡特许半导体、美国格雷方德半导体（GLOBAL FOUNDRIES）、德国英飞凌科技（Infineon）、韩国三星电子、意法半导体、ST微电子、东芝等公司，共同开发CMOS技术和产品。大家可能对IBM的服务和软件转型都耳熟能详，但在处理器上的决定确实延续了IBM作为一个技术型企业的重要一步。后来之所以能够有超级计算机深蓝（Deep Blue）、蓝色基因（Blue Gene）和沃森（Watson）的出现，和这个决定有着巨大的关系。

缩短研发和市场的距离。从老沃森开始技术的研发、与政府和大学的合作和专注于专利知识产权的累积，到小沃森将研发地位提升为一大部门和参与太空计划，研发一直是IBM引以为傲的一环。只是到了20世纪90年代初时，IBM研发更偏重于基础理论研究而轻视了实用价值。同时，郭士纳又看到IBM很多的发明最终被竞争对手抢先利用到市场上，因此他要求把IBM研发当做一门业务来经营，推动研发部门和各产品部门协作，并了解如何用最快的速度把研发的成果投放市场，而且必须和IBM的产品策略相吻合。为此他引进了很多相应的指标，并要求研发部门大大缩短研发到产品推出市场的时间。他虽然把研发的费用从每年整体收入的9%压缩到6%并放弃了一些理论研究，但他也把研发从以硬件技术为主拓展至软件以及IT服务科学化之上，让研发更贴近客户需求和实际功能，更好地与产品部门对接，更好地把研发成果商品化。此外，为了弥补被削弱的基础研究，郭士纳还加强了IBM与大学和研究机构的合作。

他还将IBM的技术和专利，以及技术元器件（如芯片）通过OEM（代工生产）业务出售给第三方。我曾经在2003年负责过大中华区科技事业部（Technology Group）的业务，这个部门由IBM微电子部（IBM Microelectronics Division）发展而来，主要工作就是将IBM半导体技术市场化，把芯片本身、芯片的应用设计以及生产的技术拿来当做商品出售。在英特尔出现在PC行业之前，IBM所有的计算机芯片都是自家制造的，时至今日IBM大型机所使用的CMOS芯片依然是自己生产的，IBM在纽约郊区的波基普西（Poughkeepsie）芯片厂仍然是全球最先进的一条生产线之一，半导体生产工艺在行内首屈一指。

IBM利用自己发明的POWER架构处理图形和高速运算能力的特点，设计制造出类似于英特尔的“标准用途”POWER芯片，用在有相关方面需要的应用和系统上，客户可以在提供的标准芯片接口上设计配置自己功能的产品。这类标准芯片曾经卖到PC、智能手机、通信设备和医疗电子设备等电子行业制造商里，客户包括思科、苹果及全球三大电子游戏机微软、索尼和任天堂，如今已经是世界电子游戏机芯片领域的绝对第一。

由于拥有丰富的芯片设计能力，科技事业部也可以按需要给客户设计“专用芯片”（ASIC）并进行生产交付。芯片设计除了需要设计能力外，还会牵涉使用设计厂家的很多技术专利，因此常用的专利拥有得越多，对设计厂家的业务就越有帮助，而IBM在这方面无疑是拥有一定的技术优势。在国内，华为就是IBM ASIC芯片业务的主要客户。

除此以外，IBM还可以做芯片生产的代工业务，把客户设计的芯片放到我们的生产线去生产。而到了后来，我们又为客户提供工业设计服务（Engineering and Technology Services），把IBM全球服务部的概念也应用为芯片和微电子提供各种相应服务业务，从芯片设计的咨询到生产工艺都有。郭士纳的目的很简单，就是尽量通过技术的市场化，把在芯片技术上的投资得到部分回收，更重要的是，他把研发这些以“内向”为传统的部门推到市场上，让他们感受到市场的现实和压力，缩短研发部门与市场之间的距离，并保证研发部门与产品部门的方向和策略保持一致。这对于他改变IBM“内向”的习惯有着积极的促进作用。

建立兼并收购能力。在郭士纳任期内IBM进行了90次左右的并购活动，这在之前的IBM是极其少见的。在郭士纳的认知中，IBM再不可能像数十年前一样发明所有的技术。他不拘泥于“这不是在这里发明的”（NIH，Not Invented Here，隐含所以就不能用）这一迂腐的思想，而更强调反应速度和研发成本（这一点和著名的“黑猫白猫”论一致）。在遇到适合IBM整体技术策略的新技术或产品时，他毫不犹豫地采取兼并收购的策略。在他任内，除了前面提到的并购Lotus、Tivoli和Rational从而构建出IBM强大的软件业务外，郭士纳进行的并购还包括数据库公司Informix、服务器厂商Sequent等。他所进行的并购都有很强的目的性，大都是为了补充IBM技术和解决方案的能力，不会为了规模或者市场份额而并购。兼并收购和IBM自身的研发相辅相成，成为获得新技术真正的两架马车。

也在此时，IBM把兼并收购的工作系统化和流程化，组成专门的部门并同时利用IBM服务部门的顾问和资源，去服务IBM自身的并购需要。这套流程不单保证IBM在复杂的并购过程中不被遗漏每一环节，保证并购的公司按时间计划融合进IBM，同时也兼顾被并购公司在文化和人事上的各种考量。在后来，同样的流程也应用到被IBM出售的业务，包括IBM的网络和PC业务。在新的IBM里，兼并收购被打造成为一门科学，成为IBM引以为傲的研发以外的另一个核心能力。而这个能力也被很多客户看中，并购咨询、并购后融合都成为IBM服务内容之一。

郭士纳的并购策略和能力也被他的继任彭明盛承传下来。在彭明盛主政的时代，收购的公司比郭士纳还多。他最著名的莫过于2002年对普华永道咨询业务（Price Waterhouse Coopers Consulting，PWCC）的并购，成为被人称道的成功案例。惠普公司曾经出价近200亿美元而未果，但IBM在一个恰当的时机出手，以35亿美元的相对低价把普华永道咨询业务收入囊中，并且成功融合进IBM已有的咨询服务业务中。咨询服务也成为今天IBM的四大业务领域（硬件、软件、IT服务、咨询服务）之一。

整合市场部和品牌管理。在郭士纳到来之前，IBM市场部门的预算和决定权都分散在各个事业部和分公司手中，缺乏整体协调。各部门使用不同的广告代理公司各自为政，各个产品、各个项目间从广告设计到品牌信息都没有关联和一致性，甚至有的事业部还有自己的品牌标志。这导致IBM的品牌形象非常混乱，资源的利用过于分散，资源的运用没有清楚的收益计算，最终导致大量的资源浪费。

作为一个曾经在美国运通和RJR纳贝斯克两家消费品公司工作过的人，郭士纳很快看到这个情况，并决定将公司的品牌管理预算和决策权集中起来，建立统一的市场部门。他邀请他在美国运通公司时的市场部负责人阿比·康斯丹姆（Abby Kohnstamm）加入IBM，进行市场部的建设和品牌的整合。阿比·康斯丹姆将全球160多个国家的广告代理权通过竞争性招标交给一家公司——奥美公司，成为当时全球最大的单一广告客户。在这家世界最优秀品牌传播公司之一的协助下，IBM的所有产品与服务被塑造成一个统一的品牌形象，突出IBM的整合优势。在其后的各种各样的品牌价值市场调查中，IBM以一个非消费类的品牌异军突起，一直名列前茅。

除了品牌的整合以外，康斯丹姆也对IBM市场部作出调整。在此以前，IBM其实并没有一个独立的市场部去统筹市场活动，而只有所谓的产品市场（Product Marketing）和行业市场（Industry Marketing）加上企业传播（Corporate Communications）这些分散在不同部门的小组织分头工作。和品牌的问题一样，这些组织的力量过于分散，也不利于IBM整体解决方案的需要。在康斯丹姆的领导下，IBM整合了所有有关市场工作的人员和预算，并重新培训市场人员，变成更专业的一个市场部门。这一连串的举措彻底改变了IBM的营销方式和品牌形象，也为后来的电子商务、随需应变和智慧地球等战略方向的推广打下了基础。（有关IBM中国的市场部转型，将在第六章中分享。）

加强财务管理，利用规模节约开销。郭士纳来到IBM做的第一件事情是止血，固然是和缩减开销有关。但是他知道这不是一个一次性的事情，而是需要持之以恒，并且更重要的是永远把开销和收入的比例放在一个极其重要的位置，也是各级经理人被检查的一个重要指标，让公司上下对相关的开销负责。

另外，除了压缩所有不与销售直接相关的支出外，郭士纳发现，IBM运营费用居高不下的主要原因，就是业务流程的臃肿和浪费。一个典型的例子就是，IBM曾经有128位CIO（首席信息官）、155个数据中心、31个内部网络，还有许许多多的财务、采购、人力资源等系统。郭士纳决定再造业务流程，将臃肿和重复的业务流程与功能进行精简、整合和重组，降低运营费用。再造计划规模宏大，在公司的六个核心业务领域与五个内部职能的流程中同时展开。这一再造计划几年后取得了明显的效果，全公司只保留一个CIO，数据中心整合为16个（后来又进一步整合），内部网络整合为一个。到1995年年底，仅IT系统就通过流程再造节省了20亿美元。

IBM又利用自身的规模在各个领域中通过集中采购和结合IBM自己的业务流程外包业务的方式，先后把差旅费和旅馆住宿的开销、人事部门运作和零部件采购商的成本压下来，到今天就算是IBM的副总裁一般的出差也只能搭乘经济舱。而任何员工要处理一般的人事流程比如申请年假或询问其他事情，都会经过网上自助操作或者经由外包到菲律宾的人事流程部门。这些做法在今天可能不是新鲜的做法，但在IBM里早已经实行多年。

加强对新兴市场的投入。为了寻找新的收入来源，郭士纳看到了新兴市场的发展空间。在1994年，他提出“快速在成长市场中拓展”的战略思想。为此他成立一个名为“新兴市场的组织”（Emerging Business Organization，简称EBO），用意是在当时的管理架构中，加强对像中国、俄罗斯、巴西和印度等市场的支持工作。在西方的传统管理手段上，某地区的业务做得越大，便得到越多的注意和资源的分配。新兴市场顾名思义业务还没做大，在IBM（或很多跨国企业）中往往得不到足够的重视和投资。举个例子说，当年IBM总部在年度计划中划分预算到亚太地区时，由于IBM日本占据亚太区2/3的业务规模，亚太地区领导拿到总部的钱以后为了保障达到短期的业务目标，往往在资源分配上会倾斜到IBM日本身上。这样，对于需要养分才能长大的新兴市场有时候得不到足够的投资。郭士纳希望通过这个EBO窗口，可以及时了解新兴市场的情况并且加以帮助，使其不会被中间的地区总部所屏蔽掉。

在他任内，IBM重新回归南非和印度这两个曾经因政治原因撤离的国家。IBM也率先成立在俄罗斯的机构。但郭士纳最重视的，莫过于中国。他的中国情结，早在他没到IBM以前已经建立。从1993年到任IBM不久开始，他便年年访问中国，并曾多次受到中国国家领导人的接见，郭士纳扮演着“IBM大使”的角色（他这方面的能力也是一流的），让IBM的情况更为中国政府所了解，也帮助他在说服董事局对中国投资时心里更为踏实。2000年时，他甚至把IBM的董事局会议安排在北京举行，让董事们直面中国。

在内部，他把从1995年起担任IBM大中华区总经理的周伟焜纳入他那个只有30多人的“全球管理委员会”，即便是那时IBM在中国的业务规模还很小。他的做法无疑让人对中国刮目相看。他为了将资源和战略向中国倾斜，又曾经在全球管理委员会中以强烈的口吻问他的高管团队“你们今天为中国做了什么事情？”打从那次以后，IBM的高管真的把中国“当回事”，协助IBM中国的基础设施建设，促进了业务的快速成长。如今，中国已经成了IBM海外业务两大市场区域之一“成长市场”（Growth Markets Unit）的总部和最重要的一个市场。很多CEO都说中国市场很重要（尤其是在股东大会和分析师会议中），但真正如郭士纳般身体力行的为数不多。假如没有当年郭士纳对中国的战略目光和坚定执行，IBM在中国不可能有今天的发展。认清战略然后身体力行，亲临战场，是值得所有CEO学习的。由于时间的重合，通过IBM中国在1992年到2011年的发展，可以更深入地看到转型过程中的一些实例。

郭士纳于2002年3月1日60岁生日那天卸任IBM的CEO岗位。在重新把IBM调整上轨道以后，“外来者”郭士纳在选拔接班人的时候回归IBM的传统，他的继任彭明盛又是一个土生土长的IBM人。彭明盛继续着郭士纳的转型事业，带领IBM走过21世纪的头10年。

这所有的改变，结合软件和服务的转型，加上原有的硬件业务，构成郭士纳整个未来产品和解决方案的核心，缺一不可。人们评价郭士纳的转型往往只突出服务业务，但在我眼中他真正厉害的，是在建构新的产品方向时，几乎同时改变整个IBM的其他所有部分，让它们协同合作，为客户提供解决方案的目标服务。郭士纳让其他企业经理人看到，**当企业要转型时，是永远不能单纯地看某一方面的**。还有，他以一个外来人的身份，能够打动大部分IBM老员工的心，带领他们重新认识IBM的价值观。在他的手上，老、小沃森所留下的价值观和文化得到了新生命，而策略和执行能力也通过转型的磨炼获得显著提升（有关IBM的百年核心能力，将在第八章到第十章讨论）。我认为这就是郭士纳对IBM最大的贡献。

从电子商务到智慧地球：重建市场领导地位

在成功止血并稳定住IBM和开始业务转型的同时，郭士纳开始思考如何让IBM变得和从前一样有影响力。他的团队看到互联网来势汹汹。当时很多激进的IT人士认为互联网和网络技术将会产生很多网络企业（互联网公司），直接威胁并淘汰传统的商业企业。但IBM不以为然，相反，他们看到网络技术的突破将会对各行各业的商业带来无论在前台、后台还是财务上更多的好处，企业客户可以从中获得价值，而且对IBM的全方位解决方案方式十分有利，于是IBM把握时机提出电子商务（e-business）。虽然那个时候互联网才兴起不久，大量的企业用户还只是开始学习使用网络，难以想象用网络进行商业活动到底是什么样子，但IBM投入了大量精力进行营销、教育、传播和企业内部沟通，抓住每一次交流机会，每一位演讲者都对外布道，为广大受众描述这一玄而又玄的IT前景。几年之后，所谓第一次的"互联网泡沫"破灭，很多曾经红极一时的互联网公司戛然消失。而从未涉足这类互联网业务的IBM所提出的电子商务概念，却为大众所接受，企业开始投资IT、涉足网络，电子商务成了现代商业的基本特征之一，IBM通过它的服务整合硬件和软件，为客户提供电子商务方案，获得极大成功。也因为电子商务，IBM作为市场思想领导者重新进入人们的视线。这是在1981年IBM推出PC以来，又一次带动市场的"杰作"。

随后，IBM乘胜追击。2002年，才上任的彭明盛宣布了"随需应变"（On Demand）理念。这一理念延续了电子商务的精神实质，在"互联网泡沫"破灭后，提出企业在后泡沫时如何利用网络和借助随取即用的计算能力，帮助企业变得更敏捷、更灵活、更有韧性、更高效。在随需应变的宣讲过程中，IBM不断完善这一理念，慢慢地，受众和客户从一头雾水变成了耳熟能详，很多IT公司也跟着打起了"随需应变"的旗号。数年后，随着"云计算"的出现，"随需应变"在越来越多的企业中开展起来。

"智慧地球"是彭明盛在2008年年底提出的新理念。IBM的研究人员看到市场上除了互联网能把人联系起来外，还有其他技术把“物”的状态实时提供，并且按照需要的状态作出自动响应。IBM感到IT技术不应再只局限于利及个人或企业，而是已经具备条件去克服一些一直困扰人类世界的大问题。IBM因而提出“智慧地球”的理念，希望通过信息技术让世界更加物联化、互联化和智能化，从而解决与人类地球生存和生活有关的问题。如果说电子商务和随需应变侧重的还是企业和商业层面的话，“智慧地球”则达到了一个世界观的高度，也重新回到当年老沃森愿景的水平。和现在最热门和酷的IT新贵比较，也许IBM的市值还不如人家，但它通过“智慧地球”所显示出来的成熟和气魄，却又不是一般年轻的企业所能奢求的。“智慧地球”虽然只推出三年，但已经得到了全球许多企业、机构和政府部门的响应，世界各国都出现了很多“智慧的××”，物联网概念的兴起，也与IBM“智慧地球”不无关联。

从电子商务到“智慧地球”，这一系列的成功帮助IBM重新成为市场的思想领袖。这是IBM品牌和市场策略的成功，也是IBM战略方向的成功。每一个理念推出之后，IBM都倾尽全力，通过所有对外渠道进行推广，举办各种活动对媒体宣讲、对现有的和潜在的客户宣讲，通过广告对普通大众宣讲，各级领导在内部对自己的员工也借助各种会议和交流方式进行教育和普及，而且所有的策划、方案和执行都围绕统一的主题和内容。时时讲、日日讲、人人讲，让理念深入人心，而且这些理念环环相扣、层层递进，即使刚开始有人说IBM“炒概念”，但深入了解以后都不得不赞叹IBM的高明与远见。IT界从来不缺概念，但总是提出真正能够留存下来成为必然的概念，恐怕在IBM以外，并不常见。这样的一种独特的能力或魅力，不是与生俱来，也不是研发和投资可以得来的。它是源自其“做大做强”和“追求卓越”的观念，加上大量的经验累积和挑战的磨炼而慢慢酿成，就好比一瓶储藏经年的醇酒。在成就IBM百年的核心能力中，我以为这种成为市场思想领导的“欲望”，是不断驱使IBM走得更高、更远的重要动力。

转型无终点，管理有新招

在彭明盛接手后，除了提出“随需应变”和“智慧地球”等理念外，他秉承着郭士纳的蓝图，继续IBM的转型。在他的心目中，他很清楚IBM已经不会再有20世纪80年代那种呼风唤雨的时光，今后的每一年IBM都需要努力“赚”回来，稍一不谨慎厄运会随时来访。危机感时刻提醒着彭明盛等高管，而不断转变成为一个不断自我突破和不被作茧自缚的最佳工具。亲历了IBM几乎灭亡的经验，他不容许IBM有丝毫自大和内向。他专门成立了一个新的职位——任命琳达·桑福德（Linda Sanford）为负责转型的高级副总裁，不断加强对流程的优化。而另一方面，他在郭士纳建立的领导力模型的基础上，进一步推广“人人皆是领导”的心态和行为模式，希望在人和流程之间，找到一个平衡。

同时，作为IBM的“老”员工，彭明盛对老、小沃森的价值观最是感同身受，他也听到常有员工埋怨说公司变得只有流程而少了人情味，他无时无刻不在思考这些问题。彭明盛觉得时代已经迁移了100年，需要让IBM的基因与时俱进，因此在2003年，彭明盛发起“价值观大讨论”（VALUES JAM），让全球30多万员工在72小时内参与一个在线的讨论，每个人都可以发表意见指出IBM的价值观哪些应该保留、哪些应该改变。IBM利用自身发明的软件进行分析和筛选，在综合了所有意见之后，事隔90年重塑了三条核心价值观：

Dedication to every client success（成就客户）

Innovation that matters - for our company and for the world（创新为要）

Trust and personal responsibility in all relationships（诚信负责）

这三条价值观并没有背离老沃森的基本信念，但是更为符合现在IBM的特质和关注点，从关注“个人”变得更加注重与“他人”的联系。IBM不再“内向”只看自己，而是更为关注环境，关注世界，关注客户、伙伴这些利益相关方。这些价值观是今天IBM的新“三大基本原则”（对于价值观的讨论，详见第八章）。然后在2004年，彭明盛又以相同方式举办了“最佳实践大讨论”（BEST PRACTICE JAM）。2006年和2008年，又举办了两次“创新大讨论”（INNOVATION JAM），都取得了极高的参与度，且创意出色。撇开大讨论的内容不提，在微博和博客还不流行的时候，彭明盛敢于利用技术让员工畅所欲言，打开沟通和进言的渠道，这也是传承老、小沃森的直言不讳（Speak Up——任何人可以给地区总经理、更高层领导甚至全球CEO直接写信）和开门政策（Open Door Policy——员工可以当面向最高级管理者提意见）的做法与时俱进的一个最佳证明。

在业务方向上，彭明盛继续积极发展郭士纳时代所定下的集成解决方案的方向，除了加速收购以外，又继郭士纳退出网络业务、硬盘存储业务等之后，2004年彭明盛主导出售PC业务于联想，进一步明确了IBM向高价值业务专注的战略方向。虽然PC曾经是IBM业务的一颗明星，也在感情上牵动过很多客户和员工，但作为一个CEO，彭明盛在需要的时候要作出正确的决定，哪怕是困难的决定。

在管理方面，2007年时，在老沃森成立世界贸易公司（World Trade Corporation）的近60年后，IBM在美国本土以外的收入已占到6成以上。老沃森当年的预测早已被兑现，欧洲地区早已是IBM的成熟地盘，加拿大和日本亦然。但亚洲多国包括中国和印度、东欧和俄罗斯、中东和非洲，以及中南美洲包括巴西等则经历着前所未有的发展。看到这一情况，彭明盛领导的IBM再一次走在企业的前沿，将传统的海外组织结构（亚太区、欧洲及中东-非洲区、美洲区）改组，率先成立“成长市场”（Growth Markets Unit）的直属管理部门，把所有快速成长的国家和地区归口管理，让投资倾斜，让策略和经验互相学习，形成了“成长市场”和“成熟市场”两大逻辑地域组织，打破了企业界传统按物理地域划分的格局。值得一提的是，IBM在中国的成功经验，在IBM内部被看成“最佳实践”。而“成长市场”逻辑地区成立的其中一个目的，就是希望这些新兴市场可以彼此学习这类市场常有的共同问题，让后来者不用多走弯路。这就非常值得参考。而中国也顺理成章，成为“成长市场”部门的总部，进一步提升中国在IBM地图上的地位。

彭明盛进行的另一个重大管理转型举措就是“全球整合”。在2006年年底的一篇文章中他这样阐述“全球整合企业”的理念：“全球整合企业是把自己看成多个专门业务模块的组合体——采购、制造、研究、销售、分销等，其中各模块在经营业务的全球整合过程中，公司要决定这部分工作要在什么地方完成，以及选择这部分工作到底是由公司自己来做还是给外部合作伙伴来做。”为了实践这个理念，IBM根据不同国家和地区所具有的特点与优势，将公司的各主要职能从美国总部分别迁移到全球各地，比如将全球采购中心从300个整合为三个，并将全球采购总部迁到中国节省成本，全球人力资源管理设在菲律宾，全球财务从马来西亚管理等，同时将原来散布于各个层级、各个部门的供应链、采购、人事、财务等职能和人员整合到新的统一管理架构中来，这样，IBM不仅获得了最佳的资源配置优势，而且大大节省了成本——仅采购中心一项节省的成本就达数百亿美元。

彭明盛刚带领IBM走过历史性的第100年，就在2011年行将落幕时，他秉承小沃森立下的规矩，以60岁的年龄宣布将在2012年1月1日把IBM总裁和CEO的岗位交给另一位IBM土生土长的资深经理人弗吉尼亚·罗曼提（Virginia M.Rometty），只保留董事长的职位。消息传出后，市场没有太大反应，原因是IBM早已作了长时间的充足的继任人选择考核，没有人担心这家企业的领导传承会出现什么问题。而凭着在IBM30年来出色的工作表现（最著名的事件为整合普华永道的咨询业务），罗曼提女士将成为IBM百年以来首位女性CEO。

彭明盛在IBM历史中的地位还要由后来者谱写。作为开始IBM转型的郭士纳的继任人，他的首要任务只能是继续转型（除非郭士纳是错的），但这并不妨碍他作为一位“老”员工的贡献。他清楚地认识到作为一家100岁高龄的多元化企业，IBM不能盲目地去和年轻的企业拼成长，他选择在追求高价值业务的同时，进一步强调利润和股东价值的专注。在他领导IBM的九年间，IBM的毛利率上升了六个个百分点。而通过利润的上升和股票的回购，IBM秉承了对股东不断分红的承诺，同时股票的价值也创了最后一次分拆以来的新高峰，市值2 000多亿美元。

成熟期的启示

回顾这一时期IBM走过的低谷与回升，其实郭士纳的前任约翰·埃克斯已经认识到了很多问题的存在。只不过，他的团队仍然被成长的数字蒙蔽了眼睛，没有及时调整公司的业务方向，也没有抓住新的增长点，错失了很多机会，使IBM到了消亡的边缘。

而郭士纳在任的数年间，IBM的基因与核心能力逐步得到了与时俱进的新生。所有外界人士包括管理学者和IBM的员工都看到IBM在郭士纳时的变化，几乎所有以前的做法都被改变，甚至是象征IBM文化和价值观的一些具体做法。但我认为郭士纳所做的事情，只是把老沃森和小沃森心里的IBM在20世纪90年代的环境和氛围重新演绎一次。郭士纳不像老、小沃森一样是不折不扣的企业家，也不是像比尔·盖茨或乔布斯一样有前瞻的创业者，他是一个非常成功的职业经理人。

从1993年到2010年，IBM的年收入从627亿美元增长到999亿美元。虽然在这期间收入的复合年成长率只有2.8%，远不如90多年上市期的复合年成长率11%，但当我们都在高喊成长的时候，也许很容易忽略对于一家年收入上千亿美元的非垄断企业来说，每1.5个百分点的成长就可以长出一家全球“财富1000强”（2010年的数字）的公司来，这并不是件简单的事情。也在同一时期，IBM的利润从亏损81亿美元增长到盈利148亿美元，利润的复合年成长率达到10.5%（不算1993年），几乎和整个90多年的上市期的数字持平。也就是说，IBM在这段时间起码重新回到过去熟悉的盈利成长环境。

当然这不等于说IBM不再继续寻找成长，事实上彭明盛早已定下了几个成长的战略方向，分别为快速成长市场、云计算、“智慧地球”及商业智能和分析等领域，并已紧锣密鼓地在执行。关键是，对于一个身处不断变化行业的成熟企业，IBM对自己能做什么，不能做什么非常清楚。它如何去选择自己要走的路，果断地走在上面，并且珍惜赢来的第二次机会，正是这家成熟企业可以留给我们的启示。这段时期的IBM，我观察到以下的点滴和读者分享。

· 和人不一样，企业年龄再大身体还是可以很健康，就算病过也可以再造和复兴，关键是要“基因”底子好。对IBM来说，它的好底子来自于它的价值观、文化和历年吸引到的人才。企业不保证不会生病，要想成为百年老店，没有良好的“基因”是很难生存的。

· 成熟的企业要清楚了解自己的能力和状况，选择最适合自己的发展策略。这一点可以从郭士纳保留一个完整的IBM，和后来彭明盛更强调利润而非收入增长的决定看到。

·郭士纳的成功再一次证明职业经理人不一定只看短期业绩。真正优秀的职业经理人（无论是CEO与否）一定要长短兼备。

·不管是转型还是创业，业务模式设计或蓝图必须和战略方向吻合。而且正如郭士纳在自己的书中说过“真正伟大的企业会作出可信和可执行的策略。好的策略一定是由很多细节组成，而不是天马行空”。策略和执行，同样是非常细致的工作。

·郭士纳的转型成功，是IBM所有核心能力发挥的共同结果和最佳示范。（有关IBM核心能力的讨论，将在第八章到第十章展开。）

第二个100年

今天的IBM，正在走向第二个100年。有过100年的经验，IBM清楚地知道不断地变革去适应经常的变化是未来100年的唯一真理。在它的核心里，已经有能够经受严峻挑战的能力去迎接新的100年。我们现在也许不会知道下一个大的创新浪潮是“人工智能”还是“互联网第三波”；20年后的云计算会普及什么程度；或者IBM又决定“IBM”这个名字已经不足以代表IBM业务的愿景而需要改变；还是IBM以云的方式重回应用软件的供应；抑或是IBM找到另一个可以被政府以反垄断法控告的盛世。不管是哪一种情况，我相信在2111年来临时，这家公司还会庆祝200岁生日。

第二部分　西方大象起舞中国

IBM公司用100年的时间，打造了基业长青的基础与能力；而IBM在中国30年的发展与历练，则为我们呈现出一个全球性企业开拓海外市场的近距离落地实例。

在IBM百年历史中，IBM中国的历史虽然不及加拿大、英国、德国和日本等传统“IBM强国”久，甚至比不上IBM韩国和新加坡等“亚洲小龙”资历深，但它是近年来在IBM中发展最快、最受重视的分公司之一。上海不仅曾经是IBM亚太地区的第二总部，更是如今IBM成长市场地区的总部所在地。中国市场对于IBM的战略重要性，不言而喻。

IBM中国是如何在相对短时间内从无到有，成为IBM全球最重要的市场之一和在中国最受尊敬的跨国企业之一？这是一个有趣的问题。这一方面固然和中国改革开放带来的巨大机会有莫大关系，另一方面也跟IBM的眼光和精神分不开，这其中当然有机缘巧合的幸运，但更多的是IBM核心能力的作用力。作为少数在IBM中国（从1985年1月开始，前后22年约8 000天）工作过最早和最久的员工之一，我有机会参与和目睹IBM在此间30多年的大部分时光。这期间，IBM的道路跌宕起伏，并非一帆风顺，但最终IBM还是站稳脚跟，稳步向前。

借着我自身和其他IBM人的点滴经历和感受，我希望分享IBM进入中国这30多年来的发展轨迹、经验和教训，和同一时间里中国IT市场和行业成长的整个经过，为其他跨国公司和中国企业提供参考，也为其他职业经理人、行业和企业人员提供一些精神食粮。

IBM在中国的发展绝对不是一蹴而就的，在还没有迈出第一大步以前，像其他20

世纪70年代的国际企业（当时跨国企业一词还未广为使用）一样，IBM也曾经小试牛刀过。在尝到一点甜头以后，IBM作出第一次投资的决定，由于水土不服，差点铩羽而归。幸好IBM及时认清方向及时调整，才有了第二次投入的决定。这次投入在时机、策略和执行上都相对到位，为IBM中国建立坚实的基础，进入21世纪。我把IBM中国的发展分为三个阶段，分别为“磨合期”（1984—1991年）、“深耕期”（1992—1999年）和“成熟期”（2000年到现在）。

在这三个阶段中，IBM从一个对中国文化、政治和商业制度一窍不通的美国跨国企业，经过误会、了解和学习，逐步改变在中国的方法，最后得到政府、社会和客户的认同。在这一过程中，IBM碰过钉子也“交了不少学费”，才认识到市场和政府现代化的需要，作出相应的调整。在这个“本地化”适应的漫长过程中，耐心和长期承诺让IBM最终克服这些困难，对那些心怀雄心壮志要走出国门的中国企业和即将来到中国的跨国企业，这些经验可能是IBM能给的最好“建议”。但另一方面，IBM也让我们看到作为一个跨国或全球企业，它对一些东西，像企业价值观、文化和客户第一的传承和坚持并不简单因地域而“本地化”。即使文化不尽相同，IBM对这些方面的标准从来未变。这也是在本地化中值得注意的地方。

本地化的过程中，也包括制定和实施一个适合中国市场的策略。IBM告诉我们，从政府事务、地域覆盖、渠道管理、客户服务、产品策略和生产研发等，企业需要一个非常全面的中国策略按部就班地执行方能成功。道理很简单，要长期在一个如此大的国度扎根是没有捷径的，单靠一两板斧并不足够。

除本地化的讨论外，IBM中国的发展历程也为前面三章关于IBM全球的核心能力和转型奉献一个“落地”的例子。由于IBM中国的主要建设阶段和郭士纳的转型发生在同一时期，我们可以通过中国的故事更近距离看到这些转型是怎么做的。通过同样的故事，我们也可以看到IBM在中国是如何逐步建立起和全球一致的核心企业能力，包括人才培养、价值观、策略和执行能力等。具体的措施可能不尽相同，但目的是一致的。

在全球化的运作和本地化的需要之间，跨国企业要清楚什么应该全球化，什么可以本地化。读者在看这段IBM中国历史和集体回忆的同时，也许可以顺便为您的企业或事业思考一下这个问题。

在我们进入上面提到的三个阶段之前，我们先来看看这家美国的“国际”商业机器公司，在20世纪70年代后期如何遇上中国，又如何擦出火花。从1979年到1983年，从无到有，IBM是怎样在IBM中国公司没有出现以前做成中国市场的第一单买卖的。

第四章 试水中国

虽然IBM正值鼎盛时机，而中国则长期被“妖魔化”，但这家公司不乏有识之士，在20世纪70年代就已经看到了中国市场蕴藏着的机会，并且取得美好的开局。在国际化和全球化的进程中，IBM始终走在前沿，对中国的重视与投入，一直都是西方企业中的佼佼者。

在纽约办公的“中国团队”

1979年6月，一个叫顾森坡（Paul Crescenzo）的美国人在深夜到达北京首都机场当时唯一的航站楼（现在的1号航站楼）。顾森坡是他的中文名，后来大家都叫他“老顾”。老顾虽然是个地道的美国人，但是他精通中国历史，说得一口流利的普通话。彼时我还是象牙塔中一个单纯而懵懂的青年，而老顾已经被IBM聘为顾问前往北京，是当时常驻中国的第一人。而他东家这边的负责人，还远在美国纽约。

IBM与中国的渊源可以追溯到1928年，那一年IBM在中国指定了一家代理商。1934年，IBM为北京协和医院安装了第一台商用制表机，这被视作IBM进入中国的标志性事件。两年后的1936年，IBM在上海设立了办事处。后来，因为战争和其他原因，IBM和那时候的所有西方企业一样，离开了中国内地。之后，IBM也与中国隔绝了几十年。

1972年，美国总统尼克松访华并在上海发表了《中美联合公报》，开启了双方“融冰”的进程。1979年1月1日，中美正式建交，中华人民共和国向世界敞开了沟通与合作之门。同是在1979年，中国改革开放的号角正式吹响。而IBM与中国的再次牵手，在此之前就已经有所端倪。

早在20世纪70年代中期，双方已经开始有一些企业层面的接触。中国方面通过原国家外经贸部直属的中国仪器进出口总公司（简称中仪公司）与IBM联系，希望购买IBM的计算机。面对中仪公司的主动接触，IBM方面的态度却是谨慎和小心翼翼的。原因有三：一是当时中美还没正式建交，与中国关系太近容易产生政治问题；二是那个时候大部分美国人对中国非常不了解或抱有偏见，对于高科技的输出尤为敏感，并且有非常严格的技术出口管制规定；三是20世纪70年代IBM的业务正如日中天，乘着S/360之势头推出了S/370大型机并且热卖，继续着它的黄金期，完全不需要来自中国的订单。所以，早期的那段时间里中仪公司与IBM的接触，以及邀请IBM参加一些项目投标的努力，一直都没有成功。

IBM的犹豫不定，给了竞争对手机会。在20世纪70年代，S/370的兼容机已经出现，被称为PCM（Plug Compatible Mainframe，插拔兼容主机）。在中国，日本版本的兼容机叫JCM（代表Japanese Compatible Machines），非常活跃。收购了兼容机最主要厂商阿姆达尔的富士通，以及日立、NEC等日本厂商非常有商业敏感性，他们看到尼克松访华，就希望尽量在美国企业来到中国以前先把市场占领。当时的日元汇率相对便宜，很有利于它们对中国出口的竞标；而且日本做生意的方法更为长线，也更愿意投入售后服务去帮助当时对使用计算机没什么经验的中国客户。于是，日本的机器，在中国占据了先发优势。

但是，IBM中并不是所有人都是傲慢和保守的，这家公司内部不乏有识之士，在那个年代已经看到了中国市场蕴藏着的机会。1973年，新任CEO弗兰克·克里（Frank Cary）眼看美国以外业务的规模越来越庞大，于是宣布在负责海外业务的IBM世界贸易公司的框架下，成立IBM世界贸易公司欧洲/中东/非洲区（Europe/Middle East/Africa，简称EMEA）和IBM世界贸易公司亚洲/远东区（Asia/Far East，简称A/FE）两大区域组织，希望把美国以外的地区业务管理分得更细更专。在IBM世界贸易公司亚洲/远东区之下，又再分为IBM日本和东南亚地区，澳大利亚与新西兰区，用意是加强对这些区域的专注。在那时候，IBM中国香港和中国台湾都属于东南亚地区管辖之下，而中国内地尚未出现在IBM的地图上。

从“亚洲/远东区”一词中也可以看到，对于当时的美国或美国企业来说，东亚及东南亚诸国，真是“非常遥远的东方”，业务战略地位和今天相比真是不可同日而语。不过，远东一词是当时西方对亚洲的统称，并不是IBM所创。相反，IBM在国际化和全球化的进程中，始终走在前沿，对于中国的重视与投入，也一直都是西方企业中的佼佼者。

在1977年左右，中美尚未建交之时，IBM世界贸易公司亚洲/远东区总裁拉尔夫·菲弗（Ralph Pfeiffer）就认为中国市场十分有潜力，他要求下属调配两个人组成了历史上第一支“IBM中国团队”，由业务代表（这是当时IBM销售人员的头衔）阿尔·约瑟夫（Al Joseph）和经理约翰·瑞恩（John Ryan）组成，这两人小组向负责亚洲/远东区之下的东南亚地区领导汇报。后来，这个团队又增加了另一位业务代表乔治·索云拉诺斯（George Sofronos）。虽然是全职负责中国业务，这支“中国团队”的办公地点却是位于美国的纽约市，有需要的时候再从美国飞来中国。特别是阿尔·约瑟夫，因为是销售的原因，更经常地往返于地球的两端。后来老顾被聘请来的工作就是为出差到中国的其他IBM人员做翻译，此外还要协调IBM和中国之间大大小小的事务，为这些不谙中国“世事”的老外充当桥梁。

老顾后来转成了业务代表，是IBM常驻中国的第一个销售人员，并在1988年成为我的一线业务经理。在20世纪90年代，老顾回到美国并一直在IBM工作至今。

新中国第一个客户

与中仪公司的接触一直未果，但是IBM等到了另一个机会。那时机械工业部（当时还叫第一机械工业部）为了提高自动化水平，要为下属的工厂配置计算机，于是找到了IBM。负责谈判的是一位席女士。

席女士是中国IT发展史上的一位重要人物，也是帮助IBM在中国落地的“贵人”之一。她当时担任机械工业部外事局处长，同时是机械工业部下属中国机械工业电脑应用技术开发公司总经理，她的公司是当时为数不多有进出口权的公司。IBM到中国的最初几年跟她打了非常多的交道。

在她的推动下，1977年年底IBM和机械工业部下属沈阳鼓风机厂（以下简称“沈鼓”）终于签下了新中国成立后的第一个计算机合约——一台IBM系统370/138计算机。阿尔·约瑟夫穿梭纽约、北京和沈阳的努力没有白费，在阴冷的沈阳冬天中待上几个星期写建议书的经历也变得一片光明。

谈判结束了，但还有很多问题要面对。IBM方面整个合同的准备都是在纽约做的，要向美国政府申请出口许可证，而且还要协调和计划安装及培训的事情，仅沈鼓派往美国接受培训的技术队伍就达30人，需时八个月。在中国方面，进口手续更为烦琐，外汇额度还是国务院副总理特批的。从开始谈判、合同签署，到后续预备，前后经过2年多的时间才实现系统交付和安装。

1979年春，机器运到中国的待遇极为“高规格”：两架波音737专机运到沈阳松陵军用机场，机器卸下后被小心翼翼地装上20多辆装载车，由沈阳市公安局动用20多辆摩托车开道，以每小时15公里的速度运送到沈阳鼓风机厂。由于当时IBM在中国没有基础也没有人员，机器的安装是从IBM中国香港和IBM日本的客户工程部派出人手负责，其中IBM日本的客户工程部经理奥田穗积（Hozumi Okuda）协助团队支持硬件安装。当时为了安全起见，机器出厂后需要在到达中国前先测试一次（pre-installation test）。机器在日本测试，而奥田的部门正是负责此项工作的，因而到实际装机时他被要求到沈阳现场监督以保证安装顺利。他还记得当时长途跋涉从东京飞到香港和香港工程师会合，然后一同坐火车到广州，再从广州坐飞机到北京，然后从北京乘火车到沈阳的辛苦行程。

至于机器上面运行的应用软件COPICS（面向制造业的生产信息控制系统），则由美国派出人员负责在中国国内实施与培训。COPICS是IBM研制的对企业的生产数据进行实时管理和控制的一套应用系统，也是制造业企业使用的MRP（物料需求计划）软件的鼻祖。可以说用于制造业管理的MAPICS（在IBM S/3X上运行的MRP）、BPCS以及后来的MRP Ⅱ软件都是从这里延伸出来的，也是今天普遍流行的ERP的起源之一。

沈鼓是第一家在中国实施IBM COPICS 应用系统的工厂，这个系统也是中国第一次真正尝试使用软件包的案例。而在沈鼓引进IBM机器过程中参与考察培训的机械部北京机械工业自动化研究所的工作人员，从IBM带回了COPICS的8本详细资料，包括企业管理流程、技术等内容，因为封皮是黑色的，后来被称为“黑八本”，这是中国最早的MRPⅡ的启蒙教材。

对于IBM来说，沈鼓的意义非比寻常，它不光是IBM回归中国的第一个计算机客户，更重要的是通过这第一个合同，IBM在商务、条款、定价和审批流程上都获得了宝贵的经验，同时也为S/370在中国的发展打下重要的基础。此后不久，沈鼓又先后引进了S/370系列的IBM4331、4381计算机。在沈鼓项目之后，席女士代表机械工业部又和IBM签署合同，为沈阳变压器厂、沈阳机床厂、第一汽车厂、第二汽车厂等其他六个工厂引进计算机项目。

在签下沈阳鼓风机厂订单后，在1980年前后，阿尔·约瑟夫和约翰·瑞恩的面前又出现了一个新的机会，这一次更大而且更重要——为国家统计局的全国第三次人口普查项目提供计算机。1982年的人口普查是改革开放后进行的全国首次人口普查，不仅中国政府非常重视（财政部拨款2亿多人民币），就连联合国人口基金会也给了巨大的支持，提供中国1560万美元的援助。国家统计局在考察了美国和日本的厂商之后，希望购买IBM的计算机来处理人口普查的数据。最初却遭到IBM的拒绝，理由是担心会被用在军事上。后来几经周折，这一总数量达到30多台4300大型机系统的订单终于成交。在后来的人口普查中，30个省、市、自治区各配备一台4331计算机，国家统计局则是一台更先进的4341。计算机的应用，使第三次人口普查获得了中国历史上最为精确和翔实的人口数据，在世界上引起了轰动，也成为中国改革开放的一件标志性大事。不知是不是巧合，历史总有惊人的相似之处，当年IBM在美国起家时，也是从人口普查开始的。国家统计局项目的成功，也第一次让IBM有机会在国计民生和经济的层面上贡献中国，同时也进一步加强了IBM总部对中国市场的信心。

“IBM日本的北京办事处”

在赢得了沈阳鼓风机厂项目前后，IBM世界贸易公司亚洲/远东区总裁拉尔夫·菲弗任命了原来在20世纪70年代中期负责亚洲/远东区之下的东南亚地区（SEAR）的业务主管唐·布莱克负责中国市场，从此中国出现在了IBM的地图上。

与此同时，就在赢得了国家统计局项目之后，阿尔·约瑟夫和约翰·瑞恩觉得频繁穿梭中美的旅途太累人，要求调走去做别的事情。这样，唐·布莱克不得不考虑怎样走中国的下一步棋。他想要增加中国团队的人手，但又觉得时机未到、对前景没有完全摸透。可是IBM在机械部和国家统计局刚取得突破，如果不增加人手，机会又可能会擦身而过。

有了阿尔·约瑟夫来回穿梭半个地球的经历，唐·布莱克知道不能再以纽约为基地长途跋涉。他需要在“远东”有一个基地，可以很好很及时地满足中国内地的需要。这个基地应该放在哪里呢？在当时的中国内地还没有外资企业能够独立运营，只能设代表处进行“联络”工作，人员和职能非常有限。而香港当时的业务规模和资源配备被认为太小也不适合（IBM香港当时也曾经争取过），于是他自然想到了IBM日本。其时IBM日本已经是IBM海外一个大而成熟的市场，拥有大量技能和资源，而日本也已经和中国重新建交，一切条件都显得很合适。

但是IBM日本不在唐·布莱克的直接管辖范围之内，他于是“委托”IBM日本代为支持中国业务，并在1981年在北京设立代表处，所以IBM在北京的办事处最早挂的是IBM日本的牌子。在成立代表处之初，IBM日本委派石尾（Ishio）作为代表处经理，派往北京常驻的是一位叫做五十岚（I Igarashi）的业务代表和一位叫做小林（M

Kobayashi）的系统工程师。加上老顾，这就成为代表处的骨干。为了随时掌控IBM日本的工作情况，唐·布莱克又任命了一个美国人汤姆·奥多姆（Tom Odom）从纽约与在北京的石尾一起负责中国业务，同时在日本成立系统工程师（负责售前和软件安装）和客户工程师（负责硬件安装和维护）两支团队，专门支持中国业务。

可是到了1982年中，唐·布莱克看到IBM日本的员工由于文化和语言原因，和中国客户之间开始有一些矛盾出现。同时，汤姆·奥多姆也开始看到IBM日本和亚洲/远东区总部对中国业务上的策略不尽一致。而石尾由于和席女士沟通上的问题，关系一直处得不是很好，最后被另一个日本人佐野（Sano）代替。为此，汤姆·奥多姆也搬到东京，更近距离地管理中国业务。但是，这些事情让唐·布莱克开始重新考虑日本是不是托管中国业务的一个最好的选择。

在这前后，IBM香港的业绩十分理想，首先取得汇丰银行的大型系统，然后赢下并完美地实施了以中国银行香港分行为首的13家中资银行在香港的大项目，是当时中国海内外第一个在线的银行系统。与中国银行合作的成功经验，让汤姆·奥多姆和亚洲/远东区领导对香港开始关注。同时由于与中国内地相邻的地理和历史关系，IBM香港收到大量来自中国内地各单位有关计算机的问询。当时IBM香港把这些查询一一转到汤姆·奥多姆和IBM北京代表处。看到内地客户对香港的“信任”和语言的“共通”，汤姆·奥多姆终于决定和IBM香港协调调来两个香港人到北京工作。经过多次面试，最终他选择了一位叫方展骥的系统工程师（后来成为业务代表），和另一位叫俞伟强的业务代表，这两人于1983年年初来到北京。这样北京办事处就变成了五个人：两个日本人、两个中国香港人和一个美国人老顾。而以出差方式支持中国的IBM日本团队又引进了其他的日本业务代表，同时系统工程师和客户工程师人数也有所增加。到1983年年底时，支持中国的所有IBM日本团队已经超过20人。

进入中国的“入门培训”

对于北京办事处的这五位先锋来说，这个城市与他们之前的生活截然不同。多年后他们形容那时的情形：“工作和生活都非常缓慢，好像每天都在等待中过去。”即使是懂中文通晓中国文化的老顾，也不能完全对那段生活泰然处之。当他对我回忆往昔的时候提到，当时打电话找客户就不是件容易的事，先要通过北京饭店人工总机要一条外线，然后打给客户的单位总机，由总机人工转到客户的分机，接通后再请对方帮忙叫来要找的客户听电话。由于当时电话中继线很少，任何一个环节没接通，都意味着要重复一遍整个过程，常常打电话找一个人要半天时间还未必找得到。经历过那个时代的国人可能并不觉得有什么特别，而从生下来就习惯于移动通信的美国年轻人会感到有些不可思议。

与这些生活琐事比起来，客户的成熟度是老顾他们要克服的更大挑战。和今天相比，当时的很多客户对计算机的认识尚未成熟，IBM的人员经常需要从最基本的计算原理和数据处理的观念开始沟通，给客户讲解怎么可以让计算机帮助他们解决问题，怎样去配置、怎样去看投资回报率等。而且在改革开放初期，客户的应用多为自主开发（RYO，Roll Your Own），而且普遍要求“自给自足”，不希望依赖于供应商。网络技术的不成熟也使得集中处理无法实现。而当时的行业生态环境，包括今天众多的应用/系统/服务的国内公司还没出现和普及，使得很多客户都要组织大量人手去自己先学习然后自己做硬件维护、软件开发的工作，也没有所谓的外包观念。在这样的环境下，项目的周期从计划到实施到后期维护变得很长。一言以蔽之，这段时期对计算机的使用还有浓厚的计划经济色彩，对投资回报率的注重远不如今天这样深刻和精细。

商务和进出口的流程也是一个瓶颈。由于中国和西方国家当时外贸体制、进出口限制的原因，每一个项目都需要经过可行性分析、立项、申请预算（预算有不同来源，有来自国家财政、国家贷款、世界银行/联合国贷款，或自筹等很多名目）、进口许可证申请、外汇额度申请、出口国的出口许可证申请（根据技术和合同金额大小到日本通商产业省MITI、美国商务部和国防部或巴黎统筹委员会等申请），非常耗费时间和精力。

在文件齐备后，还须到位于二里沟的外经贸部谈判大楼和进出口公司谈判和签署合同。在中华人民共和国成立以后，国家对于对外贸易实行专营，由外贸部通过进出口配额、外汇额度等进行统一领导、统一管理，所有的进出口业务须经由外贸部所属的外贸公司，以及个别其他部委所属的外贸公司统一经营。这些外贸公司是计划经济时代的一类特殊的机构和做法，目的是更好保护稀有的外汇和协调计划经济。中国仪器进出口公司就是直属外经贸部、被赋予进出口权的专业外贸公司，IBM和许多同行的机器进口大部分都通过中仪公司，中仪公司所在地二里沟因此成为当年所有IT行业外商经常出现的地方。在那个所有业务人员又爱又恨的地方我们经常碰到很多竞争对手，在20世纪80年代初我尤其多见的是日立。除了二里沟的中仪公司以外，当时有进出口权的还有机械工业部、电子工业部和中科院等几个部委的公司。机械工业部的公司有一个办公室也设在北京饭店，所以席女士经常出现在北京饭店，也成为IBM办公室的“常客”。据说在当时北京饭店的二楼理发厅，经常可以看到席女士和很多部委领导的踪影。

挑战有很多，办事不容易，但是让来自中国香港的方展骥更为印象深刻的，则是当时中国客户的刻苦与好学。方展骥后来回忆说，那个时候IBM的业务代表不大需要去拜访客户，而是客户登门询问和学习。每次到IBM的客户，通常都由一位领导带队，加上一位翻译、一位硬件工程师和一位软件工程师。由于改革开放初期内地很少有人有大型系统的经验，客户们的经验往往都来自于PC或个别小型机方面，对于IT的基本认识也比较有限，问的问题中很少或者根本没有关于应用的问题，通常都是关于硬件的配置、机房的条件和系统软件的情况等，再有一个很重要的问题是硬件和软件的培训课程问题。在那个年代，拿到外汇引进外国技术是获得出国考察和培训的最好机会，而出国的机会在改革开放初期是一个巨大的激励机制。因此，在交流的时候客户通常都非常用心聆听和做笔记，在下次会面时他们所表现出来的进步不时会让IBM的人员感到惊讶。

在IBM努力适应中国环境的同时，IBM中国的业务也在机械部和国家统计局订单的基础上逐步开展起来。从1982年至1984年间，这个小团队支持了颇多其他客户的工作——煤炭工业部、国家气象局、中国科学院、大庆油田、西方地理（Western Geo）、中国远洋和中国银行等。幸运的是，绝大部分当时接触的客户最后都成了IBM的客户。在1984年年初的一次合作中，IBM和中仪公司一次性签下7个用户合同（包括部分上述客户），把几个大的最终用户囊括其中，从此也奠定下一个和中仪公司合作的更好的基础。在出口许可方面，IBM经过不断的努力，也成功地让巴黎统筹委员会和美国政府同意IBM出口当时最大的机器303X到中国境内的外企西方地理公司。虽然最终用户是美国公司，但毕竟机器安装在中国境内，在当时保守的环境中已然是一个重大的突破。而在往后的数年中，IBM在众多外国的IT公司中，一直在对华出口许可的问题上扮演先锋和领头羊的角色，利用IBM在华盛顿的关系不断游说美国政府放宽管制，并一次次取得重要的成功。

美好的开局

在20世纪70年代末80年代初，虽然当时IBM的正式对口单位是中国仪器进出口公司，但是中仪公司与IBM的关系只能用“一般”来形容。中仪公司作为一家专业的外贸公司，在对外的职能上它所关注的是进口这一环节，IBM在中国的长期经营和扎根与它并不直接相关。相比之下，作为最终用户的机械工业部看到IBM技术的先进，以及自身的不足，知道需要引进和依靠IBM的技术来促进行业的改造。因此，席女士不遗余力地先后多次帮助IBM来华访问的高管与中国政府领导人见面会谈，以及为中国领导人访美时接见IBM CEO牵线搭桥。当这一切被中仪公司看到时，中仪公司对IBM的态度也开始变得更为友好。事实证明，这一系列的互访大大加深了中国和IBM这家企业的了解和信任，从而提高IBM总部对加大投入中国的信心。在IBM中国的历史中，席女士可以说是IBM的“伯乐”。

到了1983年，改革开放已经进行了几年，中国经济开始出现增长。很多重要部门开始由新一代的技术专家当家。与此同时外汇的储备开始增加，开始有能力引进大型计算机。由于前期的经营和IBM在全球的名声，当时进口大型计算机的“标准”就是IBM或日本的兼容机（JCM）。有了国家统计局、机械部、中国银行等客户，1983年IBM在中国的收入大约为1 500万美元，并且还有16台43xx系列系统的订单等待交付。

这样的成绩，加上与中国领导人的互动，直接或间接加强了IBM最高级别领导人对中国市场的信心，决定加大在中国的投入力度，促成了在1984年IBM在中国的第一波投入。

而我与IBM和华夏大地的缘分，也从此时开启。我个人的成长与IBM中国的发展交织在一起，并且延续了20多年。

第五章 踉跄起程

在尝到一点甜头之后，IBM给了所有跨国企业一个反面教材。在没有充分考虑文化、制度的差异和政治、经济环境不稳定的情况下，IBM急于求成，大举投入中国市场。但当遇到磨合困难，又想撤手而去，并差点以“夭折”告终。

从1984年到1991年，IBM进入了在中国的磨合期。在尝到一点甜头以后，IBM给了所有跨国企业一个反面教材。在没有充分考虑文化、制度的差异和政治、经济环境不稳定的因素下，IBM急于求成，在美国注册成立IBM中国公司，第一次大规模投入中国市场。IBM以美国的方法套在中国市场，而中国的改革开放只是刚刚开始，商业制度和西方不同，加上文化的差异，业务起伏不定，也达不到盈利的目的。这段磨合期极为困难，IBM正值业务鼎盛之期，财大气粗，但面对中国内地的制度处处显得使不上劲，差点以“夭折”告终。幸好IBM还是从长期利益出发，及时改变一系列的做法，才扭亏为盈。

但撇开盈利绩效不谈，这段时期对IBM中国价值观的形成有非凡的意义。由于早期的IBM中国大部分由“国际派遣员工”（International Assignees）负责主要工作，IBM的价值观和基本信念得到最直接和有效的传播，让最早期的本地员工有机会接触最纯正的IBM文化，大大帮助了日后IBM“标准”的维持。因为“尊重个人”，IBM中国得以吸引早期最优秀的本地人才加入，也倚仗“顾客服务”和“追求卓越”的精神，IBM的团队才能克服种种技术、制度和文化的障碍，成就像工商银行这样的早期客户的成功，为后来的合作奠定了基础。历史也许会对IBM在此时进入中国的时间或策略有所争议，但IBM在这段时间所做的事情，最大限度地让IBM的价值观和基本信念得到最佳的传承和保证，成为日后IBM中国成功的“基因”。跨国企业到异地发展，什么都可以“本地化”，唯独价值观和文化，必须“全球化”。

IBM中国诞生

历史性的IBM论坛

1984年2月，一个寒冷的冬日早上，平日车流稀少的长安街被一列奔驰车队弄得忙碌起来。在那个小轿车都很鲜见的年代，这些高级轿车的一同亮相显得非比寻常。这些奔驰都是IBM公司用来接重要贵宾和高管前往人民大会堂的。为了接待这些贵宾，几乎所有在北京的涉外奔驰轿车都被IBM租用了。

这100多位重要的贵宾正准备参加IBM第一次在中国举办的为期三天的“IBM论坛”，他们大多是国家正、副部级领导以及部属单位的高层管理者。

在三天的论坛当中，IBM安排了40次专场讲座，甚至特别进口了39台投影仪用作投影讲义胶片之用（当时还没有能把PC上资料直接投影的技术）。为了论坛，IBM可谓倾巢而出，派出来自全球的108位最优秀专家到场，以行业为导向，辅以技术的发展趋势，对计算机的应用和趋势进行了详细而深入的讲解和演示，还与各领导进行交流，得到非常高的评价。此外，IBM还特别翻译了前CEO小沃森的书送给与会嘉宾，用以加深嘉宾对IBM的了解。这次论坛，IBM的投入超过390万美元。

这是IBM在中国举办的第一个大型活动。它是IBM在中国发展的一个里程碑，也是第一次一家美国跨国企业和中国政府如此近距离的接触。会议的高规格或许是当时如日中天的IBM惯用的手法，但它“追求卓越”的作风也处处表露无遗。历史已经证明，IBM的巨额投入没有白费，从会议的安排到讲演的内容，这次论坛都给参会的嘉宾留下了非常深刻的印象，时隔多年后依然有人提起1984年的IBM论坛。而且，它让中国政府开始真正认识IBM，同时也比较整体性地了解到西方，特别是美国信息化和技术应用的状况。这给当时刚开放不久的中国，无疑上了一节宝贵的课。更重要的是，中国政府认识到信息化对社会和经济发展的推动力和当时中国与西方国家之间在信息化方面的巨大差距。更实际一点来看，在IBM论坛之后，许多部委都提出要研究使用计算机信息化的可行性，这为IBM直接创造了商机。IBM降落中国的消息不胫而走。

IBM的动作也让中国看到，蓝色巨人开始在舒展它的臂膀。我个人相信假如当年IBM没有这样的投入，又或者其他IT公司在IBM之前捷足先登，IBM中国的发展历史可能要被改写。

IBM中国诞生

在IBM高层与中国政府的一连串亲密接触以后，IBM决定加强在中国的投资，同时决定要在中国本土发展。当时的IBM全球业务正如日中天，财大气粗，在中国的投入也是不吝本钱，花费390万美元举办的IBM论坛只是一个开始，更重要和具意义的动作，还在后头。但这种“大手笔”，也无疑为一个外企在适应中国国情上前后造成的落差埋下了伏笔。

第一，在法定机构方面，1984年9月13日，IBM在IBM世界贸易公司亚洲/远东区之下，于美国特拉华州（Delaware）注册成立一家“IBM中国公司”（IBM China Corporation）。由于IBM世界贸易公司亚洲/远东区本身是IBM世界贸易公司的全资子公司，而IBM世界贸易公司又是IBM公司的全资子公司，因此当时的IBM中国公司实际上是IBM的第四级子公司，注册资本仅为2.5万美元。当时中国境内还没有接受外资公司注册，IBM中国只能在境外注册，然后在国内通过成立代表处，进行业务联系。由于不是境内法人的原因，公司也没有在境内经营贸易和雇请员工的权利。但无论如何，比起通过IBM日本设立代表处，这是第一次“IBM中国公司”的成立，象征IBM在中国的事业“正式落地”。

尽管注册地在美国，成立IBM中国公司以后，IBM亚洲/远东区总部还是准备大展拳脚，并着手在中国北京和上海注册IBM中国的代表处，取代以前IBM日本注册的北京代表处。1985年6月29日，IBM中国驻北京代表处得到当时的外经委批准，而上海代表处则比较幸运地在1984年年底通过审批。尽管业务非常小，而且在管理上IBM中国只被总部看成一个小的分公司，派往中国的代表处总经理只相当于美国国内一个地区分公司的经理，但IBM中国毕竟正式在IBM的组织图上升格成为一个“国家”。

在筹备北京和上海代表处的同时，为了更完整地覆盖中国市场，在1984年年底IBM中国又借用香港分公司的办公地点建立办公室负责中国内地的华南地区。就这样，IBM中国第一次形成以北京、上海和香港为据点，稍有规模的中国架构。

第二，为了真正在中国落地，IBM亚洲/远东区总部决定将业务主导从日本转回总部，并在1984年年初从美国派遣中层经理人迈克·克拉克（Mike Clark）来北京主理业务、筹建代表处以及组织队伍。迈克·克拉克在来华以前在IBM美国最重要的区域——华尔街分公司担任总经理。他的到来，改变了以前在纽约或东京“远程控制”中国业务的做法。与此同时，迈克得到亚洲/远东区总部的支持开始招募资深的IBM国际派遣员工（International Assignee，简称IA），即从IBM其他国家派往中国工作的员工，包括负责销售的业务经理吉姆·布里格斯（Jim Briggs）、负责技术和售前的系统工程经理史济良先生、财务行政经理迈克·李（Mike Lee）等，以及上海代表处总经理蓝妮·刘（Lennie Lauh）女士等。这些国际派遣员工派遣时间通常是两年到最长不超过五年（也有例外），目的除了经营业务以外，还希望通过他们培养本地员工。在经历了数年IBM日本的业务主导以后，中国的业务又回到亚洲/远东区总部，并由美国人主导。

第三，为了配合发展需要，IBM决定搬到更“长久、固定和更适合”的办公场所。IBM北京代表处在1984年春天从北京饭店搬到刚刚开业的北京最高档涉外饭店——长城饭店，把三楼和四楼的数十个房间用作办公室（在当时北京还没有对外商用写字楼），不久因为国际派遣员工人数不断增加，又要在六楼增加多个房间。在当时外企的圈子里，无不惊叹IBM的手笔。至于上海方面，在上海代表处成立前，IBM在老锦江饭店的新南楼租了几个房间办公，一直到1985年一口气租下外滩联谊大厦的16和17两层楼。当年的外滩还远不似今天繁华，联谊大厦是其时为数甚少的现代高层商业建筑。

那时候IBM日本还保留了在日本的业务代表和工程师支持中国。到了1984年年底，业务代表率先交棒给当时的中国团队，合同和运输支持一直到1986年才从IBM日本转到中国香港，而系统工程师的支持则于1987年结束，客户工程师支持则一直维持到了1989年年初才停止。至此，IBM日本完成对中国支持的历史任务，前后持续10年。而当年支持中国的日本团队，仍然坚持每年聚会一次，缅怀当年的点点滴滴。无论当年利用IBM日本资源的战略决定是否正确，IBM中国的历史都不能抹杀日本团队的贡献。

1984年是IBM决定投入中国的第一年，随着迈克·克拉克等管理者和以国际派遣员工身份派到中国的业务代表和工程师的到位，IBM中国在北京、上海和东京分别有直属的队伍，从而得以扩大对中国客户的覆盖。1984年年初的IBM论坛在市场上产生很大的影响，随后很多客户慕名而至。尽管面对来自于日本的兼容机（JCM）的竞争，IBM仍然取得了不错的成绩：继国家统计局的人口普查项目之后，IBM又和中国远洋运输公司、中国银行和国家信息中心签下数千万美元的订单。同时IBM向中国推出的IBM5550微型机（这是IBM日本研发的PC，由于日文和中文显示一样是双字节组成，因此IBM中国把5550汉化后在中国推出）和IBM PC也通过代理取得第一个大单。一连串的工作让IBM的业绩好起来，那一年IBM中国收入达到2 300万美元，并且还有33套4300系统的订单等待交付。而从美国华盛顿方面也传来好消息，在努力游说政府之后，对中国出口许可的限制有了一些放宽。一切好像都十分顺利，市场属于“卖方市场”，大大增强了迈克·克拉克和亚太区（Asia/Pacific Group，简称A/PG）总部对市场的信心（IBM亚太区组织是在1984年从IBM亚洲/远东区经过改组而成，而IBM中国也被纳入亚太区管理）。

除了在北京和上海建立代表处以外，为了就近拓展中国南方的业务，1984年年底，第二次到内地商量“借人”。不同的是，这次还要“借地方”——使用香港的办公室，建立IBM中国华南区分部。当时IBM香港和IBM中国是两个各自独立的经营部门，香港的生意正做得风生水起，也在招兵买马（我就在这一拨中得以加入IBM香港）。不过，当时担任IBM香港运营总监的周伟焜还是支持了IBM中国的这个要求，但这次只同意从实习员中调配10位刚加入IBM香港的“自愿人士”转到华南区。大概过了一周后，好不容易凑到10个人。里克·詹内文（Rick Jennewine），一个美国来的大个子经理人出任华南区的经理，香港人莫荣坚先生担任市场经理，一位快退休的美籍华人乔治·吴（George Wu）老先生担任培训经理。

“联合部队”开疆辟土

机构落定之后，IBM中国面临的第一个问题就是：人才要到哪里找。

在进入中国之始，IBM就希望能发展本土的人才。只是改革开放初期，中国的大学并没有正统的计算机系和工商管理学科，计算机专业人才非常缺乏，而市场业务的人才短缺则更为严重，原因是市场销售在中国计划经济社会中基本不存在，而且是不被尊敬的职业（在传统的中国思想中，“士农工商”里，“商”排在最后）；相比之下，技术人员更吃香，因而早期进入IBM中国的本地员工颇多来自于工程系或自控系。

下决心在中国开疆辟土后，IBM并不甘于等待漫长的本地员工入门过程而坐失眼前的机会。在这个时期，IBM配置了三种形式的“员工”。第一种是从IBM其他国家调派人手过来，也就是上文提到的以国际派遣员工身份派到中国来工作。为了开展业务，这是虽然昂贵但唯一的短期办法。他们有一定IBM的工作经验，可以较快地产生效益处理业务，也可以协助传承IBM文化和做事方法；但是他们的成本非常高，享受IBM对国际派遣员工的优厚待遇，包括住房补贴、各种津贴、带薪假期等（在1984年以前的政策是不要已婚和有小孩的国际派遣员工，但在1984年后，由于需要吸引有经验者，这方面也放宽了，所以IBM成了北京的国际学校最早和最大的客户）。而且他们大多没有长期在中国的计划，个别的国际派遣员工更只是来“混几年”，并且文化和语言都有障碍，甚至出现水土不服的情况，对工作也有不利之处。在1984年后，IBM大量引进国际派遣员工，这些国际派遣员工大部分来自美国，其余来自其他不同的国家，当时俨如一个小型“联合国”。国际派遣员工的职能主要是管理、系统工程、市场销售和客户工程等。

另一种有“创意”的短期人才做法是引入“本地外来员工”（Local Expatriates）。他们是IBM中国代表处在本地聘请的非中国籍人士，没有IBM的经验但有其他的工作经验。由于当时本地环境中企业行政技能普遍缺乏，而培训需要时间，IBM在北京当地聘请了一些来自中国香港、菲律宾等地的海外人士作为行政部人员；同时以同样方式招聘了数位在华留学的外国毕业生（美国人为主）作为业务代表实习员，利用他们文化的接近，加上他们“部分”的汉语语言能力，加以培训。这其中还包括自己报名申请的香港工程师蔡豪仁和来自澳大利亚的“海归”陈穆（这两位系统工程师在后文提到的工商银行的核心银行系统应用上分别担当重要的角色）。他们有住房补贴和一些津贴，所以成本还是不低。他们之中有人对中国有长期打算（所以才愿意来中国），但不幸的是他们自始至终都没有被真正看成IBM的员工，只是合同工而已。这种“本地外来员工”做法到了1990年以后就随着这批员工的自然流失而终止。虽然今天已经几乎没有人记得他们，但他们的存在为IBM中国早期的技能缺口补上了一大块。

第三种是真正的中国本地“员工”。可是技术上，他们是IBM在华代表处向外企服务公司购买的“服务”。在那个时期，外企除非成立中外合资公司，否则只能以代表处形式出现，并不能成为在中国独立的企业。这是当时中国对外企的观点：要么外企进行合资生产然后在本地做生意或出口；要么外企设立代表处和中国客户“联络和交流”。外企驻华的代表处不算是独立的本地企业，因而不能直接雇用中国员工，原因是在当时的观念中，代表处的工作理应只是和中方“联络”，所需人数不多，而且应以外企本身的员工为主，不应该需要中国人当员工，除了那些劳务工作人员提供类似于办公室助理、驾驶员一类的工作以外。而这类的工作，中国认为可以以“服务”方式提供，因而派生出“外企服务公司”专门从事这样的工作。事实上，最早的外企服务公司曾经替各国大使馆提供使馆厨师。在这样的机制下，IBM付给本土“员工”的薪水都是发到外企服务公司，外企服务公司在扣除不同的费用和福利以后，才把部分薪水返还到“员工”手里。

很明显，对于IBM来说，这样的做法是不能满足需要的；但由于当时只有这样的途径，IBM也敢于尝试，试图把业务代表和系统工程师这些在IBM非常重要的工作“屈就”于这套机制之中。1985年6月，六位来自重庆的大学毕业生就是以这样的方式来到北京，成为IBM中国的第一批本地员工。为什么是来自重庆？这也是一种缘分：当时IBM希望与北京市政府下属的外企服务公司合作招募本地的员工，先从系统工程师实习员（System Engineer Trainees）入手。可是由于IBM要求重要的系统工程师人员应该从IBM给予外企服务公司的酬劳中得到比一般工作人员更高的比例，而外企服务公司不愿改变和其他驻京外企已定的标准，合作未能进行。得知此事的一位北京市副市长不久调任重庆市市长，他觉得这对重庆有很大意义，于是主动邀请IBM到重庆招考毕业生。最后在200多人中通过笔试和两次面试录取了六人，并通过重庆国际经济技术合作公司（相当于外企服务公司）送到IBM北京办事处工作。

彭晓是这六人中的一员，也是IBM中国本地员工的第一人（他是1985年6月17日报到的，比其他五人早三天），现在是IBM中国全球企业咨询服务部（Global Business Services）的副合伙人之一。除了彭晓以外，其他五位分别为刘侠、杨樑、高琪、万琪和刘爱华。从1985年6月第一批本地员工加入后的一年中，再有十多位其他本地人员通过不同的外企服务公司进入IBM中国，其中包括现在IBM大中华区副总裁电信事业部总经理俞伟、曾经担任过微软中国总经理和TCL高管的吴士宏等。此外还有第一批来自清华大学的业务代表戴江鸿和系统工程师范宇。他们现在都已经是业界的名人，其中担任

IBM大中华区副总裁、政府与公众事业部总经理的范宇刚在2011年迎来他的IBM“四分之一世纪俱乐部”的荣誉。

1985年年底，北京代表处共有员工149人，其中“本地员工”占17%，本地外来员工有30%，而国际派遣员工则有53%之多。这样的人才环境和情况，为IBM早期的拓展制造了很多麻烦。员工的三极化引起收入、激励、动机和员工忠诚度的问题，非常不利于员工之间的合作。有一个颇为“讽刺”的事实是：在这三类“员工”之中，只有本地外来员工的所属单位是地地道道的IBM中国公司（所有国际派遣员工的所属单位是他们各自来自的IBM本国公司；而中国“本地员工”，则由于通过外企服务公司的关系，所属单位仍然是他们各自原来的工作单位）。而在本地员工的报酬方面，由于外企服务公司针对每个人不同处理而没有统一标准，引起员工收入之间很大的差异性。普遍来说，员工得到的要比IBM付出的少得多（当时IBM付的薪资高于大部分的外企），这样也就影响了员工的积极性。有意思的是，出差费用尤其是餐费，是直接付给员工的，而且IBM的标准相对颇高，因此时常会出现出差的餐费比薪水来得高的情况。同样原因，IBM的佣金制度也难以开展，为了要实行IBM的激励机制，IBM只能更多依靠颁发奖金的形式而不能利用现代的佣金手段。再加上本地“员工”的身份限制，使得本地化难以有效实现。举个例子，在1990—1991年间，当个别IBM的本地“员工”已经崭露头角时，因为身份的关系，IBM不能把他们提升为IBM的经理人。最后IBM中国不得不采取特殊的变通措施，设立一个“主管”（Supervisor）的角色（在后面有详细描述）。同样的挑战也出现在培训上，培训部负责人苏珊·凯文（Susan Kevin）用尽方法方能为本地员工申请参加入门培训和其他技能培训，可是由于入门培训分成几个阶段，在一段时间之内要出国几次，这样的安排外企服务公司和员工的原单位等都觉得不可理解，在审批手续上不愿支持，结果完成培训的时间就相对拉长了许多。有些人甚至因为办不到护照而延误事业发展，并遗憾地最终离开IBM。

1985年以后，IBM认识到这样的人才结构存在问题，开始有意识地缩减国际派遣员工，至1987年本地人的数量增加到68位，开始占到当年总人数的一半。时移世易，到了20多年后的今天，IBM中国98%以上都是本地员工。

从以上过程，可以看到IBM在开拓市场时对人才的重视：为了中国这样一个刚起步的市场，IBM不惜成本作了这么多的尝试，务求找到人才。我也是那时从IBM香港调派到内地来的其中一员，只是和其他国际派遣员工不一样，我再没有真正离开过这里。

但另一方面回头来看，也许会有这样的疑问：IBM在当时中国人才市场不成熟时是否走得太快了？抑或是在那样的环境和拓展的需要下，这也是无可厚非的办法？但无论如何，恰恰是因为早期引进大量拥有IBM背景经验的国际派遣员工人员，通过他们的言传身教和他们带来的IBM一些成熟良好的传统和价值观，使得IBM比起很多其他外企，更能把企业文化和价值观根植在IBM中国的土壤中。

在1984年后的数年里，IBM凭借这样的“联合部队”做法在中国开疆辟土，好在大部分员工不管身份如何，都在用心做事，只是由于背景不同、环境的问题等，让人的问题拖慢了公司的发展进程。直到1992年IBM在中国成立外商独资企业，人才结构才得到真正的解决。

结缘世界最大银行

曾有一位IBM的客户对我说："IBM有时候太大太死板，但它一旦认定一件事情或一个客户而投入力量后，IBM的力量是无与伦比的。"

就在这一时期，我有幸参与了那一时期IBM最具里程碑意义的一个项目——工商银行第一次自动化的项目。早期的IBM对中国文化和制度并不适应，双方遇到的困难颇多，但IBM凭着成就客户的信念，克服万难，支持工商银行完成第一代的银行系统，也建立了迄今27年的伙伴关系。工商银行自此成为了IBM中国最大的客户，同时帮助IBM奠定了在中国银行业信息化中的领导地位。可是，27年前的1984年，当工商银行和IBM初次接触的时候，IBM内部几乎没有人听过这个名字，更没有人会想到在短短的20多年间，工商银行会成为全世界市值最大和最赚钱的银行。

改革开放初期，中国的银行业只有中国人民银行和专门负责外汇与国外业务的中国银行。1983年银行业开始改组，1984年从原来的人民银行分出来中国工商银行、中国农业银行和中国建设银行，与中国银行一起成为四大专业银行，而人民银行则成为中央银行。在这个改组的过程中，银行业人士计划利用计算机电子化，改变一直以来依赖手工的做法。分家前的人民银行是中国内地最早使用计算机的单位之一，他们用的是日立的主机M150系统，对IBM系统并不熟悉。不过在此前的1977年至1979年，以中国银行香港分行为首的13家在港的中资银行作为中国银行界对外的"窗口"，刚在香港成功实施了IBM的SAFE银行应用系统以及IBM3032主机系统（当时的顶级主机）和银行终端系统，摆脱了手工处理，走出电子化重要的第一步，并一举超越很多的香港银行。

工行首任行长陈立认识到信息化任务的重要和复杂性，在1984年请来当时负责中行香港分行电脑部的黎晓先生出任工行科技部主任。黎主任得到行里的支持，提出实现“全国通存通兑”的愿景。这在今天来说不是什么太了不起的事，但在那个通信网络覆盖极度落后、通信技术只能达到每秒数百字节的年代，这是一个伟大的构想。黎主任从中行香港分行的老班子调过来一些人，其中包括后来接任工行科技部主任、在银行界非常有影响的单怀光等几位技术人员，再结合一些原来搞过日立系统的科技部好手，组成工行科技部的骨干。在组织工行内部班子的同时，黎主任认为在外部也需要有一个强大的伙伴，他想到了IBM，以及与他合作过的柯维柏先生。柯先生是香港IT行业的元老级人马，1961年加入IBM香港。他带领IBM香港的数据处理业务（Data Processing，简称DP）在20世纪六七十年代先后成功赢得汇丰银行和香港中银集团等重要客户，奠下IBM香港的成功基础。

香港中银集团项目的成功让黎主任了解到IBM在大型银行系统的经验和实力，更重要的是通过项目的实施他看到IBM的诚信，并和柯先生建立了彼此的信任。虽然当时国内银行的主机使用经验仅限于日立系统，因而很多人觉得不应另起炉灶，但是黎主任认定IBM是唯一能够帮助工行的伙伴。他通过IBM在北京的业务代表俞伟强发现柯先生在东京工作，于是利用一位同事到日本日立公司考察的机会，写了一封信委托IBM的竞争对手日立在东京转交到IBM亚太区总部，要求亲自和柯先生面谈。由于是中文的关系，这封信几经转接才落到柯先生手里。

IBM亚太区总部对来自中国的要求十分重视，立即派遣柯先生到北京拜会黎主任。在1984年10月底的会面中，黎主任要求柯先生向亚太区总部转告工行对电子化的想法，谈到“计划在未来10年中在中国50个主要城市引进联机处理系统，但已有一家获政府支持的外国公司（日立）参与该项目，并且被定为首选供应商。”黎主任是工行唯一想要得到IBM建议的人，希望亚太区总部同意柯先生帮助他一起工作（这是从柯先生在IBM100周年时为纪念黎晓先生发表的一篇文章中节录的）。亚太区领导一直等待的就是中国大规模项目的出现，于是他们任命柯先生为工行项目投标经理。

随后的几个月中，在黎主任和柯先生的策划之下，IBM接待工行代表团到过IBM总部和亚特兰大考察；又组织了大量的国内分行实地考察和业务需求研讨，包括北京、上海、哈尔滨、天津等地。工行业务分为对公和储蓄两部分，对于一个自动化几乎是一张白纸，却拥有当时中国城市人口2亿个对私账户的银行，推算它自动化以后的业务量更接近是一个“艺术”；而对公的对账业务又是源自于苏联时代的银行做法，和西方的做法非常不同。因此，应用和系统的论证工作过程的困难程度和当时商务上的困难程度，都超出了我们今天所能想象的。

在商务上，由国家外汇、培训、售后服务、出口许可限制、价格等所带来的问题也需要一一解决。工行的项目规模十分庞大而且牵涉全国各地分行，而IBM当时在国内则是刚刚起步，在国内资源和能力相当匮乏。为了解决各种问题，黎主任和柯先生分别在工行和IBM内部做了大量说服工作，黎主任更要承受来自于支持原有系统的压力。由于这些问题的解决颇费时间，双方都希望能早把方向定下方便开展实质性工作，在黎主任和柯先生的努力斡旋下，1985年6月，工商银行与IBM中国首先签订了合作备忘录，内容包括50套4381系统将分批分期实施、SAFE Ⅱ应用和4700银行终端系统，以及有关建设培训中心系统和后续培训和开发的一连串做法。这一个合作备忘录对IBM来说犹如一针兴奋剂，因为一直以来，IBM总部的高管总认为以中国的规模应该能签下大项目，而如今这个目标几乎触手可及。

备忘录签订后，柯先生开始把后续工作交回给IBM中国的管理团队。这位前后为IBM服务30年的资深员工当年在香港中银集团项目的成功，和黎主任对IBM和老朋友的充分信任，一定程度上影响了IBM中国和工商银行的发展。

合作备忘录签署以后，不只销售团队，参与工行项目的技术同事也都全力以赴。我就是在此时参与到工商银行项目中的，成为专门负责这个客户的业务代表。工行业务对公和储蓄两部分都需要进行项目、论证和技术配置的工作。为此IBM投入了大量的技术和专家资源，在双方还未签订正式合同前，IBM就已经派出了多位来自中国香港、加拿大等地的专家、工程师前往工行设在杭州的培训中心为工行技术人员讲解IBM的系统。在1985年年底到1986年年初期间，IBM和工行举行了数次需求讨论会，其中比较大型的一次是在北京讨论储蓄业务，另一次是1986年1月在上海延安饭店讨论对公业务。这些讨论让工行和IBM的团队更清楚地认识到需求和应用之间的差距和异同之处。我至今仍清楚记得，上海延安饭店那一次，天气正是一年中最寒冷的时候，数十位工行和IBM的专家坐在会议室里热烈地讨论对公的需求问题。由于当时大部分人员都抽烟，所以把会议室的窗户都打开通风。看着大家冒着零摄氏度以下的气温穿着棉大衣开了一个下午的会，也算是一个奇景。

1986年是工行和IBM合作早期的另一个重要里程碑，这一年无论是对于IBM中国还是对于我个人，工商银行的项目都是头等大事。但是这个里程碑即便是已经有了前一年的合作备忘录，依然来之不易，因为备忘录并没有法律效力，付诸对双方有约束力的正式合约仍然有大量困难。在黎晓主任的强力支持下，双方克服了很多商务和技术难题，终于在1986年4月，我作为业务代表和工行签署了第一批合同，涉及6个省市、12套4381系统和大量的4700银行终端，金额为2 000多万美元，将合作备忘录的意向落到实处，这是IBM历史上与工商银行的第一单，也是在中国内地银行业当时的最大一个合同。

几个月之后，IBM与工行签订了第二批合同，同样涉及6个省市，金额1 000多万美元，后又在1987年签订了第三批合约。这是我个人负责过的工行合同，也是IBM与工商银行将近30年合作的开始，在往后的几年我的同事包括戴江鸿、唐佩英和刘焕时等继续备忘录的执行。工商银行在数年间共实施了七批合约，引进了远远超过备忘录范围的大量主机系统，逐一把中国工商银行所在的省市完全覆盖，而工商银行也成为IBM中国最大的客户，并且一直延续至今。

克服技术汉化障碍

合同签署时大家都很高兴，不过合同签下来并非大功告成，而是任务真正的"开始"，等到客户把机器设备安装到位并且顺利运转，我们也只是完成第一步的工作，后面还有培训、维护等任务。在当时，安装IBM的机器对于客户而言是全新的事情，客户经验也不足。接下来的几个月，我和客户工程人员，还有机房专家跑遍几个城市去考察客户机房的预备情况，从找地方做机房到改变土建，画机房平面图，讨论如何吊装机器，等等。回到北京的办公室，我又要去跟踪所有订货和运输情况，核对超过2 000个硬件和软件配置，务求一切顺利。

但更重要的莫过于要将核心银行应用SAFE Ⅱ系统投入生产。这也是系统工程师和技术队伍们最废寝忘食的事情。为了工行的项目，当时柯先生特别找来他的老朋友，一位非常资深的美籍华人工程师徐老先生到北京来帮助组建支持工行的技术队伍，指导IBM的技术和系统管理方向，和提供对工行在实施如此庞大项目时需要的经验。他是当时IBM全球仅有的不到300位顾问级工程师之一，在IBM地位甚高，功力深厚。在他的帮助下，工程师经理莫荣坚先生找来新加坡的唐佩瑛女士作为项目总监，并负责储蓄应用的小组；另外从美国找来另一资深工程师朱铨先生负责和对公小组对口。此外，还有多位中国的员工，以及大量从全球不同国家地区按需要请来的专家，分别参与到支持工行的项目组中。

SAFE Ⅱ中有很多技术难题，其中一个是软硬件对中文的支持。SAFE Ⅱ的起源是来自于拉丁美洲一家银行的应用，所以只有“单字节”支持，而汉字需要“双字节”才能支持当时国标的6 000多个汉字的输入输出。同时4700系统作为IBM当时的银行业务的专用硬件设备（特小的屏幕、特殊的键盘、存折打印机、流水账打印机等）也不支持汉字。另一方面，工商银行也要求把存折设计成可以放进衬衣的口袋，这要比当时在国外流行的标准小了不少，这样就要重新设计存折打印机的打印格式。

为了解决这个问题，我们找到IBM日本为日本市场研制的4746存折打印机，这个打印机功能比当时使用的4720存折打印机强大，而且由于日文的关系可以支持双字节。不过，4746的价钱更贵，又没有满足国标要求的所有汉字。再加上存折打印机当时至多只能两人共享一台，从而需要大量的机器，这在商务谈判时变成一个很大的障碍。最后双方妥协谈成的价格中，4746实际上是亏本的，但售价仍然是相当的高（这个问题后来也促成国产的4700包括存折打印机兼容机的产生）。但更重要的问题是，我们要让SAFE Ⅱ的银行应用去“认识”4746这个打印机，并让它打印中文，所以另一个工作则是利用日本的支持去“造字”放在4700系统之上。IBM日本不用SAFE Ⅱ应用（日本银行应用早期都是银行自行开发的），所以连接4746和SAFE Ⅱ的技术攻关工作只能落在IBM中国自己的身上，IBM日本、加拿大和其他相关国家也只能起到协助的作用。

由于双方的商务合同已经签署，如果这个连接问题不能解决，会很严重地影响双方的合作和信任。事实上，在签约的时候，IBM当时的亚太区一把手和IBM中国香港的负责人文伟舜就都已经承诺要在1986年9月和工行领导一起到杭州看4746的实际示范。

为了解决这些问题，IBM派出蔡豪仁、冯兴源（后者是香港那10位到IBM华南区的自愿人士之一）以及其他多位工程师先后到日本大和实验室、川崎软件实验室寻求支援，得到IBM日本的强力支持，仅川崎实验室就派出3名相关的软件技术人员配合工作，同时也有其他国家的SAFE Ⅱ专家帮忙。在IBM中国其他的技术人员包括徐老先生等的努力下，成功开发出4746的程序，并把这些让4746工作的程序整合到SAFE Ⅱ里，并加进中文字库。至于存折的大小问题，解决方法是把“存入”和“取出”两栏合并在一栏上，节省了存折的宽度，从而把存折缩小。工程师团队不辱使命，如期实现了IBM

对于客户的承诺。

“好事多磨”的装机交付

夏去冬来，我们开始进入装机的倒计时。但是，新的问题又出现在货物的交付中。第一次装机是一件大事，为了准备安装，工行还专门联系好了机场货运和海关，以便货物可以通畅地运到目的地。1987年春节前，一个雨夹雪的深夜，我和客户一起到首都机场接货，直接进入机场货仓。可是到了现场，映入眼帘的完全是一场灾难：那些非常精密的重型机器（主机、磁盘、通信控制器、3200激光打印机等）本来都有严格的搬运要求，不能歪倒、不能受压，可是现场有的横放，有的叠起来摞在一起，还有一些包装箱上赫然是叉车叉子穿过的洞，很多包装箱上附带的震动和倾斜感应器都变色了（变色表示超过临界），也有一些感应器没有变化，但机器打开后都有不同程度的问题。工行的客户当时就震怒了，虽然并没有把火气发在我身上，但是这一下变成了两家公司之间巨大的问题，在当时中外贸易刚刚重启的时候，这成了一件重大事故。之后的几个月，调查谈判之事不停，双方的合作信任和感情都受到不小的伤害。工行认为IBM把“次货”卖给他们，IBM则认为是中国的运输系统完全没有基本知识。我被夹在客户与公司之间压力十分大，最后几经波折事情才逐一解决，部分的机器获得替换，部分机器面板部件更换，同时保修期上也作出相应调整。另外我们也根据客户要求指定一些生产工厂来源地来专门供应工行订购的产品。整件事情一直到几年后才真正彻底解决，这也成为IBM在适应国情过程中的一次重要的学习经验。后来IBM中国运输和包装措施的改良，大多来自于此次的痛苦经验。

此外，在装机交付之前，工商银行整个项目团队，包括储蓄、对公和系统，首先都在杭州集中培训了一段时间，并由IBM“赠送”4381大型机系统作为培训之用。而在此以前，IBM也按照合同在当时IBM洛杉矶的培训中心安排系统软件培训给予第一批签约的分行。杭州培训结束后，储蓄小组在北京分行温梦杰的带领下开展应用的工作，对公小组则在上海由李家豪老师带领下展开。在两个小组的不断努力和IBM的支持下，虽然中间磨合过程极其痛苦，最后都分别如期在1987年间上线，完成了中国工商银行第一代核心银行应用的工作。工行黎晓主任和他的几位继任者以及他们的团队还有从柯先生、业务团队和系统与应用团队的所有支持过工行的IBM人员的大量心血与付出，终于开花结果。

值得一提的是，SAFE Ⅱ在工商银行落户，为中国第一代核心银行系统带来一个连线的应用系统，也派生出来一些由境外和从银行系统脱钩的人员组成的专业应用服务公司。通过这些“生态系统”的出现，其他的股份制银行有很多成了他们的客户，个别的建设银行和农业银行分行也先后上线核心应用。可以说，工商银行的SAFE系统绝对影响了中国第一代核心银行系统的发展。

工商银行项目帮助IBM建立了在银行业的桥头堡，也催促了IBM在中国能力的建设。另一方面，IBM帮助了工商银行走出了金融自动化的重要第一步，在此过程中工行也培养出来一批IT骨干人员。1996年工商银行在珠海市建立开发中心，决定把核心银行应用作为最重要战略握在自己手里。在之后的十多年中，工行先后推出更新功能更多、产品更丰富的第二代和第三代核心银行应用系统版本。今天工行的应用和当年相比已是面目全非，在短短20多年间利用IT和信息化不断突破，并成为全球最大、最赚钱的银行。如今的工商银行系统，拥有全球最先进和复杂的系统架构和技术、全球最大的金融行业数据库，平均每日处理一亿笔以上的交易。

现在回顾工商银行的这段经历，给我最大的启示是客户成功是一家企业成功的根本。“成就客户”不分国界，必须跨越文化和政策的鸿沟，即便遇到多大的水土不服，只要、也只有真正心系客户的做事方针，才能让企业在海外发展时克服困难。

险些“夭折”的中国缘分

风光背后的亏损

1985年，业务看起来风生水起，这时候的IBM北京代表处正在继续加大投入，引进许多国际派遣员工做销售和售前工作，建立培训部，加强财务、人事和行政部门等。上海方面也是雄心勃勃，每天忙碌于给客户装机和接待络绎不绝的客户来访，客户最多的时候甚至需要排队和IBM的人见面。老锦江饭店的房间不敷使用，于是上海代表处在1985年年底搬出老锦江饭店，在位于外滩的联谊大厦一下子租了两层楼面，预备大展拳脚。

另外，由于外国供应商的代表处不能从事境内有偿服务，出国培训是当时客户最重要的条款之一。很多客户都在合同中订立出国培训的需求，为此，除了北京、东京、上海和香港的机构外，IBM中国又专门在洛杉矶成立一个IBM中国的培训中心，负责数据处理培训。

也在同一年，由于很多客户的询问和要求，IBM例外地授权了个别的S/36中小型机代理商。这些少数的代理商主要为当时的跨国企业和个别从国外引进S/36应用的中国企业服务。直到1988年IBM的AS/400正式推出代替S/36和S/38时，IBM中国才正式发布中小型机，并从此走上渠道发展之路。

但就在一切都显得美好的时候，市场开始发生变化。首先出现的是国家外汇的来源紧张了，找不到指标的项目被迫搁置，有些原来很积极的客户失去消息；而当来自日本的竞争开始下降的同时，来自于欧美的竞争又开始冒起，除了PCM兼容机以外，欧美的中小型机DEC、惠普、王安、Bull、Olivetti等纷纷进入中国。由于IBM没有在中国发布中小型机S/36和S/38，这些对手的产品直接和43xx系统大型机竞争。由于S/370和43xx

系统的要求和价格比较高，而中国用户的规模、经验和技能还没成熟，使得IBM的主机备受挑战。

与此同时，虽然业务一直有良好的成长，但IBM产品的成本、定价的错误和销售支持的开销增加远快于收入的成长。IBM总部的管理层并不满足于快速扩展而带来的亏损，对当时的策略有所怀疑。在1985年年底，IBM亚太区总部突然宣布迈克·克拉克离开任职仅一年多的中国区主管工作，由负责IBM香港的文伟舜（Joseph Movizzo）兼任。

为了进一步降低开销和更有效地利用资源管理中国业务，IBM将国际派遣员工和本地外来员工的人数缩减，同时继续加速本地人员雇用，并且开始聘请本地的业务代表（销售）实习员。为了进一步减少亏损，1987年国际派遣员工和本地外来员工的人数进一步缩减到50多人，增加聘请本地的同事，同时进行多项开销缩减的政策。

另一个重要的决定是成立IBM中国内地和香港运营体系，首次正式让IBM香港和IBM中国内地的运营联系起来。新接手中国内地和香港业务的总经理文伟舜在市场上，依然分设香港和中国内地独立经营，两位运营总监盾伟焜和来自美国的陶富德（Fred Tufts）分别负责香港和中国内地业务，并把原来设在东京的合同运输等行政部门和产品市场推广等一些部门搬到香港，分别成立业务支持部（Business Systems）和市场幕僚支持部（Marketing Staff）；同时开始借助香港区强大的财务管理队伍帮助中国内地建立一套更透明清晰的财务体系。在硬件支持上，也开始借调部分香港的客户工程部来管理。1987年还在香港成立了对中文简体字的国家语言支持部门，又把从事IBM PC的部门和香港合并，终止在东京的剩余支持组织。

这一连串的做法，让中国区可以借助香港区的基础设施架构和经验，特别在后勤的各项支持上降低中国大陆区的风险和成本，这样一来在东京的IBM中国团队相应逐步减少。香港区与IBM日本相比，虽然日本在技术的力量上更强大，但是在其他后勤上未必最有利，文字和语言的隔阂加上成本的差距，使借力香港的决定变得理所当然。IBM中国的第一波扩展遇到瓶颈而需要重组到以北京和香港为核心的运营体系，这一架构一直维持到1994年大中华地区成立以后方才改变。

即便是有了这些措施，1987年中国政府把原来的电子工业部与机械部合并组成机械电子工业部，政府部门的改组带来业务环境的不稳定性，加上外汇的紧张，市场的需求持续放缓。虽然有工行系统的继续交付，但新订单的速度有所下降，亏损依然没有得到好转。在这个过程中，1984年年底才在香港成立的华南区业务部就在一年后的1986年春天被取消，上海的代表处也被要求只留一个空壳。刚刚装修落成的联谊大厦办公室空无一人，于是缩减了租用面积，只留下100多平方米以便出差来的员工有地方落脚。就连北京的办公室也搬离昂贵的长城饭店而迁到丽都饭店商业楼，国际派遣员工的住所也从各个酒店搬到丽都的公寓楼，从而减少开销。洛杉矶的培训中心也在年底结束。

在业绩亏持续损之下，文伟舜于1988年回到美国，至于原因是否与此有关则不得而知。不过，包括我在内的绝大多数IBM员工当时并不知道，这些亏损险些影响到IBM中国的命运以及所有人的去留。

险些“夭折”的中国缘分

1987年秋天，当时的IBM副董事长兼IBM世界贸易公司总裁卡斯珀·卡西尼（Kaspar Cassani），一位精明直率而且非常严厉的瑞士人，到北京访问并检查工作。在刚过去的1986年，IBM全球的盈利下降了27%，让这位副董事长没有耐心看着IBM中国这样亏损下去。他对当时中国的市场环境和成熟度并不看好，认为IBM对待中国业务应该采取更谨慎的态度，应该与中国保持一定距离，并采用他曾在东欧国家（如南斯拉夫等国家）所使用过的市场代理模式（Agency model），在当地寻找或建立一家本地公司，然后把IBM的人员转移到代理公司中去，由这家公司“代理”IBM的业务，从而降低对IBM的直接风险。这一方法在东欧非常成功，因此成为卡西尼心里认同的模式。但是中国的管理队伍不赞成这个做法，于是卡西尼要求成立一个专案小组去研究IBM中国应该何去何从。

专案小组有两位负责人，一位是美国人施智仁（Mike Strang）先生，他在中东、非洲等多国工作过，拥有做大型机的丰富经验，并且在当时的东南亚地区总部负责所有产品的市场计划，后来转为负责地区业务发展；另一位是叶锦城先生，他当时是香港的业务发展总监，是香港市场的资深经理人，担任过不同管理职务。在我眼里，他有非常独到的战略思维。这两位高智商的人一起工作，走访了通用电气（GE）、联合技术公司（United Technologies）、西门子等多家进入中国的外国企业，了解他们的做法和问题，同时做了大量内部的调查工作，从而发现问题所在。

他们发现，中国的S/370在折扣后售价比起国外低出不少，而且由于运输和物理损伤比例高于其他国家，使机器的更换更多，导致直接成本大幅提高，同时零备件的使用也较其他国家高，使保修的成本也比预算的高。下面的流程分析具体解释了成本提高的原因：

第一，由于IBM中国作为代表处不能直接提供本地的保修服务，IBM分别在1984年帮助国家统计局成立明星服务公司、1987年帮助工商银行成立ICBC服务中心，以及帮助机械部成立MMB服务中心。这些维修服务中心都不属于IBM，但为IBM所承认。其中工商银行和MMB服务中心主要面对它们各自的内部客户，而明星服务公司则面向更广大的客户群。IBM当时付给明星股份公司（主要是明星）的费用，高于IBM产品中保修成本的预算。这进一步让IBM的直接产品成本上升。此消彼长之下，IBM的产品毛利率变得低于正常水平。

第二，客户的技能和对IT以及主机系统的认识不足，使得IBM的系统工程师需要做更多的额外工作去帮助中国的客户，无形中市场和支持的开销和人力都要比国外高。虽然IBM从1986年就开始压缩国际派遣员工的人数，但这部分成本并没有太多地节省下来，取而代之的是更多地借用国外资源的费用开销。

第三，从人才的角度看，不能直接聘请IBM自己的本地员工，对于本地化非常不利。人员的稳定性没法保证，影响到技术和经验的培养也无法有规模的展开，人员的积极性很难控制。

第四，冗长的销售交付过程和各种审批手续，使得从销售预期/订单到支付（Prospect/Order to Cash）的整个过程变得很长——从开始与客户接触到合同签署往往要一年多或更长的时间；从合同到系统交付则又受制于出口许可批准的周期，从三个月到一年都有；而从交付到硬件和软件安装的时间也往往因为机房的预备进度和客户培训（要出国培训）的时间安排而变得不稳定。

为了更好地管理这些冗长和烦琐的事情，我们把客户管理分开三个阶段来管理，分别是销售管理、运输交付管理和安装管理，分别由不同部门负责。

整个客户管理的过程特点是环节多、周期长，个别环节容易出问题，而且时间可控性低。与IBM习惯和熟悉的西方作业比较，部分做法是当时中国国内独有的，加上客户经验和技能的局限、整个国内运输供应链刚刚起步，以及当时IBM自身对中国的适应能力和步伐的稚嫩，这一切使得早期IBM对业务掌控的力度比今天要低很多，同时不可避免地增加了业务经营的成本。

但这就是IBM，即便是在适应的过程中不免遇到难题，但为了保证客户得到的系统质量和提高客户的技能，IBM宁可承受亏损照样扛下去。所以当我们评价IBM中国的这段历史时，我的看法是：因为上述的种种原因，让IBM付出了很多"吃螃蟹"的代价。但是，如果IBM没有在这段时间进入中国，而是等到20世纪90年代大多数公司开始进入的时期再进来，IBM不可能获得今天的发展，对中国的理解也不会如今天这般深刻，因为有很多经验都是通过困难得来的。

随着时间的推移，国家的国际化接轨大为改善、参与业务过程的服务商和机构有所改良，IBM也在不断调整自己的流程和方法，务求使时间周期缩短的同时保证系统的质量，同时把直接或间接的经营和系统成本降下来。

专案小组的施智仁先生和叶锦城先生分析认为，卡西尼（Cassani）提出的市场代理模式在中国很难实施，其根本原因在于IBM在中国缺乏有经验的人员，没有人能被有效地转至代理人公司一方；而市场上也没有拥有很强S/370技术的公司可以作为IBM的市场代理。他们的结论是：IBM必须解决更基本的问题，而市场代理模式不能解决IBM发展的问题。他们向卡西尼提出四个选择，分别是：

1. 关掉IBM中国，完全退出中国市场，等待市场成熟再回来。

2. 照目前的运营方法不变（Business As Usual），但是加强压缩开销，尽早达至收支平衡。

3. 撤退到香港，以香港为基地选择性地经营中国业务，挑选客户和市场。

4. 以目前的业务为主，但争取五年内收支平衡，其间寻求在中国以"到岸"（on shore）形式运营，争取更大的空间，从而建立长期投资和发展的基础。

第一次的汇报是施智仁先生的上司、当时东南亚地区总经理做的，内容意见和专案小组的结论并不完全相同。卡西尼对汇报并不满意，要求当时刚来接替文伟舜的澳大利亚人邵伟志（Bob Savage）和小组先向时为亚太区总经理的迪克·郭士纳（Dick Gerstner）汇报并取得他的支持。迪克是郭士纳的哥哥，是一位很好的聆听者和非常优秀的领导，他要求专案小组直接和他对话。施智仁先生向他汇报说，他有一个坏消息和一个好消息。坏消息是这四个选择无论是哪一个，短期的亏损都不可能改变，因为就算是撤离中国，还是会产生很多成本开销。好消息则是因为短期结果都是一样，公司可以选择长期利益最高的一个。显而易见，小组的建议是第四个。就是因为这个理由，专案小组说服了迪克并得到他的支持。迪克亲自打电话给卡西尼说明他的想法。卡西尼表示同意，但是他也提出了他的“条件”——由于当时国内还没有任何外企有“到岸”作业的做法，IBM中国的长期前景还是充满悬念和风险的。因此如何在不影响IBM形象和质量的情况下实现短期的收支平衡，仍是一个主要课题。卡西尼对迪克和邵伟志说，五年的收支平衡时间太长，他只能给三年。同时，在三年之内邵伟志和施智仁先生不能离开现在的岗位，并要求施智仁先生搬到北京主持工作。他隐含的意思是，如果三年后收支不能平衡，这两人的结局已经可以想象。

从那时开始，IBM政府事务部的重心就开始转移到如何在中国注册建立一家独资的外企公司，让IBM可以全面开展业务。1988年，IBM在香港正式注册成立“IBM中国/香港有限公司”，负责中国内地和香港两地业务，同时在北京注册代表处。这是IBM第三次，也是最后一次在北京注册代表处。IBM北京代表处历经IBM日本和IBM亚洲/远东区时代，最后落在新成立的IBM中国/香港公司之下。

1988年年底，施智仁先生搬到中国，成为北京代表处的总经理和首席代表。在之后的三年（1989—1991年）中，根据专案小组在调研时发现的问题，IBM制定和实施了多个行动，包括：

——继续减少国际派遣员工，同时继续聘请本地人员；

——在1991年提升了第一个本地人员作为“主管”，成为日后本地员工晋升经理人的垫脚石；

——和明星公司谈判压缩保修费用，同时逐步开始有偿维修服务尝试；

——集中离岸口岸（FOB）为香港，建立香港的团队和配套以更有效地支持到中国内地的运输；加强到中国内地的运输和包装标准并在香港进行货物抽样检查，确保机器到香港港时质量良好；又为客户（其实是进出口公司）购买延伸至国内清关口岸的保险（有时候客户忘记购买）；

——继续实行紧缩开支政策，包括出差费用，要求经理人负责部门开销指标；

——重新建立一套IBM中国的利润开销模型，让所有成本开销无所遁形一目了然；

——尽量利用IBM香港的基础设施和经验，共享资源；

——IBM团队以43××为主并专注于个别的重要客户，比如银行；

——开始通过渠道推动AS/400中小型机在国内各行各业的应用；

——通过设在香港的研发部门继续推动PC业务的发展等措施。

1989年IBM中国的收入跌到了1984年以来的最低水平，只有3 300万美元。国际派遣员工和本地外来员工纷纷被送回本国，留在中国的只有少数的几人，到年底时北京只剩下70人左右，大部分为本地同事，施智仁先生是其中一人。为了稳定士气，施智仁先生专门组织了圣诞派对，让大家在紧张的气氛中得到一些舒缓。在此以后，IBM中国也开始有了每年开圣诞派对的习惯，直到数年以前。同时另一个美国人施康德先生（Kent Smith）来到香港代替陶富德担任负责IBM中国大陆业务的角色，协调组织建设以及香港后勤部门，和施智仁先生遥相呼应。IBM中国的开销比前一年大幅下降。

团结力量背水一战

得益于前一年人员和成本的调整，两位施智仁先生提出了1990年收支平衡的目标。在当时的成本结构上，只要我们做到和1988年相似的业绩，我们将可以达到目的。在众志成城之下，每一个员工都为着同一个目标努力。

我和我的团队也不例外。彼时我已经成为IBM中国最年轻的一线经理，却没有继续从事以前熟悉的金融行业工作，负责的是其他制造和服务行业。为了实现IBM中国翻身的目标，我的五人团队同心协力，士气高涨。我们分别拿下很多重要的项目，在飞机制造业上屡战屡胜，上飞、西飞、沈飞等都陆续成为IBM的客户；在当时APOLLO、SGI和SUN为主流的UNIX服务器市场，我们与代理合作把IBM第一代的RISC System/6000系统成功地引进哈尔滨工业大学，为高校拓展打开了缺口。我们在烟草行业和SSA合作，推进了第二代的MRP Ⅱ（也是后来ERP的前身）软件的部署，又在机械制造业同样以MRP Ⅱ攻克不同的客户。我们为上海飞机制造研究所提供SARI的3081系统（那个时候3081需要非常长的时间申请出口许可证）和为远洋COSCO提供的9370系统，成为IBM当年的最重要合同之一。此外，我们还在拓展新系统RISC System/6000和AS400的代理商中取得实效，协助IBM中国业绩的后续良性发展。我们在航运、航空、教育、烟草和制造行业都取得很好的成绩。而在系统4300和9370（都属于系统370）之外，AS/400和RISC System/6000成为有力的新增长武器。

其他行业从1990年下半年开始情况也越来越乐观。AS/400经过一年多的推广终于有了第一个大的突破：我们的金融团队和代理合作，赢得财政部一个日元贷款的大项目，加强了我们对AS/400策略的信心。同一年，IBM又发布了第一代的RISC System/6000，进一步加强了我们在市场上的产品线，使我们可以和其他的中小型机和工作站厂家展开更有力的竞争。1991年IBM中国的另一个团队，赢下其中最有代表性的武钢和鞍钢的水冷式的ES/9000主机系统。这个世界银行贷款的项目不单是我们在钢铁工业的突破，同时也是我们在出口许可证申请上的一个重大突破。因为在此以前，中国本土客户从未能在当代水冷级别的主机（除了隔代的二手机）上取得出口许可的批准。同时为了满足世界银行招标的规定，我们进行了30天不中断的系统测试，在所有技术人员的努力下，我们交出完美的答卷达到了100%的可用性。

特别值得一提的是1990年的亚运会，在早些年通过招标，当时全球最大的IT服务公司EDS中标赢得为亚运会提供服务的机会。可是在1989年后，很多外国企业都撤出中国，EDS也没有继续跟进。眼看时间越来越逼近，当时亚组委就想利用对外经贸大学的IBM中型机资源，为此国家还进口了一套二手的4381主机，就安装在对外经贸大学的机房，其主要功能是赛程和比赛计分系统。但是硬件有了，软件却成了问题，于是对外经贸大学计算中心找到了IBM中国寻求帮助。经过IBM上层的研究决定，IBM在亚运期间无偿提供4381的软件给对外经贸大学，同时同意通过"按次收费"方式提供系统支援服务，以变通方法协助国家成功举办了亚运会。此事的处理极为低调，知道的人很少。亚运会的事情，正好发生在专家小组汇报后的两年，假如IBM当时作出了撤退的决定，我们也就不会有支持北京亚运会的机会。

1990年我们最后取得7 900万美元左右的收入，超过1988年的水平，并且让IBM第一次在中国取得盈余。为了纪念收支平衡这一IBM中国历史上的重要时刻，施智仁先生专门从家具厂商那里（那时候中国还没有礼品厂家），为每位IBM中国在北京的员工都定制了一个小小的木牌，上面镶了一个"一元"的硬币，纪念我们"赚到了第一块钱"。1991年IBM全球历史上第一次亏损的同时，我们的收入达到1.15亿美元，差不多回到1986年时的第一个高峰。邵伟志和施智仁先生做到了对卡斯珀·卡西尼和迪克·郭士纳（Dick Gerstner）的承诺，实现了收支平衡。

那时候的IBM中国，是我看到过的最团结的公司团队。

孕育新的IBM中国

1989年，一切的招聘都被冻结。到了1990年，施智仁先生和施康德先生再次推动在1989年停止的招聘行动，顶着全球业绩不良的压力，他们“偷偷”地招聘本地员工，并且开始构思如何让本地员工成为IBM的管理人员。在当时第一批到IBM中国的本地员工已有五六年的IBM工作经验，在市场上被热烈追捧。但由于北京是代表处的关系，这些员工怀疑自己在IBM的前途。IBM一方面在和电子部（现信息产业部）以及外经贸部就成立外商独资企业进行讨论；另一方面，施智仁先生萌生一个念头，让一些本地的同事先成为IBM的主管。这是一个独创的职位，在IBM的经理人系统上是不存在的。这些主管所做的一切和IBM的经理人完全一样，除了对下属员工行使人事权力之外，这些主管和正式的IBM经理成为搭档，由经理去执行人事决定。这样的做法需要说服很多IBM的人事和管理部门才能行得通，但最后终于被通过。1991年，IBM中国任命第一位效力于合同和运输行政部门的主管，他叫王爱群。紧随其后，IBM在系统工程、客户工程部和业务部陆续任命主管。虽然这种方式不能真正让本地的好手变成IBM的经理人，但提供了一个暂时的解决方法。一年以后，随着外商独资企业的成立，清华大学毕业生范宇正式成为IBM中国的第一位本地经理人。

在尽量稳定人事的同时，IBM在探讨成立外商独资企业的问题上也通过不断的努力取得进步。在1991年，IBM先后组织了不同的考察团，到IBM中国台湾、IBM墨西哥以及IBM美国访问，时任IBM中国台湾总经理的周伟焜亲自介绍了IBM作为一个全资独立公司在中国台湾地区如何经营，更重要的是如何做好一个企业公民，在做生意的同时，贡献当地的行业、就业和生态链的发展。在墨西哥，IBM让电子部看到在美国本土以外的一个国家如何建立IBM的制造工厂，如何贡献当地的社会。通过这些考察与无数的讨论和论证，这个外商独资企业的构想终于在1992年被接受。

至此，当年专家小组的建议完全得到实现，并提前在三年内达到收支平衡，同时打通走向独资企业之路。而当业务在1991年恢复健康以后，两位施智仁先生在1992年年初把IBM中国分成南北两大区域，改由施康德驻在北京总管全国业务，但专注于华北，而施智仁则移到香港，负责建立IBM中国的后勤部门，和专注于华东华南的业务。

在经历过鲜为人知的“夭折”危机后，新的IBM中国即将诞生。

从单兵作战到全线作业的产品策略

从1979年到1990年这一时期，IBM在中国的产品策略也经历了一个调整的过程。这个看起来技术性的问题，其影响因素却不完全是技术。

当时IBM全球的产品主要分为三大类：大型主机系统（如S/360、S/370）、中小型机（S/36、S/38以及后来的替代产品AS/400），还有PC产品。由于历史的原因，S/370架构的大型机系统是IBM回到中国前10年的主打产品。原因在于IBM最早期的几个客户，如沈阳鼓风机厂、国家统计局引进的都是这类产品，那时为这些中国客户提供贷款的联合国或世界银行的专家也都比较熟悉S/370架构。S/370也的确是当时IBM最成功的产品，赚钱能力最强，并且可能是所谓主流IBM派所认同的唯一产品。

但是，选择S/370作为市场开路者的策略是有争议的。从产品的角度来看，S/370是IBM当时最成熟的产品，但它的结构和使用非常复杂，相对需要客户具有专业的资源能力和经验技能才能管理好这套系统，发挥它的效用；它对机房物理环境（包括称重和供电等）的要求比较高；加上系统本身的价格高，在那个国内人才、技术都相对匮乏的时期，它对当时中国很多的客户来说都是成本较高的选择。举个例子来说，S/370的软件会有定期的更新和补丁，这些补丁虽然是IBM免费提供而且定期寄到客户那里的。可是客户需要自行清关，因而产生新的费用。很多客户没有能够申请到项目外的经常性费用，补丁没有被清关，也没有被安装（客户有时也不知怎么安装）。久而久之，累积的漏洞达到一定程度，便会带来管理和运行的问题。

此外，当时IBM软件的费用在中国是以年租的方式支付。这比起国外的月租方式来说，年租的方式已经有所改善，但由于当时中国的外汇预算都是以项目为导向，这笔每年发生的费用让客户面对很大的困难。很多客户在第一年以后就因为无法申请外汇预算而陷入软件费用的争议。1991年，IBM不得已改变软件付费方式，专门制定了一次性付费方式，经过一段长时间的努力，方才把大部分的客户过渡到OTC的方式（只有工商银行是例外——一开始的谈判就以OTC为基础）。

类似的问题也困扰着保修期外的系统维修问题。早期的客户大多要求培训自己的硬件维护工程师，然后自购备件，待保修期过后自行维修。可是由于这些工程师上手机会很少，加上备件不一定适用，致使很多客户遇到问题后自己还是修不了，最后还是要求助于厂家。这一现象后来也渐渐衍生出专门做维修服务的公司，而S/370产品的第一家专业服务公司不是别人，正是IBM与国家统计局合作成立的明星公司。到后来IBM加入提供收费维修服务的行列时，明星公司成为IBM这方面的竞争对手。

再有，由于当时中国几乎没有系统集成（SI）公司，S/370上的应用需要客户自己编写，或在国外的应用软件上自行修改，也使得系统的投入使用周期更长。

其实现在看来，相对于大型机系统，中小型机可能是更加适合当时的中国市场需求的产品。中小型机的系统管理和运维上的要求没有大型机那么复杂，也可以在接近一般的办公室环境中工作，更加适合应用需求相对简单、不需要像银行或者其他大型客户那么强大处理能力的众多中小型企业。而且S/38更兼具一体化的数据库，对于客户来说又可减少对数据库管理的难度。IBM当时已经有S/3以及后来的S/36和S/38等中小型机，但是在当时中国业务只是刚刚起步、技能缺乏的情况下，IBM没有精力开始第二和第三个计算平台（S/36和S/38还是有所不同），以免战线拉得太长；而且那时候（1986—1987年间）已经知道不久之后新的替代型中小型机产品AS/400即将发布，加上S/36和S/38当时并没有国家语言支持（National Language Support，NLS，即中文版本），所以IBM还是不敢轻举妄动。一直到1988年IBM小型机的里程碑产品AS/400推出以前，IBM中国都没有正式发布中小型机产品，S/36和S/38只是通过少数在香港的代理做有限度的销售，主要是一些外企合资公司要求IBM在中国提供的系统。渐渐地市场开始对这些系统有了一些认识，与此同时，S/36和S/38在国外得到非常好的反应，在和DEC、王安等竞争时更为优胜，也让中国用户了解到它们的存在。IBM也逐渐认识到，这样的系统更为适合中国大部分的客户。所以当代号“银湖”（Silver Lake）的AS/400发布前，IBM中国就决心要推好AS/400。为此，施智仁先生说服产品部门把中国放在第一批发布的国家，支持中文。同时，位于香港的渠道小组，开始招募有兴趣的代理商。

AS/400推出的初期，仍然是以外企合资公司，尤其是制造业的客户为主。通过与应用软件公司SSA以及后来的JDE等合作，AS/400在早期的ERP、MRP Ⅱ市场上很快被接受。除了制造行业外，IBM还瞄准农业银行和财政部等个别国内客户，最终在1990年赢得订单，从此AS/400以及它的后续系列在中国一马平川，成为极受欢迎的系统。

除了中小型机以外，在20世纪80年代中期，欧美开始出现以SUN、Apollo、SGI、HP和NCR等以RISC技术推动的UNIX平台系统，活跃于教育、科学计算和图形设计领域。IBM本身虽然是RISC技术的发明者和UNIX的支持者，但一直没有像样的产品出台，加上IBM中国当时忙于商业应用和运算方面的客户，在UNIX上一直没有什么建树。事情到了1990年有了变化，IBM在全球发布了第一代RISC System/6000和POWER芯片。这个时机对IBM中国像是一场及时雨，因为中国拥有众多的教育、科研和设计机构，对于UNIX的工作站需求急速增加，而作为先入者的SUN、Apollo、SGI，甚至HP都已经在抢占市场。IBM中国同步发布了这个系统，像AS/400一样，IBM采用渠道的策略通过代理商去覆盖市场，同时尽量联络在国外已经有应用可在RISC System/6000上运行的“独立软件商”（ISV）进行合作。只是由于美国出口许可对技术的限制，我们只能销售其中比较低端的型号，但即便如此，我们的销售团队都全力以赴，并逐渐取得成绩。而PC业务，则由于渠道等问题，在1991年以前一直没有打开局面。

但无论如何，大型机、中小型机、UNIX，再加上PC业务，到了1991年，IBM中国的系统和硬件业务已经基本上全面和IBM全球接轨。至此，IBM中国早期的投入、适应和进化，让IBM中国站到真正的起跑线上。有超过10年的经验磨炼、相对完整的产品线、以内地和香港两地人才结合的基础设施及一些重要的客户，IBM中国等待着另一次“集结号”的吹响。

第六章　重装上阵

IBM交了10年的“学费”，才真正了解了中国政府和客户的需求。总部虽处在困局中，却给予中国团队最大的支持，开始实践在中国发展的承诺。1992年IBM中国成为IT行业中第一个美资独资企业，开始了IBM在中国的“深耕期”。这段时期的IBM中国是转型的范例，也是一个活生生的跨国企业海外拓展的蓝本。

从1992年到1999年，已经进入轨道的IBM中国开始深耕市场。1991年，IBM全球获得历史上第一次亏损。在这样的大环境下，1992年中国团队得到政府批准成立IT行业第一个外资独资企业的事实显得尤为可贵，而IBM总部也在困局中，给予中国团队最大的支持，开始实践在中国长期发展的承诺。两年后的1994年，IBM对中国的长期承诺通过大IBM中华地区的成立，和与电子部特殊合作备忘录的签署获得进一步的落实。

这三个重要的“平台”得来不易。从早期的固执和偏颇，IBM通过10年的了解和学习，认识到要在中国成功，需要有长期的投入和融入，才能真正了解中国政府和客户的需要。如果IBM不投入建立自身能力的话，很难融入，更遑论了解。

在这三个平台上，IBM中国重装上阵，迎来一连串搭建组织部门、培养人才、开疆辟土、广开合作之门等基本建设和几次重要战役。这时候，正好又遇上郭士纳带领IBM转型的序幕。众多的改变在同一时间发生，对中国团队的要求甚高，却又为IBM中国提供一个绝佳的机会去创造未来。郭士纳甚至亲自“披挂上阵”，在中国政府和IBM总部间不断推动IBM中国建设前进。这一点在当时并不多见，非常值得其他CEO学习。

通过这段时期IBM中国的片段，我们近距离看到郭士纳的实际转型范例，和IBM如何通过这三个平台，一步步全面展开多元化的中国策略，是一个活生生的跨国企业国外拓展策略的蓝本。

IBM中国三大平台

我种下的“第一棵树”

1993年6月18日，室外细雨霏霏，位于广州世界贸易中心16层的电梯间却是锣鼓喧腾，彩狮飞舞。IBM中国华南分公司的开业典礼，在仅有200多平方米的IBM广州狭小的办公室举行。这是IBM回到中国10多年来除北京、上海之外新开的第一家分公司，时任IBM中国/香港公司总经理的邵伟志，率领着来自IBM北京、香港等地的负责人专程赶来，还有当时的广州市政府副秘书长、广东省信息中心和其他客户，粤港两地的媒体以及系统代理商代表也前来出席。在陈设简洁的主席台上，摆放着冰雕的IBM三个字母，看上去晶莹剔透。作为分公司总经理的我以主持人的身份登场了。

“Let us get closer.”这本是一句普普通通的开场白，意思是“请大家往前离主席台近一点”，而随兴加上的一句中文“让我们大家靠近一点”，被在场的人体会到另一层温暖。参加开幕典礼的各界来宾收到的纪念品中，除了一纸袋公司介绍与产品说明外，还有一把华南分公司的灰蓝底白字印着公司标志的雨伞，为开幕式结束后在细雨中离开的客户遮风挡雨，这个细微之处的周到令来宾事后都交口称赞。

第二天，香港和广州两地的报纸报道了IBM华南分公司开业的消息，报道所匹配的压题照片上，邵总和我一起站在世贸中心楼前，共同托起一台在当时还不多见的便携式电脑。我们的背后，是高耸的世贸中心大厦，和在南国树影掩映下的车水马龙以及从远处树梢顶上隐约露出的鳞次栉比的高楼。从这里开始，蓝色巨人的脚步，开始迈向中国的南方。

IBM中国三大平台之——中国法人

时间回到1992年。这是一个特殊的年份，在大洋彼岸的美国，IBM正在经受着痛苦的煎熬，创下了一年亏损50亿美元的纪录，历史上第一次遇到了生存危机。在地球东方的中国，改革开放的方向愈见明晰，险些夭折的IBM中国，经过3年的休整，在这时候终于站稳了脚跟，并计划着如何在中国重新起步。

而这个时候，我的本地同事们也正痛并快乐着。在为了业绩冲锋陷阵的同时，他们每个人还要办理一系列冗长而烦琐的手续。不为别的，是因为IBM在中国的外商独资企业终于注册成功，他们要转为IBM中国的正式员工了！

在1988年专案小组对IBM中国发展策略的建议中提出，要在中国注册IBM自己的独立法人公司，好让IBM可以建立一个与其他国家和地区一样的运营机构，使之可以执行IBM全球一致的策略。那时，中国还没有外商独资企业，要么是合资企业，要么是外商办事处。由于外资企业是由外商自己投资和经营，不须直接向中国企业转让技术，因此，在中国设立的外资企业必须是“有利于我国国民经济发展的先进技术型企业，或产品出口型企业”（在当年，中国最希望从外商处得到技术转移），IBM无疑是最符合这种要求的跨国公司。经过了与中国政府长时间沟通和介绍以后，1992年，IBM成立外资独资企业的申请终于得到批准。1992年年底，作为一家外商独资企业（WOFE）的IBM中国公司正式成立。这是中国第二家、也是IT行业第一家获得政府批准的美资独资企业。

从代表处到法人企业，在IBM中国的发展史上绝对是一个历史性跨越。应该说，外商独资企业的设立，为IBM在华的加速提供了一个投资和发展的平台，让IBM可以除了“联系”以外进行真正的业务，如果没有这个平台，IBM在中国绝对不会有后来的发展。而这个平台的诞生，还要归功于IBM负责斡旋政府事务的王学猛先生。为了说服中国政府批准IBM成立独资企业，他先安排了当时的电子部领导与IBM中国台湾总经理周伟焜进行了具有重要意义的见面，交流了IBM台湾的经营方式和发展经验，随后又邀请他们考察了IBM总部和IBM在墨西哥设立的独资公司并了解运营情况。通过王学猛等人的努力，终于让中国政府看到IBM为什么需要这样一个平台，以及这个平台可以如何贡献中国：

第一，有了独资企业的资质，IBM可以通过控股公司的做法，成立合资企业或其他独资企业，成为一个投资平台。此后几年，IBM陆续在中国成立了十余家合资和独资的企业，实现多元化投资和深入发展。

第二，成立独资公司，IBM就可以与国有和合资企业一样拥有法人地位，并可以直接雇用本地员工。员工将不再是外企服务公司从各个单位“借调”然后“外派”来IBM的劳动力，而是百分之百的IBM中国员工，人事关系单纯而清晰；外企服务公司也不再从员工的薪水中扣除费用。在独资公司被批准之后，IBM让所有的本地员工选择是将人事关系转到IBM中国，还是保留原来的人事关系给自己留一条“后路”（当时放弃干部身份是需要很大勇气的），结果所有人都选择转到IBM，无一例外。在往后的数年中，IBM花了很大力气把本地员工转进独资公司——由于之前员工之间人事关系、外派情况不同，实际到手的收入差异巨大，IBM需要根据每一个人的情况调整工资、办理手续，才不至于出现太大的心理失衡和不公平。经过几年的努力，IBM把绝大部分以外派公司形式工作的“IBM老员工”都转入公司，名正言顺地成为了IBM的雇员。

第三，可以在中国各地开设分支机构，加强地区的覆盖。在代表处时代，因为法律规定和政策导向，增加代表处会被主管方质疑，数量有所限制。成立独资企业有了经营权，基于做生意的需要而开设地方分公司就顺理成章了。

更重要的是，有了这一个“平台”，也让IBM总部可以更有效地管理在中国的业务，同时让IBM总部对加大在中国的投资更为放心，这一点也是当时中国最想看到的。1992年年底，IBM CEO约翰·埃克斯再一次访问中国，和1983年一样，他再一次肯定了中国的重要性。不同的是，他这一次回去后不久，就结束了作为IBM CEO的职业旅程，将决定IBM生死存亡的指挥棒，交给了“空降兵”郭士纳。

IBM中国三大平台之——大中华区

除了注册外商独资企业外，这段时期IBM在中国的另一个大动作，是设立了大中华地区（Greater China Group），作为管理和执行的平台。据我所知，大中华地区的构想其实最早在1991年时就由时任IBM台湾总经理的周伟焜先生提出来了。当时他眼看IBM台湾和IBM香港的团队经过多年经营已经非常成熟，而且人才的技能经验甚为不错，只是市场太小，不能提供足够的舞台给这些好手。而中国内地的市场机会十分庞大，只是技能和经验不足，两边刚好形成互补之势，而且IBM在台湾和香港两地的服务客户经验也可以用来协助内地业务的开展；再加上文化和语言的接近，因此他在内部提出成立大中华区的想法。1994年，负责中国内地和香港地区业务的邵伟志在IBM亚洲南太平洋及澳洲区（Asia/South Pacific/Australia，简称A/SP/A，为IBM亚太区以下一个分区）解体的同时宣布成立大中华区。

邵伟志可以说是IBM大中华区第一任总经理。只是没多久他就结束外派任期回到澳大利亚，大中华地区迎来一位美国人主管鲍勃·蒂普森（Bob Timpson）。但是蒂普森在大中华区只是一个过客，他在1995年10月升任亚太区总裁，把大中华地区的CEO职位交给他五个月之前从澳大利亚找回来的周伟焜。至此，周伟焜提出的大中华概念又回到他自己的手里，并在他的悉心栽培下逐渐成长起来。

大中华区的概念之所以能够在IBM诞生并且很快壮大，远远超过简单的地缘关系。从人力资源和经验看，IBM台湾和IBM香港在当时已是经营30多年到40年的公司，各自拥有上千的员工，对于公司内部和外部的各项业务都有经验，同时也已培养出一些非常成熟的高级经理人。而且IBM香港早在20世纪80年代中期已经开始为内地的业务提供很多支持。反观IBM中国在内地只有两三百人。面对如此巨大的市场，要想在短期之内完全依靠自己培养的话，速度显然无法跟上。因此，在自己培养骨干的同时，借助外力帮忙是合情合理的做法。而对于IBM台湾来说，随着“九二共识”的公布，很多台湾人非常愿意到内地发展，原因一方面是台湾的市场有限，使部分台湾同事的能力无法施展，而内地正好提供这样的机会；另一方面，台湾人在文化和语言上与内地相对比较接近。周伟焜本人来自香港，又在台湾工作过，自然非常清楚这方面资源的潜力和它的合理性。

而从市场的角度来看，虽然当时的香港还没回归祖国，但从1978年改革开放起，香港和内地之间的贸易关系已经非常深厚；台资到内地的投资也在逐渐增加。加上华人之间做业务的方式和语言习惯等有颇大的同质性，因而非常适合把内地、香港和台湾作为一个相关的市场来经营和协同。在统一的管理体系和领导之下，协调市场的运营和资源的共享，使效率和有效性提高。在这样的前提下，成立大中华地区虽然是前无古人的做法，这种模式却是一个顺理成章的结果。

但是对于其他大中华区模式的追随者来说，采用与IBM一样的模式却不见得能够获得与IBM一样的效果。首先是这些企业在人力资源上未必像IBM一样在台湾和香港地区拥有如此多有经验的人才；即便是有，也不一定像IBM一样有着全球一致的培训和文化，使这些人才无论到什么地方都可以很快投入工作。所以，“橘生淮南则为橘，生于淮北则为枳”的现象，并不鲜见。

大中华地区的成立，为IBM在海峡两岸建立了一个统一的管理和执行的平台，同时也为IBM中国解决了部分人才的问题，让IBM在快速成长的市场中能够抓住宝贵的机会。

遗憾的是，环顾今天在中国的各个外资IT企业中，除了IBM以外，几乎没有一家公司的中国区CEO是从公司基层做起，或在公司服务多年的，绝大部分都是从别的公司猎头而来。这一做法固然有它的道理，无可厚非，但也反映出公司在人才培养上的不足。自身没有培养出领导人才，唯有到市场去挖角。相比之下，IBM依靠大中华的做法在解决人才需求的问题上提供了短期的帮忙。但周伟焜同时也非常清楚，真正重视人才的追求和培养，才是长治久安之道。

IBM中国三大平台之——一份特殊的备忘录

有了法人资质和大中华区这两个平台，IBM在中国的发展有了重要的基础，所有的基础建设和能力都因为有了这两个平台得以开展，人事、流程、分工以及投资、管理和引进IBM的各项职能都能够依附于这两个平台上进行。有了这两个平台，周伟焜也具备了条件和IBM总部讨论需要和“可以”在中国做什么，而IBM也“可以”开始和中国讨论如何更大程度地投入和贡献中国的经济发展。而且幸运的是，IBM来了一个对中国非常了解、而且充满信心的CEO郭士纳。第三章提到过，郭士纳不但把周伟焜纳入他的“全球管理委员会”，还在开会的时候问他的高管们“你们今天为中国做了什么事情”，大大帮助了IBM中国和总部的沟通。

在那个时候，中国正努力变成“世界工厂”，对IBM的技术特别是硬件技术和生产特别有兴趣。IBM一方面从中找到利益共通之处，循序渐进地在不同时期开展了不同的硬件合作；另一方面，又开始灌输“中国研发”和软件技术重要性的观念。这种做法在当时以硬件合资生产为“硬目标”的环境中，曾经受到一些质疑，但事实证明，IBM的经验与眼光更为超前。它深知，中国如果善用自己的人才优势，必然会成为中国的核心竞争力。

在这样的背景下，产生了IBM中国发展的第三个平台——与电子工业部签订的《谅解备忘录》，也就是IBM和中国政府的合作平台。

1994年4月27日，IBM和中国电子工业部在美国签署了一份包含从通信网络、软件开发、芯片标准到大学合作、人才培训等23项合作内容的《信息技术项目合作与承诺的谅解备忘录》，得到了中国政府的大力支持。为了更好地执行备忘录的内容，电子工业部和IBM总部还成立了合作指导委员会，定期开会汇报进度，一直到1997年才终止。

这份备忘录的重要性不光在于文件本身，同样在于它的执行过程。它第一次把IBM和中国的利益连在一起，让IBM清楚地知道如何才能在中国成功，也让中国知道IBM可以如何帮助中国经济的发展。这份备忘录涵盖了全方位的合作，改变了从1979年以来双方的单纯贸易关系，同时也促成了后来IBM在中国合资生产PC的合作。虽然若干年后，备忘录的部分内容因为市场和业务需要的改变而有所变化，但它从战略角度给IBM提供了一个清晰的方向，同时也给IBM带来更强的信心。10多年后，已经没有人会去问到底当年的《谅解备忘录》完成了多少，因为IBM所做的已经超越了备忘录的内容；而且随着双方信任的加深、技术发展和国家需要的改变，双方已经不再需要签订新的备忘录。而IBM从中国得到的，也是一张很好的成绩单，一个在我看来很好的双赢关系。

政府事务部“初长成”

随着这第三个平台的建立，政府事务从此成为IBM中国的核心工作之一。其实从20世纪80年代初IBM已经开始进行政府事务工作，在1984年北京代表处成立时，已有“首席代表”的称呼，即政府关系负责人，但这更多是中国的要求而不是IBM的职位。政府关系早期的活动主要是让中国政府了解IBM，并建立关系和信任，对IBM内部来说则是希望通过接触，让IBM总部了解中国（这点在早期是非常困难的）。当时的首席代表通常是由IBM负责北京的总经理兼任，不过也有一段时间两个职责是分开的。无论是哪种情况，首席代表都要面对政府，但由于北京代表处总经理是外国人的关系，很难开展政府事务，而且因为对这个职能不够专注，导致我们没有找到适当的关系，虽然得到机械部的帮助，但机械部负责的行业终究和IT无关。所以，那个时候IBM并没有很积极或清晰的政府事务策略。

直到1987年，王学猛搬到香港，IBM中国开始专注于中国政府事务，但是当时还没有正式被纳入IBM总部的政府事务组织和体系。在20世纪80年代末期，刚起步的政府事务工作内容主要是建立与中国政府的关系，并探索和争取外商独资企业的设立。到了

1993年左右，国家的科技兴国方向已定，我们找到电子部，而且电子部也比较愿意和我们交流。经过多番讨论，终于成就了谅解备忘录的签署。

与电子部签订谅解备忘录，象征双方的关系和信任达到新的台阶。因而，IBM的政府事务工作也要与时俱进，重点转移到如何执行双方的承诺，并且进一步把IBM的理念、行业发展的动向和国际上的一些趋势和问题介绍给中国，协助中国更好地和国际衔接。

王学猛在备忘录签订之后正式退休，另一位美籍华人同事任培善（Peter Jen）接任首席代表一职。在1993年以后，通过任先生和周伟焜的努力，中国的政府事务正式被纳入IBM总部的政府关系部门，而工作也从建立关系提升到战略、政策和持续发展的层面，一方面，要贯彻执行备忘录的内容以及合作的精神，另一方面，为了持续发展，IBM要通过政府事务了解中国的最新需要，并尝试把IBM的价值体现出来。

到了2000年之后，中国政府对于“价值”的认定标准有了很大提升，对于IBM的期望也越来越高，政府事务变得更加着重帮助中国经济向服务转型、帮助中国企业“走出去”和“全球化”这样的高价值体现。而IBM也“与时俱进”，利用自身的市场领导力和企业管理经验的分享，帮助中国前进，只是此时的中国和20年前那个追求生产就业的时期相比，已经不可同日而语。

通过任先生政府事务部的努力以及IBM自身在全球发展的经验，IBM总部在那个时候就已经了解到，要在中国成功，必须要对中国有长期的承诺和投资，体现在技术的转移和人才的发展上，并且为中国经济与社会的发展作出贡献。短期而单纯的销售行为可能获得短期利益，但长期来说不会在中国成功。在此后多年，IBM的政府事务部一直以此为方向，成为IBM在中国成功发展的不可或缺的一环。而且，IBM的领导也与中国领导人有着多次的交流和沟通。郭士纳担任CEO之后，从1993年起，先后与中国国家领导人见面不下10次，中国领导人在访美时还曾专门到IBM总部访问，也让IBM中国的员工深为自豪。

今天，许多外企后来者都号称了解中国，也提出和IBM类似的观点。但IBM如果没有前10多年与中国的不断接触、磨合和碰壁，很难想象一个西方思想文化的企业如何能对有五千年文明的中华文化有如此的理解和接受。从这个角度来看，IBM在进入中国前期的工作虽然没有带来短期的利润，却为它长期的发展奠定重要的基础。又假如没有总部和董事局的真正长期承诺和措施的话，这些观点也只能是纸上谈兵。

走出北京，布局全国

随着外商独资企业的设立，扩大区域覆盖成为必走的一步棋。上一章讲过，第一次在上海设立代表处只有短暂的一年时间。在1986年到1991年，IBM中国的人员都集中在北京和香港，上海只有一人留守。在1991年业务回升以后，当时北京办事处的负责人施智仁先生就已经想到要扩张业务。他看到深圳作为内地和香港的桥梁，经济非常发达，就在1992年派遣北京的一位业务代表到深圳，租下富林酒店的房间作为办公地点，并开始覆盖当地的客户。但是，对于一个以企业为客户的系统公司来说，这是远远不够的，还有大量机会没有被抓住。这些机会有些是没有被激发，有些是流失到竞争对手那里，但都是比较随机的现象，只要我们在北京以外的地区加强人手覆盖，业务自然会来，而同时也可以减少因为出差长途跋涉而产生的成本和效率下降。对我们来说，这是挖掘商机的最佳机会。

一年以后的1993年，IBM中国有限公司成立以后，随即重新扩大上海办公面积，并派遣美国人约翰·布莱恩（John Bryan）前去将办事处升级为华东分公司，负责上海、江苏、浙江和安徽的业务。当时有一件趣事：那位唯一留守在上海办公室的员工，在得到接待来自北京的经理对上海进行考察的任务时，还以为经理此行的目的是关掉上海办事处，为此非常紧张。等到见面后才知道，原来经理是来大力发展上海业务的！经过18年的发展，华东分公司的规模从一人增加到现在的数千人。

与设立上海分公司差不多同时，施智仁先生也计划在广州设立华南分公司，负责广东、广西、福建、云南和海南的业务。在我的主动争取下，我成为华南分公司首任经理。为了搭建团队，我们在《南方日报》等广州媒体刊登了招聘启事，从办公室行政助理、秘书开始，到系统支持工程师和业务代表的实习生，遴选出了一批年轻人组成了最早的华南团队。

广州是IBM中国多年来在北京和上海这两个运营地区以外的第一个分公司，也是IBM最早期区域拓展的起点，因此如何在北京总部，尤其是总部的业务销售团队和分公司之间取得平衡是一个重要的学习过程。对于一些全国性的客户，特别是银行，虽然总部和分公司是共享成果的制度（duplicate credit），即取得的业绩同时计入北京总部和华南区内，但由于以前北京总部团队没有管理分公司的经验，对于华南自己做业务不放心，我们仍然需要和北京的团队进行大量沟通和合作。这是一个互相学习的过程，在开始时互相信任不足，时有猜疑，中间不免产生摩擦，特别是在面对四大银行在华南区的项目时，北京的客户代表和广州的团队在策略上时有分歧，而客户也看到这点，一件事对两边说往往会得到不同答案，因此我把部分时间要花在和北京的协调之上。另一方面，这段时间IBM大中华区也正在进行向矩阵管理结构的转型（后面有详细叙述），再加上有限的资源和年轻的团队，华南区面对不少类似“新生儿”的挑战。

为了让队伍迅速成长，我们采取“以老带新”的方法来快速开展业务。销售方面主要依靠我们从香港请过来的三位业务代表，带领着刚入门的实习员冲锋陷阵。在技术上，我们有另一位严谨、专业而要求高的系统工程经理朱道凯（Kay Chu）女士来帮忙。她通过自身的严谨为新工程师员工定下一个高起点，让他们看到系统工程师职业的专业性。在她的带领下，我们从中国香港和美国、加拿大请来五位资深的系统工程师，一步一步把团队建立起来。其中从加拿大回流的一位主机系统工程师何国伟（Andy Ho），如今已经成为主管整个IBM成长市场（Growth Markets Unit）系统与科技部的副总裁，在业内广为人知。

另外，我们也设立了客户中心（Customer Center），专门接待中小企业客户，并设有演示区，主要以推广AS/400和RISC system/6000为主，还定期组织市场活动吸引潜在客户，为此我们从香港找来做过类似工作的另一位好手崔先生（Philip Chui）负责这块业务。这些资深的业务和技术人才对于新员工的指导和帮助，是IBM人才培养方面的一个非常有效的制度——导师制（mentoring）在中国的早期尝试。

与此同时，我们的本地团队正在快速成长。这个年轻的团队虽然缺少经验，但在这些资深同事的带领之下，大家都是兢兢业业把事情做好，而且进步神速。

1993年至1994年，我们先后赢得多个中国银行项目，以及农行在广东省的数个最重要的城市分行；人民银行深圳分行也取得重要的突破。由于工商银行的采购决定全是总行做的，这样，我们等于在华南地区的五大银行中，赢得了重要的大多数市场份额。我们团队的出色表现，我们用一系列的业绩让北京总部渐渐信服，证明这一个新建的团队，一样可以给客户提供价值，获得客户的信任。这期间，我们的收入和签约金额都大幅度超过指标，1995年的业绩更是比上年几乎翻了一番。

由于成长非常快速，所以资源永远处于紧张状态，1993年到1995年每一个华南区的经理都经常要参与招聘工作。1993年年底，我们就在世贸中心16楼和十楼扩充了办公室空间。除了广州办公室，我们在深圳也启动分公司的建设，并且在1995年注册深圳分公司，成为华南地区的一个“二级”分公司。到了1995年下半年我将华南区总经理职务交给吴士宏的时候，广州已有100多位员工。如今整个华南地区员工超过1 000人，分布在多个城市中。此外，华南分公司当年培养的本地人才中，有多位也成为今天IBM中国的栋梁。

在深圳分公司成立之前，IBM中国继北京、上海、广州之后的第四个分公司于沈阳成立，负责东北区域（东三省）的业务。此后一直到1999年，南京、成都、武汉、西安、重庆分公司先后成立。这样，IBM中国第一波分公司的扩展布局已然成型：以北京为总部，覆盖华北地区，东北有沈阳分公司，华东有上海分公司加上南京和武汉，华南有广州加上深圳和福州，西北有西安，而西南则有成都加上重庆。11个分公司分别覆盖华北、华东、华南、东北、西南和西北地区。随着这一拨地域拓展，北京作为总部和各分公司之间的互动越来越多。IBM中国也在成长中学习如何从一个单点的管治方式过渡到一个“国家”和总部的多点管治方式。

脱胎换骨的销售转型

1994年是IBM中国编年史上的一个重要年份，IBM中国发展的三大平台中的外商独资企业和大中华区都是在这一年成立的。记忆中，那一年我在广州非常忙碌，一方面要跑业绩成长，一方面要增加人手继续建设华南分公司；与此同时，又从北京传来关于大中华区成立的消息。那时关于大中华区的讨论只在小范围的高层中发生，我只得知一些皮毛，但概念甚为新鲜，听起来合乎逻辑，但隐约感到组织上和管理上将会有巨大的改变，在做法上和过去会有很大的不同。

到了这一消息正式发布的时候，我们才意识到变化大到什么程度。对于IBM中国来说，改变并不只是把内地、香港和台湾联系在一起，同时还要执行郭士纳的转型蓝图。影响所及，IBM把亚太地区（A/PG）以下的分区重组（见下图），把原先的亚洲南太平洋及澳洲区（A/SP/A）分拆成为大中华区（GCG）、东南亚（ASEAN）和澳新（AZ/N）等三个地区，再加上韩国和日本，向亚太地区汇报。但更大的变化，则来自于把IBM原来的“市场销售组织体系”（Go-to-market model）完全改变。面向客户的行业部门和以产品为主的专业产品管理和销售部门形成了二维矩阵的组织。在这样的环境下，1995年，大中华区也由从前简单的银行业与非银行业的业务划分，变成和全球一样的14个行业（Industry Solution Unit，ISU），只是由于规模较小，部分行业合并归口管理，比如银行、证券和保险分属三个行业，在大中华区内归口为一个金融事业部BFSI（Banking，Finance，Security，Insurance）。同时成立不同产品部门分别管理主机和存储、AS/400、RISC System/6000、PC、软件部、网络部和服务部。各部门任命一人负责整个大中华地区相应的业务。除了经验丰富的美国和中国香港和台湾经理人外，为了加速本地员工的成长，其中的主机和存储部，以及分销及流通行业的大中华区负责人，分别由范宇和戴江鸿出任。我们开始看到一个以美国和中国台湾、中国香港和个别内地员工负责具体业务的大中华团队。前面提到的我在华南分公司的系统工程经理朱道凯，1987年在北京担任系统工程经理时是范宇的直属经理，而在这次转型后，1995年她被归到产品部门向担任大中华区主机和存储部总经理的范宇汇报。可见，在1994年以后，中国内地的同事得到了大量的机会，受到专门的培养。

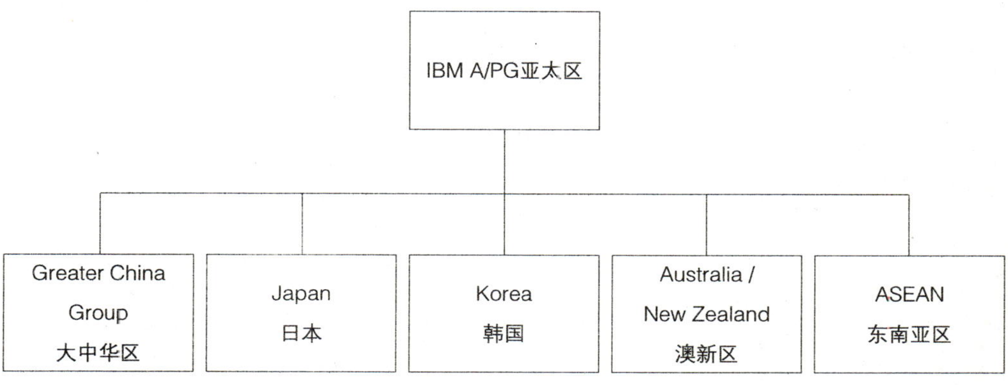

1994年IBM亚太区改组地区架构

到了1997年、1998年前后，IBM大中华区跟随全球步伐，进一步精简整合行业部门，成为和今天基本一样的六大行业部门：金融服务事业部、电信事业部、政府与公众事业部、制造行业事业部、商品流通业事业部和中小企业部。产品部门方面则分为六大部门：大型系统和系统存储部（LS and SSD）、网络和软件部、AS/400产品部、RISC System/6000产品部、PC部和全球服务部（IBM Global Services）。

行业部门成立后，原来的业务代表和产品工程师分别转型为了解客户行业需要和挖掘商机的“客户代表”（Client Representative），以及“产品技术销售”（Brand Specialist）。除了这两个在IBM业务上最重要的角色的转型外，其实还有其他很多的角色面临同样的问题。例如服务和软件业务成为正式的主流产品，对它们原来员工的素质要求大大提高；而直销市场部和市场部的相继成立，也对原来的角色工作重新定位。这个改变对于大中华区来说，虽然没有成熟国家那么多的历史包袱，但由于大中华区毕竟当时还属于规模小的地区，管理人员和专业人员都十分欠缺，公司除了引进个别美国的资深管理者外，还需要加强招聘和培训。可想而知，在最初的一段时间，角色改变了，很多员工还是“活在”过去的角色中，一时适应不过来，经常产生矛盾。由于华人注重儒家文化，加上IBM的团队文化比较强，因此纵有摩擦最终大部分还会以大局为重。当然也有部分人最后因不适应这种转型而离开或者调到其他部门。结构的改变花了数个月，但真正让员工适应角色的转换和技能的更新，则花了好几年时间才理顺。

此外，在行业部门成立后，除了业务代表以外，也衍生出来行业的解决方案部门（Industry Solutions Business Unit，ISBU）专注于客户行业的需要。举个例子来说，当时最大的行业部门金融事业部BFSI负责银行、保险和证券投资类行业，而它的ISBU则制定行业的解决方案，包括银行终端、ATM、核心银行和保险应用，以及后来的中间业务。

行业群	金融事业 BFSI	政府事业 Public	通信事业 Communication	制造事业 Industrial	流通行业 Distribution	工商企业部 GMB
产品和服务群	大型主机和 存储LS&SSD	网络和软件 NW&SW	中 小 型 机 AS/400	UNIX系统RISC System/6000	全球服务IGS	PC

20世纪90年代后期的IBM事业群

曾有意见指出，这样的做法需要太多的人员和沟通协调，内部成本较高，特别是对于那些较小的商机而言。在早期的时候，也确实有时候客户会说面对多个IBM部门人员不知如何是好，所以IBM在发展中也在不断改善，并在必要时把流程简化，可能让同一个人（或少数人）扮演流程中多个角色，用以简化流程。但同时，这种做法的好处也非常明显，那就是在复杂的产品环境和行业中能够做得更好。经过10多年的实践，每一个工作都要求专业化，在面对那些庞大而复杂的项目，对技能的要求更高，专业化的工作会起到作用，这一点和郭士纳要求IBM成为一个整合的解决方案提供者是一致的。转型后的20年，IBM的销售体系和团队在行业内还是被公认为最强大的销售队伍。

特别值得一提的是，在IBM大中华区的早期建设与转型过程中，有几位“老外”绝对应该列在功劳簿上。比尔·鲍勒斯（Bill Bowles）是早期的IBM大中华区副董事长，但资历比担任正职的周伟焜还要深。他给自己起了一个中文名字叫“伯乐”。伯乐在中国工作的这几年已经是他职业生涯的尾声，所以他没有很多派遣来的老外那种待两年就走的“过客”心态，而是真心实意地为IBM中国做事情，帮助周伟焜制订一份多元化的中国策略。他利用自己在IBM总部的声望和人脉，为IBM中国争取到对中国策略的支持，带来更多的资源和投资。

玛丽·李·特纳（Mary Lee Turner）是大中华区四大产品部门的总负责人（除了PC和服务）。她花了很多心思和精力培养华人经理人，后来在中国业界有名的宋家瑜、范宇、戴泽棠，都得到过她的帮助。特别重要的是，她说服了在20世纪90年代负责IBM软件部的高级副总裁约翰·M·汤普斯，让他相信，在中国，要对软件业务给予特殊的重视并大力投资，这才有了IBM大中华区软件部后来的迅猛发展。他们为IBM中国所作的贡献，是不应该被忽略或遗忘的。

捕捉中小企业商机

除了销售体系的改变以外，IBM总部看到一个庞大商机的出现——中小企业。1993年以前，IBM在中国的大部分业务都来自于国家部委和少数国企，电脑的使用还没有普及。1993年以后，国内出现强大的创业潮，“下海”的人越来越多，民企如雨后春笋般的增加。在此之前，IBM中国组织中并没有面向这一队伍，但刚好在郭士纳的转型中、中小企业部（General and Mid-market Business）也是行业部门其中的一部分，因此中小企业部开始出现在IBM中国的组织架构图之内。

面对这样一个潜在的商机，由于在海峡两岸，香港的中小企业最为发达，因此周伟焜从香港调来三位年轻有活力的经理按照华北、华东和华南的地域划分打开市场。由于中小企业主要的解决方案来自于AS/400和RISC System/6000中小型机，而且中国幅员广阔，需要大量的代理商来覆盖，因此把渠道和中小企业交由同一人管辖。加上当时IBM全球成立了直销市场部（Direct Marketing），而直销的做法又最适合从中小企业开始，因此周伟焜把直销市场和渠道以及中小企业放在一起。

我就是在那个时候离开一手创立的华南区，被调去分管直销市场部的建设。直销市场（Direct Marketing）的做法在20世纪80年代开始在欧美流行，利用对客户的数据化深耕、电话（后来结合互联网）为渠道和特殊报价（Promotion Offer）去吸引客户购买，广泛应用在消费品和比较成熟的产品的市场销售上。把这种方式用在相对复杂的IT硬件和软件上，当时没有主流的IT公司使用过。郭士纳认为IBM的产品线品种虽然繁多，不是所有产品都适合这种方式销售，但在个别相对简单产品上可以成功，因此决定开展直销市场业务，同时研究如何把这种模式融合在IBM的销售组织体系之中。

研究结果除了利用直销市场中最普遍的“电话销售”（Telesales）在一些相对简单的产品，像PC、小型网络路由器、小型软件等产品外，又利用“电话营销”（Telemarketing）的方法，通过客户数据库资料对客户行为分析，设计出不同的活动，用以找到有效客户，产生对某类产品的需求。但最为特别的做法，则是通过电话上的人员，进行对已装机客户的覆盖（Telecoverage），协调客户需要的事情，维持客户的满意度，从而培养新的购买机会。

电话客户覆盖需要和IBM的客户代表的行业部门互相配合，避免出现重叠的情况。电话销售和电话营销通常以产品出发，所以必须和IBM产品销售部合作，而所有工作都需要依靠强大的客户和市场数据支持，因而还要建立“数据库营销”（Database Marketing）队伍负责通过对客户数据库的资料分析，得出市场行为的特征后加以利用，提供给以上团队使用。同时，这三种方式又需要和代理商的渠道协同，产生一个非常多元化的IBM市场销售组织体系（详情见下图）。

对IBM来说，直销市场部是一个全新概念，在此之前，IBM一直以行业客户和产品销售队伍通过面对面的方式进行。像所有转型一样，但凡是新的组织和做法总会受到现

	负责影响市场长期对IBM品牌和产品印象	负责刺激和创造对IBM产品的需求和商机	负责客户关系和发现商机加以培养和评估	负责产品、服务和解决方案销售把商机结案
IBM相关部门	市场部（广告处） 企业传播部 政府事务部 大学合作部	市场部（推广处） 直销市场部（电话营销）	客户行业部 直销市场部（电话客户覆盖） 渠道管理部	硬件部 软件部 全球服务部 直销市场部（电话销售）
业务伙伴			渠道商 独立软件公司 系统集成商	渠道商 独立软件公司 系统集成商

20世纪90年代转型后IBM市场营销组织主要分工

有的抗拒，只能够通过自身的能力有所表现去获得认可，领导的重视和行政命令虽然可以帮上一点忙，但并不能改变一切。在部门刚成立的一段时间中，我们的工作非常艰巨，既要加强自身员工的能力培养，又要去说服客户和市场接受这种新的销售和覆盖模式，最为困难的是我们还要去说服IBM内部行业客户和产品销售部门的同事一同合作，让我们共同成为整个市场销售体系的有机组成部分。我们的团队，经常会遭遇来自各部门的质疑，行业客户代表认为有他们就足够，不需要其他人帮忙。产品部门觉得电话上根本买不了东西，哪怕是PC，而他们最大的担心是电话销售会和他们倚重的代理商渠道发生“竞争”，影响业绩。

为了更快地建立这个体制，我们从澳大利亚雇来一家直销市场的外来顾问公司，在他们的协助下，我们建立了一整套工作流程，而且特别注意这些流程与其他部门的衔接和利益平衡，并制作很多的沟通教育的文档，争取随时随地向其他部门讲解。对于我们的新团队，部分人员从各个部门转入，为此我们重新建立一套培训课程，从最基本的电话销售技巧、数据库使用到所有要负责的产品和行业客户的知识，务求在最短时间内追上。

最困难的工作，是要去说服各行业客户部和产品销售部的主管“愿意”把他们的预算部分用来支付我们团队的费用，及用来执行市场和日常活动所需。在IBM转型的组织设计中，直销市场部（还有代理商渠道部和后来的市场部等）本身是一个“成本”中心，它的费用都需要按某种比例由业务部门吸收，其目的是要做到相互制衡。因此，在早期每一次与行业客户部和产品销售部谈预算和开销，都是一次次的考验，只要有一个部门不同意，我们部门的预算就没办法“平账”了。幸运地，经过两年的努力，直销市场部逐渐作出相应的贡献，特别对中小企业部和PC产品。

中小企业部成立的数年内，在渠道和直销市场的帮助下，业务成长飞快，到了1998年，周伟焜把中小企业部、代理渠道和直销市场部分开，中小企业在中国后来改为“工商企业部”并扩大范围，最终成为IBM中国最大的行业部门。而渠道则成为一个独立部门并为所有产品和行业部门提供“平台”服务。直销市场部则在另一波的市场部转型中，分别编进后来创建的ibm.com和市场部之中。

另外，为了帮助客户解决IT投入方面的资金困难问题，经过长时间的申请，IBM大中华区在1996年5月成立IBM全球融资部（IBM Global Financing）的中国分部，并在上海注册一家公司负责有关在中国的业务。尽管当时中国对融资业务的认识和开放性不高，在早期的时候工作开展并不容易，但无论如何，IBM在中国又引进了另一种业务模式，与硬件、软件和服务并列。

通过这些改变，IBM打造出一个和过去截然不同的市场销售机器。在IBM瞄准的目标市场中和郭士纳认定的客户需要整合解决方案的前提下，IBM在没有历史经验帮助的情况下又“研究”出来一套销售体系，并加以实施。而大中华区从周伟焜开始到钱总接任，无时无刻不在推动这个销售机器的前进和完善。调整虽然年年都有，但整个体系至今依然不变。

成立大中华区市场部

1999年，大中华区CEO周伟焜把我派到了一个新战场——建立大中华区市场部。这个部门的成立，也是郭士纳转型的一个重要部分。

早年IBM以销售见长，不同的业务部门各自独立地运作业务，彼此之间很少沟通。

郭士纳到了IBM之后，发现不同的业务部门可以代表不同的产品出现在同一批客户面前，这不仅造成了公司资源的巨大浪费，还使客户迷惑，不知道该如何与IBM打交道。因此，1995年，郭士纳实施了又一著名的转型策略——设立统一的市场部门。在整合后的市场部里，整合营销传播就是市场经理对目标市场的策略进行规划，然后整合公司资源按照一个策略执行的做法。对内整合资源，对外传播统一的信息，从而达到预期的市场效果，就是创建市场部的目的。在郭士纳的"一个完整的IBM"的策略下，统一的市场部至关重要，否则力量分散，品牌形象也会因为业务部门各自为战而产生混乱，使价值下降。

大中华地区也是一样，转型的步伐还稍微比总部慢了一些，直到1998年以前，还没有一支统一而精干的市场营销团队。相当一部分市场营销人员还是作为个别工作人员分布在不同的产品和行业部门，也就是所谓的相关团队。在这些部门中，还是以销售为主，市场营销只被看成"行政活动"。他们各为自己部门的产品做市场策略和推广活动，缺乏部门之间的协调和互通。当时其实同时还有一个专门的部门，负责一小部分市场的职能，特别是广告和公关方面。只是这个小部门地位不高，力量不大，也无从担起整合的作用。这种情形，其实并不是IBM或IBM中国独有的现象；在一个销售文化极强的机构中，市场职能往往只沦为一个低层次的执行而已。因此，1999年的IBM大中华区市场部门的筹建既是跟随总部的转型，也是出于自身需要，去加强IBM影响市场的能力。

在大中华地区，我们面临的挑战是如何在企业内部建立一个组织，如何跟不同的部门打交道和进行教育让他们了解新部门的价值，如何利用很多不同部门的资源把团队建立起来，同时又要和不同的部门开展工作。首先，我们把从事和市场营销相关工作的各部门的人员名单从系统中调出来加以整理，编制市场营销团队。然后和每一个部门的主管逐一开会讨论，然而这时遇到了很大困难，这些主管都认为这些员工很好，因此很不愿放人。我们对他们动之以情、晓之以理，最后才得以把团队建设起来。我们也说服总部按照工作种类和级别对号入座，使部分的员工获得比以前高的工资，稳住了人心。整合的同时我们也按照新的蓝图把市场营销的工作方向厘清。由于以前的市场营销人员缺乏系统训练，不足以过渡到我们蓝图要求的水平，我们又要重新制订培训计划，进行流程再造，特别是针对需求产生（Demand Generation）和整合市场营销（Integrated Marketing Communications）等需要跨部门协同的部分。

可是，当我们的团队建成，开始为产品和行业等部门服务时，这些部门反而并不满意，虽然我们用的是这些部门调来的“原班人马”。这是一个很值得思考的问题，我们从这些部门抽调人马，去建立服务平台，然后反过来把这些部门当客户去服务，让他们认可我们。我们怎样才能达到令他们满意的程度？其实也就是如何以公司目标的推进开始，然后再把我们的资源提升。这是处理转型问题的一个很好的经验。

为了达到目标，第一，无论如何困难，也要先把组织雏形建立起来。产品部门、行业部门等自己手里有很多钱，但跟他们谈要钱、借人的时候就称既没有钱，也没有人了。“这个人兼做市场方面的事情，但是现在他的时间里面只有20%是做这方面的事情的，所以我不能同意。”我们遇到了很多类似的拒绝。如果百分之百按计划走肯定是死路一条。所以我们没有完全按原来的计划走，而是首先拿到一些钱，招到一些人，就启动市场部门的工作，然后慢慢通过日后的工作去证明我们做得好，让他们更愿意把钱拿出来做事情。先有一个基本的组织出现，这是很重要的。

第二，在一个复杂的机构中，多方协调极其重要，不能只顾低头做自己的事情。一方面要认清楚自己的团队有不足之处，但同时要鼓励他们。这是团队融合的一个过程，不仅是市场团队的融合，更是市场团队和产品、行业等部门的融合。另外，我们还要不断去找问题，找到问题处理掉，并且及时和别的部门沟通。就是这样不断循环往复的过程，一步步把部门的价值传递。

第三，吸引人才。人家凭什么来你的团队？强制、命令肯定是不可能调动员工积极性的，对团队有害无益，要让人家尝到你这里的甜头。组建市场部门本来就是跟随IBM全球的转型，因此，在组织架构和人事架构上，已经有了市场营销人员的一条线。这也意味着，市场人员在IBM会有更明确的发展方向，而在原来的部门，市场人员未必是团队的核心人员，大部分做着市场推广以及其他一些比较简单的业务，升职路径并没有那么明朗，他们可能要从做市场工作转向销售工作，才可能有升职机会。而在新的岗位部门专业分工当中，岗位的要求更高、更细。所以一方面看起来，很多调过来的市场人员，职位都会有一定的提高；另一方面也是对他们的一个更高的要求。

一年的时间里，我们从无到有建立起大中华区市场部的组织、团队、架构、流程、预算，和其他部门建立了良性的合作与互动关系。此后，IBM中国的市场管理、品牌建设和解决方案推广，在市场部的整体规划和执行之下，取得了飞速的发展，成为IBM中国不可或缺的部门。

从中国制造到中国研发

在中国政府和IBM讨论独资企业的时候，中国正是热切于引进外国投资进行生产合资和技术转移的时候。那时，中国还没成为“世界工厂”，而且希望通过工业生产带动出口，因此在和各国的外资企业讨论长期合作时，都希望有生产的合作。而IBM说服中国政府批准外商独资企业的原因，也是因为今后独资企业可以便利地和中国企业合资生产。问题是，当时中国的企业还没有高科技电子产品和元器件的生产技术和能力，合资对IBM来说风险比较大。但IBM在中国合作生产的历史还是从1990年就开始了。

IBM在中国的第一个合资生产项目是1990年和天津中环集团组成天津先进信息产品公司（TAIPC）组装PS/2 PC（后面会提到）。2002年，天津保税区泰达集团入股，TAIPC转型成以托管和外包服务为业务的合资公司并更名为蓝泰科技，专门为天津地区客户提供服务。

1994年，在电子部支持下，IBM在深圳和长城电脑共同出资成立生产PC的合资公司，名为长城国际信息产品（深圳）公司（IIPC）。由于得到电子部和深圳市的支持，加上长城电脑方面的良好合作，这个IBM PC的中外合资十分成功，长城国际的产品甚至出口到亚太区市场（后面会提到）。

此后，IBM又和长城电脑等企业合资成立深圳海量存储有限公司，专门从事生产存储用的磁阻磁头。而另一个进行印制电路卡生产的深圳长科国际电子有限公司，同样是IBM与长城电脑合资的产物。此外IBM还和当时的中国吉通通信合资成立通讯信息网络研究和发展（北京）公司，专门从事全国信息基础建设的工作。到了2000年以后，由于IBM先后退出硬盘存储、网络和PC领域，IBM在这几家公司的股份都相应地转让出去或者终止合作。

但是，IBM并没有把中国仅仅视为一个“制造工厂”的国度。IBM在中国的第二个合资公司就是一家软件开发企业，专注于应用和汉化的开发业务，名为万国软件开发中心（International Software Development Center，简称ISDC）。而且早在1996年，IBM就已经和铁道部合资成立蓝色快车公司，成为中国第一家专业IT服务公司。之后又在2002年于深圳建立呼叫中心，日后变身成为IBM为客户提供外包服务的专门呼叫中心。

另一方面，在与中国进行合资合作的同时，IBM也不忘利用中国的人才资源去建立自己的研发机构。1995年，IBM中国成立IBM中国研究实验室（IBM China Research Laboratory，后改叫研究院），成为IBM全球第五个研究基地，这是跨国IT企业在中国设立的第一个研究机构。这个实验室早期专门从事语音技术的研究，经过十多年的发展，现在已经成为IBM内部多种课题研究的主力研究力量。

除了基础研究外，IBM看到中国软件人才正逐渐成熟，1999年IBM又在中国正式成立IBM中国开发实验室（IBM China Development Laboratory），专门从事IBM主流中间件软件开发、支持以及客户解决方案的工作，并在北京、上海、西安、台北和香港设点，和全球其他软件开发中心协同合作。在此以前的一段时间，事实上软件实验室已经存在，只是当时向大中华区软件部汇报，直到时机成熟，方才“单列”成为独立向总部汇报的一个单位。

此外，为了平衡和中国的贸易关系，IBM也在长城电脑的协助下，开始从中国采购各种电子部件。在规模经营高峰时，每年从中国采购价值30亿到50亿美元的部件。这样到了2007年前后，索性把IBM全球的采购总部从美国搬到中国深圳的举动，成为第一家这样做的外资IT企业。这些都是IBM中国在早期的时候为信息市场多元化铺下的奠基石。

从“中国制造”到“中国研发”和“中国采购”，IBM做了两件事情：一方面，IBM尽可能和中国国家的发展策略一直紧紧相连；另一方面，又不断给中国灌输新的思想，引领中国对信息产业发展的想法，从制造过渡到创新。到了2000年以后，IBM又以新的角度，和中国一起成长。

一手培养一手借力的人才策略

人才是所有企业运营的一个根基。本土企业的人才培养固然不容易，在跨国经营中建立一支有力的人才队伍难度更高，因为国与国之间文化和思维的差异、企业管理和运营方式的差异、语言的差异、不同市场成熟度对产品要求的差异等，都形成对人才的挑战。1992年外商独资企业成立时，IBM中国的员工有100多人，到了2002年，中国大陆员工人数超过3 000人，大中华区超过6 000人。如此快的增长速度，靠的是出色的人才策略。

IBM的一大特点是在企业管理和文化上从来不让步或者妥协，所以它早期在人才的问题上选择了从总部派出资深的员工，同时通过不同的管理手段务求使后来加入的员工会有共同的理念和做事的方法；另一方面，IBM也非常重视本地化的重要性。这些出发点决定了IBM的人才策略。更重要的是，公司让本地员工清楚知道自己是企业的未来，让他们看到清晰的个人发展路径，而不是“过客”或“雇佣兵”。

IBM中国有限公司的成立，解决了困扰IBM10年的本地员工的归属问题，IBM开始在中国具备了进行本土化的土壤。在周伟焜的策划下，我们实行两手准备，一方面大力推动本地人才的培养，另一方面则利用台湾和香港已有的管理经验和技能，去带动本地员工的成长。但首先，我们要先建立IBM在中国的人事制度和系统。

在外商独资企业成立之时，我们要把所有员工从外企服务公司转到IBM中国有限公司。当时中国的劳动法规还是计划经济时代的产物，很多规定都不适用于高科技或知识型的企业，尤其是外企。为此，IBM要按照中国的法律以及IBM的目标和标准，建立一套人事制度，并加以实施。于是在20世纪90年代的前几年，IBM都在建设人事制度和完成基本的员工工作条件。

薪酬和福利是国内外差异性最大的一块。而IT行业又是一个新兴的行业，人才需求甚大；再加上IBM的名头，于是我们的员工成为稀有资源。相对于IBM，其他公司的制度非常灵活，如果我们简单地按照IBM总部规定的“以当地市场的表面数据”为根据，我们将会流失大量有经验的人，从1985年辛苦建立的一部分本土资源就将会付诸东流。为此，我们当时负责薪酬和福利的经理费尽脑力，创造一个既能为IBM总部接受，又能帮助我们留住已有数年IBM经验的人才的制度。

在薪酬方面，我们按照本地市场的情况制定IBM的薪资表。但为了要“反映并补偿”员工在外企工作的“成本”，我们提供了不同种类的补贴，如洗衣、交通、饭补和加班补贴等。在随后的一两年中，我们又加入了特殊的股票期权计划，用以留住重要的员工。由于当时环境所限，本地员工不能拥有股票，所以我们以“虚拟股票”（phantom stock）的方式代替，不给予实质股票，但是给予分红和股价升值收益的等值提供。为了这项计划，大中华区一直申请到总部，后来得到郭士纳的批准。此外，我们也在此期间陆续作出IBM中国的退休计划和医疗计划。

特别值得一提的是住房福利。住房福利在香港或其他地方都颇为普遍，但是在1992年的中国内地，房地产市场尚未真正开始，银行的贷款业务配套也没有发展出来。IBM中国为了给员工提供这方面的福利，不惜以IBM名义为员工担保，并且以无息贷款方式给员工提供最多10万元的贷款。这个特殊的住房贷款计划也同样是拿到郭士纳的办公室直接批准的。这种做法从没有在IBM的任何其他国家或地区子公司出现过，可以看到IBM当时愿意为中国员工所花的心思和精力。数年后，当中国的房地产市场和配套服务逐步成熟，IBM中国也就不需再有如此安排，而是改成和其他地方类似的方式方法。

到了1997年，基本的人事制度已经到位，周伟焜开始想到如何为今后的发展继续铺垫，提出了“中国2000”（China 2000）计划，其中一项是如何在人才方面进一步加强实力。除了上面提到的特殊住房贷款计划（Special Housing Program）以外，又决定派出范宇到美国总部的EBO（Emerging Business Organization，新业务组织）部门成立一个窗口，先后多次派送多达100名本地员工到美国接受为期两周的培训，动员总部不同的部门让IBM中国的本地员工有机会近距离深入了解公司。同时又决定成立一支“学习小组”（Learning Team），专门负责对新加入员工和在职员工进行不同种类的培训，到2009年时这个团队已经变成一个为数30多人的队伍。针对标准的新员工培训的不足，我们又成立新兵训练营去加强新员工的实际工作能力。同时设立“高绩效领导”（High performance Leader，简称HPL）的培训，用以加速员工过渡到经理人的过程。

为了找到更多的人才，我们和内地多家大学达成大学合作计划。IBM中国和大学的合作早在20世纪80年代中期就已经开始，而真正的大学合作计划，则是在1995年年中和当时的国家教委签署谅解备忘录时开始的。而这个备忘录又与前一年和电子工业部的谅解备忘录密不可分。大学合作计划对IBM多方面都有重要的作用——从技术推广、课题研究到广泛训练社会和学校的技术人才等，而IBM也通过这一计划吸收新的大学毕业生。从大中华区成立开始到现在，IBM中国每年在大学校园的批量招聘从未停止。这种从新人开始培养的策略虽然成本较高，但能最大限度地让IBM从零开始塑造深受IBM文化和价值观影响的所谓“纯蓝”IBM人，为IBM的成长提供源源不绝的人才。业务发展到后来，虽然也引进有经验的人才，但校园招聘并从头塑造人才依然是IBM在中国发展最核心的人才策略之一。

20世纪90年代的本地人才策略的成功实施，虽然在短期内提高了成本，但帮助IBM在人才领域占领了先机，吸引、稳住并培养了大批的本地人才。这些人才日后让IBM在市场中披荆斩棘，使其在中国的步伐更为矫健。如何在本国人才与当地人才间取得平衡，这一点可以为那些在海外依然大量使用中国员工的中国企业斟酌。

经理人借力台湾、香港

在本地化和加速本地人才培养的同时，周伟焜借助了台湾和香港资深人员的力量，组成早期的大中华区领导班子和部分的一、二线经理工作，利用他们的经验带领经验较少的内地工作人员。这一安排非常成功，台湾和香港的员工获得更大的舞台，内地的员工得到经验的传授，而业务也因为有此安排而不会延误战机。

到了1999年，内地的员工中已经培养出一批有经验和战斗能力的好手，并且已经产生两到三层的梯队深度。那一年正值“千年虫”的前夕，部分美国和中国台湾、中国香港同事的外派期限已到。与此同时，中国加入WTO的大势已定，未来中国的经济发展只会比20世纪更快。看到这些发展，周伟焜认为是时候进一步加速本地化的进程，同时把内地、香港和台湾三地的人事管理和运维流程优化改造并加以自动化，使得大中华区的人事流程完全统一。此外，又把人事流程中运维的共享服务职能集中于北京，原因是看到今后大中华区需要服务的人员数量大多是在内地，而不是台湾和香港。这些措施，都是为了进一步本地化而进行的先行预备工作。

可以说，IBM的大中华区模式最成功的地方就是人才战略的有效执行。虽然相对于市场和机会，资源永远是不够的，而且也是更快速成长的瓶颈，但环顾所有竞争对手，没有一家公司有如此完整的人才策略和执行。通过IBM全球的一套标准人事制度和IBM中国因时制宜的做法，IBM不断产出优秀的人才。这种人才上的优势也可以从竞争对手对这些人才趋之若鹜的情况看到。**从最基本的人事制度、到人才的获得和人才的培养以及跨地区任用，IBM中国在这段期间打下了非常重要的基础。**

百花齐放的市场

打垮兼容主机

在这段时期的市场拓展中，我印象最深的是当时我们和IBM兼容主机的一役。这也是IBM在全球与兼容机竞争的一个缩影。那时的中国市场情况与今天大相径庭，虽然中国客户的需求开始萌动，但IBM在服务器大中小主机产品上所面对的竞争对手十分多，包括惠普、王安、NCR、优利、太阳微系统、天腾系统（TANDEM）、美国容错系统（STRATUS）等，甚至多个品牌的二手机和兼容机都对市场构成了一定的威胁。

二手机通常是美国或是其他国家的客户用过之后淘汰下来的品牌设备，是当时特定历史时期的产物。它们由贸易公司专门购买，转运到本地向成熟用户或者发展中国家销售。20世纪80到90年代间，IBM的二手设备最为活跃，价格通常为原来美国定价的5%～23%，视乎产品的年代。若以N代表最新的年代和技术，二手机会以N-1、N-2等显示年代，并且有专门的行情记录。运到发展中国家的，很多时候二手机上面装有系统软件（非法），早期的中国客户被错误引导以为有软件就可以使用，实际上这些软件并没有厂家许可，算是盗版，因而在不自觉的过程中出了问题，而且系统和机器没有保修和保养，使用很不方便。外国成熟用户的经验比较丰富，因而二手机市场在当时有它生存的空间，但对于国内用户来说，实际上并不能真正满足需求。

而IBM主机的兼容机则因为与IBM S/370和S/390架构主机兼容的基本特性和低廉的价格在国外市场上风靡一时，阿姆达尔公司和日立公司的HDS都是当时重要的兼容机系统。尤其是阿姆达尔公司，在全球范围对IBM造成颇大威胁。所以当它进入中国时，也引起我们极大的关注。

中国银行广东省分行是IBM在中国早年的重要客户之一，分行一直使用的是IBM 43XX系统。1993年，为了系统能满足未来发展，中国银行广东省分行需要提升系统能力。他们在找到IBM的同时，也找来了阿姆达尔公司。面对当时风头正劲的阿姆达尔，单纯拼价格显然不是明智的决定。我们的团队通过与客户不断沟通，不仅在技术层面论证了IBM的新系统远比阿姆达尔系统优越，更重要的是我们显示了IBM在中国长期投入的决心，让客户明白，选择IBM不是因为一时的技术先进或是较低的项目报价，而是因为他们选择了一个可以长期一同成长的企业和系统平台。特别是在这个项目中，我们还在中国第一次引入“总体拥有的成本”（Total Cost of Ownership，简称TCO）的5年总投资概念，去论证IBM系统的性价比。我们给客户解释，购买设备的成本绝不仅仅是购买时那一次性付费的多少，还应该把使用过程中的维护费用、设备升级、更新换代等所有因素考虑在内。最终，客户接受了IBM的系统和方案，也成就了当时IBM在华南地区最大的一次合作交易。其后，总体拥有成本这个概念在中国也变成一个IBM论证系统投资回报的重要方法。而且，从IBM市场竞争的角度来看，我们也击退了兼容机在中国兴起的可能性。

在IBM中国的发展历史中，我们有受过兼容机的短暂威胁，但和其他国家相比，IBM兼容机从来没有在中国取得过真正的发展。数年以后，由于兼容机系统需要大量的持续研究投入，而IBM通过投资研发CMOS技术大幅度减低了主机的入门成本，把主机上的软件系统功能不断加强并和硬件更紧密地联合起来，兼容机公司追赶的能力降低，在市场上逐渐失去了影响力，最后阿姆达尔和HDS都先后宣布停止这方面的投资。IBM的S/390则不断加入开放系统功能性，使一度被认为已成为“恐龙”的IBM主机成为新一代服务器家族的重要成员。同样，随着IBM主机硬件和软件技术的更新换代越来越快和性价比的不断提高，IBM二手机的价差也就越来越小，最后也淡出了人们的视线。

早期PC窘境——有市场，没钱赚

在IBM中国的历史上，PC业务曾经举足轻重，占IBM业务比例甚高。究其原因，一方面，是因为中国是PC大市场；另一方面，则是IBM中国成功经营的缘故，但中国市场从何而来，IBM又为什么能够成功，须从历史说起。

中国第一次“微机”浪潮的开始，来自于国家科委引进的600台美国Cromenco的微机。这部早已被大众忘记的机器在当时颇为出名，是两位美国斯坦福大学学生于1976年组建公司后的产品，它以Z-80处理器为核心，拥有64K内存并配备了一个5.25英寸的软驱。在引进过程中，科委于1979年分五批次派出100多位来自中国科学院和各地计算所的人员到香港进行培训，学成后科委又在北京、上海、杭州和广州分别设立五个维修和技术支持中心，并定期举办技术交流。这个项目和100位技术人员，对中国后来PC行业的发展有着莫大的影响。在1979年之后的几年，中国各地科研单位纷纷投入对微型计算机技术的研发工作中，同时也奠下了后来当IBM发布IBM PC后在中国引起的疯狂采购的基础。

Cromemco机器的操作系统叫CPM，它的设计和DOS系统源出一路。而它使用的Z-80处理器后来没有得到新的发展，加上英特尔（Intel）的8088处理器的架构比Z-80优秀，所以当IBM选用了英特尔的8088处理器和微软的DOS操作系统时，国内的用户在技术上十分容易过渡到IBM PC上面来。

一时间整个中国市场开始倒向IBM PC的阵营。但由于当时（1984年以前）IBM中国还没有正式进口PC，IBM PC的“灰色”和水货市场开始在中国热闹起来。国内很多不同的进出口公司（包括经营非计算机和电子产品类的公司，比如粮油、日用品等公司）和科研单位纷纷取得进口指标，通过中国香港和美国的贸易公司从世界各地疯狂抢购IBM PC进入中国，连带后来的IBM PC兼容机和外设也被“爱屋及乌”。不同种类的附加应用也相继应运而生，如DOS的汉化、中文汉卡的开发和中文打印机等。在当时，每单买卖都是以百台甚至千台计，IBM的名字也因为IBM PC的关系在中国获得更高的认知度。只是此时，由于IBM没有真正的中国分公司直接进口IBM PC，反而没尝到任何的“甜头”。

直到1984年，IBM中国成立之初看到了PC蕴藏的机会，在北京成立“零售和分销部”（Retail & Distribution），并由美国人戴维·盖奇（David Gage）带领，开始经营PC的生意，并和个别中国本地代理建立了渠道关系。

为了以自己的技术解决汉字输入和显示的问题，IBM忽视了中国市场上本地的厂家已推出能兼容IBM PC的汉卡的事实，为中国市场单独推出另一款能支持汉字的IBM PC“兼容机”——中文5550，把自己的精力分散。IBM亚太区总部甚至一度在1987年至1988年前后派出高管和中国讨论合资生产。中文5550是由IBM日本实验室研发的，原来的版本用在日本市场，生产工艺虽好，但造价比IBM PC加上汉卡的价格更高，而且和其他IBM PC兼容机相比，换代速度不如后者，而客户很快也了解到日本的产品并不是IBM全球的战略重点，所以5550很快便在中国市场消失。IBM PC和其兼容机最终成为全球乃至中国的PC标准。而5550的故事，也成为IBM在20世纪80年代因成功自大而忽略市场力量中一个近距离的例子。

虽然当时IBM PC在国内势头很好，但盖奇很快就发现，通过IBM中国自身进口的IBM PC，最大的竞争并不是来自于其他品牌的IBM PC兼容机，而是来自通过“灰色”渠道进口的IBM PC整机或“散件”产品。在当年，大量的IBM PC和兼容机以多种渠道进入中国，中国政府因而加强了配额限制和提高整机海关关税。此一政策促使很多“灵活”的贸易公司改变策略，以散件形式把一台整机分散从不同关口进关。同样地，它也使一些按正常途径进口整机和外设的专业渠道经营者消失于中国计算机市场。1986年，IBM中国利用和IBM香港整合的机会，将北京和香港成立的“零售和分销部”合二为一。当时大部分的PC分销商都以香港作为基地，同时经营内地和香港两地的市场，IBM中国希望在当时的大环境中，能够以此取得较好的份额，但由于IBM中国采取的策略和做法相对严谨，始终敌不过“灰色”渠道和其他兼容机，也没有成为当时IBM中国主要的业务收入来源。而AST、康柏、长城等IBM PC兼容机乘势崛起，成为国内外品牌的领头羊。

从20世纪80年代后期直到1991年，国家对PC的进口许可批文和关税要求逐步降低，因而国外的IBM PC兼容机厂家得以大量进口，也对本地品牌带来颇大冲击。终于在1992年，中国对PC进口恢复控制。外国的厂家在此前后早已看到大势所趋，纷纷探讨成立合资生产IBM PC兼容机的可行性。IBM也不例外。早在1988年IBM就由一位美籍古巴人路易斯·罗德里格斯（Luis Rodriguez）带领开始和天津中环集团讨论组成合资企业生产IBM PC的可行性。罗德里格斯来IBM香港前曾经在IBM美国管理工厂，我们管他叫“厂长”。合资企业就是前文提到过的天津国际信息产品公司，简称TAIPC，生产PS/2系列。但由于生不逢时成立太早，加上零部件供应离天津比较远而分散，无法形成有成本优势的供应链，外汇政策也受到限制，而天津中环本身之前并没有制造和销售PC的市场网络，TAIPC在中国生产的PS/2比起进口的PS/2到最终用户的价格还要高。本来在可行性调查时对合资做法表示支持的IBM代理商，又不愿意从TAIPC工厂在内地出货，反而继续要求国外生产的PS/2在香港交付。这样的情形维持了一段时间，经营非常困难。后来在IBM内部多方协调下，TAIPC曾经转而生产过银行专用打印机、终端等设备，后来进一步转型又加入IT外包托管服务。这家IBM在中国的第一家生产合资企业，由于环境不成熟，最后还是敌不过进口贸易的“商业模式”和价值链，没有达到IBM和中方的期望。但这次经验也教会了后来负责PC业务的总经理杨晓明和“厂长”罗德里格斯，在第二次尝试时终于获得成功。

1991年，IBM总部宣布成立IBM PC公司（IBM PC Company，简称PCC），希望通过更独立的运营给业绩不佳的PC市场注入更多活力，但业绩依然不尽如人意。但在这时，1992年，PC已经占到中国整个内地IT市场的70%强，IBM总部开始注意到中国市场。尽管IBM中国在PC之外的30%市场中一枝独秀，但在PC市场中的收入只有寥寥的400万美元，比起IBM台湾的3 000多万美元和IBM香港的2 000多万美元，让人觉得尴尬。在当时的中国内地市场，IBM PC（PS/2）的品牌几乎无人不识，但代理往往只要求IBM中国提供主机CPU而接上其他的外围设备，而贸易公司则继续通过其他“渠道”进口。IBM PC的品牌被“绑架”了，IBM中国拿到的利益甚少。

在这样的情形下，时为IBM中国/香港公司总经理的邵伟志先生急于寻找出路。他向他亚太地区的总裁内德·劳腾巴赫（Ned Lautenbach）“要人”，后者给他推荐了杨晓明。杨晓明先生当时在IBM台湾担任幕僚长的工作，之前是台湾成功的业务代表和销售主管，在IBM台湾和业界拥有甚高的口碑。其时在内地和香港的IBM PC公司成立不久，由一位香港人负责，但队伍并不整齐，只有17位同事，而且全部在香港。由于IBM PC业务在全球业务不理想，开销预算十分紧张，加上中国内地市场的困局，员工士气低落。1993年1月，杨晓明先生走马上任后从台湾搬到香港，负责中国内地和香港市场。后来杨晓明先生回忆时说：“第一次出差到北京希望从公司内部找几个人到PCC，结果没有一个人愿意。”幸运的是当时的那17位员工有着非常强的执行能力而且尽职，他们所欠缺的是一个能够带领他们打开局面的领导。这批好手经过PC事业的磨炼，后来大多成为大中华区不同事业部的骨干。

对于杨晓明先生和这支早期的队伍，最大的短期挑战是生存！在IBM的库存中，他发现有大量的、“量身定做”的整机，配置的种类很多，又有大量的软盘驱动器和200台卖不出去的便携式PC（Portble PC，当时IBM还没发布ThinkPad，而Portable PC是数年前不成功的尝试）。刚好当时IBM推出新的PC/VP（PC Value Point）取代PS/2，杨晓明先生马上组织和代理商的会面，宣布第一个策略是今后只销售四个标准配置的IBM PC/VP，而且要求代理商配合以低价把库存清掉。这批库存可谓杨晓明先生的一根“救命稻草”，由于库存已经被财务部从账上消除，所有的收入直接变为利润，大大减轻1993年财务的负担。采用标准配置的做法，则又有效地遏制了新库存的增加。

为了争取业绩，杨晓明先生责成团队和IBM中国的大客户团队合作，并亲自拜访客户领导。当时IBM PC业务的条款和售后服务体系并不健全，不足以满足要求高的大客户。于是，对外，杨晓明先生亲自指导谈判，对很多的条款和售后问题作出指示；对内，他又斡旋于IBM财务部和工厂之间，对那些怀疑的声音一一处理，敲定价格和供货的难关。终于，IBM中国在1993年4月拿下刚成立的上海证交所8 000台的订单。这是当时最大的一个客户，杨晓明先生以此作为案例鼓励其他大客户购买IBM PC。有了这个成功经验，他的团队信心大大增加，在往后几个月，农业银行、铁道部和国家教委等先后成为IBM的PC大客户。

当第一个大单落实以后，杨晓明先生的短期生存压力大大减轻，他开始研究PC业务问题和今后的计划。在和团队深入讨论后整理出四个重要的课题，包括（1）长期团队组织和能力的建设（特别在中国）；（2）代理商渠道的理顺；（3）PC在中国本地制造的问题；（4）售后服务体系的建设等。他知道，要解决这些问题，必须得到IBM PCC总部的投资。一方面他督促团队做好1993年的业绩，一方面整理投资计划，直接送到PCC美国总部。1993年，他交出一张很好的成绩单，把PCC的收入从几百万美元推到2 000多万美元，利润可观。1994年2月，他那份要求1 000万美元投资的计划在PCC总部备受热议，一方面总部看到中国的机会；另一方面，整个IBM乃至PCC正值最困难的时候，一时间谁也拿不定主意。总部把杨晓明先生召到美国向所有PCC高层汇报，尽管杨晓明先生提出在1994年将有三倍（330%）的业务收入成长预算，在会议中他依然备受挑战。幸好负责当红产品ThinkPad的布鲁斯·克拉夫林（Bruce Claflin）（现AMD的董事长）支持他，最终让他如愿以偿。

这1 000万美元的投资让杨晓明先生可以大展拳脚，建构需要的组织蓝图。他开始招兵买马，从IBM香港调来资深的谢克人先生（Henry Tse）出任中国PCC的总经理一职，责成他去建立一支强大的本地团队。另一香港人叶霖深（Lamson Ip）担任大客户销售经理。他又从台湾请来已退休但熟悉维修服务的黄鸿腾（HD Hwang）“出山”负责建设售后服务体系。这一系列的人员动作，加上原来的团队，为PCC在中国建立一个强大的组织基础，是IBM PC在中国其后的10年“逆境”中屡创佳绩的重要原因。

阻击“灰色”渠道

在那些年间，“灰色”的进口渠道，无论是整机还是散件，一直是中国PCC的头号敌人。它的存在，让那些正式的中国代理心里总有一点阴影，担心会否错失短线机会，渠道忠诚度自然难以把握。杨晓明先生深知PCC的长期发展不能光靠大客户，必须有渠道帮助渗透到更多的地方和企业。为了便于管理和建立规模经济，中国PCC首先调整代理结构，集中火力授权四家分销商，通过它们建立下级渠道，把PC产品分销到各地。有了IBM中国的全力支持，这几家分销商心里觉得中国PCC“靠谱”。在正面建设渠道的同时，杨晓明先生积极寻找战机，要和“灰色”渠道正面交锋。

这样的机会终于来临，中国PCC接到消息，将有12 000台机器通过“灰色”渠道进入境内。得到这个信息后，杨晓明先生不动声色，一直按兵不动，直到这批机器已经在运输途中了，中国PCC突然宣布：该档次机器在中国降价20%！这一下子让那12 000台机器没有了竞争力，致使这家渠道公司损失超过百万。经此一役，加上国家对本地生产的呼声一路加强，“灰色”渠道开始退色。而那些正式授权的分销和代理商，从中也看到中国PCC的力量和决心。

1994年，PCC以接近7 000万美元收官，兑现了年初对总部的承诺。但对IBM中国和PCC来说更抢眼的成就，却是和长城电脑组成生产IBM PC的合资公司，名为长城国际信息产品（深圳）公司（IIPC）。PC在国内生产一直是电子部和IBM共同努力的方向。可惜TAIPC从1990年一路走来，没有达到预期效果。随着时间的推移，国家生产和进口政策逐渐达成一致，IBM有了新的动力去重新探讨国内合资生产的问题。但是在杨晓明先生深入调查后发现TAIPC的结构性问题难以解决，IBM无奈需要重新寻找合作对象。

在政府事务部负责人王学猛和“厂长”路易斯·罗德里格斯的协助下，IBM组成小组和电子部展开交流，最后落实和深圳长城电脑的合作关系。但这个合资企业的起步也不是一帆风顺，1994年6月第一批长城国际的IBM PC产品下线，又遭遇IBM中国分销代理们“不提货”的“待遇”，理由是“国产”PC的声誉不如进口产品，以及17%增值税问题。在当时，中国PCC的分销商可以选择从新的长城国际合资工厂或者从美国或澳大利亚IBM工厂供货（只是交付地点不一样），分销商们异口同声要求从美国或者澳大利亚供应在中国香港交付的机器。为了保驾护航长城国际，杨晓明先生不惜作出对长城国际产品作出短期降价让利的决定，更重要的是，他宣布中国PCC停止从美国和澳大利亚供货给中国的分销商。为了这个决定，杨晓明先生考虑良久，要知道在没有长城国际以前，美国和澳大利亚每年供应数千万美元的机器给中国。万一长城国际生产出现什么问题，又或者增值税继续削弱本地产品的竞争力，则可能会把中国PCC打回起点。结果他的“赌博”成功，长城国际成为供应本地市场的主要货源。

为了预备长城国际迎接更大的挑战，杨晓明先生知道需要把长城国际打造成一家高起点、质量兼备的IBM工厂。他特别从拿到的投资中不惜重金找来已退休的IBM制造部门副总裁里克·道本米尔（Rick Daubenmire）担任长城国际的总经理，负责整个合资的管理和建设，让“厂长”Rodriguez出任真正的厂长职务向他汇报，又从IBM台湾调来于弘鼎负责长城国际市场部的工作。知人善任而不忌才，杨晓明先生聪明地利用这些重量级好手的长处，帮助IBM中国PCC补足了困惑多年的软肋。日后，长城国际发展成为供应全球用户的少数几个IBM PC工厂，年产量达数百万台。而它直接建立的PC和电子零件供应链体系，也间接影响到了2006年IBM作出的把全球采购总部从美国搬到中国深圳的决定。

1994年年底，随着销量的增加，机器通过渠道走向全国各地，售后服务的问题越发突出。面对中国辽阔的幅员，中国PCC知道不可能通过自我“有机”建设的方式去建立维修体系，必须另辟蹊径。此时有人灵机一动，想到当时作为分销商之一的铁道部拥有庞大的铁路网络覆盖数百城市，而且在多个城市已经建成维修点，虽然维修的机器南辕北辙，但整个架构对PC的售后服务十分适合，只要有合适的人员编制，加上足够的培训、管理和激励措施，应该可以成功。于是黄鸿腾和当时全球服务部的金其年合作与铁道部展开谈判，并在1995年成功组成中国第一个IT服务合资企业“蓝色快车”（Blue Express）。

售后服务体系的解决，完成了杨晓明先生心中最后一项“基建工程”。在两年多内，他和他的团队强化了PCC和长城国际的领导和组织力、理顺渠道的关系、解决本地生产和售后服务体系的问题。1995年4月，世界权威分析机构IDC的报告中，确立IBM中国为在华外国PC生产商的市场第一。此一地位，直到2004年IBM出售PC业务时，IBM中国依然保持。1995年5月，杨晓明先生调任IBM香港总经理，沈安石接手大中华区PCC，继续开疆辟土，除了原有的策略外，又开展业务至个人消费者（Consumers）市场中。他们和其后的PC部总经理卢家伟（Richmond Lo）、Tony Ho和洪月霞（Janet Ang），带领数百位员工共同书写了一个在IBM内部被视为“奇葩”的中国PC辉煌故事。

百花齐放的市场

重整旗鼓的IBM中国在1994年，时隔10年后又举办了一次让员工和客户激动不已的大型展览和研讨会——IBM论坛。在一次内部讨论如何把握新一轮改革开放机会的会议中，有人提议要办一次比1984年更具影响力的活动再次让客户看到IBM的实力。这个想法得到了当时的电子工业部和国家计委领导的支持，亲自出席了在北京国贸中心举办的开幕式。论坛上IBM运来了70吨的系统和器材，并把IBM最新的技术，包括一些还在研究过程中的技术例如语音识别软件和超级计算机“深蓝”展示给我们的客户，还特别安排了专场为250位中共中央党校的学员介绍IT和新技术。这个活动再次获得了极大的反响，直到今天还有很多人记得当年的盛况。IBM与电子工业部的谅解备忘录就是在这次IBM论坛之后不久签署的。IBM在中国的名望有了更大的提升，并让我们赢得更多和客户接触的机会，包括很多慕名而至的潜在客户。从那以后，IBM论坛成了每年一次的客户盛会。

与此同时，中国IT市场的竞争格局也在发生着明显的变化。1991年之后，IBM各个老竞争对手都在重整旗鼓；而在看到中国的改革势头又重燃的时候，除了早期进入的硬件公司之外，更多的跨国IT公司跃跃欲试开始纷纷进军中国市场，特别是那些从事软件和服务的公司。今天活跃在中国的外资软件和服务公司，大多是这个时期进入中国市场的。可以想见，对IT的使用单位来说，当时所受到的冲击是十分大的。过去主要只是研究硬件，特别是主机（CPU）的技术，但现在不一样了。他们被众多不同的硬件包括外设以及软件等公司包围。他们的眼光开阔了，经验增加了，选择也多了。IT公司的技术人员和客户的接触越来越频繁，这种情况下，客户的成长非常快，而要求也越来越高了。**大量竞争对手提供了更多技术和解决方案的选择，而客户的成长也要求供应商的工作做得更细致，简单“倒贸易”的做法已经不再是主流。市场的“无形之手”开始舒**

展，那个在20世纪80年代的“卖方市场”，在一夜之间消失得无影无踪。

在全国的范围内，IBM的业务也遍地开花：在ICBC，继续核心系统推广到更多城市，又在农行、中行、建行取得更多的突破。1994年后，随着行业的转型，我们把战线进一步从银行分散到其他行业去，特别是流通行业、电信和政府行业，尤其是IBM起步相对较晚的电信业。银行业务收入占内地总收入的比例，也从最高峰的2/3逐年下降。而分公司的成立对政府和中小企业、民营企业的业务尤为重要。除了各大部委的集中采购外，大部分的政府业务都来自于各个地方政府；而中小企业更是遍布全国各地，因此我们加强地区的覆盖是直接贡献成长的重要原因。加上IBM PC的业务得到快速的成长，**1996年，IBM在内地的业务首次超过IBM香港。**

在建设与成长交织的时候，发生在世纪之交的“千年虫”问题，则是对IBM中国在成长过程中自身能力与客户关系的一次重大考验。“千年虫”会导致系统在进行跨世纪的年份、日期处理时发生计算错误，引发各种各样的计算机业务处理系统和控制系统的功能紊乱，而影响则会涉及国计民生的方方面面，比如交通运输、电力电网的失控、金融系统和电信系统的错乱等。这个问题到了1999年时变成当年几乎所有客户最重视的IT题目。为此，从1999年开始，我们便成立了不同小组做了大量的工作，整理客户的资料，派人和客户交流等。客户在这个问题上对大多数IT供应商开始抱有“敌意”，对IBM也不例外。一些客户认为，是IBM提供的系统里未曾谋划清楚的问题导致今天的危机，所以是供应商的问题。还有的甚至提出如果真的出现问题的话“找厂家算账”。这对我们在中国的工作压力特别大。在这样的背景下，我们成立了一个统筹部门，叫Y2K①小组，并从澳大利亚请来负责过奥运会系统支持的资深项目总监负责管理。所有业务部门在原有业务负担之上，派出执行力较强的经理人参加小组。小组在高层建立监管委员会，在周伟焜的领导下定期去审视和协调各部门的工作，几乎在每次的高管会议上，Y2K均是必须讨论检查的要项。

---

①Y2K，是指由于集成电路的计算机系统在20世纪六七十年代刚出现时，为了节省存储空间使用两位十进制数来表示年份，比方以“99”表示“1999”年，前两位数被默许为“19”。由于这是IT行业诞生以来第一次跨世纪，问题出现在“00”时，系统会以为表示1900年，所以当日期从1999年12月31日进入2000年1月1日，系统无法正确辨识2000年以后的年份，导致系统在进行跨世纪的年份、日期处理时会发生计算错误，引发各种各样的计算机业务处理系统和控制系统的功能紊乱。

最后，IBM的客户在“千年虫”的问题上有惊无险，世纪转折的那一夜在相对平静的情况下度过，那些令人担心了很久的情况，都没有发生。现在看来，虽然很多人说厂家和客户花费大量人力物力来应对“千年虫”问题是浪费，但从另一个角度来看，特别是对中国的客户而言，“千年虫”提高了客户对于系统管理的认识和重视，同时通过这个机会也一次性把许多从前忽略的系统问题整理起来，为今后客户的IT工作打下更好的基础。对于IBM和很多IT的同业而言，Y2K使我们更深入地了解了如何更有效地去支持中国客户，更清楚地感受到除了不断推出新技术，我们还能如何去帮助我们的客户更好地解决他们的IT运营问题。这也给日后的IBM服务转型带来宝贵的经验。而IBM的服务价值也逐渐得到客户的尊重，IBM在中国进行专业服务的格局也由此开始展开。

在1994年到1999年间，IBM中国以大约20%的复合年成长率增长。1999年4月28日，IBM中国总部从北京丽都饭店搬到盈科中心，开始了一段新的征程。

第七章　长袖善舞

IBM中国仅用了30年时间，就追上了IBM全球的发展水平，成为全球五大市场之一。成熟的代价，意味着IBM中国从此活在聚光灯下，策略的天平则从“特殊化”向“标准化”倾斜。按照总部策略，IBM中国放弃了极为成功的PC业务，继续加强服务和软件的转型。同时，在IBM的全球化策略中，中国开始扮演着更多元化的角色。

从2000年到今天，IBM中国进入了成熟期，在全球战略与中国特色之间游刃有余。经过之前八年在中国的基础建设投入和信息产业合作，IBM中国的整体能力大大提升。而在度过“千年虫”危机和第一次互联网泡沫破裂后，市场对IBM中国的认真态度和“电子商务”所带来的价值更加认同，IBM中国的市场思想领导地位达到新的高度，而业务也逐渐走向多元化。

郭士纳和他的继承者彭明盛继续IBM的转型，带领公司走向高价值的解决方案业务。而IBM中国也做出相应的行动，放弃极为成功的中国PC业务，继续加强服务和软件的转型。对外，IBM中国进一步融入中国，与时俱进。了解到中国在21世纪发展的新需要，IBM提出帮助中国企业全球化和发展IT服务产业，并以身作则，把中国放进IBM全球化战略之重要部分，在中国建立IBM全球的资源、创新和市场运营三大中心。

在这些转变的带动下，后PC时代的IBM中国的业务全面发展，成长快速；同时打破过去硬件为主的格局，硬件、软件和两种服务的业务组合更趋平衡，也更接近于IBM全球的业务形态。同样，在全球化的过程带动下，IBM中国的做事方法也逐渐被“标准化”，遵从全球一盘棋的原则。过往一些适应中国国情本地化的人事、财务和市场渠道的制度被要求更改和全球一致，而作为越来越重要的市场，总部对IBM中国的管控也越来越精细。

IBM中国从无到有仅用了30年时间，就追上IBM全球的发展水平，成为全球五大市场之一。这家企业在此过程中的策略和执行经验，可为中国企业所借鉴。

新世纪，新开局

搬到中国开的董事会

2000年6月的一个晚上，北京太庙。华灯初上之时，巍峨雄伟的皇家大殿之前，是西装革履包裹的一张张西方面孔。由于全国重点文物保护单位太庙里面不能生火，活动主办单位只能请负责餐饮的单位把食物预先做好，然后用专门的餐车把食物送到太庙外加热，再送到宴会上给宾客食用。不过，在这样一个晚上，吃什么并不重要，重要的是参与的人——其中的一位银发满头，一脸的踌躇满志，他叫郭士纳；另一位高个戴圆眼镜，一脸的和蔼憨厚，他叫彭明盛。这里正在举办的是有史以来举办的第一次在美国本土以外IBM董事会晚宴。

郭士纳似乎对中国有着非同一般的感情，自从1993年加入IBM以后，每年都到中国访问一次（在他加入IBM以前，也曾多次访华），亲自跑政府和客户，支持中国的发展（后来他退休时还说想去剑桥大学学习中国历史和考古）。对中国非常了解的郭士纳，希望通过把董事会会议放在中国举行这样的动作让IBM董事们更了解中国以及IBM在中国的策略，并且赢得董事们的支持。

经过一年多的准备与铺垫，2000年6月，郭士纳带着IBM董事会的11位董事，和他最重要的部下——IBM高级副总裁们以及他们的家属，数十人浩浩荡荡奔赴中国。当时IBM的董事会成员包括福特汽车、埃克森美孚、艾默森、麻省理工学院等公司或机构的一把手。董事会会议分两部分，分别在北京和香港举行（其时香港已经回归中国）。在北京的会期为三天。当然我无法知道董事会的具体内容，但据说正是在这三天期间，郭士纳第一次向他的董事和高管们透露，时任IBM高级副总裁的彭明盛将是他的接班人。

除了闭门会议外，IBM的董事会全体成员还得到了前往中南海接受中国国家领导人接见的机会，这是外企在中国受到的极高规格的待遇。在接见中，郭士纳重申对中国的支持，因应IBM的董事会议，话题也落到了跨国企业的治理问题上，从治理架构、董事会的组成到高管的激励政策等方面，谈到了很多。双方还就中国国企向上市公司的转型，特别是从“厂长”到“总经理”的过渡等问题进行了很多探讨。在接见后，郭士纳马上致以一封感谢信，信中表示可以进一步分享IBM作为一家跨国上市企业的经验，为中国政府和中国企业提供参考，并且建议在美国举办一次研讨会讨论上述议题。

一年之后的2001年6月，在中央政策小组和中组部的带领下，一个以多个部委和央行、宝钢、中国民航、鞍钢、东风汽车等国企领导人组成的代表团，前往美国IBM总部进行了为期五天的交流。与一般的国家代表团考察和访问不同，这个叫做中国领导力论坛的活动，并不是去看IBM的生产线或听IBM介绍它的产品和技术如何先进。IBM方面，CEO郭士纳带着他的领导团队几乎倾巢而出，首席财务官和总会计师、首席市场官、法律、研发、产品部门、人事部门等多位高管为代表团作报告，介绍IBM的治理架构和管理体制，包括董事会的架构、组成和管理、IBM整体的业务组织架构、财务的管理、商业行为规范、产品和开发管理、市场管理、品牌管理、人才和培训管理等数十个题目。IBM也邀请了著名的品牌传播公司奥美、投资银行美林以及律师事务所的高管作报告，介绍各自领域的实践和做法。IBM中国则由周伟焜带队，所有行业的负责人和负责政府事务的任培善一起“陪读”。而中国代表团的25位成员，日后大多成为了部级领导干部和国企的一把手。他们对IBM愿意分享管理经营经验的做法极为欣赏，也间接为IBM交上了很多未来的CEO朋友。

这两个事件是IBM中国的发展中具有历史意义的大事。董事会在中国的召开，让郭士纳如愿以偿地得到了董事们对中国的理解和支持，一方面把IBM中国在IBM的地位提升了一个台阶，进一步加深了IBM总部对中国的重视和投入的决心，同时也让中国员工深受鼓舞、士气大涨。在IBM之前，鲜有跨国企业把董事会会议搬到中国来开，而IBM开的这又一个先河，依然引来了大批效仿者。而中国领导力论坛更使得IBM和中国的关系从“供应商”提升到“合作伙伴”的层次，也让中国政府看到IBM作为一个现代管理的领军者，能够为中国经济的转型带来的示范与贡献。这两个事件也展示出，一家真正成功的企业所能提供的价值，绝不仅仅是它的产品和技术而已。而善用这些特质和特殊的价值，正是IBM在中国能被接受的重要原因。

2000年以后，IBM在中国又走进另一个发展时期。

金融业的“第二个春天”

进入21世纪的前几年，看似火热的IT行业面临着许多挑战。2000年中国的IT用户刚刚从“千年虫”的问题走出来，恰逢中国在2001年成功加入WTO，人们预期中国经济开始新一轮的发展。加上国企的改革正进行得如火如荼，大家对中国IT市场的期望甚高。不过在这一时期，全球互联网的第一次泡沫破裂，拖累了IT市场的成长，而2003年的SARS又把复苏的势头暂时压了下去。

所幸的是，互联网泡沫破裂对IBM并没有多大影响。原因在于，IBM一直提倡的是“电子商务”，而且强调互联网应该服务于商务，而不是商务服务于互联网，而IBM的绝大部分客户都是有实体商务的企业和有政务的政府部门。这种脚踏实地的稳健（或者不妨说“保守”），帮助IBM逃过了这一轮风暴。在这几年间，IBM中国的业务首次突破10亿美元大关。我也在世纪之初再度回归负责金融行业的业务。

这个时候的中国金融业，与十几年前我刚进IBM时的金融业早就不可同日而语了。2000年的时候，中小企业部（后来改叫工商企业部）还没成为IBM中国的最大行业，金融业的业务占了IBM所有行业的1/3强，是无可置疑的第一大行业。但是在这一行里，我们在硬件、软件、存储、自动柜员机（当时IBM还从事ATM业务）等各个方面都面临着很大的竞争。而由于“千年虫”的关系，1999年各银行对于IT的战略投资都被冻结，业绩数字并不理想。

我负责的金融服务行业包含银行、保险和当时刚兴起的证券行业的大客户（一部分中小银行，尤其是农联社和城市商业银行，则由中小企业部负责）。在大中华地区内，金融事业部是一个6亿多美元盘子的业务，其中内地超过60%，业务来自于硬件（所有的主机系统、存储、网络、打印机）、软件（特别是主机相关的软件）、服务和PC。步入新世纪，走过“千年虫”，我们的金融业务需要找到新的增长点。而这个增长点，我把它寄希望于“数据大集中”。

早在1997年开始，IBM和工商银行已经开始就“数据大集中”进行可行性的研究和探讨。所谓数据大集中，简单讲就是把分散在各个分支机构和营业网点的数据实现集中。了解“数据大集中”要从银行的自动化发展过程开始。1985年，当IBM和工行签下合作协议书时，通信的技术和环境都比今天落后很多。只能凭电话线传输数据的工行系统，速度仅为每秒千个字节，甚至只有数百字节。

当时的主机处理器的速度和容量也与今天大相径庭。当年工商银行装机的4381双机备份系统，每一个主机不过是几个MIPS的速度；而今天的主机，可以通过不同的软硬件技术去达到万级以上的MIPS。存储和数据库的技术也有巨大的发展，当年的3375存储器只有区区的几百兆，而今天的存储已经可以达到PB级（2^{10}TB，1TB=1024GB）。

也正因为如此，第一代的银行系统只能以地区为核心，在每一个省或大城市建立一个系统去服务该地区的业务。这样的做法是实现全国自动化银行业务的第一步。1996年工行开始试点以一个省级中心去覆盖全省业务的“大机延伸”工程，到1999年在全国共建成了40多个省级区域性的计算中心，使全行的业务实现了计算机处理，计算机应用水平和管理能力明显提高。但工行人深知这仍不是他们最终的构架，自动化以后随之而来的需求就是如何加强管理。但由于数据分布在各地，集中到总部时往往有时间差和数据偏差。因此，当时工行信息中心的单怀光主任，一直希望可以做到数据集中。在实施“大机延伸”工程的同时他们就开始研究下一代的构架，1999年9月1日，工行终于定下方向，要走“大集中”的道路，把已建成的40多个中心合并到南北两个全国性的中心，用两个中心覆盖全国的业务处理，这就是工行内部所称的“9991”工程。

“大集中”又分为几种形式：“物理集中”、“系统集中”和“数据集中”。顾名思义，“物理集中”是把所有的系统，特别是硬件系统集中在一个数据中心，统一管理；“系统集中”是指把不同地区的应用系统放到统一的硬件和操作环境下，这是“物理集中”的一个延伸，效益也是在“物理集中”上的一个量变；而“数据集中”则需要真正把以省市为中心单元的应用变成全国（或更大地区）的应用，同时改变数据库。对工行来说，应用的改变也是非常大的挑战，为了达到最终的集中，它们先把应用分成为南方和北方地区，分别放在北京、上海两个数据中心并互为备份，然后重新开发新的用于全国的银行应用，除了传统的储蓄、对公业务外，还增加了很多新的应用去满足日益变革的金融业。

而作为工行的多年合作伙伴，IBM为这个宏大项目中架构设计、系统、软件和服务提供全方位支持与服务。从纽约派出的大型系统的专家和架构师与工行进行多次讨论，对可行性和风险进行深入分析。在全球的范围内，这样的集中意味着一个需要支持数亿账户的数据库、每天上亿的交易量通过数万个网点以及网上银行的复杂实时信息系统，这样的系统比当时全球最大的花旗银行还要庞大。虽然技术的可行性是通过论证的，但谁都没有这种经验，心里总有点忐忑。最后的计划是分批上收，减低系统负荷，也便于总结经验，减低风险。经过反复的模拟和测试，大集中也正式开始。在此过程中，工商银行也通过实际的经验进一步意识到严谨和精细化的IT系统管理至关重要。原来省级集中的时候，一个省的系统出了问题，对于工商银行来说只是1/40的问题；大集中之后，一个问题就意味着半个中国业务的问题。

2003年，工行的大集中完成。它们实现了全世界最大的银行数据库和交易最多的实时银行系统，同时提供多元化的服务。而且，大集中也使得工商银行的管理有了一个大的飞跃。在我的观察中，大集中之后，工商银行的IT水平和严谨认真的程度，在国内乃至全球都可以说是首屈一指的。在短短的25年间，我有机会目睹一个银行从几乎全手工操作快速进步成为全世界最赚钱和市值最大的银行。可以说，这个过程是一次中国人好学、认真和高度执行力的最佳示范。

在工行大集中的需求带动下，我们引进了当时最先进的主机系统和中国第一次“企业级软件许可协议”（Enterprise License Agreement）的做法，以一个统一的授权协议把工行全国所有网点和分行的IBM相关软件需求都集中起来，金融事业部和IBM中国的业绩在2000年也得到一次回升。随后，其他的四大银行也陆续相应着手研究大集中。反复的事实和论证说明，单主任提出的大集中想法为工行带来不可估量的效益，最终使所有银行都走上同一方向。像20年前引领中国银行业第一代核心银行应用一样，工行再一次“吃螃蟹”，引领中国金融业进入另一个IT发展的方向。此后，工商银行也成为IBM总部在中国指定的第一个“全球性大客户”（Integrated Account），由一位副总裁级的经理人专职负责所有相关业务。

地区拓展第二波

继20世纪90年代之后，2004年，IBM中国重新启动分公司拓展计划。

从1992年到1999年间，我们在北京以外开设了10个分公司；但在2000年至2003年之间，我们只在2002年于昆明、乌鲁木齐和长沙成立三家分公司。但与此同时，一些IBM的竞争对手，特别是本地的竞争对手，已经把分公司建到了三、四线城市。我们清楚地看到，要持续我们的成长，进一步的地区扩展是必需的。于是，“地区覆盖的拓展”（Geo Expansion）成为2004年周伟焜为了重新整理IBM中国策略发展而召集的G100成员论坛中的一个小组议题。G100是IBM中国独创的一个培养领导备用人才的项目（后面有详细介绍），这次论坛G100成员在北京郊区举行三天会议，并把人员分成数个小组，讨论几个重要的发展题目。我被邀请参加并恰好协助带领一个小组讨论。

根据周伟焜给整个G100会议订立的远景，我们把小组的项目命名为3B计划（Project 3B），“3B”代表30亿美元（3 Billion），是我们当时设定的到2008年大中华区的业绩目标。通过我们的一套作策略的方法论，小组用三天时间把我们的业务目标、城市的选择、主要的产品、主要的部门和分公司的配置等定义出来，包括以北京、上海、广州为中心的华北、华东和华南大区以及以下的二级和三级分公司的规模业务和资源配置，并成为日后执行的范本。随后，小组继续开会进一步细化计划，并最终把计划的执行交给大中华区一位资深的副总裁沈安石负责，把它变成一个持续完善的战略和年度执行计划。

这次地域的扩展，最大的得益者是我们的中小企业部和政府事务部门。几年下来，其间城市的选定次序或有不一，负责人也曾经易手，但我们的分公司发展和我们那时的计划结果颇为接近。从2004年11月开业的哈尔滨分公司到2011年4月的大连分公司，IBM中国在七年间增加了17个分公司，达到了在中国有31家分公司的里程碑。分公司的继续拓展，直到今天仍然是IBM中国策略当中的一个重点。

与此同时，在业务方面，踏进2000年后，IBM中国更全面地参与到各行各业中。随着六大行业群组（Sectors）的建立，IBM开始向电信、政府和民营企业（工商企业）发动更猛烈的攻势，并在数年的努力后，夺得领先地位。并在此过程中帮助了国家多个“金”字工程的建设和大量国企、民企的转型和信息化。

此外，我们继续大力推动渠道和ISV的多元化，广开合作之门，这使IBM完全与本地的IT市场和生态环境融为一体。据非正式统计，和IBM有正式协议的渠道合作伙伴数以千计，而衍生的合作单位更以万计。再加上新一轮分公司拓展进一步把IBM带到二、三线城市。三方面同时发展，使得IBM对中国市场业务的覆盖更为全面。

假如那一年我们没有卖掉PC业务的话，我们也会如期达到3B计划项目的目标。只是，正在我们第二度拓展我们的分公司网络时，我们在2004年年底宣布退出PC市场，并把业务转让给联想，改变了IBM中国的整个业务布局。

成长的“烦恼”

2000年年末，IBM宣布彭明盛为IBM总裁，成为CEO兼董事长郭士纳的正式接班人。彭明盛继续贯彻IBM从硬件到软件和服务的过渡，并且追求从低价值到高价值解决方案的转型。2002年，他乘势推出“随需应变”的概念，并在这样的思想指导下，同年IBM宣布收购普华永道咨询业务并剥离硬盘存储业务，出售中国深圳海量存储的合资股份给日立。2004年彭明盛再将PC业务卖与联想，转型至创新和高价值业务的步伐达到了高峰。对于成熟的市场这自然是顺理成章的事情，但是坦白说，中国IT市场的成熟度以及IBM中国的业务比起发达国家来仍然稍显落后，当时还是以PC和硬件为主，因此在IBM中国实施同样的“从硬到软、从低向高”的策略，给IBM中国带来的不确定性要比成熟国家来得高。

但无论如何，在进入IBM的“10亿美元俱乐部”以后，IBM中国在IBM的版图中再不是一个“小国家”。当IBM中国没那么大时，总部为了让中国业务成长，愿意让IBM中国做更多“本地化”的事情；**而当IBM中国“长大”了，在总部的强烈聚光灯下，IBM巨大的执行机器便要求IBM中国做更多“标准化”的事情。**简单如“什么样的开销可以报销”或“每一工作职称的使用”都要全球标准化。这个标准化的步伐后来随着IBM的全球整合（GIE）策略将会走得更快。

所以，在21世纪的前几年，周伟焜既要继续完善在建平台和基础的能力，用以获得当年的成长，又要在遵照全球转型策略的同时，因应中国市场的成熟情况微调转型的步伐和策略。这是一件非常困难的事情，就像是一个年轻的小伙子，在发育中原本需要很多的供给和营养、而且需要充沛的活动空间，但被要求像一个成熟的成年人一样稳重。

如何在较短的时间内把"年轻小伙子"调教成熟而不因此丧失活力以及影响业务，在我眼中，这是周伟焜在IBM中国生涯后半部分的最大贡献。

整合普华大不容易

2002年，IBM收购普华永道的咨询业务并把它和原来IBM的咨询业务合并在一起，组成业务咨询服务部（Business Consulting Services，BCS），并任用原IBM全球服务部的孙锡铭负责整合后的BCS业务（关于服务业务后面会有详细介绍）。在业务咨询服务部整合的初期，文化和管理体制的差异曾经带来很多问题，从员工的级别和升迁的批准，与其他IBM部门的协同合作（特别是销售团队），到决定授权的速度，以及出差的开销等，这中间大大小小的问题都源于原普华永道的"合伙人制"和IBM的"上市企业"在管理上的根本差异。举个例子，在合伙人制中，公司的"合伙人"是一个利润中心，它的数量考量更多是以"合伙人"能带来的收入和利润为依归，只要主要合伙人对潜在成为合伙人的人有信心，对合伙人的数量没有根本的限制。而当普华永道进入IBM以后，这些"合伙人"也被编进IBM的人事级别制度。这时问题就出现了：同样的级别，特别是高级别的人，IBM有人数百分比的指导范围。为此也产生过不和谐的情况。

另一个例子，则出现在矩阵管理中。普华永道中的"合伙人"，就相当于IBM的客户经理或总监的角色。不同之处是普华永道只卖一样"产品"，那就是它的咨询和实施服务；而IBM的客户代表则要卖多种"产品"，咨询和实施服务只是其中之一。而由于在合伙人制中，"合伙人"要兼顾实施的管控工作，因此他们对"产品"的认识和专业知识更深一些；而IBM的客户代表则是对整体行业的认识以及IT专业知识方面更深入。但由于各自的来源不同，大家都觉得自己应该作为客户最前端的窗口，在开始时也有不协调的情况，经常在客户端出现自己人之间的矛盾。

我在2004年接手香港总经理工作的时候，香港也是原来普华永道在大中华区大部分"合伙人"领导的总部，所以不满的声音特别大。作为地区总经理，我的任务是既要看住香港的收入和利润（从管理角度出发），手里却没有直接的权力和人事，完全要依靠自己的整合、沟通和协同能力。对于普华永道的整合，我在所有沟通中强调部门之间必须合作，在实际工作时不厌其烦地多方沟通，把新的业务咨询服务部和行业部门拉近距离，在问题和客户个案上调节分歧。另外，我又安排专门的会议，让我的所有业务部门和业务咨询服务部的“合伙人”们进行交流，把问题“放到桌面上”解决。此外，当时大部分的“合伙人”都是“老外”，喜欢在下班后喝啤酒聊天，为了和他们有更多交流，我也参加到他们里面，并且邀请各个业务部的人参加。久而久之，我们下了班就会自动出现在公司对面的酒吧。这样我对他们有了更多的认识，同时也让他们通过我更多地了解IBM，什么事情可以抗拒，什么事情要“适可而止”。凡此种种，虽然花费了我不少时间和精力，经历了一段磨合的过程，最终我看到了两家公司的顺利融合。

并购之后的磨合是一个必经的过程，而融合能够成功的最重要原因，是两家公司的结合在根本的层面上能为客户带来真正的益处，这是市场的真理。在能够为客户提供更大的整合价值、并在更多的竞争中获得胜利的前提下，我看到双方都在尽力寻找妥协和合作的机会。这一点也让我深切地认识到，**任何整合，第一个问题就是它将为客户带来什么价值。在价值的认定不清楚或不是最大化时，磨合的成本就可能变得“无限大”**。

整合终归还是需要时间。除了管理和文化的差异需要克服外，对业务的策略和所需技能的培养和配备也需要时间。在经历了两年左右的整合磨合后，IBM全球企业咨询服务部（Global Business Services，在2006年由业务咨询服务部BCS改名而来）开始起飞，一直到今天。IBM中国随着全球的步伐，走向高价值的整合解决方案之路。

谢幕PC业

历史总有捉弄人的味道。在我忙于协调普华永道的融合之时，2004年年底IBM突然宣布把PC业务卖给联想。在当时，我们的五个不同产品业务（硬件、软件、两个服务加上PC）在香港都是市场份额的第一名，对于大多数香港同事来说，放弃PC业务是非常可惜的事情。我们在香港的PC团队虽然非常小，只有二三十人，但每年都贡献上亿美元的收入，IBM PC在香港拥有非常好的美誉度、很强大的渠道，当然还有一支非常拼命的队伍。因此，当这个消息宣布时，很多人都很伤心，尤其是PC部门的同事。因为根据协议规定，他们没有选择，必须转到联想去。他们大多是为了IBM这家公司而来的，如今IBM却要连品牌带人一起卖到联想！

同样伤心的，还有他们的内地同事。和香港一样，IBM中国的PC业务是IBM做得最为出色的地区。因此当消息传到内地同事耳中时，很多人都觉得难以置信。相对于其他国家PC在IT业中的衰落，中国内地更是一个PC的市场，在卖掉这个业务前，它的业务约占收入的1/4。而且不同于IBM全球或美国，IBM中国的PC业务毛利一直是相对较高的，甚至高于联想。所以撤出PC业务，对中国这个市场来说，有很大的影响。但对于IBM整个公司来说，却又不得不这样做。而一手促成这件事情的周伟焜，如果没有足够的战略眼光和站在公司的高度来看待这个事情的话，这件事未必能够成为事实，也就不会出现后来三赢（联想、IBM总部和IBM中国）的局面。在漫长的全球化道路上，地区和总部的利益不相一致的时候时有出现。但全球“一盘棋”的游戏规则早已注定，即使要放弃部分来成全大局也在所不惜。作为地区经营者需要时刻做好心理准备。

从宏观角度看，虽然PC曾是IBM业务上的一颗宝石，但很长时间以来，它已经变成IBM业务上的鸡肋。早在2000年至2001年间，IBM已经关掉数家工厂，只保留了中国内地的几家。种种迹象让人不会惊讶IBM退出市场，转型到服务和软件业务的方向。唯一在当时让人惊讶的是IBM把这个业务卖给了联想。

在21世纪初，虽然IBM的ThinkPad依然是笔记本电脑的第一，但联想已经取代了IBM成为中国整体PC市场的第一。联想开始试图在中国境外发展业务，只是一直没有取得很好的成绩。IBM希望往服务和软件转型，而联想希望能够冲出中国，因此，当时机成熟，联想终于从IBM手上接过这个业务，各取所需。这个交易让联想得以借船出海，虽然融合需时，但依然大大缩短了它通往全球化的路。试想如果联想是以有机的自我成长方式向外国发展，可能要一二十年才能有如此大的覆盖。

但是，虽然这是一个“三赢”的决定，在员工的层面，难免是一个很困难的决定和过程。除了人事上的安排以外，我们也非常重视如何处理客户的转移和关系的保持，因为大多数客户除了PC以外，也是IBM其他方面的用户。我们在过渡上作了很多安排，人员也相对稳定，因此在香港这边的整个移交过程都是相对顺利的。但在内地那边，由于联想已经是市场份额第一，能力也较强，与IBM的差异更明显，因此我们的同事自然想法也较多。但最后整个事情的管理还是比较顺利的。

对于IBM中国，虽然出售PC业务后对短期业绩有所影响，但IBM中国的形象，也由于促成这次中国企业全球化的买卖备受国内业界称许，而往高端解决方案发展的路线也越发清晰。

后PC时代的新焦点

硬件的新增长点

IBM在20多年间进出PC业务，原因还是没能占据利润的制高点。放弃不怎么赚钱的PC业务（全球）是个重要决定，但对IBM来说更重要的是，我们要找到其他的增长点。

历史总有惊人相似之处。现在IBM所做的事情和几十年前其实很相似，只是产品和技术不一样而已，我们还是在服务企业级客户：卖掉了PC业务后，IBM把业务专注在IT基础架构和业务价值之上，通过提倡创新以及后来的云计算和智慧地球，把目光放在另一个战场之上。从郭士纳开始转型，到彭明盛把转型变成IBM的一个核心能力，IBM已经变成一个和原来“既不一样却又一样”的企业。

PC业务的出售对IBM中国的影响尤其大，因为当时中国是PC最大的市场之一。失去PC的业务也意味着失去一个可观的收入，周伟焜要想办法从别的业务把失去的部分补回来。第一个最直接的想法是PC服务器（IBM没有这个业务）和存储服务器的市场。为此IBM调兵遣将，加强x-series（IBM的PC服务器）和存储团队的资源力量，增加销售人手和渠道力量于各个新老分公司，投入更多的市场计划和渠道奖励。为了进一步加强IBM在服务器技术上对中国的承诺，IBM在2004年结合在中国台北的一些资源，组成以北京、上海和台北三地组成的IBM中国系统与科技研发实验室（IBM China Systems and Technology Lab，简称CSTL），专注于许多关键产品的研究与开发。除了在硬件方面的x-series服务器和芯片设计等领域的独立开发以外，在软件方面也覆盖了操作系统层和跨平台的系统管理软件的开发。此外还建立了产品现场支持和产品服务的职能，尽量将产品的开发和支持接近中国市场的需要。

除此以外，IBM看到一些中国高端客户的日益成长，特别是在银行领域，中国的银行的交易量、系统的复杂度、数据库的规模等已经超越大部分成熟国家，成为世界之最，因而往往很多技术性问题会首先出现在中国的客户身上。为此，IBM在中国建立全球第五个、也是亚太区唯一的IBM中国系统中心（IBM China System Center，简称ICSC），在中心内安装最新的硬软件环境以及配备专家人员。在技术能力上，该中心拥有1.3万MIPS的z-series服务器、34TB的存储和强大的p-series服务器，目标是希望提供性能指标测试、概念原型验证和新技术方案的演示能力，务求让最高端和先进复杂的IT用户得到最佳的环境。

同时，为了加强中国对x-series和其他服务器（i-series和p-series）的接受以及降低成本，IBM又在2005年和长城集团合资成立了长城国际系统科技（深圳）有限公司（ISTC），专门从事个别型号服务器的组装和供应。成立实验室、系统中心和服务器的组装合资，加上市场和销售的投入，这一系列的策略，有效地加强了IBM服务器和存储领域在后PC时代业务的成长。

2004年，经过了1/4个世纪的经营，IBM在中国的工作终于获得认同，被《财富》杂志中文版评为“中国最受赞赏企业”的第一位。

软件业务的崛起

在卖掉PC业务时，能最快帮助IBM中国的业务是其系统硬件业务。但是尽管如此，IBM中国还是要和全球一样，继续完成向软件和服务的转型（当然要因应中国市场对硬件、软件以及服务的需求比例）。软件业务在中国的开始，要追溯到20世纪90年代中期。

在大中华区，由于软件业务早期时很小，总部并不十分重视，开始时被与网络业务合在一起。到了1995年10月，全球软件业务已经独立成为一个业务集团，大中华区也终于说服总部把大中华区软件部分拆出来。早期的软件业务分为三个层面：操作系统层、中间件和应用软件。1998年，原来负责硬件UNIX系统RISC System/6000的宋家瑜被任命为软件部总经理。彼时，IBM全球的软件部门正在大刀阔斧地调整业务策略和产品组合，先是放弃大中华区软件部最早在中国的“大项目”——在中国发展势头不错的面向

PC的操作系统OS/2，退出PC操作系统领域，后来在1999年又宣布退出应用软件业务，并且在1995年和1996年分别收购了Lotus和Tivoli两家软件公司，再加上IBM自己的数据库产品DB2和1998年发布的Websphere（从CICS衍生过来）的开放标准化，以中间件（Middleware）和开放标准（Open Standard）与独立软件商生态系统（ISV）合作的软件业务战略和架构渐露端倪。

于是，上任的第一年，宋总和他的团队制订了一个三年计划：第一年是变革之年，第二年是成长之年，而第三年则是成功之年。他的计划是在第一年把团队、生态系统和内部协调机制做好铺垫，该改的改，该变则变，为第二年快速成长提供足够的后援和基础，到了第三年应该是初有成就。

为此，宋总做了两件事。第一，把这个计划向软件部全球高级副总裁约翰·M·汤普森（John M. Thompson）以及其他软件部高管作汇报，申请投资和支持。

在汤普森拨给宋总的投资中，仅发展独立软件开发商（ISV）的预算就有700万美元之多。有了这笔钱，宋总得以为软件部建立专为独立软件开发商而设的技术支持中心（Software Enablement Center）和软件移植中心（Software Porting Center），甚至曾经为独立软件开发商的高管提供EMBA的培训！他对独立软件开发商的这种大力培养，为今天IBM中国软件部的分布式软件（非主机软件）业务奠定了坚实的基础。

二是，宋总还向汤普森及其团队申明，因应中国市场规模大和覆盖困难的特点，中国不应该完全采用全球统一的专业化销售模式。所谓专业化销售模式，指的是一个销售只专注于一类软件产品，是当时软件集团总部全球推动的转型重点。宋总认为，中国既需要专业化销售，同时要加上“通用型”销售的模式，才能在产品专业和客户覆盖之间取得一个平衡。汇报结束时，汤普森转身对身旁总部的团队说：“你们不要干涉宋家瑜，让他去决定适合中国的做法！”这句话宋总后来和我们分享，让我们羡慕不已。在职业经理人眼里，能够得到自己上级越级对“本地化”的支持和信任，是最为强大的激励方式（不只是金钱）！

同时，宋总还花了很大力气提升软件销售人员的“独立性”。在郭士纳转型的过程中，很多人还习惯于客户代表团队领导一切的旧模式，而软件在客户代表的销售指标中所占份额相对比较小，而且软件销售的专业要求更多，所以常常被IBM的客户代表们“忽略”而“舍难取易”，除非必须与硬件捆绑销售，否则宁可多卖一些硬件。总部也注意到了这个问题，所以软件部才会力推软件销售的专业化。而在大中华区，宋总尽量给软件销售们更多空间和自由度，让他们去接触客户，特别是中小企业客户，同时也在大大小小的管理会议中，一直宣传引导和坚持争取软件销售的独立性。

2000年，在我担任金融服务事业部总监的时候，宋总的软件团队和我们合作在银行业创造了一个里程碑，与工商银行签下了国内第一个企业级软件许可协议（Enterprise License Agreement）。这一许可协议把工行全国所有网点和分行的IBM相关软件需求都集中在一个统一授权协议中，为后来工行数据大集中的成功实施提供了极大的便利，随后也为其他银行所仿效。1997年大中华区软件部的收入在7 000万美元左右，到了2000年达到2亿美元以上，其中60%来自中国内地，实现了宋总对总部三年目标的承诺。

2001—2006年期间，宋总先后两次调离软件部，IBM的软件部也发生了很大的变化。随着大中华区软件业务的重要性提高，策略制定的自由度开始下降。被要求遵守“成人世界”一样的游戏规则不再享有“特权”。虽然依然可以一如既往地获得投资，但是中国特有的“通用型”销售模式则要向专业化销售模式转型，预算也要按照全球一致的模式和业务重点分配不得偏离，在转型的同时还要兼顾短期的业务成长不得放缓。成长还是不错，但由于通用型销售资源被削，队伍之间的协调难度加大。宋总虽然亦从中作出了努力，但是依然没有改变IBM中国被要求遵守“成人世界”游戏规则的脚步。

特别要指出的是，IBM中国软件部在此期间的发展，正好印证了我对跨国企业在海外市场的发展轨迹的看法。中国软件部和宋总经历两任IBM软件集团总部高级副总裁同样的高度重视，但前后数年间从“充分授权”到“全球统一”的极端变化，让人看到成长的“代价”。

服务业务扬帆起航

除了硬件和软件之外，服务也日渐成为IBM中国的三大支柱业务之一。

IBM中国服务业务的萌芽，应该从20世纪80年代我们接触中国民航这个客户时就开始了。1983年中国民航为了民航客户订座系统的自动化项目开始接触IBM和Sperry Univac（后来演变为优利UNISYS）公司。由于IBM中国当时还没成立应用系统集成的服务，也没有直接提供订座的应用功能，所以我们要和几家航空公司合作，但是分别报价。而我们的竞争对手Sperry Univac则是以他们在香港国泰航空的成功经验为基础，同时提供系统和应用。最后，IBM虽然名气更大，但还是在1984年年初败给了Sperry Univac。

1991年我们在中国民航的订票系统上再次得到了与优利公司竞争的机会。虽然优利公司已经抢占先机，其平台只需扩容；而IBM这次做的将是包括软硬件开发在内的一整套系统，但在民航的主动接触之下，我们觉得还是要以客户为先。虽然IBM还没有出现服务模式和系统承包的概念，但在中国民航客票订座系统的这个方案中，实际上我们已经开始以这样的模式为客户提供解决方案服务。我们调配IBM全球资源，通过IBM全球支持航空公司的部门IASC，联络了瑞士航空、新加坡航空和英国航空三家航空公司，通过多次沟通最终敲定与英国航空公司合作。我们为客户作出了详细的可行性迁移方案和预算，样样精打细算。最困难的报价问题也获得亚太区特批。可是最后，客户告诉我们仍将继续选择优利的订票系统升级方案。几个月后，我们得知自己的方案与优利报价只相差不到200万而已（10%），非常具有竞争力。直到今天，中国航空业经过几次重大重组，负责订票系统的单位也成立一个服务平台，但客票订座系统仍旧还是优利。

中国民航项目的过程之曲折与蹉跎，再次证明了IBM转型决定之必然性。这个项目让IBM看到：一是客户需要的是整合的解决方案，而服务正是整合的工具，没有整合服务能力，意味着失去重要的机会；二是当失去一个重要客户以后，要赢回客户的成本往往是当初的数倍；三是，即便如此，我们只要坚持对客户的专注，早晚会有收获。两年后的1994年，经过10年的不懈努力，IBM人依靠专业认真和以客户为本的精神，终于在中国民航的收入结算中心成功收获IBM在中国内地第一个固定价格的系统集成项目。

这个项目也让我们认识到解决方案服务的市场需要，加速我们成立服务部门。到了20世纪90年代中期，由于客户对解决方案和服务的要求越来越高，成立于90年代初的IBM咨询和系统集成的服务部开始以香港为基地进入内地。而在内地，则通过成立外高桥的公司和“蓝色快车”来加强我们提供维修和IT服务的能力。这些过程，很大程度上让我们比客户先走一步，开始在服务业务上起步。

IBM中国的第一个系统集成项目是中国民航，IBM中国的第一个收费咨询项目则是华为。1998年年初，华为接触IBM香港，提出需求让IBM为华为制定一个五年的IT建设规划和蓝图（ITSP）。当时有偿服务这个概念在中国IT行业起步不久，还停留在比较传统的技术和应用服务的层面，收费的咨询服务在中国是否有市场，大家心里都没有底。

但是，负责这个项目的Arleta Chen和冯兴源，第一次参加和华为的会议就感觉到华为的认真。20个不同部门的高管一起和IBM的顾问见面，而会议最后，任正非总裁也亲自来参加了。那次会议后，大家的热情也被调动起来，在往后的三个月中，双方频繁地会面，IBM在中国的第一个大型纯咨询项目就以固定价格的方式签署下来。

对于华为这个第一个愿意“吃咨询服务螃蟹”的民企，IBM本着非常严谨却又客户第一的态度为华为提供专业的服务，既要拿出货真价实的知识和方法论，同时又要灵活地应对来自华为多方面的不同需求和压力。虽然项目本身是以IT规划为主，可是当年IBM也就业务的发展提出一些意见，使得业务和IT更能贯彻。IBM调动了庞大的内部资源，这些资源大部分都不在咨询部，而是分布在IBM各部门的精英，他们中间有财务和产品研发管理的好手，也有供应链的专家。由于IBM自身的规模，这些人在公司内部各自的领域中都有机会接触很多最前沿的东西，利用他们来帮助客户可能是最一石二鸟的做法，也是华为希望得到的。IBM内部对这个项目非常重视，给予高度的客户专注，让咨询部门有能力去协调这些全球宝贵资源去服务客户。

最终项目在1999年年初完成，蓝图制作出十多个IT和业务流程的子项目，为华为制订了之后五年如何进行IT建设以支撑业务发展的计划。在这个项目之后，IBM和华为继续在咨询服务上进行多方面的合作，从整合产品研发（Integrated Product Development，简称IPD）到供应链，到人力资源和培训，以及采购和财务的改革等。双方在顾问领域中的合作非常广泛，签署并完成数以千万计的顾问服务合同。同时，IBM与华为的业务也通过独立竞争伸延到硬件、软件、计算机芯片和其他IT服务。数年后，华为步工商银行的后尘，成为另一个IBM的“全球化客户”（Integrated Account）。以咨询服务为整合龙头提供价值，让客户最大限度地和IBM合作的策略，又得到一次有效证明。

对于IBM来说，华为是顾问服务的一个很好的开端，也给了IBM中国更大的信心去推动整个服务的转型，加速服务在中国的步伐。当然，就华为本身，至今还是IBM中国最大的纯咨询合同客户。可以说，在IBM中国的服务发展历史中，华为是占有重要地位的一个客户。而华为的业务也不断壮大，成为中国高科技企业的领头羊之一。

1996年，IBM全球服务部门（IBM Global Services，简称IGS）在大中华区成立，整合咨询、系统集成和IT服务，成为所有服务业务的统一品牌。IBM中国除了因应自身的策略在作转型外，也希望教育中国的市场和客户去更注重所有服务。早在2002年时，

IBM中国就邀请商务部到IBM位于美国科罗拉多州Boulder市拥有5 000人的数据中心参观，后来又邀请信产部领导和上海市政府领导分别参观并介绍有关业务。不久之后，印度在服务外包中闯出名堂，引起中国政府的注意，IBM就邀请商务部领导到印度参观IBM的全球服务执行中心（Global Delivery Center），给商务部留下很深的印象。那一时期，国内出现很多关于中国如何发展服务产业的讨论，IBM便于2005年提交了一份服务产业发展的白皮书给商务部，提出一些建议。2006年，商务部推出“千、百、十工程”的计划。中国看到全球发展的趋势，也希望在世界的服务市场上有所作为。

也在这段时期，IBM为了继续贯彻它全球服务的布局，除了在印度和其他地方成立全球服务执行中心外，也开始在中国成立IBM的全球服务执行中心体系，首先于1999年在上海建立一个以应用服务为主的中心，继而于2002年在深圳建立了一个IT基础设施和外包服务支持的中心。在2003年IBM于大连建立了第三个中心，用以支持日韩的客户并专注于业务流程和改革的外包服务。2007年在成都建成第四个中心，负责应用相关的服务。最近的一个则是2010年成立于武汉，同样是支持应用相关的服务。在10年间，中国从无到有成为IBM第二大的全球服务执行中心的国家。此外，IBM又在马来西亚建立财务的业务流程外包（BPO）中心、在菲律宾设立人力资源的业务流程外包中心。这些中心不光是服务客户，也用来支持IBM自己的员工。

整个IBM的转型，无论发生在中国还是发生在其他地方，无论是全球的还是地区的变化，都是按照一个思路走，那就是全球化的经营。而在IBM这全球化经营的策略中，中国的地位从10多年前仅仅是一个市场，演变成为一个扮演多种角色的国家。因此，中国在IBM全球化经营的策略中，开始占据一个非常重要的地位。

服务转型的真实体验

2006年年初，作为全球转型的一个重要步骤，IBM将全球服务业务进行了重新梳理，划分为两部分：负责IT基础架构服务和外包的全球信息科技服务部（Global Technology Services，简称GTS）以及提供咨询和系统集成加上应用服务的全球企业咨询服务部（Global Business Services，简称GBS）。随着普华永道的加入，全球企业咨询服务部大大加强了IBM中国本土市场需要的业务咨询和应用服务能力。在解决了融合的问题以后，IBM的全球企业咨询服务部举着创新的大旗，帮助拥有大量需求的各行各业各种规模的企业快速成长。在加入WTO和成为“世界工厂”之后，中国企业自然想到如何“随需应变”和利用创新提高明天的竞争力，GBS的出现，非常好地顺应了这些需要，也因此带来IBM在其他硬件和软件方面的业务。

与GBS业务和应用服务蓬勃发展相比，服务业务的另半壁江山——GTS的IT基础设施服务在一段时间内都比较保守。2006年伊始，我再次回到北京，接手大中华区全球信息科技服务部（Global Technology Services）的工作。参与到全球服务转型的过程中并带领大中华区的具体实践，这是一个比以前我所经历过的任何工作都更大的挑战。

GTS的业务分为三个部分：第一个业务是传统的针对和配合IBM所有硬软件的维修保养和支持服务（Maintenance Technology Service，简称MTS）；第二个业务是系统外包（Strategic Outsourcing，简称SO），从客户的数据中心空间、网络、系统操作，到最终用户的服务、应用维护、机器硬件和软件的提供等，几乎所有的东西都可以外包；而第三个业务则是“基础设施技术服务”（Infrastructure Technology Service，简称ITS），这个业务主要是帮助客户建立某类的系统和IT基础建设的服务（有关这些业务的内容和业务模式设计，将在第九章中有更多分享）。

我召开了第一次业务预测会议，然后我分别约见所有主要的人员进行交谈。通过这些会议我发现一些问题：

· 我的同事觉得业务能做到如此已经不错，总部对业务成长的要求不合理；

· 可是总部的看法却正好相反，认为我们执行不够严谨，作出业务预测不准确，经常和结果不符；

· 此外，总部认为去年业绩不太理想的原因是我们的ITS业务已不合时宜，需要改变，但大家觉得总部不懂国情；

· GTS中的业务销售团队和GTS的交付团队沟通不畅，而且彼此埋怨对方是问题所在；

· 我们的ITS服务中有些业务过于依赖于第三方硬件转售，因而使毛利减低，不能代表真正意义的服务。

这个担子，和我刚到香港时所面对的境况又有了很大的落差。香港当时有经验的人才被抽调到内地工作，同时社会经济正处于低谷，我要做的是给大家一个目标、方向和信心，然后给年轻人更多机会，让他们从工作中学习进步。两年的时间似乎有点短，但我们已经离开低谷，方向也清楚，队伍也在成长，并且逐渐变得有信心。而在GTS，我清楚知道要想持久发展，我们需要重新起步和打基础，但公司同时要求短期业绩。而在这一时期，除了我的前任被调走外，还有其他几位GTS和ITS的资深骨干也相继转换工作或退休，部门气氛有点紧张且士气不高。我面临短时间的经验和管理的真空。当我摸清这些情况时，我遭遇到一个两难的境地，甚至觉得这是“不可能的任务”。幸好我得到两位老板很大的支持和鼓励，周伟焜更把当年他自己的一些经历和我分享，同时告诉我他了解这事情的难度，就好像“在一级方程式赛车比赛时去换轮胎”一样困难。我觉得更有责任要尽力把事情做好，让我们的年轻同事有一个更好发展的平台。

于是我们开始了GTS的转型。在之后的数月中，在老板们的帮忙下，我分别从不同部门调进来数位同事填补以前的团队留下的空缺，分别负责ITS的业务、GTS的市场和策略，还有面向各行业的服务主管。他们来自不同部门，唯独谁都没有过直接的服务经验，而且来之前都被“警告”过我们工作的难度。我把这些同事和其他原来留在GTS的同事“混编”在一起，虽然大家都很辛苦，但大家对转型的决心和承诺都是一致的。

第一个季度是最困难的季度，我们没有完成目标。接下来我们重新制定我们每周的业务管理和预测流程，每星期作签单和交付的追踪和预测，每一层级有自己的时间安排去做这些工作，而我也要每星期和亚太地区汇报。在每个月初我们还要作正式的月份和季度预测呈交大中华区和亚太地区总部。到了季度末的那个月，我们还设有“作战室”（War Room），每天追踪所有签单的情况和交付。由于服务的收入需要通过交付和客户验收才能入账，而交付和签单有时间差，因此管理好签单以及签单和交付之间的周期关系变得极其重要。为此，我们又加强了服务交付和收入预测的追踪，要求交付部门和业务销售部门有及时的沟通，把周期缩短，而且务求做到更准确。这些流程虽然繁复，但更重要的是执行的力度和认真程度。这要求我以及我的直接下属要管理得很细致。逐渐地我们的销售和收入预测的准确度提高了不少。

但是，仅仅提高预测准确度对我们的业务不会有根本的改变，我们还是需要从根本上去改变我们特别是ITS的业务。但我们平常的时间已经都用在当季的短期业务上，于是我和我的团队商量，每一个周末碰头，去讨论如何改变我们的ITS业务，包括如何去实施“服务的产品化”。除了讨论以外，我们也利用这个机会去做这些新概念的教育和推广，让更多的同事明白为什么要改变和改变什么。在每个星期六的会议，所有重要的角色，包括服务产品的经理、销售、交付的团队等都必须参加，我们一起制订了大部分ITS服务转型的策略决策，而且会议同意的决定，大家必须服从执行。这样的定期会议维持了半年多，直到大家都明确了解我们的方向和如何配合，后来我们有需要时还会不定期地召开这种会议。我的同事私底下管这叫“星期六大学”。

对于维修服务我们也进行了重新梳理。维修服务看似简单，但我们仍然面对几个问题：一是由于业务相对稳定，而随着我们的系统硬件卖得越来越多，我们的业务就像雪球一样越滚越大，相比之下我们的维修业务队伍有时候变得保守而有失积极。为此，我们要求把维修业务按IBM不同的机种来分类，然后看清楚哪类硬件有更高的签约率。分析后我们发现，RISC System和POWER架构系统的渗透率只有一半左右（就是说有一半的系统不是IBM维修的）。有了这些信息，我们也就可以对症下药。二是和内部IBM系统部门的合作。在一段时间里，系统部（硬件部门）觉得维修服务部在享受他们努力的成果，在搭便车。后来我们和系统部合作，把更优惠的维修价格和产品组合销售，让我们整体更具竞争力，尤其是在那些公开招标中（通常客户会要求把数年维修费用一起投标）。同时我们也逐步增加服务内容和水平，去帮助客户提高他们的自身水平。三是针对第三方维修服务的竞争对手，我们重新建立维修服务销售队伍（总部开始要求我们取消维修服务销售队伍，由工程师兼负合同销售责任），对所有大客户进行覆盖，同时向那些没有IBM合同的系统客户展开工作，这些策略一直实行至今。

我在GTS工作的两年多期间，我们把三大业务的策略和执行框架都搭起来，和总部的部署配合协调一致起来。在2006年到2008年间，GTS大中华区都取得年度双位数的成长，三年间GTS内地业务成长了60%，在转型的同时我们在10个季度中没有一次同比业绩倒退。我感觉我的团队把在中国的GTS带回了IBM的GTS大家庭，而且建立了一个执行能力和技能更符合需求的业务基础。

全球化的中国，中国的全球化

踏进21世纪，中国正式加入世界贸易组织（WTO），中外贸易得到双向加强。同一时间内，国企的转型和民企的发展也进行得如火如荼。中国开始从“世界工厂”走出来，试图走上创新和更高价值的服务之路。一方面，中国自身需要寻找除了本地消费经济以外的出路，产业和企业纷纷提出全球化的宏愿；另一方面，中国作为众多资源和能力的供应者，也逐渐为其他国家和跨国企业所注意，作为它们全球化战略中的一个重要地区。可以说在21世纪全球化的大潮中，中国的地位将会是多元化而且举足轻重的。

在IBM的历史上，对组织架构的研究从来都是前沿的。早在20世纪90年代中期，IBM已经看到新兴市场的特别需要，而设立专门机构去帮助它们。从那时起，IBM一直在考虑未来的组织和管理架构。总部发现，传统以地理划分的亚太地区（Asia Pacific）、欧洲/中东/非洲（E/ME/A）和北/中/南美洲（Americas）的三大地区组织将不能够最有效地引导IBM的资源投入和经验分享。在亚太地区，日本一家独大但业务过于成熟，而中国和印度则成长甚快。同样的情形也出现在其他的地区。把成熟和成长中国家放在一起，往往意味着资源会被成熟而大的国家汲取，导致成长中国家得不到足够的养分；而成长中国家遇到的问题，通常和成熟国家不一样，这意味着它们之间很难互相学习。

市场需求带来的机会和成熟度只是一方面的挑战。IBM也看到随着各个国家和地区的快速成长，全球的资源供应，特别是高科技和创新资源，已经从以前高度集中在发达国家扩散到以“金砖四国”为首的高成长国家。这些国家各自发展出自己特殊的本领，因而对于IBM来说，要保持高度的竞争能力，将不能只是“守在自己家门口”。为了获得这些宝贵的资源，IBM需要“移船就磡”，把相应的部门组织搬到资源最丰富集中的地方。

为了部分解决这些问题，2004年IBM亚太地区率先在东京以外的上海成立亚太地区的第二总部，尝试把经营重心移到高成长的市场中。此外，IBM同年又在深圳成立IBM的全球采购中心，当年的采购金额就达到35亿美元。到了2006年时机成熟时，IBM索性把全球采购总部迁至深圳经营。

到了2007年，彭明盛提出全球整合企业的概念，进一步把IBM对全球化经营的理念进行诠释，突破跨国企业的框框，摆脱以地区为中心的经营观念，也摆脱以成熟国家作为总部的做法，提倡以能力和经济规模为选择条件，把不同的资源能力建设于最适当的地方，并辅以最先进的通信手段，让各种职能在全世界范围内能无间有效地协同合作。在全球整合企业的观念下，IBM中国倚仗着前期已经投入建设的各个研发中心和全球交付中心，从一个市场也演变成为IBM全球化策略上的重要资源和创新中心，直接和间接地把中国的IT产业人员（包括IBM员工和第三方的伙伴）带进全球化的环境。

2008年，在全球整合企业的理念上，IBM终于打破数十年来以地区划分的三大分区总部，成立成长市场部门（Growth Markets Unit，简称GMU）和成熟市场部门（Major Markets Unit），把约50个每年成长在10%以上的IBM国家地区都放在成长市场部门（GMU）统一管理，因而大中华区被划入GMU。而全球GMU的总部也被设在中国上海，凸显中国在所有成长市场中的最重要地位。

IBM通过自身的全球化影响中国，帮助中国的IT产业参与全球化。在政府层面，20世纪90年代与电子工业部签订的谅解备忘录已经完成，IBM中国先后建立了多家合资企业，同时引进了IBM的研究单位到中国。随着时间的推移，中国的资源环境越加成熟，IBM对中国的了解更深，促使越来越多的IBM部门和中国展开更深的合作。为了适应中国的需要和IT行业服务化的趋势，IBM也开始带给中国新的合作观念，IT外包服务、采购服务、进一步以创新的解决方案为核心的研究等成为IBM和中国产业合作的新方向。在IBM自身的“全球整合企业”策略之下，IBM也帮助了中国IT产业的下一波发展，引领中国IT企业参与并成为全球IT行业的一员。这样的发展，反过来更加让彭明盛相信，全球整合企业的道路是正确的，世界是平的。当2007年年底彭明盛正式发表全球整合企业的策略时，中国已拥有了10多个为全球协同合作服务的IBM机构。

IBM的这些富有前瞻性的做法，不光对IBM自身的经营十分重要，也再一次为其他企业带来一连串的思考，特别是那些经过二三十年的快速发展已经要考虑如何走出国门的中国企业。IBM历经国际化（International）经营、跨国企业经营（Multi-National corporation），然后进入全球整合企业（Globally Integrated Enterprise）阶段，每一阶段在经营上都有它的特点。**中国企业的当代历史只有30年，而其中大部分时间都在本土经营。在此时此刻，应该如何走向国际和全球化，正是需要探索自己道路的时候。**

"全球化"除了是一个管理经营的理念以外，也触动着IBM对全球化所带来问题的研究，开始思考这些更高层次的解决方案。IBM看到传统的IT在工商业的应用已经慢慢成熟，而且已有很多的独立软件供应商（ISV）填充这个空间，IBM在此时再往里头钻，只会带来恶性循环。于是，IBM再一次站上更高的高度，利用它的影响力，提出"智慧地球"的想法，致力于解决有利于人类发展的问题——无论是交通、电力输送、医疗卫生、食品安全、金融、通信，还是水和其他有限资源的处理。这些问题跨国家、跨文化，而且需要大量的资源整合、价值链的上下结合和海量的运算（特别是业务分析business analytics），因此不是一般的公司可以驾驭得了的。这些不仅对IBM是新的商机，更重要的是，这些也是21世纪全世界各国需要解决的问题，而IBM找到这样一个新的定位，帮助自己走向新的100年。

为此，从2008年开始，IBM中国又已经分别成立了铁路、能源水电、电子政务和业务分析（business analytics）的解决方案和创新中心，用以支持全球以及中国有关的需要。

人才"黄埔军校"

IBM中国的人才问题，从20世纪80年代至今一直是持续成长的最大制约因素。从我第一天在中国内地工作，人才一直是所有的IBM内部简报或总部汇报的一个重点题目。为此，周伟焜、钱总和人事部历任负责人鲍勃·丹珀克（Bob Danbeck）先生、张台杰先生、郭希文女士和其他后来者，以及各个业务部门领导都费尽心力，设计了不同的措施和策略去解决不同的问题。可以说，IBM大中华区总经理和所有部门的经理人每年都花不少的时间在人事和人才的问题上。

踏进2000年，随着前阶段各种基础能力的建设基本完成，IBM中国有了一个发展的平台，人才的制度和机制也是这个平台的一部分。IBM中国开始在这个基础平台上快速发展它的业务。由于业务的成长和人才需求自然挂钩，所以人才的数量直接影响到成长速度，即便是有了人才的机制，迅速成长的要求对IBM中国整个体制还是带来很多的挑战。

而且随着中国在IBM全球整合蓝图的重要性日益提高，IBM中国的人员配备不再只是支持中国本地市场和客户的组织。到了21世纪的前几年，IBM在中国的组织开始被定义为三大类型中心：

1. 支持IBM成长市场集团（GMU）和中国本地业务市场的部门和人员。这包括各个产品服务和行业部门（本土市场运营中心）。

2. 支持IBM全球包括中国的“创新”部门和人员。这包括所有在中国的实验室、研究院以及创新和解决方案中心（创新中心）。

3. 支持IBM全球内部和外部客户的“资源”部门和人员。这包括全球服务执行中心GDC、采购总部、呼叫中心和各种BPO的执行中心（资源中心）。

在过去10年间，IBM在中国内地的人数从2000年时的数千人猛增至2010年的超过24 000人，这三大类大约各占1/3，如图所示。

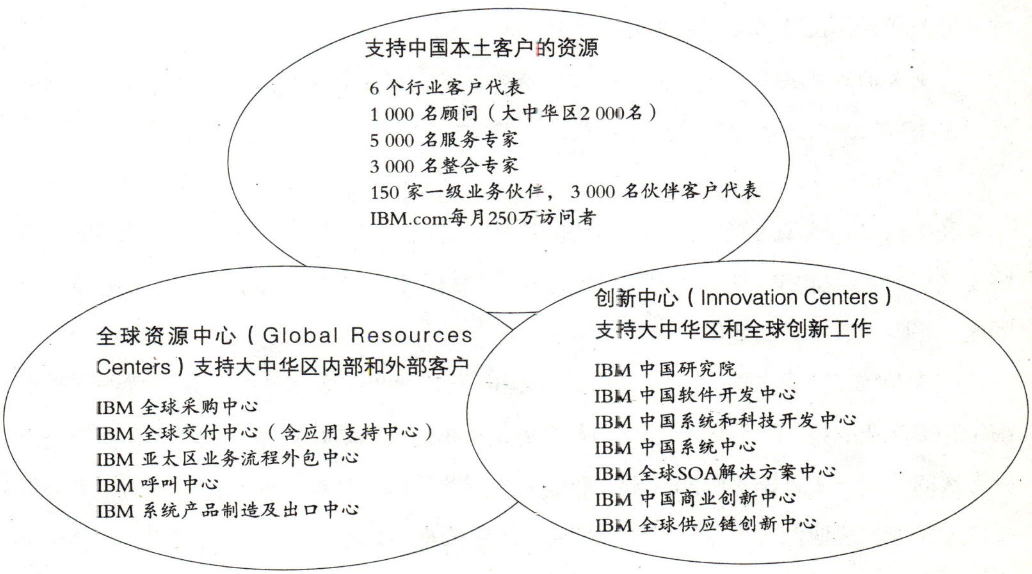

全球整合之下IBM在中国的三类机构（2007年）

如果从1992年算起，在不到20年间，IBM中国从不到200人到人数增加了100倍。单在2007年一年中，IBM在中国聘请了近2 500人（大部分为专业人员），另外又从大学招来实习生500人，而当年对员工的培训力度达到6万个学日（student-days）。即便是受到奥运和金融风暴影响的2008年，IBM还继续在中国聘请了4 000人！

相比于1992年到2000年间的早期发展，1992年的人才策略更多是建立基本的人事制度和初步本地化，但由于员工基数相对较小，而且能快速培养的人也相对少，我们可以采取接近量身定做的方法来培养。但在过去的10年，尤其是过去的5年，员工的数量级大大提高，因而必须要有更系统的方法。总的来说，IBM中国在此时面对的人才问题主要有：

·由于各项业务发展神速，几乎所有部门都需要发现和聘请大量人才。人事部必须要应付这种高强度的工作量，而且由于我们请的大部分是知识工作者，所以周期都很长；

·员工增加后需要更多的经理人和领袖，因此我们需要一个能更快培养经理人和领袖的方法；

·员工多了以后，很容易会变得疏离，因此我们需要更多的方法和手段去与员工保持互动和联系，使员工在同一文化下工作；

·业务的策略要求我们需要更强大的业务、客户领导和技术人员等专业技能，因此我们需要研究如何去加速不同专业技能的成长。

在数量上，这毫无疑问是一个重大的挑战。如何找到这样大量的人才，如何吸引和留住这些人才，如何让他们在最短时间内融入IBM，如何不断地提高这么多人的技能等问题，都因为数量级的变化而大大增加了难度。

在人员梯队以及技能的深度和厚度上，由于多行业和多产品的关系，我们需要更细化和更专业的技能。而由于组织的人数变大，我们必须要有更多的经理人，而且是不同层次的经理人去带领不同的队伍。而最大的问题是，领袖和经理人的发展周期更为漫长。如何去加速他们的大量的成长，是成长问题的重中之重。

针对这些问题，在2002年年初刚到北京准备接任大中华区人事部总监的郭希文女士接到来自周伟焜的第一个任务，就是去研究未来的组织能力（Organizational

Capabilities），了解差距并做出应对的策略。为此，她和人事部同事访问了大中华区所有重要的领袖和经理人。调查的结果显示，在未来的几年中，中国会需要数千名新同事和数百位各级的经理人。另外，他们也分析出影响未来IBM中国发展的最重要的5种工作角色，分别是：

- 能够被客户信任的高级客户总监（Client Executive）
- 能够管理一盘生意的总经理人才（General Manager）
- 能够让客户放心信服的资深客户IT技术专家（CITA）
- 能够把客户交托的项目执行好的项目总监（Project Executive）
- 客户的业务咨询顾问（Consultant）

在众多的工作岗位中，我们的共同结论是我们需要更多的总经理人才去管理和带领我们各部门和地区的发展；对外我们必须要更懂得客户行业的问题和需要，并且有足够多的人能够获得客户的业务领导的接受，才能使IBM的整合解决方案的路走得成。我们还需要能够为客户建构复杂的IT系统的专家和架构师、能够为客户提供优良建议的顾问专家，以及能够执行和管理复杂系统项目的项目管理专家。**除了总经理人才以外，这一切都是围绕着为客户提供整合的解决方案这一个方向。**

由于在那一年我们收购了普华永道，顺理成章业务咨询顾问（Consultants）的角色的培养就落到新成立的业务咨询服务部。在获得众多的普华永道的顾问的加盟后，我们的力量大增，而往后的继续培养工作也变成业务咨询服务部的一部分责任。

为了培养更多更专业的客户总监人才（Client Executive），IBM全球也把Client Executives定义成全球一个重要的专业，并为之重新制定统一的职称和级别。在中国，我们在2002年后期推出自己的专项人才发展计划（CUE/TE Development Program），通过情景模拟和一些与专业相关的讲课去把他们的专业技能提高。第一批有40人左右，当时的学员被分成五组分别针对五个与业务运作有关的难题去提出建议（题目分别是行业解决方案、如何组织建议使小组更有效、如何利用ibm.com、如何利用渠道和ISV及如何强化销售的执行等）。然后在翌年，我们从中选拔20人参加一个IBM总部为客户总监统一安排的课程，叫客户总监培训项目（Client Executive Program，简称CEP）。客户总监培训项目是一个IBM内部就客户总监专业认证的课程，包括一个星期到新加坡上课和两个星期到美国哈佛商学院上课，并接受一位教授的指导，就一个学员从自身工作行业中选择的课题或客户加以分析，最后需要提交一份论文，合格以后方能得到IBM的认证。有了认证，人事级别可以提升一级。通过结合全球和本地的培训，我们开始培训出更优良的高级客户总监。我在金融事业部时候的数位本地同事都曾经参与此计划，并得到很大的进步。同时为了培养他们发现并创造大型的项目，总部也开始设计一些像“大型交易项目”（Mega Deal Making）的课程。

面对越来越多大型客户建构世界级IT系统的挑战，技术专家人才是我们的大客户觉得IBM中国做得不足的地方。中国是一个特别尊重专家的国家，一个为客户信服的专家比十个销售人员都强。在客户IT架构师专家（CITA）方面，我们也量身订制了一个针对中国（大中华区）人员特点的课程去丰富他们的技能，包括处理客户的技能，希望能培养数十位这样的人才，同时也组织了一个“学习考察团”专门到IBM不同的技术部门去访问，还为我们的专业技术学员物色国外最一流的技术专家做他们的导师（Mentor）。到了2007年，IBM在大中华区有了第一位被选为IBM杰出工程师（Distinguished Engineer，简称DE）的客户IT架构师专家程静。IBM的杰出工程师是IBM的技术专业中最为重要的一个头衔，要经过非常严格的评审才能通过，不光是技术好，同时也要业务做得好得到客户的认可。

针对总经理（General Manager）人才，我们发展出另一个特制的培训课程GMDP（General Manager Development Program），在经理人培训的基础上，加上很多在业务、策略以及财务上的训练，让人才对管理一盘生意有更全面的认识。除此以外，随着我们分公司的发展，派遣这方面的人才担任分公司总经理角色也成为培训的一部分，通过一个“小而全”的分公司环境，去锻炼这些人才。

项目总监（Project Executive）也是一个全球定义的专业，因此在大中华区我们主要跟从全球的做法，也是通过课程培训和实际项目管理的结果去提升技能和质量。和客户总监一样，所有的全球定义专业都有专业认证的流程。在大中华区中，项目总监这个专业是两个服务部全球企业咨询服务部和全球信息科技服务部共同负责的专业。

为了加强各个级别人员的培训和技能的提升，从而把IBM梯队的深度和厚度加大，周伟焜和郭大姐（我们对郭希文女士的昵称）重新审视每一级别里优秀员工的发展问题，从Band 6开始到Band 10，乃至Band D，为每一级别定义一套培训程序。有些培训来自于全球总部，部分（特别是Band 6到Band 9）则是来自于大中华区和IBM中国自身的设计（见人事级别和培训计划附图）。

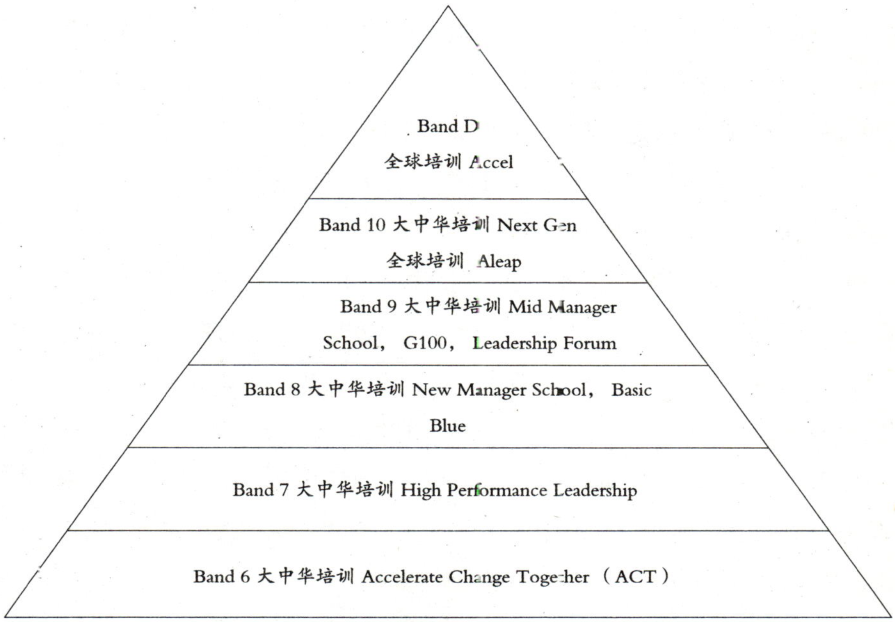

针对不同级别的培训计划

比如在2001年，我们推出一个名为“下一代”（Next Gen）的试验项目。这个计划针对当时的Band 10或将成为Band 10的人才（关于IBM的人事级别，详见第十章），大约10人被选中并被分配到一位当时“全球管理委员会”（World Management Council，简称WMC）或“资深领导团队”（Senior Leadership Group，简称SLG）的成员作为导师，同时有机会到美国纽约总部学习，通过业务模拟（Business Simulation）和案例学习。该项目后来被另一个总部的Aleap计划所取代。

此外，在吸引和聘请人才方面，我们采取了不同的措施。除了延续和增加与多所大学的合作，每年定期举行本科生及以上的招聘以外，我们又和多所大学合作让毕业班的学员在毕业前先到IBM实习，从中互相了解，从而提高命中率以及缩短毕业后上岗的时间。通过这样的方法，每年有数百位这样的学生提早到IBM实习。

在所有的大中华区计划中，可能最重要的算是G100计划了。G100（Generation 100）是周伟焜的主意，成立于2003年，是未来领袖培训的源泉，主要对象是Band 9为主，辅以少量Band 8，由各部门提名，经人事部和总经理选拔出100人左右，每年进行筛选。G100最初先在内地试行，从2005年推广到大中华区。在当时，我们发现公司的发展需要大量的管理和领袖人才去到不同的部门和岗位，由于我们需要快速的成长，传统的培训和做法对于业务环境的结合不够紧密。我们觉得需要让我们的未来领袖提早有更多参与公司执行决策和改善公司执行的机会。G100计划不是单纯的培训，而同时也要求他们作为大中华区的智库（Think Tank）协助提出如何让大中华区做得更好。G100成员还要担负起承先启后的作用，为后来者充当导师的工作。再加上一些对公司运作更深入介绍的专题讲解，让G100成员更明白公司很多策略和政策的来由。在钱总接手大中华区工作后，更是加入“G100+”的观念，把那些曾经是G100的成员再次动员起来。到2010年以后，每年有300～400人在这个G100圈子里活跃。

G100每一季度有一个定期的电话会议，由大中华区总经理主持，把当季的情况和下季的目标与成员进行交流；每年会有一个两到三天的会议去探讨某些业务问题，并通过合作，帮助总经理提出行动计划然后执行。

2002年8月，周伟焜带领了十几位他团队的同事来到美国波士顿的哈佛大学，与其他几个地区和部门的数十位IBM经理人一起参加了由哈佛著名教授迈克·图什曼（Michael Tushman）主持的一个“高级领导人论坛”（IBM Senior Leadership Forum），我也有幸参加了这一培训。在为期一周的培训中，我们代表IBM中国并带着如何发展IBM中国的课题参加讨论（其他的地区和部门也各自带来了他们的业务问题）。在事前，我们要先读两本书和大量个案，然后通过讨论，我们被传授了一套IBM作策略的模型（Business Leadership Model，称为BLM），并用此来为我们带到哈佛的业务问题制定策略。回到大中华区以后，我们开始把同样的方法传授给其他人，并以此BLM方法学变成在经理人之间讨论策略的一种共同“语言”（我在后面对IBM能力分析的部分，也是以此为原型基础）。在2004年的G100的三天会议中，我们用的正是同样的方式和管理语言，在G100和其他大中华的经理人之间，对于未来数年的业务挑战的主要策略取得一定的共同认识。

即便是做了如此之多，人才供应始终赶不上需求。所幸的是，相对于其他的IT外企和本地企业，IBM在这方面的专注也一直让IBM在长久的竞争中争得上风。环顾今天中国的IT市场，几乎没有一家知名外企的中国或大中华区领头人是公司自己培养的，包括我们熟悉的惠普、易安信、甲骨文、微软等无一例外．唯有IBM能做到，而且重要岗位上的传承也大都如此。很难想象一家有规模有远见的公司，需要经常在人才市场上寻找他们最重要市场的领军人物，而没有办法从内部培养。而且一个新人要很快对一家大型企业了解并作出重要决定其实十分困难，对长期的竞争力势必会有影响。和IBM相比，这些IT企业间对于长期人才投入力度的差距由此可见一斑。而更能说明问题的一点是许许多多的这些IT企业的高管中，来自于IBM背景的人为数不少。

人才的培养一直是IBM核心能力之一，在中国也不例外。从早期的引进，快速地本地化，到过去一段时间开始“被输出”（挖脚），可以看到IBM在人才上第一个周期的出现。江山代有才人出，第二代、第三代以及第四代的人才已然按部就班地被培养着，这就是IBM未来竞争力最重要的来源之一。也希望IBM好好珍惜，保护这些人才资源，为他们提供更多的机会，以免更多的人才“被输出”。

扎根中国

从1991年IBM中国的收入回升到超过1亿美元（包含PC业务），到2003年首次突破10亿美元（撇去PC业务的收入），IBM中国用了12年时间达到10亿美元的收入。其后，第二个10亿美元的到达用了四年时间，而第三个10亿则仅用了三年时间。在这20年间，IBM中国的复合年增长率接近20%，可谓不简单。无论是从以上的业绩看，还是从IBM中国得到的社会和行业的认可去看，有了1992到1999年间的投入，IBM中国在2000到2010年这一阶段得到了真正的壮大。

在这期间，大中华区领导人也进行了交接：2007年，主政IBM大中华地区12年（1995—2007年）的周伟焜，在带领IBM中国成功走过“第二次创业期”，并把中国引入IBM全球化版图之后，从大中华区总经理的位置“退居二线”担任董事长一职，出生于中国台湾的钱大群接任总经理。这又是一位IBM自己培养出来的优秀经理人才：1992年以不到40岁之龄成为最年轻的IBM台湾总经理，后来又先后经历郭士纳的特别助理、东南亚地区总经理等职位的历练，淳厚而深刻的蓝色基因，让这样的交接变得平滑而顺畅，更让钱总得以带领IBM大中华区迈向更高的全球化目标。

当中国在世界舞台扮演的角色日益重要的同时，IBM中国也在与时俱进改变它的角色，从最早期单向帮助中国企业的基本自动化和进行投资制造就业，到今天IBM与中国的政府和企业及行业互动产生多元化的合作，一方面帮助中国企业走向更兼具全球化和创新的水平，一方面也利用中国已然产生的创新和人才资源的环境，让中国和IBM全球的布局有更紧密的联系。大家不妨看看2006年时IBM中国对2010年的愿景：

在中国：做中国政府和企业的创新合作伙伴，帮助中国在技术、国家基础设施和全球化方面迈向下一个高峰。

（Position IBM as an innovation partner uniquely able to help China reach the next plateau in technology， national infrastructure and global reach.）

在全球：做中国的价值向导和催化剂，协助中国融入世界经济，实现多赢。

（Position IBM as the values-based guide and catalyst most able to integrate China beneficially into the global economy， to the benefit of the whole world.）

正如它的母公司一样，IBM中国真正让竞争对手、社会和市场尊敬的地方是，它永远不会也不能慢下脚步来。也许这是与生俱来的基因，或是由于20世纪90年代初的劫难带来的危机感。在提出“电子商务”帮助企业更好利用网络的15年后，当世界又在围绕着互联网掀起第二次寻找商机（寻金热）的热潮时，IBM选择把注意力放到解决人类更大的需要的“智慧地球”上。能够充分认识自我存在的价值所在，在时代的巨轮上走在前沿而不受短期的诱惑，提出新的概念和方向，并且能够有足够的能力引起重视，这可能是IBM在100年的经验之后，依然能充满活力的最重要的能力。

能够带出如此多元化和高水平高价值的互动，如果没有对中国文化、能力和市场的充分了解和信任，没有对于这个市场的长期承诺和价值奉献的话，是不可能做到的。经过20世纪80年代的经验后，IBM过去20年在中国的发展，可以说是IBM各种核心能力“接近完美结合发挥”（optimized）的最佳例子。

第三部分　横跨百年的核心能力

1911年是中国历史上特别的一年。这一年，中国在辛亥革命的枪炮声中告别了封建王朝；作为中国科技进步与创新人才摇篮的清华大学也在同一年创建；在大洋彼岸，CTR这一家后来改变全世界人类生活和工作方式的企业也在这一年悄悄地成立。100年过去了，这家企业的名字改成IBM；这家企业所制造的产品已经与当初完全不一样；这家企业见证了高新科技行业在100年间的从无到有和几度转变。而没有变的，是它在100年间的生命存续和不断的自我改变。用人类的眼光来看，100年间人的肌体会衰老，但对于这家企业，时间好像只在一直帮它长经验，而丝毫没有让它的能力降低。今天的IBM，比100年前刚成立时强壮得多，即便和它年轻力壮的时期比起来，百岁的它虽然少了霸气，却又多了一份大气。

百年IBM在不断地改变。它之所以需要变，很明显与它所处和面对环境的不断改变分不开。“物竞天择，适者生存”的大自然定律，对企业也一样适用。企业的生存环境在过去100年变得天翻地覆，客户的需要和行为变了，科技和产品变了，市场和法律变了，而最重要的是竞争对手也在变。小的变化无日不在，改变行业格局的变化也几度出现。任何一家企业想要生存100年或更长，它必须能够在不同的时期里跟着变化，而且这些变化还会发生在企业的多个方面，不只是单纯地影响一两个地方。我们平常在管理学文章中看到评价某某公司的核心能力是“它的供应链管理效率很高”或是“它的客户关系管理能力很好”的时候，我们往往在观察的是当前的情况或者是“数以年计”的成功，和百年相去甚远；而且我们也往往只提到一两样的核心能力。在我看来，成就一时靠的可以是一时的努力甚至一次的幸运，一次的灵光乍现也许带来了一个机遇，一个新技术可能改变了一次游戏规则。可是要成就百年的成功，企业需要多少次，又能有多少次幸运？！企业在单个方面的应变能力不足以应付所有环境的变化，一两道板斧不可能让企业活这么长久。我们耳熟能详的很多曾经风云一时的IT企业，也都因为只有一项产品或一两个核心能力，最终抵挡不住竞争的大潮而覆灭。如果企业没有一些能持久并放诸百年皆准的基本核心能力，在顺境时进攻强势，在逆境时韧性十足，要成为百年老店，谈何容易。

企业为了长治久安而需要变化的地方，我认为不妨称之为成为百年老店的要素，而企业需要变化又能够成功做到变化的就是它的核心能力（需要变化但不能成功的显然不能被称做核心能力，而且很有可能让这家企业不复存在）。这些核心能力——无论是哪一方面的——不一定从企业始创时就已经具备，不同的核心能力应需要在企业和环境的不同时代产生。 而且，这些能力也有可能在百年之间有所起伏，有时强大有时衰弱。但最重要的是，这些核心能力之间能经常互补，不会在同一时间内所有的能力都陷入低潮，否则这家企业已经被消灭；但如果在同一时间内，全部或大部分的能力都一起迸发，那么企业就应该达到它的鼎盛期。 一家企业在百年之间的兴衰，就看它核心能力同时发挥的时候有多长或多短。

我认识的IBM就有这么一篮子的长期核心能力。这些能力横跨百年，虽然中间有起

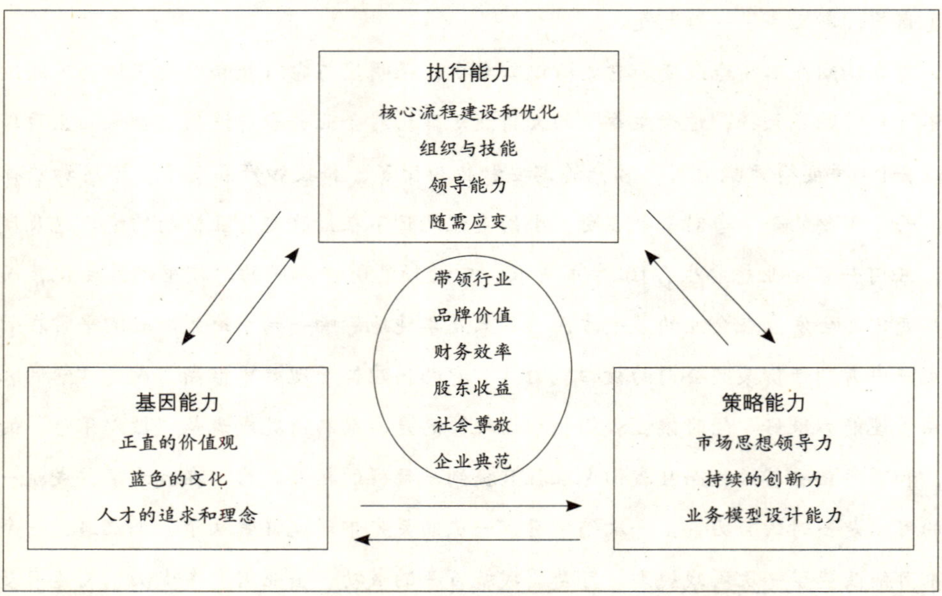

横跨百年的核心能力

有伏，但它们支撑着IBM走到了今天。我把这些能力分为三类：与“基因”有关系的能力、在“策略”方面的能力和在“执行”层面的能力。基因关系到企业的“先天”条件；策略为企业指明方向；而执行得宜则能带领企业达成想要的结果。我相信，任何一个企业想要基业长青，它都需要在这三方面有过人的能力。对于IBM来说，老沃森在创业期赋予IBM它的基因，而后来者郭士纳和彭明盛将IBM的策略和执行能力发挥到另一个层次。IBM在这三方面都下了大力气建设，而它们对IBM业务的影响也是巨大的。

在以下的三章，我将会分享我认为帮助IBM成就百年的这些核心能力的看法，它们代表什么，IBM如何建立这些能力，它们如何影响IBM的发展，以及它们之间有着什么样的互动关系。这些探讨，希望能对我国许多正当壮年而且满怀大志的企业带来一些参考和思索。

第八章　基业长青源于基因

在IBM的“基因”中，对IBM影响最大的是它的价值观、文化和人才理念。这些基因经过百年考验得以固化，而且，这三个“基因”所体现出来的相关IBM企业行为，恰恰是影响并指导着对它最重要的资产——人。

顾名思义，和IBM的“基因”有关系的能力，是那些经过岁月淬炼而固化的能力。如同人类的基因影响了人的外貌、体格、健康、智力甚至性格，企业的基因也在很大程度上影响了企业的行事风格、特征以及韧性。基因中拥有更强能力的生物在生存上总有它的优势，企业的基因亦间接决定了它在生态链中的上游、中游还是下游生存。但是，人类的基因与企业的基因也有不同之处：前者是大自然进化过程的奇妙产物，而后者则大多是被它的创造者所赋予的——起码这是创业者对企业发自内心的一种投射。通过创业者早期的影响，企业形成了对生存的目的、行业的态度和行事风格的最根本想法和习惯。这些想法和习惯经过长时间不同环境的变化和挑战，能够适应和帮忙保证生存需要的得以留下，并且通过这些挑战磨炼而得到优化；经不起时间考验的会逐渐消失，汰弱留强。

IBM的价值观（values）、文化（culture）和对人才的理念（talent）源自老沃森，在业界一直备受推崇，也一直引领着IBM员工的行为，经久而不衰。这些“基因”看起来好像是与生俱来的，但其实是经过时间升华的结果，不合乎“适者生存”原则的基因早已被慢慢改变甚至淘汰，剩下来的这三样“基因”，经过时间的验证对IBM的生存有正面保护的作用。没有这些“基因”存在于IBM中，郭士纳有再聪明的策略也不能得到有效执行，也没有机会把IBM从死亡边缘拯救回来。这些基因也相对稳定。当然，这并不等于它们不会随时间和环境变化继续不断优化，特别是在这些“基因”的表达方法上，随着环境的变迁，与时俱进，进一步适应时代的生存需要。这些基因的内容影响着几乎所有IBM策略的想法和执行的方法，并且协助IBM一路走到今天。

在IBM的“基因”中，我认为对IBM影响最大的正是它的价值观、文化和对人才的理念。任何企业的中心都是人，而这三个“基因”所体现出来的相关IBM企业行为恰恰是影响并指导着对它最重要的人——它的员工。

正直的价值观

正确价值观的重要性和特性

价值观是企业的灵魂。它就像一个人的人格会决定这个人的态度和行为一样，在很大程度上决定了一个企业的“有所为，有所不为”。因为如此，价值观也极大地影响着企业发展的远景和使命，并顺理成章地成为企业文化和员工行为的基础。反过来说，如果一个企业没有清晰和坚定的价值观的话，企业很难会产生真心实意的发展愿景和使命，企业的文化和行为也更容易受生存环境影响，左摇右摆，不利于长期生存。

也有企业有价值观但“不正确”，遂致企业的方向和行为也走上歪路，轻则舍本逐末，甚者违背法理，就算能过得了一时也过不了一世。创始人赋予的价值观如果是正确的话，它可以引导企业和它的员工往好的方向发展；否则，它可能因为急功近利而走上快速灭亡的道路。

进一步来说，在“物竞天择、适者生存”的自然规律下，**正确的价值观作为企业的“基因”之一，对企业的长期生存自然起到保护和促进作用，否则这个基因早被自然改变或淘汰。也正是这些深刻的IBM价值观的帮助，数以万计的员工在20世纪90年代危难之际，对IBM仍抱有信心而且愿意一起熬过最困难的时期**。正确的价值观对企业的长期生存的重要性有多高，应该显而易见。

不同的企业可能有不同的选择，重要的是它们选择的价值观是否为环境相容、适合企业在竞争中获得生存的机会。正确的价值观应该是经得起时间考验的，它在企业的整个生命周期中不会发生重大或质的改变，但会随着环境的变动而改变它的外在表述形式，使它更能够适应生存的需要。以下我们来看看IBM价值观的变化如何伴随IBM的百年历史。

IBM价值观的由来

如第一章所述，IBM的核心价值观是由“创始人”老沃森建立的。当20世纪初他作为职业经理人加入由三家公司组成的CTR的时候，来自三家公司的员工之间仍然非常疏离。老沃森选择了对所有人尊重、对客户负责和对事情追求完美——“尊重个人、顾客服务、追求卓越”，并且通过行动去实践他的信念。正是老沃森这一套强有力的价值观，将不同背景、不同出身的员工紧密地联系起来。老沃森在当时并没有把他的三大基本信念写成白纸黑字、规定成为IBM的基本信条，也许在他心目中，这些只是他当时个人的信念而已。

但对于IBM来说，IBM最早的文化、业务策略与管理制度都是基于这三大基本信念而产生的。老沃森的三个个人信念，赋予了IBM这家公司灵魂和价值观，影响了IBM人在100年来的模样。虽然这些信念没有形成文字，但由于他强大的“创业者”魅力和影响力，他不期然地通过公司的政策方针以及自己的一言一行，将这些基本信念牢牢地灌输到员工的心中。

尊重个人

老沃森价值观的形成和他成长的环境有着莫大关系。20世纪早期正是美国工业化的时代，老沃森从底层往上爬，认为人人生而平等和每个人都应该有同样生存的权利。投射到企业中，他认为职业无分贵贱，无论是员工、伙伴和客户都应在公平的环境中得到公平的对待。而且只要善待员工，给予足够的尊重、奖励和机会，员工也会对企业忠心回报。

他看到当时劳工的地位低微、待遇微薄，为此他特别注重保护劳工利益和改善劳动待遇，是企业领导中最早提出改变员工待遇的人。早在20世纪初，老沃森就在公司实行所谓的“开门政策”，如果员工受到他直接经理的不公平对待，可以向更高的领导投诉，甚至找到老沃森本人反映。1934年，他取消了计件工资制，对所有制造工人都采用小时薪金制，使他们收入更稳定、更有保障。他同时是业界最早给员工提供良好福利待遇的企业领导之一，范围涉及人身保险、医疗费用以及养老津贴等，福利之良好领先业界。老沃森多次强调，员工福利不是为了让员工更努力工作的激励，而是对员工已经作出的贡献的基本回报。老沃森的员工政策显著改变和提高了劳工的地位和重要性，也让他的员工更愿意为公司卖力气。

在一个不讲究劳工利益的时代能够采取这些做法，源于老沃森对“尊重个人”的理解。而能对“尊重个人”有正确认识的人，首先是成熟且对此认同的人。因此老沃森也凭着“尊重个人”，吸引了大量有相同看法而成熟的员工，通过这些员工，“尊重个人”又得到很好的实践和发扬，形成一个良性循环。

顾客服务

从10多岁开始，老沃森就开始以销售为生，通过他自己的工作经验，他了解到解决顾客难题是业务生存的保证，而“顾客服务”，正是帮助他获得顾客满意的最重要武器。

相比当时同期的企业家，他对客户服务重要性的理解十分具有远见。在那个以技术和发明主导企业的时代，更多企业家认为只要有好的新发明，客人自然会买他们的产品，那是所谓产品主导（product oriented）的市场，也在更大程度上是卖方市场。然而，销售出身的老沃森总是把客户当做业务的中心，率先重新定义买卖双方的关系和平衡。他所说服务的意思并不是今天的有偿的IT服务业务，而是如何了解客户的需要，然后尽一切可能去解决他们的问题。

他率先建立客户服务组织，并通过长期租赁的方式，提供从安装、调试、保养和维修一条龙的服务，让客户安心。为了让他的员工能更系统地服务客户，他建立IBM正式的培训课程和中心，为IBM的培训传统奠定了基础。假如顾客有不满意的地方，他甚至会登门了解问题，并责成他的员工作出改变，直到客户满意为止。1949年1月4日，IBM在纽约《每日镜报》上刊登了一个整版的广告，广告在最显著的位置只有寥寥几个黑体大字“IBM就是服务”（IBM Means Service）。这不仅是IBM对外宣传的口号，也确是老沃森信仰的价值观之一。数年后，他的儿子小沃森公开表示，这是IBM历来最佳的公司形象广告，因为它代表的就是IBM的本质。

老沃森聪明之处还在于巧妙地把客户放在公司成功的中心，让所有员工为一个共同的目标奋斗。在这一信念之下，IBM能够动员所有的员工，特别是那些在平常工作中不会直接接触客户的员工，去为客户的问题多走一步。老沃森的远见卓识将发明的威力与关注客户的需要结合起来，将IBM变成以“解决客户问题”为主业的公司。在他的带领之下，IBM也建立了一个广为竞争对手尊敬的销售体系和文化。

追求卓越

老沃森还鼓励每个员工都要用“追求卓越”的精神去对待自己的工作，他说过：“如果你想要做到卓越，你今天就能做到。从现在这一秒起，就不要再去做没达到卓越的工作。”曾经有人跟他辩论“追求卓越”是否会带来昂贵的企业成本，他告诉对方“追求卓越”并不意味着更高的成本，因为如果事情没有做好而要重头再做一遍的话，才会浪费更多。除此以外，卓越的成果能让客户满意从而带来竞争优势，这是单纯节省成本所无法带来的价值。

“追求卓越”也源于他天生求胜的欲望。他对自己和他身边的人要求很高，并且通过自己的一言一行和“坏脾气”把这种做事的态度传到IBM的每一个角落。曾经有这样的一个例子，从中可以看到他“追求卓越”的欲望：1927年，IBM在1 400万美元的收入中获得400万的利润。到了1928年秋天，当时已经可以看到全年起码会获得1 500万美元的收入和500万的利润。25%的利润增长应该是不错的结果预测，但是老沃森要求他的高管团队做到最少2 000万美元收入，然后在1929年冲到2 800万美元，两年内翻一番。在一次高管会议中，他大声地咆吼，他的手下没有人敢回应。对于追逐那些看似不可能的目标，已经是老沃森一贯的要求，而即便是脾气再不好，他们依然尊重他，因为他们知道老沃森对自己也有同样严格的要求。

在“追求卓越”的同时，老沃森还以赏罚分明而著名，他对有功者从不吝惜赞美之词，善于在公开场合中褒扬员工的功勋，而且经常会有意外的奖励，让员工在感情上和物质上都得到极大的成就感。他为销售设立的“百分百俱乐部”和“金圈大会”奖励也源于这“追求卓越”的结果。

小沃森发扬光大

老沃森的接班人小沃森，继承和巩固了父亲的基本信念。他把父亲的信念写成一本著名的书《一个企业和它的信念》。他坚信，“一个企业要想成功的最重要因素，就是对于价值观的忠实坚持”。

1962年，他把老沃森三大基本信念“尊重个人（Respect for the Individual）、顾客服务（Customer Service）、追求卓越（Pursuit of Excellence）”落到IBM的信笺上，谱成了公司正式的信条。在他的那部书里对这12个字（九个英文词）有更深刻的描述，从这些文字中我们可以看到这三条基本信念的真实意义：

·（经理人）所作的任何决定和行动必须对员工是对的（any decisions they might make and any actions they might take had to be right for our people）

·（IBM的）业务目的是服务和帮助顾客解决他的问题，无论这可能会为我们带来多少难题（the main aim of our business is service，to help the customer solve his problems no matter how many problems this may create for us）

·（IBM的人）在做每一件事情时都不吝付出最优秀的力量（we will not settle for anything less than a superior effort in everything we do）

在此前的1958年，小沃森把父亲推行的“开门政策”作为一项正式制度固定下来。同年，他还取消了小时薪金制，把所有员工的薪水变成工资制，这意味着只要在公司规定的范围内，偶尔的病假或迟到也可以领到全薪，享受到福利。这样，在IBM内部，所谓的蓝领与白领的差别待遇彻底消失，这在那个层级分明的时代绝对是个创举。

也在1958年，为了更好地沟通，他开始不定期地通过对公司中与这些信念有关的现象和员工行为加以评述，把它们写成公开信件和所有的经理人沟通（在那个年代，员工与CEO的距离甚远）。他希望借此把他和他父亲的价值观通过经理人散播到整个公司内外。而往后的数任CEO一直保持这个习惯，直到1988年，IBM把这些信件重新编辑成一部《给IBM经理人的信件》的书。当我在1990年成为经理人时也得到了一本，并通过里面简朴的文字“直接聆听到”小沃森对IBM价值观的“声音”。

小沃森之后的CEO们与小沃森一样，始终遵守和践行着创始人树立的三大基本信念，就连拯救IBM于水火的郭士纳也没有改变它们。作为曾在IBM工作20多年的人，从我加入公司的第一天这三条基本信念便被植入心中，不单是在员工手册可以看到，同时还在很多大小不同的培训和会议中听到。当时我的感觉特别兴奋，我惊讶这一家公司70多年前所定下的东西，能够经历如此长时间的考验而不变，心想这有点像只有在大学

“象牙塔”里才谈到的理想状态，居然真的存在。虽然是纯粹和简单的文字，但言简意赅，很清楚地告诉我这家企业想做什么，同时也立刻“提醒”自己是否也认同这三条信念。数年后，当我有机会和新员工谈话时，我的第一个问题一定是“你们是否认同这些信念”。我深信要赢得员工对公司的忠诚，这是根本。一个企业和员工能走在一起像一场婚姻，要想持久就需要有价值观的认同。IBM是少数能够做到让员工认同它的价值观的跨国企业。

价值观的与时俱进

但IBM的价值观也不是一成不变的。随着时间和环境的迁移，IBM的价值观也与时俱进。真正的计算机时代开始自20世纪60年代，而直到PC出现以前，这个行业的技术都不是“开放”的，因此能够参与竞争的人不多。80年代以后，开放的技术标准不断出现，加上互联网的热潮，行业的创新力大大提高，参加竞争的门槛也不断降低。另外，随着市场的成熟，客户对解决方案和价值的定义有了很大的变化。而更重要的是年轻黄金一代对工作事业的价值观也和从前大不一样，种种环境的变迁，促使IBM反省价值观是否还适合新的世纪。

2003年，担任IBM董事长兼CEO已经一年的彭明盛感觉到，与20世纪相比，21世纪的世界与老沃森所面对的世界相比复杂了许多，人类的知识和经验增长了许多，客户对于IBM公司的期望也多了许多。技术与市场也在变化，不是有了技术发明就能够成功，只有与人类的需求紧密结合起来，发明才能算作真正的创新。并且，客户、供应商和产业链生态系统之间的关系也比以前错综复杂得多。

彭明盛感觉，面对着这样的现实，IBM有必要从与员工的关系、与客户的关系、与生态系统的关系、与世界的关系等多个角度，重新审视IBM的核心价值观。彭明盛认为，21世纪已经不是公司老板一个人就能设定公司的价值观的时候了。现在的员工都非常聪明而且具有更独立的见解，公司不可能把一套价值观强加给他们。因此他决定由全体员工来参与重塑价值观的工作。在科技的帮助下，他通过IBM内部网络在整个IBM公司里发起了一个三天的“脑力激荡”活动，他把这叫做“价值观大讨论”（Values Jam）。每一个员工都可以进入大讨论的专题中，在线发表自己的意见和看法，在72小时中先后有5万员工参与讨论，最终，彭明盛和他的团队从所有的意见中总结出三条，作为IBM新的价值观（原文为英文）。在大中华地区，为了找到最合适的中文文字来体现这些价值观的精髓，周伟焜从上百条员工举荐中选择了下面的中文版本：

成就客户（Dedication to every client's success）

创新为要（Innovation that matters–for our company and for the world）

诚信负责（Trust and personal responsibility in all relationships）

仅从字面上看，新的价值观与“尊重个人、顾客服务、追求卓越”很不一样。对创新的叙述，摆脱了过去发明家的技术心态。对诚信的要求，从过去“员工行为准则”的层面提到整个企业的价值观的高度。但是深入分析会发现，老沃森的三大基本信念实际上已经融入其中。更准确地说，老沃森的三大信念是新价值观的基石，没有它们，新的价值观就是无源之水、无本之木。也可以说彭明盛以及30多万IBM员工所提出的新价值观，实际上是把指引了IBM90年的三大基本信念提升到了一个新高度，它最根本的信念从来没有变过。

从新的价值观中我们可以感受到，在一个崭新的时代中，IBM的新定位不再是只关注“个人”而不谈及环境，而且变得更加注重与“他人”的联系，源于“尊重个人”，这个“他人”可以是客户、是我们的公司、是整个世界，乃至所有的事物，这点可以从这三条新的价值观的英文原文看到。而“诚信负责”，也把原来的“尊重个人”更加细化，阐明该如何处理所有关系。

在新的三条中，客户依然占据IBM的中心点，所不同的是较之以往所专注的“服务”，今天IBM更推进一步，关心客户的成功。同时从英文原文也可看到，IBM把从前的“顾客”（customer）改成“客户”（client）。在中文看似一样，但在英文的意思里，“顾客”更多是购买产品，而“客户”隐含长期服务的关系，意味着IBM在追求更深的客户合作关系。

至于“追求卓越”，则已经完全包含在新的三条之中。这是一个重大的变化，表明此时IBM不只是要自己“独善其身”，还希望“创新为要”——能利用科技贡献于全世界，也要求“诚信负责”和“成就客户”，把卓越带到所有关系和客户的成功之中。

可以说，新的三条是老沃森的三条基本信念的“升级版”，在时代、环境和思想的变迁之下，“新三条”为IBM的未来成功指明了新的方向。

至今，新的价值观仅仅诞生了8年，现在评价IBM是否实践了新的价值观也许为时太早。在过去的数年中，大量的新员工加入了IBM，而且这一套新价值观也需要被老员工进一步消化、理解并演绎。随着时代发展，它们将被继续完善和丰富。不过我们不用等待，现在已经能从IBM的行为举措中，感受到新价值观的重要性和对IBM背后的指引。在2008年年底，IBM内部第一次发表了所谓的“企业性格”（corporate character），来进一步指明价值观应该怎样来指导员工的行为与心灵。直接将其翻译成中文是这样写的：

一言以蔽之，IBM代表——进步。

我们的受众是——我们身边所有有远见和乐于思考的人。

我们的工作是——帮助世界更好地运转。

我们的性格特征是——为了推动世界的进步，我们秉承IBM的价值观：成就客户、创新为要、诚信负责。

IBM人是——务实的乐观者，负责任的激进者，有远见的实干主义者。

我们的做事方法是——IBM相信，当具有远见卓识的领导者去思考这世界该如何运作的时候，他们会挑战现状。在这个过程中，他们自己、他们的组织，乃至社会和人类，以及IBM，都会从中受益。而我们的工作方法就是要去激励领导者去思考，并且给他们信心去行动。

经过90多年的成熟过程，IBM的抱负已经不仅仅是做一个好企业，还要朝更高的目标出发，做地球的一个好公民，而支撑着这个抱负的是30多万员工共同的价值观。

价值观如何去实现和持之以恒

价值观听起来是如此虚无缥缈，可是没有一个企业家，特别是企业的创始人，不认同它的重要性。但知易行难，由于价值观很难像一单买卖一样被量化它的价值，所以它在企业的经营中又很容易被忽略或“牺牲”掉，以换取短期利益。经常听到号称重视价值观的企业领导在遇到价值观与短期利益发生冲突时说“没关系，我们以后会抓这个（价值观）问题”、“这次是一个例外，我们是很重视价值观的”或是“我们的成本竞争太激烈，以后再看价值观”等理由。要想价值观能成为真正的价值观而不仅仅是企业目录上的装饰品，企业的领导者需要对它有充分的认识和认同，否则像以上的例子一定会发生，让价值观无从落地。有了企业领导的真心认同，还需要多方的不断努力，企业的价值观才能有机会通过实践被验证，让员工相信领导者是诚心诚意，这样的价值观才能历久不衰。在我看起来，IBM的价值观能够代代传承的主要原因和方法为：

·企业的价值观应该不违背社会和个人法律道德标准规范，否则难容于社会和被大众（市场）接受，无从持久；

·企业领导者对价值观深入地了解和真心地认同，并且以身作则；

·打造一个和价值观相符合的企业文化，企业文化是价值观的最佳使者，如果文化和价值观一致的话，则价值观能够广为流传，否则，员工会觉得公司在“讲一套、做一套”；

·把价值观作为企业业务做法的依归，并通过企业的管理方式和政策贯彻落实价值观到日常工作中，变成每一个员工行为的基本准则和奖励的来源；

·在执行上，当遇到短期利益行为和价值观不符时，宁可牺牲短期利益，永远以价值观为企业的最后底线，这也是最难做到的一点；

·通过有效而不断重复的教导、推广和宣传，让员工深入理解价值观的含义，从领导和管理层开始，新员工的加入到老员工的重温，层层传递执行落实，同时也要吸取员工的意见；

·最后，在组织和管理上，还要建立一套机制，使得企业有能力自我调整。一旦发现价值观被错误理解或“跑偏”，能够及时发现并作出行动纠正，就像郭士纳一样。

这些元素，是我从前面有关IBM价值观的历史观察得来的。老沃森的价值观，乍一看很“普通”，但时间证明它可以穿越一段很长时间而依然会被认同，而且指导性也十分之强，清楚告诉人们他的公司是怎样的一个公司。小沃森作为IBM价值观最好的“代言人”，以自身平常的言行、书本以及正式的沟通（广告、会议等），不懈地把价值观的信息传递。更重要的是，他们都坐言起行，把他们的信念通过公司的制度和管理具体地实现出来。

说到坚持，老沃森经营期间，数度经历重大的全球性困难，但从来无损他落实信念的坚持，落实多项重要的政策。小沃森的S/360研发严重超支，也没有撼动他对“顾客服务”和“追求卓越”的执著，否则S/360早已胎死腹中。

相反，他们的后来者，虽然同样认同这些价值观，但他们对这些价值观的了解和坚持程度，却绝不如老小沃森父子。正如在本书第三章所说，20世纪80年代中以后，由成功带来的官僚和骄傲逐渐让IBM偏离了老沃森的价值观，致使效率和速度降低，公司连续错失像UNIX和PC这样的市场领先机会，遭遇高达80亿美元的亏损和几乎被分拆的命运，差点拖垮IBM。

当时，有些人以为价值观出问题了，但实际上价值观没有问题或改变，问题出在部分IBM人对价值观的理解有了偏差。成功让人心浮躁起来，不自觉掉进好大喜功的陷阱，组织层次变得复杂，沟通和行动需要层层上报，市场离开IBM越来越远。“尊重个人”被用来作为部门之间拒绝合作的“挡箭牌”和部分员工争取个人利益的理由；“追求卓越”成为了“只有IBM自己开发的技术才是好产品”的代名词；“顾客服务”则永远被演绎成各部门复杂而缓慢的做事方式。价值观还是从前的价值观，但意思被歪曲了。因此，郭士纳到来以后并没有改变IBM的价值观，而是改变IBM文化僵化的部分。他所做的事情只是帮助他的高管以及IBM人重新以当时的环境认识IBM的价值观，并且通过不同的行动重新让IBM的文化回归到它的价值观上（这部分将在下一节“凝聚人心的蓝色文化”中分享）。假如郭士纳没有及时纠正价值观误区的话，他不可能在如此短时间内动员数以万计的老员工追随拯救IBM的重要转型。

空谈价值观容易，但为了真正落实价值观的承诺，IBM投入了大量宝贵的时间和心血，从历任CEO的言行和正式沟通到企业的教育，以及制度和管理机制的建设配合，还有一次次为了坚持而带来的短期机会成本等。没有人能够计算出100年来IBM在建立、教育和捍卫价值观上面投入过多少钱，也没有人能够计算出这些年来因为价值观的执行和坚持而带来多少收益。在财务人员眼里，这可能是最“不靠谱”的投资回报分析。但对于目光远大的企业领导者来说，结果绝对值得。

在价值观的问题上，不同的企业有不同的选择，重要的是它选择的价值观是否能容于社会、被员工接受和经得起竞争和生存的考验。同样，企业使用什么方法或途径去建立和维持价值观的影响也没有一条固定的方程式。21世纪，80后甚至90后（以及以后的世代）的员工将会成为社会和企业的主人，他们个人的价值观和成长环境与100甚至20年前相比肯定已有所不同。在未来的日子中，IBM或其他企业要更多考虑的是以什么样的方式来建立和强化这些价值观，方能让员工愿意为这些信念真心发挥他们的能力。

凝聚人心的蓝色文化

好文化是什么

什么叫企业或组织文化？不同的社会学家、管理专家和组织行为学家做过大量的研究和理论。然而，不同的专家都指向很多的共同点，只是各人的角度稍有不同而已。我见过最普遍的定义是“一个组织里的人和不同群体共同认同的心理、态度、经验、信念以及它的价值观和行为准则，这一套被认同的东西在很大程度上影响了组织内和外的人如何沟通互动”①。

虽然不同的专家对企业或组织文化有不同的分类，但对于文化的形成方法或它的具体体现方式，则可以从以下几个元素看到：组织的目标愿景和价值观、它的“控制系统”（执行方式）、它的组织结构、它的权力和决策架构、它的公司象征的形式、它的礼仪和仪式，甚至是它的“故事和神话”②等。当多个的这些元素被有意或无意“朝同一方向”强化时，它们之间会互相影响并且产生一种无形的力量，推动企业员工从态度和行为上与该方向一致。这种无形的力量就是企业文化。简单来说，企业文化就是能影响和推动员工态度和行为的一种力量。

IBM强大的“销售文化”就是一个很好的例子。从“顾客服务”或“成就客户”的价值观和强调销售的机构组织开始，到员工内部晋升的机会和“百分百俱乐部”及“金圈大会”中的销售“英雄”和庆祝仪式，IBM全方位地凸显和贯彻“销售为王”和“成就客户”的思想，进而推动所有员工朝着同一方向工作。

---

①查尔斯·W·L·希尔，加瑞思·R·琼斯.战略管理[M].霍顿·米夫林出版社，2001。

②约翰逊·G.重新思考渐进主义[J].战略管理杂志，1988，9：75～91。

文化的力量来源，如上所说，固然部分来自于管理流程和规章制度的一致性，但当文化力量强大时，它反过来可以弥补管理流程和做事规则中灰色的地方（我们都知道再严密的流程和规则也无法覆盖所有细节）。通过文化的力量，一个企业能够影响组织和流程以外的工作方式，形成企业中不成文但为多数人认同接受的行为准则。“物以类聚、人以群分”，这样也间接提高了员工对企业的归属感。

从这些我们可以看到文化对企业的重要性，无论企业的文化长成什么样子，它对整个企业的以上各个方面，包括执行力和凝聚力，都有极大影响。

这样看起来，企业有文化总比没有文化好，起码我认识的企业领导者都相信，良好的文化能帮助他们把企业的环境和氛围营造好。因此**绝大部分企业领导者都有意识地去创造一个他们认为合适的文化环境，这样可以使企业的行为更一致，效率更高，向心力更强。但是，我们要注意的是，这里有一个很重要的假设，那就是他们建立的都是“好”的文化。**

“好”的企业文化的前提是“正确”的愿景和价值观，在前面提过，价值观是否能容于社会、被员工接受及经得起竞争和生存的考验至关重要。价值观不正确，所建立的文化就像在浮沙上建楼房，建得越高倒得越重。“好”的企业文化也必须和价值观相吻合，如果只有“正确”的价值观，但企业不能创造与之匹配的文化氛围的话，那么企业所表现出来的行为只会和价值观背道而驰，出现“讲一套、做一套”的现象。在我的心中，企业文化存在的目的，就是要去传递和支持企业的愿景和价值观，并作为它们承上启下的最重要载体。“正确”的价值观和“好”的文化，两者相辅相成，缺一不可。

IBM常常被称做“蓝色巨人”（Big Blue），IBM的文化被称为“蓝色文化”。IBM能够在全球企业发展史上占有重要的位置，与它能够建立强大的蓝色文化有非常密切的关系。几乎所有的IBM人都被附上某种“蓝色”标记：刚刚加入IBM的是“新蓝”（New Blue），在IBM工作了许多年的是“深蓝”（Deep Blue）;从大学毕业就一直在IBM工作的是“纯蓝”（Pure Blue），从别的公司加入IBM的是“混合蓝”（Mixed Blue）。无论你是哪一种“蓝”，只要你进了IBM，你就很难再洗去蓝色的印记。蓝色文化的强大可见一斑。

什么是蓝色文化？无论是“追求卓越、尊重个人、客户第一、销售为王、执行机器、公平诚信、大象跳舞”等，还是“专业、质量、完美、严谨、合作、大气、稳重、诚实”等，这些词汇都是我多年来听过对IBM文化的不同描述。这些描述，来自IBM的员工、合作伙伴、客户甚至是政府官员，但从来没有一个人能把它说得清。**事实上，他们是对的，因为IBM的文化在多方面都非常强大，在不同时间、不同地方，可能展现的只是某一方面，而不是全部。**因此，IBM文化很难用三言两语表达，这也解释了为什么IBM的文化被称为“蓝色文化”，因为没有一个单一词语可以完全形容IBM的文化特质。

蓝色文化的形成

影响IBM价值观的最重要的人非老沃森莫属，老沃森对员工的尊重，对客户第一的执著和对卓越的追求，奠定了IBM作为一个企业的长期不变的方向。而深知文化与人的关系的老沃森，通过培训、内部会议、讲话和着装等不同的方法来推动他对价值观的落实和塑造一个他心目中理想的环境，这些方法帮助IBM建立了强大的文化。

老沃森提出各种响亮的口号，让员工明确公司的重心与方向，比如前面提到的那个著名广告“IBM就是服务”（IBM Means Service），还有那句表达IBM世界观的“让世界贸易促进世界和平”（World peace through world trade），以及公司中随处可见的座右铭“思考”。除了这些以外，他通过行动和公司制度证明他言出必行。

他制定和推动各种政策来鼓励平等和忠诚，1914年就开始雇用残障人士，比《美国残障法案》的公布早了76年。1935年老沃森宣布男女员工同工同酬、拥有同等晋升机会，比美国同酬法公布早了28年。1943年任命第一位女性副总裁。1946年雇用了第一位黑人销售。1953年老沃森的儿子、时任总裁的小沃森正式公布了IBM第一部平等工作机会政策，承诺雇用员工不受种族、肤色、信仰影响，比《美国公民权法》早了11年。

早在1924年老沃森就设立了“四分之一世纪俱乐部”（Quarter Century Club），表彰为公司服务达到25年的员工。1946年他还创办了IBM一年一度的家庭晚宴制度，邀请员工配偶出席晚宴，感谢他们对于IBM工作的支持。通过这一连串的做法，他让员工真正感到“尊重个人”的意义，愿意在自己的行为中，贯彻同样的理念。

老沃森为了让客户获得最好服务，通过对员工，特别是销售人员的奖励制度来鼓励他们做到卓越。他奖励所有达到业绩指标的销售人员参加激励和度假大会“百分百俱乐部”（Hundred Percent Club），以及更高一级的奖励、连家属也可以一同度假的“金圈大会”（Golden Circle）。在所有销售人员的IBM生涯中，没有比“金圈大会”更能激励他们，它是所有IBM销售人员最梦寐以求的奖励。而销售人员之间也往往以获得“百分百俱乐部”和“金圈大会”的次数作为对他们评价的不成文标准。

我对第一次参加销售人员“百分百俱乐部”表彰大会时的景象记忆犹新。作为当年的“最佳新秀”，行程飞机商务舱来回，机场专门轿车接送，酒店住豪华套间，还被奖励了一台在当时等于我一个多月薪水的便携式电脑（Portable PC）。在全亚太区优秀销售人员的面前，我被邀请上台接受其他同事的鼓掌，个人的照片被展示在会议的大厅上和会议的刊物中。这样的待遇，就算是再踏实的人也会有“被捧”的感觉，更何况是一个工作只有两年而且从未被如此之重视的年轻人，那是一种非常强大的震撼。对于其他出席人员也是一种激励，让每个人都知道，取得出色业绩，会有无上荣光。这也是IBM重视销售和以表现主导的文化的最具体体现。这种文化让大部分的人愿意不断地提高自己，驱动自己去获得更大的成功，从而帮助IBM建立一个强大的销售体系和文化，并成为几乎所有后来IT企业的模仿对象。

为了使客户得到优良而“标准”的服务，从老沃森时期开始，IBM的人才都是经过严格的筛选，然后不管你是否有工作经验，它会给予同样的培训，使IBM的员工身上，都从里到外散发着一致而纯粹的IBM文化与风格。它又实行在行业内最为人熟知的对销售人员着装的要求，让几乎所有IBM员工以深蓝西服和白衬衣的统一形象出现，务求每一位代表IBM的员工特别是销售人员都以一致的形象、风格和行为标准出现。

我记得在1984年加入IBM时，参加的销售入门培训课程前后跨度12个月，其中包括四个为期各约一个月的封闭式课程模块，加上其余时间在办公室自学和上岗经验累积组成。培训内容从IBM的核心信念、员工业务行为准则、组织人事结构等开始，到销售理念、技巧和方法论，还有计算机原理与概念、软硬件知识以及应用原理等技能，由具有丰富经验的员工担任导师，把IBM的一套东西从头到尾灌输。除了课程内容以外，通过这些亲历战场的资深员工导师的言行和经验分享，一个个“深蓝”IBM人的形象也深刻地印到我们心里。

后来的IBM销售和售前的入门培训，经历时代和技术改变，虽然也跟着调整了不少，但是任何一位从学校出来就进入IBM的员工，不管是在我的年代，还是更早或更晚，都会记得他或她那段入门培训的经历。在不经意中，IBM让一批批刚进社会的新人联结起来，传承了IBM重要的价值观并且被染成蓝色。对我个人而言，这是在众多方法中塑造IBM文化最强力的武器。

我的另一个早期的IBM记忆是着装。上班的第一天，我就听到别人说，IBM的人都穿深蓝或深灰色的西服，可我唯一的西服是浅色的。不说不觉得，一说起来就觉得浑身不自在。于是整个上班后的第一个星期，我好像来自另一个星球一样，总觉得自己是异类。直到我向家里借了几百元做了一套深蓝西服，才感觉好像有了自己的“工服”，让自己有一些被认同的感觉。业界有许多关于IBM的玩笑，其中之一就是说，在投标的时候，IBM的业务代表一眼就能看出来，因为他们总是所有人都穿一样的衣服。这是我第一次体会到IBM文化的强大气场。

这些文化表征为IBM的员工带来无比的自信，为IBM带来强大的凝聚力，也使IBM的人形成一套独特的看法和做事方法，这种氛围甚至连带使客户对IBM也产生巨大的信任。在20世纪70到90年代，客户会说“购买IBM的系统我会很省心，因为公司里不会有人质疑这样的决定”或是“我选择IBM，因为我知道IBM不会让我失望”。这是曾经作为销售人员的我从客户身上听到对IBM最好的赞美。尤其是在我刚进IBM不久的时候，这些客户的话反过来让我感到IBM的“威力”。

但在这些方法和形式的背后，IBM文化形成的最重要因素还是由于老沃森的知行合一，真正把他想建立的价值观贯彻落实，而不让短期的效益影响他的行为。通过老沃森和后来小沃森的努力，IBM的蓝色文化构成了一股巨大的融合力量。在IBM的前80多年中，这种文化深深地影响着企业里的每一个人，包括我在内。

蓝色文化的自我更新

可以看得出IBM的确深谙如何打造强大文化的方法。但曾几何时，这个强大的文化也沾上了官僚的陋习。幸好郭士纳没有放弃IBM原来的价值观。最值得我们了解的是郭士纳决定把IBM保留为一个完整的公司而不把它分拆。我曾经听过他自己说，他认为IBM的客户希望看到一个单一的IBM，去提供整合的解决方案，而不是让客户自己去决定方案然后采购不同的组件去整合。他也提到老沃森的价值观，认为今天的客户和80年前一样想要整合的解决方案，他的决定源于老沃森的价值观。

在拯救IBM的过程中，郭士纳只是变革了IBM文化中已经僵化的部分，让它们回归到老沃森价值观的宗旨和意图上去。例如，他取消了原本为了显示对客户的尊重而规定的深色西服白衬衫的着装规范，为的是让销售更加靠近20世纪末穿着越来越随意的技术型客户。他调整了组织实行矩阵管理，“迫使”员工必须通过合作完成任务，改变了由“尊重个人”衍生出来的团队之间各自为政的现象，推倒了“部门墙”。他将因“追求卓越”演变出来的产品过度完美主义转变为快速响应客户需求的高效企业。他更改了对重要员工的激励制度，包括扩大授予员工股票奖励和期权的范围。

但影响文化最有力的是，他改变了所有IBM员工的绩效考核标准流程，绩效考核在IBM历来是非常重要的一件事，每一位员工每年年初都要把当年的工作目标和内容写下得到直属经理人同意，并在年底时用作当年绩效评估的标准来对照，看看做到了多少。虽然这已有一套行之有效的流程和格式，但不同部门的员工的内容不一定方向一致。郭士纳强调“争胜、执行和团队”三个方面作为绩效考核的新标准。“争胜”的意思，是每一位员工所做的工作，无论是面向客户还是后台的，都应该为在市场上赢得客户（包括客户满意和其他更大的目标）为目标。举个例子来说，一位法律部员工的“争胜”目标不可能是直接赢得一位客户，但可能是通过他的法律工作，让销售团队谈判更顺利因而更快地赢得客户。不同部门每一员工都需要因应自己的工作去想出能贡献的地方作为目标，然后把目标变成“执行”需要的行动。至于“团队”，指的是由于IBM实行矩阵管理，一个任务需要不同部门员工合作方能完成，所以郭士纳又要求员工认清楚最需要合作的部门，及如何改善部门合作的方法。用刚才的例子，这位法律部员工的“团队”，就是他所服务的某个销售部门，而他需要把如何加强和销售合作的方法写下，用以支持以上“争胜”的目标。

在新的绩效考核中，郭士纳要求每一位员工把自己在工作上对这三个方面的“个人业务承诺”（Personal Business Commitments，PBC）写下，从他开始，从上而下和下一级员工（如果是经理人的话）沟通，层层传达。某层员工会根据上级经理人的目标去计划自己的“争胜”目标，然后让下一层员工去建立他们相应较小的目标，如此类推。这样的做法，很有效地把30多万员工的注意力重新放到最重要的事情上，让几乎每一位IBM的员工都清楚知道公司要求是什么，而且部门和上下级之间的目标都是关联的，唇亡齿寒，降低了部门的自我中心意识。郭士纳能够把如此多人的方向和成功标准紧紧连在一起，为IBM带来巨大的执行力，为它的矩阵得以实施提供重要支持。

虽然偶尔不同员工之间对“争胜、执行和团队”的理解不尽相同，但郭士纳的目的已经达到了，他给全体员工多次举行的视频演讲，在策略以外，他重复强调同样的这三个方面。通过他那充满权威性和决心的演讲，郭士纳在改变IBM的一个员工流程的同时，也重新强化了IBM的文化，特别是在执行方面。

在整个20世纪90年代后期，郭士纳最重要的贡献可能是更新IBM的文化和把IBM的价值观与时代挂钩。虽然有部分人，特别是一些老IBM员工，觉得郭士纳离弃了IBM的价值观和改掉了IBM原来的文化，但在我看来，他并没有推翻IBM从前的价值观和文化，把IBM变成另一家公司，因为问题并不是出在价值观上，而是当时的文化偏离了对价值观的真正支撑。郭士纳所做的事情，更多是拨乱反正而已，只是当企业从死亡边缘被救回来，不免会把天平偏向执行。

作为一名老员工，彭明盛对IBM传统文化的看法肯定比郭士纳更深刻，但实际上，他只是在郭士纳建立的基础上继续推行文化的建设。所不同之处是他了解不同时代需要不同的方法去打造文化。这包括他利用“价值观大讨论”（Values Jam）的形式来动员所有员工。但很明显他像所有历任的IBM CEO一样，都深知IBM的价值观以及它的文化对企业的重要性。在“成就客户、创新为要、诚信负责”的新三条价值观确定以后，IBM开展了一系列鼓励创新的活动，包括2006年举办的“创新大讨论”（Innovation Jam），讨论形式类似“价值观大讨论”，是两次72小时的在线讨论，不同的是“创新大讨论”还邀请了客户与合作伙伴参与。两次大讨论各设定了几个主题，大家围绕这些主题发表创意、参与评论，每次都吸引了数万人参与，最后评选出10个最有前景的创意，得到IBM总共1亿美元的研发投资。IBM在2008年再次复制了创新大讨论，创新也成为21世纪IBM文化的主要代名词之一，并且被植入IBM的基因之中。

与创新一样，“诚信负责”也被放进新三条价值观之中。“诚信负责”是一个非常基本的美德和素质，从理论上来说，IBM不需要那么隆重地把它凸显出来。但正因为它的普遍性，它是一个很难做到完美的要求。IBM把它放到如此之高的位置，是因为了解它的重要性和难度。在一个30多万员工加上以百万甚至千万计的伙伴关系中，再强大的管理控制机制都没法达到一切完美，唯有通过价值观的培养去教导员工和经常的监督双管齐下，希望通过教育和沟通，让员工潜移默化，能够自发做到对内对外诚信负责。这一点在每一个员工的入职培训中，都是最基础的内容；在销售培训中，销售模拟（sales calls）经常会安排“诚信陷阱”，一旦中招这个测试立刻算不合格。每位员工每年还要重新温习“业务行为准则”，进行相关测试，通过后再签名确认。对于合作伙伴，IBM也有严格的监管体系，除了同样要求伙伴复习“业务行为准则”外，IBM也会经常培训和展开独立的自检调查，实行自我监督。而一旦不幸出现问题时，IBM对即便是业绩最好和最重要的员工和业务伙伴都会采取“零容忍”的政策。资深且曾经被预测最有可能接替彭明盛CEO职位的高级副总裁鲍伯·莫法特（Bob Moffat），就在2009年因为涉嫌内幕交易而“自动辞职”。而在我的IBM生涯中，也曾经分别碰到过员工和合作伙伴的诚信问题（费用报销和利益冲突），这些都是比输掉竞争让人难过十倍的事情，因为结果只有一个，那就是不可能再合作了。

宣传和推广是企业文化传播和更新的一个重要手段。对于IBM这样一个“巨人”般的企业，资讯和信息量十分巨大，要让员工知道公司正在发生哪些事情和要往哪里去，不是一件容易的事，投资自然不少。IBM传播部就专门有一支负责员工沟通的团队，与人事部一道，通过各种各样的方式与手段进行企业文化的推广和落实。

前面提到的“价值观大讨论”以及后来举办的“创新大讨论”等活动，便是很好的例子。为了帮助员工了解和积极参与那些“大讨论”，IBM中国传播部曾经费尽心思地在办公室的各个茶水间放上面包和果酱（因为在英文里Jam也有果酱的意思），提醒员工现在在进行“Jam”。此外，“大堂秀”、“电梯秀”、有奖问答、员工访谈、与领导座谈等活动更是层出不穷，务求在潜移默化中让员工知道公司在提倡什么、鼓励什么。

而每次举办“大讨论”时，IBM更是“倾巢而出”，由于全球160多个国家的员工要在同样的72小时中参与，事前的宣传，过程中时差、语言的障碍、事后员工意见的分类与筛选等工作，都需要IBM各个国家动员大量人手，从高管到基层工作人员，有的负责讨论话题的带领工作，有的负责意见的翻译与整理，有的负责与总部的定期与即时沟通，在我印象中，仅在大中华区每次就有几十位工作人员执行24小时三班倒的工作安排。

但是，即便是有再多的方法与手段去强化企业文化，也不可能取代贯彻价值观的决心。2004年，IBM中国官方网站举办特价销售活动时，错把市价约1 500元的康宝外置光驱价格标成了1元，吸引了大批网友下订单，有人选择了网站最大订货数量100个，甚至多次下单购买。发现这一错误后，IBM中国领导层经过讨论，决定坚守对客户的承诺，兑现了所有订单。这一举动虽然让IBM损失了几十万美元，但是IBM负责任、讲诚信的形象，在公司内外都深入人心，这一故事也成为流传至今的佳话，每当有公司出现标错价的情况，就会被拿来与IBM比较。**通过贯彻承诺和“零容忍”这类“言出必行”的行为，IBM让所有人知道“诚信负责”是不可动摇的价值观，也是IBM的文化重要的一个特征。**

在IBM工作20多年，我深深感受到IBM文化的力量。IBM的文化作为一个重要的企业核心能力，像一只无形的手推动和引导着员工用同样方式做事情。从创立至今，IBM一直有着非常强大的文化。它通过不同的方式和手段去创造和改变行为和态度规范，它利用文化的能力是独一无二的。

唯一需要小心的是，在郭士纳和彭明盛的领导下，**IBM“蓝色文化”中的“执行文化”已经发挥到极致。因为如此，IBM能够投入在其他文化建设上的时间和精力比从前减少；而沟通也因为更多新员工和全球化的原因变得比以往疏离。**有人说IBM的执行力越来越高，人情味却逊于当年。也许IBM在计划下一个100年时，需要深入考虑如何平衡各个文化的建设。

如何创造和驾驭文化

IBM所打造的文化，大部分时间和它的价值观吻合，纵然曾经偏离，也由于有其他的核心能力帮忙而能得到更新。但这也证明，企业有可能在不自觉之中，创造一些不良的文化。特别是在企业非常成功的时候，领导者或他的高管可能传递错误信息，让部分或整个企业产生误区。这些“坏”文化通常体现在官僚或极权膜拜上，而且往往会把企业从成功带上危机甚至是灭亡的道路。一直以来，大家都公认IBM的文化气场十分巨大，然而当这个强大的文化变坏的时候，它对企业的坏影响也同样是巨大的。

IBM在20世纪80年代全盛时期也曾有过这样的经验，曲解了“尊重个人、顾客服务、追求卓越”的精神。远离客户，让我们听不到客户的声音，也不知道市场和竞争的变化。官僚和部门山头主义打着“追求卓越”和“尊重个人”的口号，让我们变得缓慢又差点错过技术的浪潮，策略和执行皆受影响，并最终导致亏损，幸好及时得到纠正才幸免于难。

所以，企业不单要能够创造强大的文化，同时更要能够驾驭它的文化，否则成为百年老店的机会微乎其微。纵使企业有其他很强的能力，也不能保证长期的成功。

不管是好的还是坏的文化，企业文化都是由人所创造，特别是它的领导者。领导者的影响越大，认同的人越多，文化就越强，影响力也越大。反之，则文化就越弱。企业领导人可以并且需要用不同的方法和手段去把它强化，比如前面提过的通过组织制度、决策方法，又或者利用奖励、礼仪和仪式等。甚至是通过突出企业里“英雄”的故事等来强化文化。

我对IBM打造文化的能力有如下的体验，也许可以为其他企业所参考。

· 价值观是企业文化的奠基石，企业文化是价值观的载体，它所带出来的企业常规、行为和态度必须要支持企业的价值观。能做到这样，起码价值观和文化会保持一致。反之，则会产生不一致的文化氛围，造成思想混乱。

· 好的文化源于正确的价值观。价值观太狭窄或不正确，不会产生好文化。

· 文化可以用多种方法相互配合去形成，方法和手段多元化及用得好，可以打造强大的文化，但强大的文化不等于好文化。当强大的坏文化出现时，企业的命运岌岌可危。

· 文化是人的事情，就算你不去引导它，它也会自己形成。所以成功的企业必须很好地去引导并创立自身的文化。你想鼓励什么样的文化，就要奖励体现这种文化的行为。

· 同样，就算企业创立了一套文化，但如果不经过长时间的不断经营、努力去保持和时刻审视的话，文化也会走样变味，或者偏离企业的价值观。

· 文化的贯彻和传承，是企业CEO和各级领导的责任，责无旁贷，它不是人事部或公关部的责任。

“找对人，再造人”的人才理念

人才是长期投资

没有人会否定人才对任何组织和企业的重要性。我们也经常听到企业的老总说好人才难求，而“猎头行业”更是历久不衰。于是我们不得不问：假如企业家都认同人才的重要性，为什么人才的问题始终在困扰着大多数企业的成长和持续发展？是没有付诸行动、行动不够重视，还是规划缺乏长期性？

这个问题的关键在于他们如何理解人才，然后才是如何制定相应的策略去解决或舒缓这个问题。在我的观察中，很多企业都把人才误会成为“拥有业务所需技能的人”。特别是那些快速成长的企业，往往为了不失去眼前的机会，会把人才问题看成是短期的“业务技能”的问题，只想如何找到需要的技能去满足眼前的业务需要。但如果真的把“人才”定义成“拥有业务所需技能的人”的话，随着时间迁移，业务所需技能必将有所变化，今天这样定义下的“人才”明天可能就不再是“人才”，价值不再。

很明显，企业要考虑长期持续发展，除了要考虑业务技能的需要以外，更重要的是考虑人才本质的需要。**所谓人才本质，指的是个人的人品和性格、价值观、态度和行为方面的特质。业务技能可以通过“猎头”从市场购买得到，但人才本质一般是买不来的，要通过培养才能达到和企业一致。**这一点恐怕不少企业都遇到过那种短期绩效非常优秀、假以时日却对企业的发展造成威胁或损害的“人才”。

企业要成为一个百年老店，必须有一群“志同道合”和基本素质适合企业发展的员工方能达到。所以人才问题，不是简单的“缺什么补什么”、“头痛医头脚痛医脚”的问题。有了这样的理解，企业自然需要对人才问题有长期的规划和做法。这些做法，要能够承受短期业务波动的影响，持之以恒地投入，方能看到效果。能够较好地解决这个问题的企业，人才就能成为企业竞争的核心能力。反之，纵有再好的产品和技能，都无法长期执行成功。

老沃森的人才理念

知人善用，其实也是中外千秋不变的成功法门，看似老生常谈。到底在老沃森的信念里，人才的理念有什么特别之处？

打从IBM成立之初，老沃森已经对人才形成一套长期的看法，把人才的追求列为IBM成败关键的策略。老沃森聪明之处，在于他了解自己的长处，同时知道个人力量的不足。他知道要把IBM做大做强，需要更多好手一起努力。在很多关于IBM历史的书籍里都可以看到老沃森招贤纳士的故事。每当发现好的人才，他往往都亲自上阵做说客，以他的个人魅力吸引有能力的人加入IBM。虽然脾气是公认的坏，但老沃森对人才是毫无保留地追求，因此招来不少的好手。但在心里他知道这仅仅是“打点”的做法，当公司规模小的时候，他需要“技能”去填补业务上的需要，否则机会稍纵即逝。他更清楚要“成立一个更伟大的公司”，他也需要“打面”，更大范围和长期地吸引和培养价值观一样的人才，他认为拥有“志同道合”的人，IBM才能成就大业。这是老沃森从“需求”出发的人才理念基础。

从人才“供应”的角度出发，老沃森也有他自己的想法。而在这个想法的中心位置，是“尊重个人”的价值观。在这个信念背后，老沃森认为所有的人生而平等，都应得到尊重。每个人都有相近的潜在能力，因此应该获得公平的机会去展现自己的能力，从而获得发展机会。而愿意这样做的组织企业也将得到忠心的回报，帮助企业的能力最大化。很多离开IBM的员工到了别的公司都感觉到不适应，原因之一就是很难再找到一个像IBM这样让人感受到尊重与公平的氛围。这也是很多人去而复返的原因。

“找对人、再造人、后造技能”。把“需求”和“供应”放在一起，老沃森的人才理念便跃于纸上。他的理念很简单，第一是“找对人、再造人、后造技能”。所谓“找对人”，对的人就是与IBM价值观相近和基本素质较高的人。隐含在“尊重个人”后面有老沃森对人才品质的一个看法：一个人如果拥有正确的品质，那只要你给他机会对他尊重，他一定会对你有所回报。而如果他和IBM之间的价值观相近的话，一起做事情就会事半功倍，万一遇到不同意见也更好沟通，不容易出现“阳奉阴违”的情况。因此，从招聘开始IBM就非常注重人的价值观和态度，其次才是学历、背景、经验，等等。我记得和我一起进IBM的业务代表中，就有主修法律、历史、文学甚至是哲学的，和计算机或销售沾不上边，但都是素质很高的人。

在“找对人”以后，老沃森会“再造人”，把他们打造成和IBM理念相同和行为模式一致的IBM人，也就是能融于IBM文化的人，这样使IBM在执行任何一件事情时都更为强大。可想而知，如果找的人不对，就算花大得多的精力，往往也是“对牛弹琴”。这就是为什么IBM从新员工进公司的第一天，就一直强调IBM的价值观和做事方式的原因，也是为什么IBM更愿意招聘刚进社会的毕业生从头培养。

老沃森相信，技能的培养比起“找对人、再造人”来说相对“容易”一些。再者，技能会随着时间转变而需要更新，因此技能培养是一个延绵不断的过程。如果人不对或不合适，投资在人身上的技能培养往往会半途中断和白费，因此才要“后造技能”。他并非觉得技能不重要，而是需要保护投资的结果。在我的身边也曾经出现技能优秀的同事，但最后因价值观和文化不合而离开IBM，十分可惜。“找对人、再造人、后造技能”，虽然不是一个IBM正式的政策，也从来没有相关的文字描述，却是我多年来切身感受的IBM最基本的人才理念。

机会平等和人才多元化（equal opportunity and diversity）。机会平等和人才多元化是老沃森的理念，也是IBM正式的政策。它是演绎“尊重个人”这个信念最直接的政策。老沃森相信有可能每个人的出身背景不一，肤色性别各异，但能进IBM的人都是“对”的人，因此应该都获得同等机会。

这个政策最早体现在IBM的招聘中。IBM是最早支持机会平等的企业之一，明确地执行不因为人的种族、肤色、性别、宗教信仰和身体状况而产生偏见的招聘方针，而是通过能力和潜能的评估作为决定因素。这个政策也体现在晋升机会上，事实上IBM是美国最早擢升女性高管的企业之一，而如今女性在IBM的高管中不管是全球还是大中华区都占有重要的角色。此外身体有残障的人士出任公司高管并不是罕见的事情，而同性恋者也不需要隐瞒自己的性取向。这些做法在今天好像非常普遍，但像IBM一样能够始终贯彻的企业并不多见。

在机会平等后面还有另一种含义，那就是对员工潜能自我超越的鼓励。IBM相信，

只要员工的力所能及，再大再远的发展机会都是有可能的。

表现驱动（performance driven）。有了“对”的人，又提供了公平的机会，老沃森认为要有一把公平的尺去衡量谁更好一些，并选择了工作上的表现为除了诚信和价值观以外最重要的晋升和奖励标准，因为他从经验中觉得“对”的人总是求进步和表现，奖励优秀的表现会带来更进一步的表现，对企业的发展起到积极的作用。

因此，IBM人事绩效制度就是围绕这个理念而建。每一个员工都很清楚公司对自己的要求，而且知道自己的表现如何。每一次IBM在晋升前的审核和比较过程都要充分考虑到这些因素，而作为经理人其中的一项重要工作就是评估员工的工作表现，并以此决定奖励的多少。这件事说起来容易做起来困难，尤其是在人多的地方。相对于一些其他的企业更讲究内部人脉关系去获得晋升机会，IBM在这方面一直努力贯彻，让员工相信工作的表现是个人发展的最佳“武器”。虽然偶然会有意外，但作为曾是员工的我平心而论，IBM还是比较公平的。这样的做法让我更专注于努力做好我的工作。

人尽其才能者上

在老沃森人才理念的指导下，IBM有一套完整的人才策略。这些策略与IBM的人才理念一脉相承，向所有员工传递非常正面而清晰的信息，告诉他们如何能够在IBM最大限度地发挥自我的能力，从事业中找到自我的价值，获得事业的发展。

内部培训（internal training）。IBM深信找到“对”的人后，员工需要被培养成真正的IBM人而且通过不断学习保持优秀的表现。为了保证人的“质量水平”一致，公司每年投入大量的金钱在培训中。这些投入，部分用在“人”的培养，部分花在“技能”的更新之上。我在IBM工作的20多年中，参加过长短大小的培训无数。印象最深的当属一年入门基础培训，这次培训改变我最大的是把我染成“蓝色”。其后不同层次经理人的培训则让我了解IBM经理人的责任和所需技能。过程中，也有许多培训是产品以及行业知识的培训，帮助我提升业务技能的。而在IBM后期的10年中，我经过的IBM的培训却是围绕着“领导力”的方方面面。可以看到，IBM投资在人的培训和培养上，真是不遗余力。

除了正式的培训，如果能得到过来人的言传身教，会更能够把理论变得生动和现实。在大中华区，针对不同级别的人员我们都有不同的Coaching（教导）和Mentoring（导师制）的项目。Coaching是通常发生于员工和他的经理之间（但也可以360度或越级），而这也是每一个经理人必须要做的基本工作。Mentoring通常发生在员工与其他资深人员（可以不是经理）之间，视乎Mentoring的目标而定下最理想的导师（Mentor），人选。在大中华区，我们制订了三种Mentoring的计划，第一类是针对中国大陆独有的情况，我们会尽量为新员工安排Mentor，这通常会由部门经理安排资深人员帮助员工上手。如果是业务代表或产品销售的培训生（Trainees）的话，则会安排相应的有经验人员给予辅导。IBM一直相信这种方式的价值，把它们列为内部培训一项不可割离的手段。

到今天，IBM的培训内容经过不同时代和技术改变已经发生很大变化，培训手段也从纯人工变成大量地使用在线技术等辅助，但不变的是IBM对于内部培训的重视始终如一。

内部晋升（promotion from within）。有了“对”的人和以“表现驱动”出发，老沃森相信内部提升是最好的用人之道，他从骨子里不崇尚到市场“挖脚”。**一方面内部提升能最大程度保持公司策略执行的一致性，降低人员在交替时所产生沟通和适应的成本；另一方面，它也让所有员工知道只要努力而且表现出色就可以获得更多机会，这对于那些不断追求进步的员工来说是一个非常强大的激励因素。**

直到近20年前，大部分的IBM员工，尤其是资深高管，都是从IBM内部提升。作为曾经的一名员工，我看到发展的机会即是不断挑战自己的极限。在IBM我们可以看到很多更好的例子，IBM的CEO彭明盛、前任IBM大中华区董事长兼首席执行总裁周伟焜和现任IBM大中华区董事长兼首席执行总裁钱大群（钱总）等都是其中的佼佼者。连带在他们身旁的其他高管，也大多是IBM土生土长打拼多年的员工。他们分享相同的价值观和文化，同时对业务策略有着非常深刻的了解和丰富的公司人脉。这样的方法，也有利于IBM在调动人员时变得更灵活。

继任者规划（succession planning）。由于每个人都有内部晋升的机会，如何安排继任者就显得很重要。IBM有一个叫“继任者规划”的人才管理流程，把一些最重要的角色纳进过程中。举个例子，在IBM时每年我都要求我的主要经理人团队为他们的工作推荐三个人作为他们的继任人的竞争者。这些人之中有人是已具备接任能力的，有人可能是需要一年的时间或还需要多些历练等。这样流程会以能力、表现和价值观为主要标准，经多层的审议定案。这样，公司会知道哪些工作岗位有强大的“板凳”深度，哪些岗位属于薄弱环节需要想办法。而当某个重要岗位因计划或非计划的原因出缺的时候，公司总能够很快任命新的继任者。举个最近的例子，罗曼提女士在成为候任CEO之前，早已被认定为几位继任者之一，这些候选人在很长一段时间内接受考查和岗位轮换。罗曼提女士在经过多年领导咨询业务的严峻考验后，在2009年被调去负责全球的销售工作（后加上市场部和策略部），目的是加深她对IBM其他业务的认识，也可以说是为她成为下一任CEO作出“最后预备”（当然她也有可能因为表现不佳而与机会失之交臂）。假如没有充足的人才储备和良好的规划，我们很难会看到像IBM如此顺利的权力交接。从最高领导的角色到某地区部门的一、二线经理，IBM采取基本一样的方法，尽量保证人才的晋升客观和公司的运作更加稳定。

通过前面提到的人才理念和策略，我们对IBM的人才“供应链”应该有进一步的认识。**IBM内部一直有这样的一个说法，“在IBM，没有人是不可缺少的”（No one is indispensable in IBM）。听起来有点骄傲，但也是和它源源不断的人才供应有关。**

人才策略的落实和执行

有了人才理念和策略，还要有相关的方法和手段来保证它们的落实和执行，进而建立一个拥有丰富人才资源的企业。IBM通过制定政策，把这些精神贯彻到执行人才策略的流程和人才管理的指标之中。举个例子，作为不同部门的管理人，我在IBM时的工作都受到这些流程和指标的管理，时刻提醒自己要落实这些理念。这些流程主要围绕三个方面入手，即吸引人才、鼓励人才发挥潜能和发展人才。

吸引人才从几个方面去开展。首先是企业价值观和文化，其次是人才的政策，包括最基本的固定薪酬和福利，然后是可变的绩效工资，还有给予员工对未来信心的培训、发展机会等，当然企业的品牌和它所代表的价值也是至关重要的。这些吸引人才的手段，充分体现出IBM的人才理念。它利用品牌、价值观和文化，希望找到“对”的人，然后通过不同级别的基本薪酬反映出人才的长期价值递增，福利用作提供对生活的保障，而绩效工资则达到短期表现的激励作用。最后，再加上帮助人才发展的各种培训，让“对”的人更觉得能够不断得到进步。

鼓励人才发展潜能除了要有很好的激励机制，比如上面所说的绩效工资以外，更重要的是给员工提供更多的机会去表现自己和晋升，为此，IBM对每一个专业都定义有清晰的事业发展路径，可以让员工清晰知道自己可以走多远，并按自己的能力去规划事业发展路径。

发展人才除了专业的发展路径清晰以外，还可以通过横向的拓展机会去让员工有机会接触更多的工作，从而找到自己最喜欢的工作。加上丰富和不断学习（培训加上经验）的机会，让员工不断挑战自己的极限。

IBM从不以市场最高薪酬作为吸引或留住人才的手段。事实上，从策略制定上IBM的薪酬水平在市场上只属于中等稍高，IBM更重视的是希望以价值观、尊重、平等、机会、学习、成功等吸引和鼓励人才发挥他们的潜能。

有了好的想法和做法，还需要强大的执行力去贯彻落实。一般来说，在业务环境好的时候财政上固然比较容易支持这些做法，但企业成长太快时由于人才缺乏有时候也会被忽略掉。在这个时候公司不能只从市场“购买”招聘现成的人（技能），而应愿意冒风险去提升一些有潜能但不一定是已经预备好的员工，即所谓“破格”的任用，然后给他们最好的帮助；同时又不能放弃长期培育人才的所有工作，在两者之间必须取得平衡。

IBM中国就是一个很好的例子。作为IBM最晚开发的国际大市场之一，IBM中国在20世纪八九十年代的人才储备落差十分巨大，但这没有改变IBM对人才追求的基本做法。面对着市场迅速成长的压力，IBM中国没有“急功近利”只管眼前的业务利益，为了提高利润而放弃对人才素质的追求和培养投资，转而向市场“猎头”或者把重要的工作“外包”（当然，这些手段对技能也很有帮助，将在第十章分享）。反之，我们坚持IBM的人才原则，虽然走的路径更长和更困难，包括成立第一个外商独资企业和建立一连串的人才培养体系，同时采取措施去加速提拔本地优秀的员工和培育员工的生产力等，每年都花费大量的费用开销，宁可牺牲部分短期上缴的利润，深信坚持IBM的人才理念会带来长期效益。这样对人才追求的执著，为IBM中国的可持续发展带来稳定的作用。经过20年的经营，环顾今天中国所有的外国IT企业，没有一家在中国有IBM这样深度的人才策略。在长期的竞争中，IBM中国的人才能力将会是一个重要的竞争优势。

与快速成长的时期相比，企业更大的挑战还是如何在业务不景气时依然坚持对人才的基本理念和追求。即便是在最困难的时候，企业也需要让员工知道公司对他们的重视。IBM在20世纪90年代初期公司最困难的时候，也没有放弃这一点。虽然当时IBM不得不裁员，但是IBM还是做得尽量合理（离职补偿、协助找工作等），同时郭士纳趁机改变了数十年的激励制度，大幅度扩大股票期权激励范围让表现出色的员工了解公司对他们的重视（在此以前只有非常少数最高级别的经理人才有）。

而在渡过危机后，郭士纳重新制定各种人事制度去强化IBM的人才策略。首先他重新检查几乎所有部门的专业发展路径，并重新比较市场和内部的合理性，按照管理人才和专业人才两条线强化员工的发展管理，然后把所有工作级别重新制定。再下来是重新定义IBM的绩效评估制度，突出“争胜、执行、团队合作”三个方面，最后他又重新定义IBM新一代的领导力和管理能力，指导对人才要求的重要变革。这些行动，从“面”上改变了IBM执行人才策略的方法，但并没有改变根本的人才理念。

彭明盛接任CEO以后，继续细化和发展这些人事制度，他在郭士纳的基础上优化了领导力的内容（详细见第十章）；而且，他更注重全球化的环境对于人才的要求，为了顺应散布各处的IBM员工很难聚集到办公室的特点，他大量利用科技手段进行远程培训、交流和协同合作。

人才决定生存

可以说，如果没有这样对人才的重视和储备，IBM不会有前80年的发展。无论业界对郭士纳的转型给予多少的赞誉，如果没有这些人才的底蕴和忠贞，IBM也不可能在最困难的时候死里逃生。在过去数十年IT行业的发展中，我们看到过多少企业“树倒猢狲散”的实例。相对照的是，出于对IBM的感情，大部分员工在IBM困难的时候不离不弃；从侧面来看，即便是那些离开IBM的员工也很少有人会说IBM的不是，大多怀着的是感恩知遇的心。而在走出困难以后，IBM也敢于用人，靠着它的一套完善的体系继续去找到优秀的人才，才能有机会出现后来的复苏。

但也许验证IBM人才理念能力最有力的方法是，放眼全球，多年来许多IT企业的老总和高管都曾经在IBM工作过。他们的基本素质，他们的经验，他们的视野，都被行业认同。有人说IBM是IT行业的黄埔军校，这话丝毫不为过。在漫长的企业生命周期中，科技会变，产品和市场也在变。**但企业是靠人承上启下的，没有一个长期而完整的人才策略，企业的价值观、文化、战略和执行都必受影响。**

一言以蔽之，IBM的人才理念，建立于对人的尊重和人的基本素质。它不断努力找到拥有相同素质的“对”的人，以工作表现为原则，通过教育和经验的累积去培养人才，并通过不同的激励方式去提供发展和成长机会。IBM相信基于这套理念能够培养出一流人才，而且这些人才能够以共同的价值观和经验做事情，减少沟通和衔接的成本。IBM认为人才是最基本的竞争力，清楚这是一个长期的投入，没有捷径，而且必须坚持。事实上，这套对人才的理念和追求的策略，是IBM能够成为百年老店重要的核心能力之一。

我想，读者可以感到，IBM的价值观、文化和人才的理念相互关系甚深，如三足鼎立，缺一不可。它们在一起，构建了IBM最早期和最核心的“基因”能力，并且延续了100年。在下一章，我们一起来分享IBM另一组核心能力——策略能力。

第九章 领跑世界赢在策略

百年间，为什么IBM屡屡在战场上得胜，又总能提出“电子商务”、“随需应变”、“智慧地球”这些引领世界方向的战略？答案是IBM具有超强的策略能力：市场思想领导力、创新力和业务模式设计能力。这三个元素相辅相成，赋予IBM策略克敌制胜的关键能力，帮助IBM走向高峰。IBM又潜心积累，把作策略的方法系统化，使之成为可重复的核心能力，跨越时空。

如何利用天时地利，如何做到知己知彼，是策略制定的目的。从来没有人会否定策略对无论行军布阵还是企业经营的重要性，因此自古以来的企业，从来不缺乏策略。但是策略有上下之分，不只是把目的、计划和部署写下就行，什么样的策略才能立于不败之地又是另一个层次的事情。

企业想要在长时间里无往不利，免不了经过多场战争和无数次的战役。一次战役起码需要一个策略，一场战争下来更需要多次不同的策略。能否每一次作出好的策略和决定，势必影响企业百战百胜的可能性。同样，在企业的竞争中，没有一样产品可以永远长盛不衰。如若在成长过程中一步走错，可能会导致满盘皆输。而要想绵延百年，沿途中更是会经历无数迷途与岔口，没有高超而持续不断的战略能力，幸存的可能性接近于零。

对一个想要成就百年的企业来说，作策略的能力不能只是来自一两个人，而需要有系统、有方法。优秀的作策略能力应当是尽量以事实为根据、对市场了解、对客户价值清晰而且能提高竞争能力。好的策略也必须对企业自身的能力了如指掌，使策略能被适当地执行。

IBM强大的策略能力在行业中早为人称道，在它众多重要的策略制定过程中，有几个重要而共通的元素——市场思想领导力（market thought leadership）、创新力（innovation）和业务模式设计能力（business design）。这三个元素相辅相成，帮助IBM不断作出优秀的策略。

市场思想领导力是如何引领市场建立和接受新秩序并带领市场走向新方向，它的存在让IBM的策略总是拥有比别人更高的起点，引领市场的供求关系，改变游戏规则。而创新力往往为前者提供最有力的支撑，通过创新力，所作的策略总能更好地满足市场进步的欲望，为市场提出新的价值，为IBM建立战略制高点。业务模式设计能力则是帮助把策略中提供价值和盈利的方法理清，同时把策略能够成功的重点定义清楚，为顺利执行铺路。

这三种元素，在不同时期多次被植入IBM所作的策略之中，逐渐形成IBM策略的制胜元素，帮助IBM走向高峰。其后，郭士纳和彭明盛为了防止IBM再有人为策略出错的机会，进一步把IBM作策略的方法系统化，也使这三样元素变成可重复的核心能力。

领跑市场的思想领导力

什么是市场思想领导力

出于企业的激情（passion），把自身的愿景（vision）、能力（capabilities）和对市场深度的理解（market insight）结合起来，提出新的市场方向和秩序，并且通过一系列的方法带领市场朝着这一方向前行，就是我所谓的市场思想领导力。

任何一个机构或企业，如果没有愿景的话，就如同一个人不知道自己生存的意义。人的愿景有多大，影响着他能走多远，企业也是如此；如果企业没有远大的愿景，它便不会想到要超越从前，也不会想到要领导市场。有了足够远大的愿景，如果企业缺乏激情和争胜的心，它也不会有足够的能量推动新方向，毕竟这些都是从来没有人提出或做过的事情，难度绝对不低。激情和决心也有了，还需要对市场有深刻的了解，无论是客户的需求、技术的趋势，还是竞争的情况，只有强大的市场洞察力才能让企业知己知彼，认清如何才能领导市场，什么才算足够新的方向。最后，企业要做前人未做之事，必然要有过人的能力。从产品技术到推广宣传，缺一不可。没有相应的产品，宣传只是空谈。没有影响市场的推广能力，再好的技术也可能被湮没。

所以，市场思想领导力的强弱来自于企业愿景、激情和争胜的决心、市场洞察力和它的综合能力，缺少任何一样都很难造就强大的市场思想领导力。

强大的市场思想领导力的好处，在于能帮助企业引领市场新秩序，很多时候会因为满足一个新需要或者用更好方法去满足市场需要而得以开创一个新的市场。在新的市场中，这个企业能享受先行者的好处，并有机会决定游戏规则，有效地拉开与竞争对手的距离，增强企业品牌的知名度和价值，提高客户的忠诚度。它也能更有效地凝聚业务伙伴的目光，带领他们走向同一个方向。

对内，这种能力得以生根的话，会逐渐成为一种氛围甚至文化，引领企业去挖掘更多新的领导市场机会，同时不断推动企业内部去完善其他的策略与执行能力，形成一个闭环。它也会给企业的员工带来更大的信心，间接提高凝聚力。可以说，市场思想领导力是一个非常厉害的武器。

恐怕没有人能够否认，在IBM百年历史的大部分时间，其市场思想领导力在行业中独步天下。从20世纪60年代改变计算机观念和市场格局的S/360大型机，到80年代的PC时代，和近十几年来的电子商务、随需应变、全球整合和智慧地球等，IBM的思想领导力已经从IT行业延伸到商业，甚至整个人类社会领域。IBM多次带领市场走出新方向，极大地改变了IT行业的发展轨迹和人类的思考方式，吸引了从客户到业务伙伴的追随。

从个人能力到组织能力

翻开企业的历史，几乎每一个曾经辉煌过的公司都在它的企业历史中有过一段或多段非常成功的市场胜利，而第一次的市场胜利又通常与企业的创始人或领导人的眼光和胆识有很大的关系。很多新企业的异军突起，甚至完全是由于创始人的灵光一现，或者毕生的梦想加上后天的创新、胆识和努力而得到实现，可见领导人的眼光和思想是何等重要。

可是，要把一个企业打造成为一个百年老店，不能光靠一个人的思想、眼光和胆识，而需要把这份思想、眼光和胆识，转化成为企业的一种核心能力。一次的成功可以创业，而要成就百年老店，则需要在企业的成功路上，一次又一次不断地复制市场的胜利。

IBM的市场思想领导力的形成，也是这样一条从个人能力到组织能力的道路。老沃森凭着他的愿景眼光，早在80多年前第一次世界大战结束的数年间已经看到全球贸易的大趋势。他看到飞机和电话、电报等的出现，觉得CTR的产品也能应用在其他国家，所以当大部分企业还在忙于美国的业务时，他就已经把公司的视线放眼全球，甚至早在1924年就把公司的名字从CTR改为IBM。IBM的“I”代表Internationnal，是国际的意思。他对“国际”发展的激情甚高，把他的二儿子放在领导所有海外业务的位置上，率先成为一个跨国企业。而抢占先机为IBM提供了极大的回报，1949年就已经进入了40多个国家和地区，到现在海外170多个国家和地区的收入已经贡献了全公司总收入的一半以上。他对市场需求和技术趋势的重视也是值得一提的，早在1922年的时候，老沃森便成立了一个“未来需求委员会”（Future Demands Committee），然后又在1929年把委员会升格为“未来需求部”，专门研究和建议新产品和新应用的发展工作。这间接让IBM在“大萧条”和第二次世界大战时期作了很多产品技术和业务方面的重要决定，看准了制表机业务的商业潜力，最终成就了现代IT行业的前身，并在过程中见证IBM成长为一个中型公司。

然而这一连串的成功，更多是依赖于老沃森个人的能力和他的性格特征。和他的基本信念所说的“追求卓越”一致，他的争胜决心非常强大，他要求做大做强，因为他知道不能做到第一往往意味着生存受到威胁。从他那时开始，就赋予IBM这个企业不断追求领导市场的欲望。在我IBM的生涯中目睹和参与的所有事情或每个重要发布中，都有一个不需要宣示的终极目的，那就是要领导市场，成为市场第一，包括所有计划和目标的制订。在业务会议中，我们会因为在某领域是市场第二而感到汗颜，哪怕是一些我们新进入的市场。然而，在老沃森的时代，由于IBM的综合能力还有所不足，这些点点滴滴并没有让IBM发展出真正改变市场秩序的策略。

他的儿子小沃森深知，老沃森是一个非常有魅力和能力的人，因此得到很多人为他效力。但是作为一家公司的IBM需要建立一套更强的系统和能力。在往后的日子中，小沃森有意识地去强化IBM的组织管理能力，任用其他高管协助他去管理公司（包括后来的几任CEO）。由于他的这种做法，也间接让市场思想领导的担子从CEO一人身上，转化到公司的管理团队身上。

S/360是IBM百年历史中最开天辟地和影响最宽的一系列产品，这个曾被称为IBM“50亿美元豪赌”的项目彻底改变了计算机行业和市场的格局和观念，并大大加速了它的发展。要想作这样规模的一次豪赌，光靠一两个人的眼光的话连赌的机会都没有。正是由于小沃森所委任的利尔森（Learson）调查、调动了市场和公司的所有信息和资源，并组织了SPREAD任务团队，将这个团队的13名成员关在康涅狄格州斯坦福附近的一个汽车旅馆里八周的时间，才会在1961年12月28日诞生了改变计算机历史的26页报告——《处理机产品——SPREAD工作组报告最终版》，S/360的概念才浮出水面。

而后，又是在利尔森和SPREAD任务团队的领导下，数百人战胜了重重阻力、克服了从预算到设计的各种困难，终于将S/360研制成功，这其中不乏对于IBM、对于IT行业后来的发展有着重大影响的人物，比如担任工作组组长的鲍勃·艾文斯（Bob Evans）后来成了IBM负责技术的副总裁；工作组成员吉恩·阿姆达尔，他是计算机体系结构理论中“阿姆达尔定律”的发明者，后来创立了阿姆达尔公司；工作组成员弗雷德里克·布鲁克斯（Frederick Brooks），后来发现了软件开发的“布鲁克斯定律”；等等。

虽然小沃森是拍板将赌注压在S/360项目上的人，但是如果没有SPREAD，没有各部门所提供的信息、软件研发和执行上的配合，小沃森很可能会输掉这次赌博。有愿景、有决心、了解市场，再加上投入50亿美元建立能力，S/360成功对IBM而言，除了是一次产品的创新和胜利以外，也使IBM的市场思想领导力得到了第一次全面的锻炼机会，迈上了一个新的台阶。这个核心能力，在这一时期开始从个人能力向真正的企业核心能力过渡。

从技术过渡到商业价值的思想领导

在郭士纳成为IBM的CEO带领公司转型期间，一个少为人道的事情是他帮助IBM完善作策略的体系，进一步把IBM的策略能力变成一个“共通语言”，要求所有部门用统一的一套方法作策略，又委任一位高级副总裁专责公司整体策略。随着IBM各部门转型的成熟、部门之间的沟通更有效，慢慢它的市场思想领导力也变得越发成熟和有系统。公司从上而下，从总部到各个部门，从美国到全球各国，市场部门、研发部门、产品部门和行业部门之间互通信息，了解和交流市场最新情况和趋势，然后制定策略，加以整体执行。

在这段时间，和它的服务转型一致，IBM开始更加偏向“商业价值”而非恋战计算机的速度。这点也可以从IBM先后提出的新概念中看到。他们在1995年提出电子商务（e-Business）策略、又在2002年提出“随需应变”和2004年“创新=发明+业务洞察”的主张。这些新的思想和主张虽然没有直接和技术挂钩，但恰恰因为如此，IBM传统IT巨人的形象逐渐转移成为更综合的客户业务问题解决专家。和过往一样，IBM对市场的需求作了认真的了解，并提出相应的方向和主张，在IBM强大的市场思想领导力之下，这些方向都得到市场、IT业界，以及客户和大批业务伙伴的认同和追随，并成功把IBM塑造成为一个真正的业务问题解决伙伴，很大程度成就了IBM服务的转型。

在2008年，IBM再次发挥它强大的市场思想领导力，推动“智慧地球”（Smarter Planet）的主张。2008年年初时彭明盛与团队讨论业界的“下一件大事”的时候，有人提到了热门概念“云计算”，但是彭明盛认为它不够宏大，不足以成为一个影响市场的概念。在彭明盛的领导下，IBM最后提出的“智慧地球”，把解决问题的层次，从业务拔高到整个地球、社会和人类福祉的层面。随着世界变得越来越平，它看到地球的问题越来越多，环境保护、医疗卫生、交通运输、能源短缺、贫富悬殊、公共安全、民生条件等“和谐社会”的问题，有着很大的全球意义和共通性。这些发现和IBM的新价值观极为吻合，也成了IBM和彭明盛的愿景。在这样的情形下，IBM所提的智慧地球观，得到很多国家和企业的认同。

纵观IBM的百年历史，IBM在业界大部分时间扮演着市场领导的角色，无论是“一小步还是一大步”都备受关注。这样的领导地位固然是众多能力的综合结果，但不能否认的是，IBM在市场上建立思想领导的能力和欲望，一次又一次帮助IBM达至这样的地位。我觉得这种能力是非常值得其他企业参考并投入力量建设的。

成功也会带来盲点

然而，在一个企业的市场思想领导力形成和成熟的过程中，并不见得每次都能获得成功，也许还是会遇到一些挑战，甚至是失败。失败的原因不是对能力的不重视，而是对市场现实所产生的盲点。产生盲点的原因很多，最常见的是骄傲和自满，再有就是现有业务太成功所导致的保守与畏缩。

在IBM的历史中，S/360、S/370以及后来带来主机中兴的S/390无疑是IBM市场思想领导力一次又一次的展示。但与此同时，IBM也错失过很多机会，最为人所知的当然就是PC市场的来临。骤眼看来，应该说是IBM在市场的能力和当时霸主的地位把PC变成主流的计算潮流，从而创造了一个IBM PC和兼容机的市场。但是事实上IBM对当时的市场洞察不够，没有预见到市场对计算能力个人化的强大需求会创造出一个比S/370主机更大的市场，因而浪费了时机，让微软和英特尔占领了PC市场操作系统和处理器的高地。IBM虽然率先推出IBM PC并成为兼容机的仿效对象和行业的标准，但它在PC的市场上只是一个早期的跟随者而已，真正的主角是微软和英特尔。只是有赖这个早期的跟随者的角色和它强大的市场力量，IBM才在PC市场中扮演了一个“配角”的角色，然后在20年后宣布退出舞台。

在开放系统的表现上，IBM的市场洞察力再一次没有发挥它的功效。作为开放架构的RISC芯片技术的发明者和UNIX的最早期支持者之一，IBM应当拥有最好的条件和能力去领导市场的产生。但是IBM没有听到计算机市场对于多用户和分布处理的需求声音，白白让这个机会溜走。而与它差不多同时走进这个领域的SUN却大力推动开放系统和它的SPARC技术，成为UNIX和开放系统的代名词。一直到了1990年，IBM痛定思痛，才急起直追推出第一代的开放系统产品——POWER结构的芯片和RISC System/6000。但由于在市场是后来者，客户和合作伙伴特别是ISV已经有了先入为主的观念，IBM在开始的几年非常辛苦。经过数年的追逐，后来POWER架构的技术发展越来越快，加上几个市场决定（推出SP2系统）和执行（以“深蓝”挑战国际象棋棋王）都做得不错，使得IBM在这一市场的份额才逐渐回到领先地位。要是IBM没有错失机会，IBM实际上最有条件从开始就成为这个市场的霸主。

如何建立市场思想领导力

从前面的例子可以看到，IBM的市场思想领导力是十分强大的。在它的历史中，从CEO个人到管理团队乃至整个企业，IBM把这个能力和信心教育渗透到整个机构之中。在我的观察中，企业要建立市场思想领导力，需要注意以下的事情：

· 企业的愿景决定企业有多大的志向和能走多远。企业的志向不大很难提出改变或引领市场的想法。当然，企业发展的过程毕竟是从小到大，所以愿景也会随着时间和企业发展的情况而变化。但无论如何，市场思想领导力通常是企业愿景的一个子集。

· 企业要培养市场洞察能力，要实事求是，以事实说话，避免受主观意识或良好感觉的影响。洞察力的另一部分，则是要建立系统的、良好的分析和总结能力，把分散在市场的各种信息信号，归纳成发展的方向。市场思想领导力不是“吹”出来的，业界“炒概念”的企业为数不少，但鲜有像IBM这样总是能够提出得到同行和用户共鸣和响应的概念，差距往往就在于此。

· 要建立市场思想领导地位，企业要克服众多新尝试带来的障碍，没有高度的激情和热情以及做大做强的文化，未必能够产生足够的动力。

· 市场思想领导力需要长期经营，不能一蹴而就。新的主张引起兴趣后需要有足够的综合能力和完善的实施计划去“兑现”主张的承诺，否则市场会失去信心。

· 由于是新的主张，它需要企业不断推陈出新，因而创新力的高低和它息息相关。

· 企业要小心在成功时的骄傲心态，尤其是当一次又一次所提的主张被市场接受，很容易招致自满使企业失去危机感，进而被蒙蔽眼睛。

· 新的市场主张通常不会在投入初期马上带来效益。所以企业需要保证不会因为局部的短期利益而单方面推翻新的想法。成功的现状和新的主张需要有一个好的平衡和小心的实施计划，以免产生不必要的冲突。但有时候企业要有勇气对现有的“现金奶牛”（Cash Cow）进行取舍和牺牲。

市场思想领导力的建立，需要和企业其他方面的能力相互结合，特别是下面将会谈到的创新力和业务模式设计能力。

持续的创新力

创新的价值

“创新”（innovation）这个词在近年来非常流行，大大小小以创新为题的论坛和讲座此起彼落，吸引了大量的眼球。几乎所有的管理学家和企业领袖都提出创新作为下一轮竞争能力的来源，特别是在中国这个过去30年以低成本为主要竞争能力的国家，创新成为了国家以及企业十分关注的问题。

顾名思义，创新代表的不应该是只在现有基础上加上一些新元素，当然这也是经常发生而且很有必要的，但这不能算是创新，充其量只是改良。创新应该是和旧有的东西截然不同，是前所未有的，所以这种“新”才需要去“创”，要不然它可以叫“翻新”或是“刷新”。如果改良是一种“量”的变化的话，真正的创新应该是一种“质”变。这看似简单的逻辑，在现实上有时候还是被混为一谈。另外，创新的反义词是模仿。有时候模仿他人可以取得一时的成功，但是随着资讯和资本的无障碍流动，各行各业的竞争日益激烈，企业要想走得更远、生存得更长久，则必须有自己独创的、与别人不同的东西。模仿和改良都不是长久之计。

很多人谈到“创新”，第一反应会想到新的产品，像苹果的手机或平板电脑，但事实上创新可以发生在企业的多个环节，因而它能带给企业的价值，也远超过由新产品所带来的价值。2004年，IBM发表了《企业创新白皮书》。从《企业创新白皮书》的调查中，我记得在受访的CEO中认为创新可以带来多方面价值，我把它列在下面供大家参考，也许会刺激读者对创新的价值有新的认识：

1. 创造新的市场。创新能带来最大的回报，就是完全开辟一片新的市场，发现一

片蓝海市场。企业会享受先入者的好处，占领战略高地居高临下，并很有可能获得下面第2到第9点的所有好处。

2. 超越竞争对手。在胶着的竞争态势中，首先找到突破口的企业可以在竞争中突围而出，一下子拉开与对手的距离，甚至反败为胜。创新往往提供了这样的突破机会。

3. 提高市场进入的门槛。在同一市场中获得创新成果，可能会导致原来市场的游戏规则改变。创新者的成果得到市场的青睐，市场接受了新的“标准”，把旧有的产品淘汰或降低竞争档次，使原来的竞争者需要重新适应跟从，换来创新企业的时间和利润空间。

4. 享受较高价格和利润。和第3点关系密切，当市场接受创新的成果能更好满足某种需要时，会有一群客户愿意付出更高的价钱去获得更大的价值。享受时间越长整体利润自然越大，而时间的长短取决于门槛有多难逾越。

5. 改良产品的性价比和生产成本。这一般是和产品创新有关。这种创新可以影响生产的流程和工艺，或者对原材料的使用，进而使生产的成本降低，也可能同时提高新产品的性能。这样新产品的性价比较从前提高，市场客户直接受惠，因而提高创新者的竞争能力。

6. 强化品牌，建立市场领导地位。大多数人喜欢新的东西，所以市场对创新的企业会有感性上的好感。加上创新和市场思想领导经常相辅相成，所以创新对品牌和市场领导地位的建立，深有帮助。

7. 提高客户满意度。这是任何一种创新都直接会影响到的价值。无论是产品、内部运营还是业务模式的创新，都应该以市场客户为最后依归。因此创新做对了，客户满意度必然提高。

8. 提升客户忠诚度。和第7点一脉相承，满意度提高，口碑相传，久而久之，客户自然会重复购买，从而提升客户的忠诚度。

9. 提高内部运营效率。很少人会把创新和企业内部运营联系起来，仿佛两者风马牛而不相及似的。但如果企业内部同一件事情能够用全新的方法来执行，也是创新的一种。企业重大转型往往是此类创新的重要来源，但不应忽略可能更重要的是在日常运营过程中的不断钻研。

IBM的创新观

IBM对创新的理解主要来自于上述白皮书中提到的三种创新：第一种也是常人最能理解的创新，那就是产品（含服务）的创新；第二种是企业或组织内部的运营方面的创新；第三种则是企业做生意的业务模式方面的创新。

产品创新是最直观同时又是最容易和发明混淆的一种创新，因为大部分我们所熟悉的产品或技术发明都十分明显地解决了一些重要的问题，像飞机、火车、电灯和计算机等。但我们也许不知道的是有更多的发明并没有被采纳而变成产品，因为它们所解决的问题并不十分明显。因此发明不一定等同产品创新。关键是如何把技术发明应用到解决重要的问题上，这样的产品创新方能成为企业的有力武器。

企业除了要想办法提供创新的产品去满足客户以外，还需要时时刻刻不提高内部运营的效率和有效性，增加竞争能力。因此创新也可以发生在企业内部运营的组织、流程和方法之上。近数十年来计算机行业的兴起，最早就是帮助企业内部运营优化的创新。但除了使用计算机或IT去做到内部运营的创新以外，也可能是通过不同的做事方法以及通过第三方去达至运营上的创新。也有企业从组织创新入手，就像IBM，去优化企业的运营环境，从结构上改变效率和效果。通常企业的运营创新带来的是成本效率和客户体验的优势。

企业可以考虑的第三种创新是业务模式的创新。企业的生存目的主要是盈利和成长。固然卖什么产品在很大程度上影响它盈利和成长的能力，但如何去卖、如何去提供和如何去满足客户这些问题更大程度影响着企业的结果（白皮书调查结果显示）。寻找更好的方法去做到这些，成为越来越多企业创新的专注点，也是这里说的业务模式创新。有关业务模式的问题，将会在下一节讨论。但重要的是，由于牵涉业务内部和外部的几乎所有层面（往往包含前面两种创新），业务模式创新是最难成功的，不过一旦成功它能带给企业的价值也是最高的（包含上一节所提的所有价值），而且是最难为竞争对手复制（新产品可以被买回来拆开研究如何“山寨”，除非内含专利技术。而业务模式的内里乾坤却很难“挖”几个人就能了解）。业务模式创新近年层出不穷，这尤其得益于互联网的发展，使得企业有更多方法和选择去如何做生意。通过业务模式创新，有些企业可以直接优化内部运营的方法，有些可以使客户的需求得到更好的满足，有些甚至一个人在家里也可以做起网上“个体户”的生意。

无论是哪一类的创新，它应当是把一个全新的理念、方法或技术发明应用在某一个市场或企业的问题上而产生出来的化学作用，这个化学作用的结果使这个问题得到比以前更好的解决——无论是从效果、效率、成本还是方便程度。因此，创新的关键不单是一种方法或技术的发明，而是如何把发明很好地应用到问题上，并且获得成果。套用在企业身上，创新背后需要企业对所需解决问题的深度认识或洞察。在白皮书中，IBM对创新的定义是“创新=发明+业务洞察力”。如此类推，创新不能只在企业内部或者实验室中发生，它必须和问题需要解决的地方紧紧连在一起。

任何一个企业，都有以上三种创新的可能性。企业领导人认同创新重要的话，应当针对自身情况形成自身企业创新的“组合拳”，选择专注于产品创新、运营创新还是业务模式创新，抑或是所有三种创新，但不进行创新在现今的环境中几乎是不可能的。而且，企业的创新不可能是一次性的，不管是产品、内部运营还是业务模式的创新，一旦停下来，就很可能被竞争对手超越。因此企业除了需要有天才的发明家和机智聪明的商人以外，还需要长时间投入，通过文化、部门合作等在内部建立能够周而复始、可持续的创新能力，而不能依靠个别的人一次或一时的灵光一现。

IBM创新力的故事

著名媒体《商业周刊》（*Business Week*）和咨询专家波士顿咨询集团（Boston Consulting Group）最近发表了2010年“全球最有创意的50家公司”的名单。苹果连续六年第一、谷歌第二、微软第三、IBM第四。2006年时，IBM排名第十。无论这个名单是否最有代表性，这里有几个有趣的信息：排在IBM前面的都是比IBM年轻许多的IT“个人消费类”的企业；IBM的排名从这个名单首次在2005年出现到现在不断提高。如果时间倒退40年（苹果在1976年诞生），又如果我们只看企业机构市场，IBM的排名会变成怎样？一家百年老店如何和比它年轻60年的公司在创新上相提并论？

放眼IBM的历史，创新从来都是IBM非常重视的一项策略，只是在20世纪初期，“创新”这个词还未广泛运用在企业策略和管理之上而已（这个词虽然来自古老的拉丁文，但真正被用到企业界中只是过去几十年前的事），因此创新在IBM创业初中期也并没有被提得太多。而另一方面，在20世纪初，更多人把“发明”挂在嘴边，甚至与“创新”混为一谈。有一位聪明的人这样解释“发明”和“创新”在商业世界的分别，他说

“发明是把金钱变成新的想法”，而“创新是把新的想法变成金钱”。

事实上，像绝大部分人对创新的认识一样，IBM早期创新的“名声”大多来自于它的产品和技术的发明方面。产品方面，远在制表机时代的各种机器和后来的财务机器时，IBM就已经开始了创新的历程。到了计算机时代，S/360是公司历史上最重要的产品发明和创新（实际上S/360也是业务模式创新）；存储器是IBM的一大发明，革新了数据存取的方法和密度；计算机语言FORTRAN和COBOL革新了用户使用计算机的方式，开启了应用的大门；DB2是IBM发明的第一个关系型数据库软件系统。还有较中后期的S/38，是第一个把关系型数据库集成到CPU的主机，革新了用户使用和管理数据的便捷。此外IBM芯片生产工艺、服务器用的POWER PC芯片、IBM的笔记本电脑ThinkPad，等等，都是IBM在产品方面发明和创新的例子。

但在众多的创新尝试中，IBM也不是每一次都能成功地把这些技术的发明提到创新的高度。有若干次，IBM在发明上领先，但在创新上落后于竞争对手，失去市场的主导权。最明显的两次分别是关系型数据库DB2和精简指令集计算的架构（RISC）。两者都是IBM的发明，却为甲骨文（前者）和Sun Microsystems（后者）占得先机，成为IBM后来的重要对手。

无论如何，在传统的硬件和软件产品及元器件的创新中，IBM的研发团队多年来为产品创新提供了巨大的能力。在老沃森的时代已经成立了IBM实验室和产品开发部门，并同时每年投入大量的资金用于研发之上，吸引最优秀的科学家。5位诺贝尔奖的得主和无数的科研成就奖项也印证了这一点。

近年来，由于IBM向服务和软件方面转型，产品和科技的创新也比较偏重于服务和软件，这一点可以从IBM每年研发经费和注册专利的倾斜分布中看出，只是这方面的创新更多为企业和IT基础平台所用，较少为大众所熟知而已。相比之下，IBM以往为大众所注意和称道的硬件和元器件方面的创新，尤其是在IBM把和个人消费者关联的PC业务卖掉后，就显得声势较小，在苹果、谷歌和微软这些更面向个人消费类的IT企业前，IBM好像失去了以前的光芒。但是这绝对不代表IBM这方面的创新停止。事实上，IBM研发的“深蓝”（Deep Blue）和本书开头提到的“沃森”（Watson），正是代表下一个伟大科技创新突破的可能，有机会重写人类和电脑沟通的方法。

除了产品科技方面以外，老沃森在业务模式上也有创新之处。他在业界首先推行打包产品和服务，然后以租用的方式付费的业务模式。这种方式让IBM的收入较其他竞争对手稳定，让老沃森安然度过“大萧条”和世界大战这些困难时刻。同时，这种模式也大大缩短客户与IBM的距离，使IBM能够更快和深刻了解客户需要和变化，提高客户的忠诚度。

老沃森对于产品科技创新的成果如何转化成为收入也有独特见解，很早就把这个观念注入IBM。他成立专利的办公室，建立对专利和知识产权的累积和管理，使它成为IBM的一个竞争武器。有了这个观念，发明创新所得的知识产权成为了企业的竞争力，并形成一个良性循环，获得不断的投资。在那个年代，这是一个创新而独特的业务模式，而这种业务模式又是建立于IBM自己的科技创新能力，难以复制。时至今天，专利和知识产权在IBM仍然是一个独立的业务，发挥着几个重要的作用：

- 专利的授权使用为IBM带来纯利甚高的收入，每年超过10亿美元；
- 和别的公司交换专利时，作为一种“货币”使用；
- 保护IBM自身的产品优势，避免竞争对手抄袭。

在2010年，IBM获得近6 000个美国专利，连续17年领先全球各企业，也是累积最多仍然有效的美国专利的企业（超过40 000个）。

郭士纳接手后，带领整个IBM进行了重大转型，在这个转型中，也可以看到IBM不同种类的创新。首先是业务模式的创新，相对产品创新来说，由于发生于内部，这种创新不太为人所讨论。这方面的创新，最重要的要算是他彻底把IBM的组织架构从阶梯式（hierarchical）改成三维矩阵式（matrix）的组织架构，这在20世纪90年代用在如此庞大复杂的多产品跨国企业，是前所未有的。通过对组织和角色的改造，他建立了一个IBM独有的市场覆盖和客户销售的模式。IT行业在过去20年出现大量整合，因而产生更多类似IBM的多产品IT企业，其中部分也以IBM的组织架构作为蓝本，但始终无法完全复制IBM的模式。

另外，郭士纳也开始了业务流程再造，在内部运营上进行创新。通过各种流程的再造和集中优化，IBM近10年在成本的控制上得到很大的成效，为IBM的业绩贡献良多。

彭明盛继续同一路线，并把转型当做一项常态工作，追求持续的服务科学和科技创新、内部管理运营创新。这一投入也直接带来从2006年起进一步开始全球整合的转型，根据各个国家不同的资源优势，IBM将人事、财务、采购、研发等能力分别从美国总部迁至成长国家，实现了资源的优化配置、成本的降低和效率的提高，成为“全球整合企业”（Globally Integrated Enterprise）的先导者。另外，他又带领IBM率先在业内成立“成长市场集团”（Growth Market Unit），实行以它和“成熟市场”（Mature Markets）为基础的管理体制，进一步创新组织架构，打破传统的地理地区组织管理架构。

IBM的员工和彭明盛深深觉得持续的创新力对IBM未来100年的重要性，把“创新为要”写进IBM的价值观中，同时又举行“创新大讨论”，进一步去刺激员工提出创新的想法，在IBM内部弘扬创新文化，其中一个结果，就是带来“智慧地球”的概念及其中众多解决地球问题的想法。

对外，IBM把创新提到另一个层面，把多年来创新经验形成的知识和客户分享。2004年，IBM就提出以创新作为各行各业成长、走出经济低迷的最重要发动机的白皮书。在收购了普华永道的咨询部门后，IBM作为高科技的龙头更是当仁不让地推动创新的重要性，通过自己的全球企业咨询服务部（GBS）去帮助其他企业建立创新能力。此外，IBM又承诺，每年将数百个软件有关的专利免费公开，让独立软件开发商使用，促进IT行业生态链的共荣。

可以看到，在IBM的百年发展中，创新扮演的角色何其重要。无论是产品和科技、组织和内部运营，还是业务模式，创新在100年里一直影响着IBM的命运。随着公司和环境的转变和需要，创新的种类和领域偏重有所不同，这正好让其他企业看到IBM的创新能力不仅只是在产品层面，而是无处不在，对内部运营、管理组织和业务模式均有帮助，甚至连它的创新能力和成果也可以变成业务，提升IBM的市场思想领导力。

创新即策略——创新力的来源

不同的管理专家和成功的企业领导人对作策略有很多见解，不同环境之下我们需要不同的策略，有时要快，有时要奇，有时要宏观，有时要具体。我以为验证策略能力高低好坏最重要的一个准则是它的创新程度，而创新程度又来自于持续的创新力。100年是一段很长的时间，中间的环境、技术、市场、竞争等变迁不计其数，很多因素都不是企业能控制的。而企业最能够掌握的只有自己的变数，在自己可以控制的东西中，创新最能够带来价值加强竞争力，而且是永无止境取之不竭，它具有改变策略获胜机会的特质。因此，如何锻炼出持续的创新力，成为企业作策略的核心能力，是一个重要的课题。换句话说，对于那些真心认为创新至关重要的企业来说（应该接受有企业不认同走创新之路，这是企业的选择），策略就是创新，创新就是策略。

要建立持续的创新能力，把创新变成整个企业的核心策略来执行，首先想到的是人。然而，持久的创新力不能光是依靠个别优秀的员工、一个临时的工作小组甚至是一个常设的创新部门和设立"专款专用"的创新预算。优秀的人才员工固然是创新内容的源泉，临时小组对于个别创新课题或项目会有大的帮助，而常设的创新部门也可以很好地规划和管理创新及相应的投资，但人和组织只是建立持续创新能力的部分元素，而不是全部。

要把创新变成核心策略，先要让创新在企业内无处不在，让每个员工感受到创新的重要性并且已经渗透到公司的方方面面。通过价值观的传递，可以让创新成为所有员工"有所为"的指南针，就像IBM在2004年发表的新三条价值观一样。作为企业最高领导人，CEO首先需要强调创新是企业行事行为的一把尺，同时把创新列为他选择人才的另一把尺。其次要把创新渗透进企业的文化中，通过不同的推广、教育、流程、奖励，等等，把创新的种子散播到企业的不同角落中，形成所谓的"创新文化"（Innovation Culture）。彭明盛的"创新大讨论"和后续的创新项目支持计划是一个很好的例子（IBM拿出1亿美元投入到10个在"大讨论"中获得最多选票的项目）。

除了员工个人对创新尊重而且习以为常外，还需要让员工与员工、部门与部门之间在创新上通力合作（collaboration），特别是面向客户和市场的部门必须与产品及后台比如供应链和研发等部门紧密相连，因为市场永远是创新的最后评判，甚至有时候后台的部门需要直接接触市场。除了企业内部的合作以外，随着全球化和专业化的发展，企业的很多能力都来自于和外部的合作伙伴互动，因此企业的创新，也需要和外部合作伙伴有很强的协同作用。一方面，这些合作可以通过文化氛围推行产生部分创新效果；另一方面，企业也要在部门间和外部合作时流程化，在合作沟通的过程中，引入创新的考量，实行双管齐下，才能把效果最大化。

让创新变成企业文化的一部分、无处不在，把创新的思维放在每一个策略、每一个决定和每一件小事情上，在企业内外建立协同合作创新的机制等，都是建立持续创新力的方法。这样，创新才可以在产品上、内部运营中和业务模式里不断地出现，而不仅仅局限于某一种类之上。这一切，自然离不开企业领导者的真心支持。

至于这些创新的出现所能达到的水平和速度如何，则要看员工的能力和企业的投资。投资固然和人才息息相关，同时也经常和研发预算连为一谈，但还需要指出的是创新需要大量的知识管理和商业智能，因此相应的研发部门和市场商业智能部门的“非人才”的开销投入也一样重要。

需要注意的是，企业创新理应带来业务的价值，因此渐渐成为现代每个企业都说要做的事情，只是这事说起来容易，做起来很难。有些企业在进行所谓创新以后发觉没有带来明显效益，发现可能是本身能力不够，又或者是执行不到位。但更有可能的是，创新的高度还不够，不足以超越竞争对手。特别是现在创新意识那么高的环境下，企业要时刻了解市场需要和竞争对手，才有机会提出足够的创新，而且要时刻对创新的质量保持高度注意，否则，投资创新的成本不低，却很容易“打水漂”，甚至把企业弄垮。

因此，我赞成企业在能力许可下设有专门的策略主管，他不代替各部门主管制定策略的责任，而是协调部门之间的策略使它们和企业的总策略吻合。而策略主管的其中一项工作，应当是协调各部门所有有关的创新事务，并且对创新能力和质量作出评估。创新作为企业主要策略，是需要长期经营和管理的。

有了这些条件，则在作策略的过程中就已经考虑到创新，而得到的结果自然包含了对创新思考的结果。这样的创新才会不断在企业的不同角落发生，生生不息，周而复始。

业务模式设计力确立制高点

什么是一流的业务模式

在IBM的策略方法论中，从企业愿景和战略目的开始加上对市场的洞察和能力，形成市场思想领导力，帮助确立所作策略有足够的高度和统治力。创新力则在作策略过程中，检验和审视企业应该如何不断改良和突破过去做的一切。将这两者落到实处，所作的策略想法会有很高的竞争能力。然而，能否去实现这些想法，就要通过有效的业务模式设计。

业务模式是企业策略落到文字的具体体现形式。简单来说，它是企业做生意的方法的界定，帮助企业回答以下几个重要问题：

· 谁是客户？

· 通过什么方法找到客户？

· 卖的东西给客户带来什么价值？

· 通过什么方法来赚钱和赚什么钱？

· 如何能够让自己的生意不会被竞争所淘汰？

这些问题看起来很简单，谁都能回答，但关键在于作策略者能回答得多详细，和为什么选择这样回答。当企业清楚地给出这些问题的答案时，就知道如何制定相应的行动，并且可以定义所需要的组织、技能和激励管理办法。有了这些元素，企业就可以进入策略的执行阶段。所谓业务模式的“设计”能力，就是企业如何为自己找到这些问题答案的能力。这种能力体现在设计过程之中，能力强的企业，会给出精细而准确的答案，而同时又会不断提出新的问题挑战，直到结果被大家接受（接受与否，一般在于企业评估自己的执行能力是否能胜任，又或者策略是否有足够胜算）。

所以，业务模式设计可粗可细，一流的业务模式除了对这些问题有很清晰、精细、准确的答案以外，它的质量还要取决于它是否是一个最优越的业务模式，简单来说，就是最容易赚钱而最难被复制的。

任何一个企业如果不清楚自己如何赚钱、赚的是什么钱，那这样的企业肯定不会生存很久。但是就算清楚这些问题的答案，如果业务模式不是最有利的话，那企业的经营起码也会劳心劳力，赚钱也赚得辛苦。同样是去找客户，如果我们找客户的方法比竞争对手优胜，自然会对竞争有利。同样是想办法去赚钱，如果我们赚钱的方法比竞争对手多或者成本更低，自然对竞争有利。一流的业务模式，可以帮助企业占领整个价值链条中最重要的战略位置，确保它的盈利能力；同时，优秀的业务模式也会考虑到执行上的很多问题，让企业在实施这一套业务模式前就把重点抓对，使执行更有效。

老沃森的“无意识”业务模式

无论一个企业是否经过正式的模式设计过程，它都会有自己的业务模式。有意识的设计固然可以帮助企业衡量和提高胜率，并且最大限度地帮助后期执行的成功；如果企业开始时没有做过业务模式设计，它们依然可以通过类似的方法重新审视自己业务模式的强度和韧性，达到知己知彼的效果。

IBM也并非一开始就知道有所谓业务模式这样的东西。在老沃森的时代，业务模式这个词恐怕还没有出现，甚至当年的“商业”（business）和我们今天的理解相比也有很大的不同。但是，这不等于IBM在当时没有业务模式。只是作为一种核心能力，在当时还没有受到像今天这样的关注。即便是如此，我们依然可以从老、小沃森时代的IBM，看到一流业务模式的例子。

老沃森的“业务模式”中，他选择了“商业”客户，而且不仅是美国的，还包括“国际”的客户（从IBM的名字看到）作为他的目标。他把给客户的价值，定义为通过IBM的“商业机器”和“服务”（从“IBM就是服务——IBM Means Service”的广告可以看到）去解决客户的业务问题，从中赚钱。为了牢牢地抓住客户，他打造了一个庞大而犀利的销售队伍和文化。为了更好地保证IBM的收入和盈利能力，他把机器和服务

“捆绑”以租赁形式（不是买断）提供，间接也增强了他对客户忠诚度的影响能力。为了不被竞争淘汰，他不断投入研发技术创新，又通过购买和申请专利，为自己建立竞争优势（这点后来被郭士纳发扬光大，成为一个年入数亿美元的生意）。为了客户满意，他又“追求卓越”，要求公司从里到外都以“顾客服务”为工作目的，通过培训提高质量，建立维修部门专职服务客户。凡此种种，环环相扣，老沃森的业务模式在那个年代为IBM的业务打下基础。

在小沃森的时代，最为人瞩目的业务模式设计，一定是S/360的面世。事实上，虽然S/360的硬软件的研发有很多新的技术，但它的绝对性市场成功，更多是因为它的策略加上整个业务模式创新的结果。首先，他选择的客户群和老沃森时代的差不多，但更为广阔，涵盖政府和学术机构。于是，他在设计产品时制定的目标是既可满足商业应用需要，又可以用在科学运算上，而且可以满足不同大小规模机构的使用，减少成长时的系统改变，是真正意义的“通用”电脑（general purpose computer）。为了满足这些需要，IBM推出全新的系统“家族”（family）和“模块化”（modular design）的概念，从主机到外设，都有可以升级和选择的型号和大小不同的配置，而且彼此“兼容”。这样，他为客户的成长需要、投资保护等多方面带来价值。而这些观念和价值，在此之前市场上没有竞争对手能提供，这样为IBM创造了非常重要的战略制高点，让竞争对手难以复制。乍眼看来S/360固然是产品创新，但小沃森和他的团队想的都是业务模式设计里最重要的问题。为了S/360，IBM从里到外作出了改变，比如，分布全球的产品研发部门如何分工合作，研制兼容的机器和系统软件；全球的销售和工程师需要重新接受培训，整个售后服务体系由于有了正式的系统软件和操作系统，也需要作出整改。可以说，S/360的推出，彻底改变了IBM做生意的方式，也开启了现代计算机行业的时代。

郭士纳“有意识”重塑业务模式

30年后，IBM另一次更大的业务模式重新设计，在郭士纳主导的IBM转型中展开。他对IBM的价值观作最深层次的探讨，对IBM的价值提出挑战，对IBM的能力加以评估，并重新发展以服务为主的战略高点。最重要的是他在聆听IBM客户的声音后，决定要让客户可以从IBM选择整体解决方案，或是个别的解决方案和产品。为此，他保留了一个完整的IBM，同时建立了一个拥有五大产品线（系统和存储、网络、软件、服务、

PC，其中以服务作为整合的“龙头”）、六大行业（金融、政府、制造业、流通业、电信业、中小企业）横跨160多个国家和地区的组织，再辅以强大的财务、市场、人力资源等部门的业务模式。

在这个模式基础上，郭士纳和彭明盛又分别设立了高级副总裁的职务，专门负责整体策略和转型变革的事务，把业务模式设计（和改变）的工作变成一项常态的任务，从而更系统地加强这方面的能力。

除了整个公司的业务模式设计外，具体到每一个产品（服务）业务，IBM也都有各自的业务模式，复杂的地方是这些不同部门的业务模式相互之间以及与公司整体业务模式之间都需要互相协调、互相促进。以IBM的服务业务为例，在前文中提到，郭士纳在推动转型时让服务去扮演IBM其他产品的“整合者”角色。但同时，服务又是一个单独核算的可盈利业务。为了同时满足这两个方面的要求，IBM在设计整个服务业务时需要考虑很多不同因素：

· 要有独立的销售队伍和相关的支持体系。

· 要有独立的服务交付队伍和能力。

· 要有独立的定价能力。有时候客户代表（Client Representatives）团队为了更好地销售IBM的硬件或软件产品，会要求服务的报价更优惠，特别是对服务价值的认识相对不成熟的市场。在这时，部门之间非常容易产生矛盾。

· 要设计很清晰的成本单元和成本核算能力（才可以有清晰的盈利情况和管理）。

· 要有独立而很清晰的市场和客户选择能力。在这当中，IBM的硬件和软件客户未必一定是服务部选择的客户，服务部门要根据自己的定位和需求来进行选择。

· 要有独立选择合作伙伴的能力。在这方面，IBM的硬件和软件部被定义为“最重要的合作伙伴”，但不是唯一的合作伙伴。因此服务部也和像甲骨文公司这样IBM软硬件的竞争对手公司合作。

从以上可见，IBM服务部必须在“独立”和“协同”之间，在IBM内部找到一个很好的平衡点，既要把服务部自身的收入和盈利最大化，同时还要兼顾和其他部门的合作，使IBM的整体利益也得以最大化。举个例子，IBM服务部在一个客户项目中需要建议数据库软件，客户已经安装使用过甲骨文的数据库，比较有经验。IBM软件部作为一个独立部门，也希望赢得这个项目的数据库部分，因而找到服务部一起合作，要求服务部在建议书中加进IBM的数据库产品。在这时候，服务部作为另一个独立部门，要考虑如何在能够满足客户的大前提下，帮助软件部赢得数据库的部分。这种关系，来回发生在硬件、软件和服务部门之间，要求团队有非常高的协同精神。

要想让这种复杂的业务模式得到很好的执行，就需要有相应的管理模式与之相匹配。IBM在服务部里面设立专人负责与行业客户团队沟通和协调，同时也和硬件、软件部门在市场规划时共同进行大量协调工作，使得各部门预先知道相互合作的地方和关系。遇到市场策略不一致或不协调时，地区的CEO被赋予权力去协调各个部门之间的利益，建议最后的利益分配。另外，各服务和产品部门也各自设立自己部门的CFO和定价经理（Pricing Manager），各部门根据自身情况制定自己的利润目标，然后通过审批流程各自加以管控。遇到部门之间在某一个个案中出现利益不协调的话，会汇总到地区的CFO和CEO作出裁决，但这个决定仍然需要得到各部门更高级别的定价经理和主管的同意。这样各部门才能对自己的利润有更大的控制能力，而又不失去部门间的协同。

更具体一点，来看一下我曾经负责过的全球信息科技服务部（GTS）的业务模式。GTS的业务分为三个部分。

第一个业务是传统的针对和配合IBM所有硬软件的支持和维修保养服务（Maintenance Technology Services，MTS）。这个业务的特点是以年度（通常是一年到三年）来签署合同，因此签订一个合同就可以带来相对稳定的年度收入。维修服务一直是GTS的“现金奶牛”和稳定成长的业务，同时也是客户满意的一个重要元素。

第二个业务是系统的战略外包（Strategic Outsourcing）。从客户的数据中心空间、网络、系统操作，到最终用户的服务、应用维护、机器硬件和软件的提供等，几乎所有的东西都可以外包。相比起维修服务来说，外包业务的合同周期更长，通常是五到七年。因此一旦签订一个外包合同，未来五到七年的收入就有一个可预测的基础。这也解释了IBM在过去20年里为什么对经济不景气有着比较好的抵御能力（相比硬件和软件的生意而言）。

第三个业务更像是传统的硬件和软件业务，我们叫它“基础设施技术服务”（Infrastructure Technology Services，ITS）。这个业务主要是帮助客户建立某类的系统和IT基础建设的服务。它以项目形式出现，而每个项目都有非常明确的交付的成果。项目的周期可长可短，但通常都不超过一年。在IBM的业绩公布时，通常会形容这个业务是“交易型”的服务（transactional services）。

把GTS的三种业务放在一起来看，ITS项目通常小于一年，维修服务通常从一年到三年，而战略外包服务则覆盖更长的五到七年。可以看到，这是一个长短期兼备的业务，做得好的话，它能够提供：

- 抵抗衰退的能力和在环境好时的稳定成长（通过外包和维修服务）；
- 企业需要的现金流（通过外包和维修服务）；
- 短期而相对快速的收入（通过ITS）。

又由于三者之间的技能需要相对接近，这也使资源的培养、调配和成本控制能够产生很大的协同效应。另外，在把GTS整个业务的目标与IBM整体的目标以及硬件、软件配合起来时，它们对市场和客户有一个非常清晰的定位及另一层次的协同效应。这就是驱使IBM要转型并投入服务的主要原因之一。

类似的业务模式考虑也可以在IBM的软件和硬件部门找到，而且相互配合。

凡此种种，我们可以从中看到IBM这个多维度企业的业务模式的复杂程度。没有一个有意识而有效的业务模式设计方法是不可能做到的，同时也没有办法为它做后续的维护和改良。

从郭士纳的转型开始，IBM的业务模式设计能力得到有意识的提升，它的方法也被纳入IBM的策略方法论中，成为IBM“策略语言”的一部分，并且通过培训传播到数以千计的IBM管理人员那里，使之更系统化和更被广泛掌握和使用。在IBM中国的员工中起码有上千人次曾经接受过策略方法论的培训。

在IBM的漫长历史中，因环境变化而设计、重新设计业务模式大的有三次，小的不计其数。其业务设计能力得到多次锻炼。展望将来，随着计算模式的转变和市场对解决方案的诉求，市场上已经开始出现一些新的业务模式，比如“软件即服务”（SaaS）和“应用器材”（Appliances）等。这些新的业务模式尚未完全被市场接受，但我非常相信，IBM已经在做类似的业务模式设计，务求在时机成熟时，一击即中。

业务模式设计五部曲

业务模式设计能力强的企业，除了能提出更优秀的业务模式外，还能清楚地定义如何衔接执行。这种能力可以应用在整个企业的大业务策略上，也可以应用在个别部门或者某个产品的策略之上。以下我们一起来看看IBM业务模式设计的五部曲。

IBM的业务模式设计分为五个部分，分别是：客户群选择、价值承诺、价值获得、战略性制高点和关键活动（见下图）。这五个部分分别展示任何一个业务模式应该具备的各种内容。设计的目的就是要分别为这五个部分定义相对“最理想的情况”（desired state）。所谓“最理想”，可以是和同一部门或产品“目前的情况”（current state）相比，也可以是和竞争对手目前的情况比较。所以它可以用在全新的策略制订，也可以用在策略的改良之上。但无论是哪种策略，这个方法需要我们首先写下这五个部分“目前的情况”，然后通过讨论和研究，制定出“最理想的情况”。

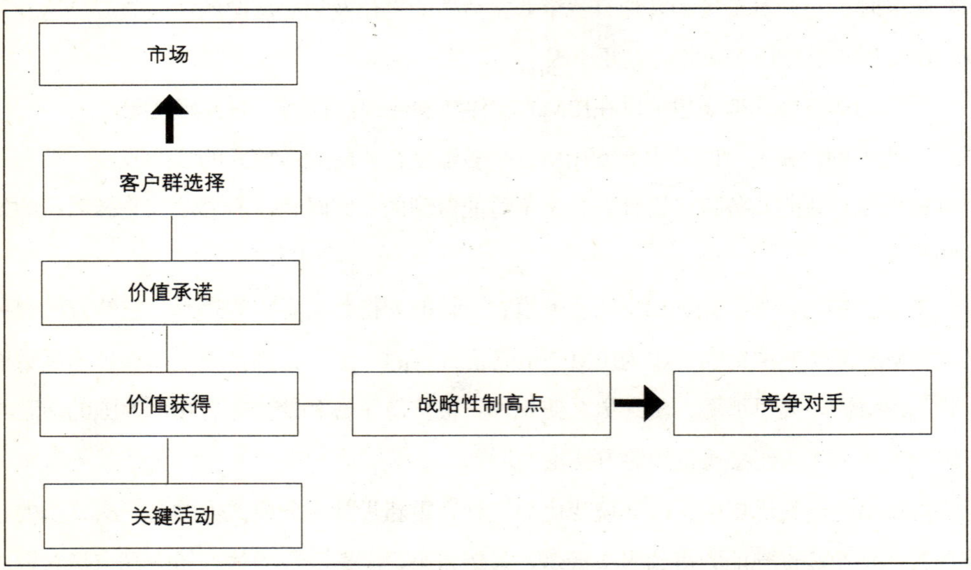

业务模式设计五部曲的关系

· 客户群选择（Customer Selection）。设计一门生意的第一件事情是选择目标客户群。这件事看起来是那么自然和理所当然，但真正要做到科学化，做起来可没有那么简单。有几个要注意的地方：第一是先入为主的“偏见”。很多时候，我们的潜意识早就对客户的类型有所想法，因此很容易落入先有客户群然后用数据去证明它是对的得窠白。我们要认真客观，利用科学的分析去发现最适合的客户群。当我们的产品和预设的客户群不一致时，我们要很清楚地知道如何取舍。很多人以为，IBM的PC业务，特别是台式机，主要是针对企业市场的客户。其实中间曾经有一度IBM为了针对消费者市场，特别推出一个名为Aptiva系列的IBM PC，但由于IBM的品牌形象过于鲜明偏于企业市场，最终IBM还是选择放弃消费者PC的市场，专注于企业市场。第二是我们对客户群的类型和行为了解更要深入细致，而不能只是一个笼统的描述，同时对客户的需要和行为有一个清楚的分析。有了这些东西，我们才能进行下一步。

· 价值承诺（Value Proposition）。企业所做的事情对客户有什么价值，或者说它对目标客户能够承诺提供什么样的价值。这些价值不只是客户购买的产品或服务带来的直接价值（比如是最大性价比的承诺、最尖端的技术、服务的质量或是最刺激的用户体验等），也包括了购买时得到的其他相对价值（比如是购买方法的便利、付款的便利、交付的时间或是品牌的形象等）。客户永远是第一的，所以弄清楚企业给客户带来什么价值是首要的事情。而更重要的问题是我们提出的这些价值的承诺，是否是客户所要的。企业往往会“先入为主”地以为它的产品一定会为客户所接受而受到伤害，在IBM中最著名的例子一定是前面提到的OS/2的故事（详见第三章）。所以无时无刻不在审视价值承诺和客户需求之间的匹配或变化是极其重要的事情。

· 价值获取（Value Capture）。企业确定要提供什么样的价值给客户之后，要厘清通过企业的什么方式（和部门）来让客户实现这些价值。举个例子：如果企业承诺24小时上门服务而客户愿意为此多付钱的话，那么企业要很清楚什么部门要做什么事情才能让客户获得这个承诺的价值。换句话说，这也是企业定义如何赚钱的地方和方法。

· 战略性制高点（Strategic Control Point）。接下来企业要考虑所做的事情是否经得起竞争和变化的考验。企业需要知己知彼，首先要了解自己在市场上为何能够立足，是因为价钱低、品牌价值高，还是因为质量过硬？是因为技术领先，还是因为企业拥有市场的标准？了解自己立足的根本原因之后，还要去了解市场客户对自己这些特性的依赖性，同时也要看竞争对手有没有类似的特性。如果市场的依赖性很高而没有竞争者的话，那企业的控制能力就非常高，企业的地位就很难被撼动（微软的WINDOWS操作系统就达到过这种高度），控制能力就会十分强大。制高点越高的产品或企业，它能够得到的市场份额和利润空间便越高。优良的业务模式设计通常都有较强的制高点，而企业在设计业务时也应该有意识地去发展或强化被定义的制高点方为上策。

· 关键活动（Scope of Activities）。最后企业要把需要做的主要“活动”勾画出来。这些活动是指那些能帮助我们实现上面三样东西（价值承诺、价值获取和战略性制高点）时企业要做的事情。这是在进入业务流程设计和执行阶段前的一步，所以要把活动尽量定义清楚，比如是要通过网站交易平台提供付款，需要客户服务队伍上门维修，需要利用高效的陆路运输去保证交付时间等。把企业赖以成功的最重要的几样事情定义清楚，方便在日后设计业务流程和寻找合适的技能。

在下图中，我试图把IBM老沃森、小沃森和郭士纳时代的三个不同业务模式加以描述，希望能够以有限的篇幅去把这个观念更清楚地加以说明。

	老沃森	小沃森	郭士纳
客户群选择（对 IBM）	政府和部分行业的大企业	所有政府和企业	所有政府和企业
价值承诺（对客户）	· 手工“应用”自动化，提高效率 · 机器使用方便（一流客户服务） · 合理资金投入	· 解决更复杂“应用”，如 · 银行交易和航空订座系统（S/360）可兼容和扩充，方便管理 · 高性价比和投资回报	· 整合复杂解决方案，包括商业“应用”和技术运维 · 提供商业（创新和转型）和技术价值 · 多种采购选择
价值获取（对IBM）	· 提供IBM机器和“应用” · 提供调试、安装和维修一条龙服务（IBM Means Service） · 提供打包租赁方式	· S/360提供体积小、可兼容和扩充的单元化计算“家族” · 协助客户开发“应用” · 提供一条龙服务	· 提供各种硬件和软件单元 · 提供服务去整合硬软件单元 · 协同合作伙伴提供服务 · 提供行业深度知识
战略制高点（对IBM）	· IBM技术和专利 · “应用”领先 · 客户服务 · 租赁方式 · 率先拓展海外	· S/360架构和技术，适用于所有行业和“应用” · S/360兼容性和扩充性 · S/360上开发的“应用” · 客户服务 · IBM品牌	· 复杂解决方案能力 · 服务和软件研发技术 · 全球服务交付能力 · 深度行业知识和能力 · ISV及渠道群体 · IBM品牌
关键活动（对IBM）	· 建立一流研究开发和生产 · 建立“未来需求部” · 建立客户团队和文化 · 建立服务团队 · 管理专利资产 · 建立海外管理机制	· 重建产品研发，建立软件（操作系统）开发 · 重建产品全球生产能力 · 重新培训客户和服务团队 · 加速海外机构发展	· 郭士纳转型活动（第三章）

业务模式设计示意图—— IBM三个时代的例子

业务模式可大可小，大的可以用在整个企业上作为整个企业的模式。小的可以用在各部门的规划上，或是新的产品或新市场的开发上，但其逻辑思路和以上并无区别。

要培养优秀的业务模式设计能力，并不是一个幕僚（职能）部门就可以解决的事情，关键是让所有参与者如何把设计的过程尽量做到精细而且成为“习惯”，这个能力要求每一个部门的策略者都有同样的思维方式，然后互相启发。它也需要企业对市场和自身的能力都有客观而深刻的理解，知己知彼，再加上尽量多的客观数据，才能帮助企业在不同层面设计出最优秀的业务模式，提高胜算。

我们再来看看开始时问过的问题：

· 谁是客户？

· 通过什么方法找到客户？

· 给客户带来什么价值？

· 通过什么方法来赚钱和赚什么钱？

· 如何能够让自己的生意不会被竞争所淘汰？

现在读者想必感到回答这些问题不像看起来那么简单。肤浅的认识和简单的答案也可以做出业务模式设计，只是质量肯定不好甚至执行不了。曾经接触不少企业的CEO，当我提到这些业务模式设计的问题时，有些反应如获至宝，有些告诉我“这些都很简单，不就是……罢了”。但是当我进一步请教了几个“为什么这样选择”的问题后，漏洞就慢慢出现了。每个企业需要或不需要培养系统化的业务模式设计能力，留待企业自己决定。但是我相信，一流的业务模式加上一般的执行力，还能够产生不错的结果。相反，“一般”的业务模式要想成功，非得要有超强的执行力，才能有生存的机会。

强大的市场思想领导力和创新力，加上一流的业务模式设计能力，让企业所作的策略能够引领市场、满足客户需要和建立竞争优势，也为策略的执行指明方向，为策略的落地奠下基础。在下一章，我们一起来探讨执行能力的问题。

第十章 百年老店成就执行

执行就是把策略和业务模式中定下来要做的事情按计划的时间、速度和准确度去完成，而且能够周而复始。因此，虽然执行的最核心是员工，企业的执行力实际上需要系统化或流程化的相辅相成，而不仅仅基于员工的集体或个人能力。员工的领导力和技能固然重要，组织和流程的有效性也影响着执行的成败。在“人”和“事”的高度结合下，IBM的执行能力严谨如一台超级机器，几乎是滴水不漏。

拥有得天独厚的基因和制订出一流的策略以后，该到执行的时候了。策略和执行在企业的成功方程式上相辅相成，而深厚的基因能力又为策略和执行的质量指导方向和保驾护航，三者缺一不可。这三类能力中，又以基因能力影响最为长期，策略能力次之，而执行能力对短期结果影响最为直接，也最需要灵活和变化。

我说过一流的策略（业务模式设计）可以不需要一流的执行还能取得不错的成绩，但现实是今天的环境节奏太快，时间是企业的奢侈品。而优秀的策略需要大量细节和耗费时间，因此企业越来越难作出所谓的"完美"的策略。大部分时间里企业领导者只能接受"不错"的策略，在这样的情况下，执行变得无比重要。事实上，许多管理专家认为短中期的成功30%来自于策略，更多（70%）是要依靠强大的执行力。执行得好，企业制定的策略目标能够如愿以偿；执行不好，再好的战略非但不能得到结果，相反可能让企业失败得更难堪，甚至活不过明天。

简单来说，执行就是把策略和业务模式中定下来要做的事情按计划的速度和准确度去完成。在IBM初期的时候，所有重要事情都在老沃森的脑子里，在转变成产品和行业多元化的IBM后，执行的复杂度千倍于彼时。为了保证结果和质量，IBM不得不把事情分解成很多小事情，交给不同的人去完成。于是，IBM的执行力，需要成为一种系统化和制度化的能力，而不仅是基于员工的个人能力。

然而，IBM最核心的是它的员工，而执行又需要严谨的员工纪律和意志。所以执行是否成功还是和员工素质、心态和理念紧连在一起。又如果所有员工有着共同的价值观和成就执行的文化，众志成城，执行的质量自然提高。而且，在执行过程中，再精细的分工还会有定义不清的事情和责任，在这时候，强大的IBM文化正好可以弥补流程工作定义的不足，保证执行不因此受到影响。

我把IBM的执行能力通过四个部分表述出来，它们是核心流程建设和优化能力（Building and Optimizing core processes）、组织和技能能力（Organization and Skills）、企业的领导力（Leadership）以及随需应变（ Becoming On Demand ）的能力。

执行第一步是要把能贯彻策略意图的重要工作，经过充分的了解后分解成为一致性高和能被快速重复的行动，并把它们串联在一起形成合理的工作程序，就像工厂的流水线一样。由于核心流程要被长期使用，它要随着策略和市场的变化而改变调整，因此IBM也除了核心流程“建设”以外，需要具备同样出色的“优化”的能力，以应付不断的新需要。

要做到执行有效和快速，企业要找到足够拥有适当技能的人，并把这些人员有效地组织起来，分工合作，方能成事。拥有相关技能的人被组织在一起，也可以让技能的培养和人员的管理激励工作更容易开展。组织和技能的能力让企业能按照需要，快速地调整组织和获得技能，以支撑策略的执行。

执行其中一种最重要的“技能”就是领导力。IBM的领导力是通过人来体现的，IBM认为，拥有越多高领导力的员工，整体的领导力越强。领导力强大了，可以带领和激励员工在一切执行过程中滴水不漏。而当IBM在郭士纳带领下加强了领导力、重新配置组织和技能，设计合理清晰的流程时，IBM的执行能力已经提高不少。

只是，对于曾经是前CEO约翰·埃克斯助理的彭明盛，在经历过20世纪80年代后期的危机后，对此并不满足。他要求IBM继续锻炼出能应付任何特殊变化的能力，真正达到“随需应变”状态，使IBM的执行能力达到更全面和“全天候”的水平。这也是为什么在过去10年IBM给人们非常强烈“执行文化”印象的原因。

核心流程的建设和优化

把重要的事情变成流程

我在前面讨论业务模式设计时谈过，企业需要界定清楚要从事哪几件关键的活动。这些关键活动把企业的策略落到实处，体现企业如何去交付价值、赢取利润和赢得竞争。要做到和策略相匹配，执行的第一步就是要根据企业的关键活动把它们变成核心流程，加以建设和不断优化。视乎企业的产品和市场情况，关键活动和核心流程的关系不一定是一对一的关系，一个关键活动可能需要几个不同的流程相互配合，才能达至策略的要求。举个例子，全球信息科技服务部的一个关键活动是“完美的交付和调试系统给每一个全球信息科技服务部的客户”，要达成这件事情全球信息科技服务部需要硬件安装流程、软件安装流程、运输流程、财务流程等多个流程配合才能完成。越是复杂的企业，对核心流程的定义和建设越重要，而它们对复杂企业的有序运营越不可或缺。

流程化是一种科学化工作方式，把企业要做的事情定义下来。它们可以覆盖整个企业，也可以应用到一个部门之上。一般来说，每一个流程都有它的目标和衡量标准。它通过把事情分解到具体能重复实施的小单元并加以分工，然后按照流水线的概念从一个人或部门流转到下一个单元，从头到尾直到达到结果为止。故此流程应该有输入、输出、行动内容、负责人、时间等重要内容。通过对这些内容的实施和控制，达到预期的目的。从“六西格玛”（Six Sigma）到近年被丰田汽车发扬光大的“精益”（LEAN）方法，围绕的都是如何把企业通过流程做到最好。我在IBM服务部门时，就曾经参加过全球GTS组织对LEAN方法的学习，并参观了丰田汽车在北美的工厂，学习如何应用在服务业务上。和IBM一样，丰田汽车把追求卓越和品质视为企业的价值观。它通过这一套保证品质、消灭浪费的精益方法论的实行，不仅在流程上不断优化以符合时间需要，同时也帮助丰田强化它追求卓越的文化。

之所以需要流程，是因为无论什么时间或者谁在企业里工作，企业都要能够不断重复地、准确地做好某些重要事情，工作流程记录着事情应该怎样做的所有详细信息，这使工作既不会完全依赖于某一个人的经验，也有利于大规模同时作业，流程在分工后责任归属也变得分明，减少权责不清在大企业出现的情况。由于事情被分解到更小的单元，也有利于更客观的质量控制。

与此同时，流程化的过程则可以让企业对这些事情产生更深刻的了解，特别是那些复杂度很高而且牵涉多部门合作的事情。有了更深刻的认识，企业也就有了可以不断地去改良和优化它们的基础，应对环境的改变。没有流程或流程化过程提供的学习，企业要想提出业务创新或提高效率，往往显得无从入手。

流程化的另一大好处，是在于把事情分解成为小单元后，企业可以把工作更好地分工到不同职能部门手里，促进跨部门合作。这些部门也可以根据自己的部分集中精力发展需要的技能，有利于企业的技能专业化。而随着通信能力的提高，这些部门甚至可以不在同一个国家或地区。这种跨地区的部门合作，则促进了企业全球化的发生。

但是高度的流程化并不是对所有企业都适合。在企业创业期间生意尚小的时候，事情环节相对简单，人手也不多，流程所能带来的好处并不明显。相比之下，速度和灵活显得更重要。随着企业的业务越来越多元化、越复杂，把重要工作变成核心流程的好处便越来越明显，而企业的流程精细度和广度也从简单逐渐提高。久而久之，因应市场的变化，建设和优化核心流程的工作需要不断被重复，因此拥有这方面的能力是任何一个希望持久兴旺的企业的重要武器。

IBM的十大关键流程

虽然IBM也经过创业时期，但历史上的IBM一直都是一家很有纪律和规范的企业。虽然在20世纪IBM成长初期，所谓的“业务流程再造”等管理名词还没被大量使用，但IBM对于要做的事情还是有很好的规范的。我刚刚加入IBM的时候，就注意到公司清晰的流程和制度，每一个环节都有条不紊，几乎每一件事情都有一本手册。到我在市场部门工作的时候，我们需要对每一个市场推广计划的内容非常全面地考虑并加以记录，然后得到审批。在服务部时，我们对流程的讲究和需求更是从来都非常严谨。这些对我个人来说都是很好的训练，帮助我建立了一个全方位考虑事情的工作习惯。

最大的变化发生在郭士纳带领IBM在20世纪90年代中期转型的时候。虽然他并不是从无到有地去建设流程，而是把策略中的几件重要事情重新认清、然后改造流程，但由于过去的做法不符合当时策略的需要，改动非常大，主要的改造历经数年，而且至今依然在不断地调整。

通过这个庞大复杂又痛苦的经验，IBM无论是在系统化的流程优化能力上，还是在面对流程改变时的“心理素质”上，都有了非常巨大的提升。有了曾经经历死亡边缘的经验，IBM深知持续不断地改善流程对于它的生存至关重要，为了要做好这方面的工作，IBM后来在总部常设了“变革部门”（Transformation），任命高级副总裁Linda Sanford女士负责，专门钻研、推广、教育和推行IBM重要的流程改变和转型。通过这个做法，IBM进一步把流程的建设和优化能力与观念更科学化地普及整个组织之中。

走过100年的路程，IBM建立、累积和改造了不少的核心流程。要做好这许多件事情不是一个短期的经营，而是经年累月的结果。有些核心流程在老小沃森的时代就已开始建立和累积，比如IBM超强的大客户服务和销售管理、严谨的人事管理及积极快速的产品技术研发等。今天，这些流程和当年当然完全不同，但它们都是建立在相同的价值观和文化之上，经过几次重要转型和数十年不断优化而成；有些则是在郭士纳的转型中逐渐形成的，比如并购管理流程和新兴产品的管理。在郭士纳和彭明盛主导的这近20年时间里，他们把IBM的流程进行了更系统化的梳理，要求每一个部分都不断优化。

由于IBM的业务非常多元化，因此它要掌握的业务流程的种类和范围也较大。在“产品”方面，它有硬件、软件和服务。就这三类产品来说，它们的研发、生产和交付的方式都截然不同，自然需要不同的流程，像产品的开发、制造、供应链管理和服务的交付管理。当然，它们之间也会有共通的地方，像并购管理、市场管理和销售管理。还有一些其他的流程，是服务整个公司的，像财务管理、人才和技能管理、品牌管理、采购和供应商管理等。

在我的观察中，以下10个流程是IBM赖以生存的最主要流程：

- 财务管理
- 销售管理（含渠道管理和大客户管理）
- 人才和技能管理
- 产品开发、制造和供应链管理
- 服务交付管理（服务过程）
- 市场管理（含产品和行业）
- 品牌和影响力管理
- 采购和供应商管理
- 并购管理
- 新兴产品与业务管理（Emerging Business Opportunities）

这些流程每一个都是庞然大物，由很多子流程组成，这些流程会因不同部门的需要而调整（比方说，客户付款流程对服务部和硬件部非常不同），它们的名字也不是IBM的官方名字，而是根据我对IBM的认识所加以归纳而成的。应该说，这些流程的背后在更大程度上是代表在业务运营上对IBM影响最重要的10个领域。这10个领域的流程，为配合IBM整体策略而生，为更有效地执行这些策略服务。

这十大核心流程是IBM无时无刻不在努力做好的事情。在它的所有流程中，财务管理最为强势和核心。由于财务的信息是IBM和股东与华尔街最直接的沟通“语言”，因此IBM形成了一个财务主导的氛围。通过市场对各种财务结果信息的预期，财务部门会转化成为各部门的各样指标。又为了更好地掌握这些结果，财务部门不断进行财务系统的更新和统一。有了更清晰的数据，它们成为各个业务部门和后勤部门的“一面镜子”，帮助分析企业的问题。好的会受到表扬，不好的会被要求立即做出改善行动。在财务管理的驱动下，各业务部门的财务状况会被整合在一起再呈现在股东面前。除此之外，IBM也通过财务管理，实行对企业的资源和资产、成本和开销以及股票价值等的管理。但凡在IBM工作过的管理人，都知道财务管理在IBM的地位。

IBM每年从第三方采购的总金额数以百亿美元计。这些采购可能是产品的原材料、生产用的机器和设备、市场有关的营销活动、各种业务的交通和住宿开销、办公室相关的各样费用，加上在服务业务中需要大量的第三方服务的购买等，种类繁多，遍布全球且金额庞大。假如IBM没有强大的流程，不可能管理得好，更不可能通过采购和供应商管理优化不断节流，尤其是通过不断的整合、生产力提升和规模化采购来实现成本降低的目的。此外，除了能减少成本和开销，通过供应商管理，IBM也在供应链管理和服务交付等领域，增加产品和服务的竞争力，并且大大降低供应商有关诚信和合规的问题出现。

销售管理是IBM最早发展的核心能力，也是在转型过程中变化最大的一套流程。在我开始到IBM工作一直到20世纪90年代初期郭士纳空降以前那段时间内，我们的业务指标由两个部分组成：一个是签约金额（sign quota）的指标，另一个是交付金额（ship quota）的指标，而且这些指标都是年度的。签约金额指的通常是在一年内所获得的签约总金额，交付金额指的是在一年内通过已交付部分的合同金额。在当年，IBM的系统都是先订货后生产（Built to Order）（PC除外），加上在中国还有中间出口许可证申请、运输中转和安装需要较长时间，以致签约时间和交付时间往往有数月之差。只要我们能完成年度的签约金额和交付金额的指标，公司不怎么计较在哪一个月份完成，业务的压力自然比今天小很多。但这种做法，在20世纪90年代后期被加上季度的硬指标。同时，由于企业被要求更重视当季实际发生的收入金额，IBM索性取消了签约金额的指标，使销售人员只能加速所有交付流程，务求缩短记录收入的时间，才能完成指标。

IBM又把所有销售的机会通过一套统一的系统进行更规范的管理，按照机会的状况加以分阶段管理，根据机会的成熟程度作为销售预测的数据。这种做法也“迫使”所有销售人员更频繁地使用系统作为销售管理的“唯一”工具，大大增加销售机会和预测的透明度（销售人员从不喜欢把机会过早“暴露”给老板），为销售和业务管理提供重要和及时的信息。之后，销售的汇报和检查周期也从以前的1年变成三个月、一个月，最后以一周甚至一天为单位。频率的增加也让IBM随时随地知道销售预测的情况，作出适当的反应。

产品和行业的市场管理，就是使IBM能够清楚地知道它的各样产品卖到什么市场、通过什么方式去卖。通过客观的市场数据和精细的客户市场划分，IBM设计不同市场覆盖路径（Routes To Market）并为每一种路径定义了不同的流程和方式。IBM的市场覆盖路径分为多种，分别管理除了IBM自身的营销队伍以外的分销商（Distributors）、代理商（Resellers）、本地的系统集成商（local SI）、本地的独立软件商（local ISV）和跨国合作伙伴（如埃森哲、SAP、甲骨文等）等，每一类为一种市场覆盖路径。

从产品出发，IBM对每一个产品都要先定义好它所选的市场覆盖路径，然后仔细地定义每一个路径如何工作、要多大规模、有多少数量，同时也要定义不同路径之间的关系。同时，针对渠道和产品的特性，我们又分为“通过渠道销售”（Sell Through）、“和渠道销售”（Sell With）及“售于渠道”（Sell To）三种情况。针对不同形态，了解渠道的盈利模式和他们的敏感问题点，制定IBM相关的渠道策略。市场管理还会制定如何利用IBM强大的市场思想领导力，并通过主导各种各样的市场推广策略和执行，引领客户和合作伙伴走向共同的方向。

IBM的品牌和影响力的管理和市场管理关系紧密。它被单列的原因是IBM非常重视它的品牌，就像爱惜自己的“羽毛”一般。特别是在郭士纳转型后，他把以前分散在各个部门手里的所有品牌资源集中，建立了强大的品牌价值和公关能力。集中的好处在于，它可以把有限的资源投放在一个“IBM”单一品牌的建设上，从而使IBM能带来的价值更清晰，而不会因为硬件、软件和服务部门各自发展品牌带来价值的混乱，也使投资更为有效。他通过不同的部门把IBM的品牌和定位很清晰地传达到不同的受众群体，从最为人熟悉的品牌广告、带领市场的新方向、政府事务、媒体以及大学、行业专家甚至是已经离开IBM的人（alumni），IBM都有专门的人员和策略相对应。这些工作虽然没有给IBM带来直接的收益，但它对IBM的品牌价值有极大好处，同时也对能影响客户决定的群体传达IBM的信息。事实证明，连续多年，IBM的品牌价值在《商业周刊》的调查中都一直名列前三名。

服务业务是IBM营收超过一半的业务，重要性不言而喻。在服务管理方面，服务业的“生产”就是它的交付过程。如果IBM不能驾驭服务交付管理流程的话，它不仅会影响客户满意度，同时也直接影响IBM的盈利能力。服务交付管理受三个最重要因素影响——技能、自动化程度和流程。可以看到它必须同时和IBM的人才、技能的管理流程要相辅相成，因为超过一半的IBM员工都是在服务部门工作，他们的技能将直接影响服务交付的能力（有关服务转型的故事，可参考第七章）。

在所有的10个流程能力中，并购管理和新兴产品与业务管理是近些年新兴起的。由于IBM近年来把并购纳入策略的一部分，因此IBM也发展了一套方法和能力去有效地管理并购活动。特别在软件方面，IBM采用了并购和有机生长并存的做法，因此在这些年间IBM对被收购企业的整合能力逐渐提高，从产品和品牌是保留还是融合进现有产品或技术，到人员和组织的安排与消化，到文化和管理风格的协调与统一，IBM都累积了一套方法论来确保并购目标的实现。事实证明，在过去10多年中，IBM进行超过百次的并购并从中获得很好的结果，一直支撑着IBM作为整合解决方案的领头羊的地位。

此外，IBM曾在新兴产品的发展中有过切肤之痛（比如UNIX），所以对有潜力但还未成熟的产品和市场加强管理。IBM首先把产品和业务分为三类：成熟产品（Horizon-1）、近期推出的产品（Horizon-2）和新兴产品与方案（Horizon-3），同时成立了专门的部门和流程去培育新兴业务机会，以免像从前一样错失了商机。早在20世纪90年代中期，在IBM还没成立“成长市场部门”（GMU）以前，IBM就早已通过这种方式关注着中国和印度的早期发展。后来IBM索性改变组织架构，成立“成长市场部门”，进一步以组织来强化和巩固相关成长市场需要的流程。

篇幅有限，我没有办法把所有重要的流程一一展开，也没有办法很深入地探讨。我希望让读者对IBM这样一家大企业的最重要流程有一个初步了解。可以看到，这十大核心流程能力有些对外，有些对内，但它们都是IBM今天赖以生存不可或缺的能力。也不难看出，这些流程不能单独存在，所有的流程不但影响各自的上下游，同时彼此之间也是互相关联的，因此流程的整合以及同步性的要求也是相当高的。能够把如此复杂的10个流程共冶一炉，独则各自发挥功效，合则协同运作，没有强大的流程能力和经验是很难驾驭的。

流程的常变常新

从IBM的例子我想说明，优秀的流程应该具备以下几个特点：

· 能支持业务和策略（否则变成无用的内耗）

· 有韧性的（能经得起大多数情景考验）

· 有效率的（在最短时间做最多事情，不重复、不拖拉）

· SMART（Specific，具体的；Measurable，可衡量的；Achievable，可实行的；Realistic，实在的；Time，有具体时间的）

要支持这些特点，很明显流程需要不断地变化和优化。原因很简单，企业经营的环境、对应的策略、竞争对手的反应、市场的法规以及企业本身的条件都会随时间的迁移而改变，昨天适合的流程到明天可能就不合时宜。流程不可能在企业的生命周期中一辈子只做一次，如果不改变，很容易就不再能满足客户需要，或者被竞争对手甩开。企业流程的优化过程只有开始没有结束，企业的寿命有多长，它就需要存在多久，不同的只是大改还是小改；是一个流程改还是所有都得改。当无数的管理巨匠都说“企业中唯有变化是永恒”，我们也只好接受流程不断需要优化的事实。

企业的领导者认识到流程需要变化和优化是一回事，企业的员工要接受并参与又是另一回事。大多数员工在流程优化过程中只是负责或参与实行，不是策划的角色，而大多数员工都对转变抗拒，至少是对目前状况更适应。因此，如何就改变进行沟通、教育员工和取得共识是管理流程优化重要的工作，直接影响它的成功。

另一个和流程优化成败有重要关系的是它能否带来相应的优化结果，新的流程是否比之前的流程更能符合现在的需要，又或者它是否比竞争对手优秀，很多人称之为“最佳实践”（best practice）。由于是要比过去和竞争更优，这个过程需要具备创新的精神，甚至是研发的执著，务求在不断出现的新科技的帮助下，能不断地找到新的突破。

有的企业的供应链管理是它的命脉，它就必须具备不断优化供应链的能力；有的企业的渠道是它的生存之道，它就必须具备不断优化渠道管理的流程的能力。但不管是哪个行业，一个百年成功的企业一般不会只有一道板斧，不同的时代会发展出不同的核心流程，而在不断优化的驱动下，100年下来，一家优秀的企业一定会累积不同方面的核心能力。IBM也是如此。一个企业把对自己最重要和擅长的几件事情的流程搞得很清楚，能够有效地与员工沟通和培育新的变化，然后同时不断创新做事情的方法，是良好的业务流程优化能力的体现。

对很多创业者来说，和新产品研制或者赢得一个大客户比较起来，把工作流程化是企业经营中最乏味和不刺激的事情。的确，中国企业在30多年改革开放中，靠得更多的是拼劲、速度、灵活和低成本。但如今很多企业已成为上规模的大企业，很多创业者也正在构想如何传承他们的衣钵。要成为百年老店，人事兴替不可避免，把重要的事情变成流程似乎是走下去不可避免的一步。同样，也有人认为像工厂流水线一样的标准化流程，不适合创意行业或高价值的工作，因为它们更依赖于个人的能力。而我觉得，把重要的工作流程化不是一个简单的“做或是不做”的问题，而是流程化“要做多少和细化到什么程度”的问题，这是企业领导人自己需要衡量取舍的地方。

组织与技能相辅相成

企业组织和技能的重要性

套在人类身上，核心流程就像一个人的身体为了人的生存而所需要做的重要事情，比如呼吸、获取食物、输送养分、免疫能力、安全保护等。这些“核心流程”和一个人的生存息息相关。而这些“流程”的正常运作，需要依靠身体的五官四肢、五脏六腑及遍布全身的神经、血管和肌肉组织来共同完成。这些“组织”各司其职，扮演不同的角色。

但要让这个人健康地生存，各功能组织还需要同时发挥功效，通过紧密的协同合作，方能让每样“流程”顺利完成，达到目的。这其中有些功能组织主外，像我们的五官四肢、骨骼、皮肤和肌肉等，它们负责和外面的世界接触，在获取信息和食物之外，也保护身体免受外来的伤害；有些功能组织主内，像我们的五脏六腑、神经和血管等，它们负责身体内的正常运转，在摄取身体需要的养分之外，也确保身体的均衡发展和成长。这些不同的组织“设计”巧妙合理，几乎没有多余的部分。它们虽然功能各异，而且每一个组织都承担着极其重要的任务，但它们又不能独立运作，唇齿相依，谁都离不开谁。当一个身体组织出现问题时，其他的身体组织也可能被牵连。人类奇妙的身体，拥有几乎完美的“组织”。同样道理，在企业中，核心流程和组织的关系也是如此。我们也需要有健全精密、功能独立却又高度互补的机构组织，方能有效地执行企业的核心流程。

如此类推，企业所掌握的职能技能（functional skills）就如同人类身体组织器官的细胞一样。无论是骨血的细胞、内脏的细胞还是神经细胞，它们是这些组织最重要的组成部分，它们也是这些组织的功能和能力的来源。当这些细胞强壮的时候，组织功能便能健康发挥；当这些细胞衰弱时，组织功能便每况愈下。同样，企业的不同组织也是由它们相应的技能组成。组织的职能技能越强，则组织的发展就越健康。

企业首先把组织里的各种职能加以定义和分工，同时又把核心流程分解成为不同的小流程或单元，然后按先前定义的职能分工由不同的组织加以执行。因此一个流程，往往要数个组织紧密协同、分工合作才能完成。而每一个组织的各项专业的技能都不能或缺，无论是财务、供应链管理，还是服务的交付等，企业每一个对内对外的流程都需要有良好而适合的技能去完成，就像身体需要所有细胞都健康一样。

另外，由于这些组织需要不断地累积从流程执行沉淀下来的经验，为流程的不断优化提供有效的知识，企业的组织相对核心流程来说需要稳定一些。这有点像人的肌肉组织，具有“记忆”和“学习”能力。而且，相对稳定的组织机构也有利于让企业内部和外部的沟通做得更畅顺，指挥系统更具准确性。这又是核心流程、组织和技能之间的另一个关系。

所谓组织能力，应该说是把所需的职能按核心流程需要最合理地设计铺排，然后把相关的职能技能定义，并把最合适的人员放在一起，加以锻炼和激励，使他们发挥最强的效用。所以在我眼中，组织能力包括两个部分，其一是在企业中所有组织的宏观设计，目的在于清晰合理地分工；其二是在组织中的实际管理工作，执行有关的流程部分。因此，建立有效的组织能力，是加强企业执行力的一个重要“工具”。没有组织的执行，就像打仗没有阵形，无论在练兵时还是在作战时都不能形成方法和经验，也就不能做到从学习中进步。

所谓技能能力，也分为两个部分：其一是针对企业流程和组织的需要，去计划所需技能的水平和数量（skills planning）；其二是以最有效的方法去获得和提升这些技能，使企业的“技能差距”（Skills Gap）在任何时间中都处在一个可以接受的水平。

拥有强大而齐全的职能技能，是任何企业梦寐以求的事情，就像作战时拥有最精良的各种部队一样。但因为各种明显的原因，这样的完美状态在企业的生命中很少发生，就算是出现也往往只是一时。换句话说，企业在大部分时间里都是在追求不同的技能去满足需要（在成长时），或者是在把多余或不适用的技能进行调整（在成熟时）。

而选择把组织与技能放在一起作为相关的核心能力来讨论，是因为这两者是让核心流程得以执行的相关的条件；也是让企业执行力得以发挥的基本元素。技能是组织的最小组成单元；组织是拥有共性技能的载体。企业搞清楚要做的几件重要事情并加以细化，然后通过有效的组织加以执行；在执行中又以最佳的技能在每一个环节上保驾护航，使执行达到最佳效果。因此，任何一个成功的企业，都需要拥有有效的组织能力和技能管理能力。

现代企业组织的IBM范本

IBM深谙组织对现代企业的重要性，而且一直都走在这方面的前沿，算得上是现代企业组织的领导者。在IBM的历史中，我看到过三次重要的组织改变，在这三次的改变中，IBM每一次都克服了变革过程中的困难成为一个更适合当前环境的公司。

当然，在这三次重要的组织改变之外，我们不能忽略老沃森对海外市场的前瞻能力。他早在1949年就成立管理美国本土以外业务的组织IBM世界贸易公司，在美国企业国际化的路上走在前沿。老沃森看准自己产品对全世界的影响，除了在海外国家和地区建立团队外，又辅以工厂和实验室，并且这些机构组织执行着几乎和美国一样的工作方法，甚至连文化、穿着都一样。这些做法直接为后来的跨国企业化和全球化打下了重要的基础。而他管理美国本土外组织的方法，一直维持了数十年之久。

1956年，小沃森接任后，他意识到父亲的管理方法不能适应越来越大的IBM和以后发展的要求。在小沃森领导下，IBM重新定义和建立起一套完整的组织架构和专业化的管理方法，他的组织方法仿效军方的作战部队（line）和幕僚（staff）的管控方式，设立幕僚组织和产品及地区为主的作战部队，由幕僚负责策略和后勤，作战部队负责产品开发和市场销售。他又把组织的等级划分正规化，授予不同权力，强化员工和上下之间的纪律，改变老沃森时代相对松散的管理。按此，小沃森重设IBM的组织架构，成立了五大集团（Groups），分别负责总部幕僚职能、军工/计时/特殊产品、新成立的数据处理产品、电动打字机产品和负责美国本土外地区的世界贸易公司，由五位高级副总裁兼任集团主管（Group Executive）负责，下面分设各部门（Division）各司其职。而这5位主管加上他本人组成IBM最高管理核心的管理委员会（Corporate Management Committee），负责总体策略的制定和协调幕僚及各个作战部队之间的策略执行。这种集团和部门的组织方法，至今依然沿用。这次组织的改革，把IBM带进当时最先进的组织管理之中。

从郭士纳的转型开始至今，IBM经历了历史上最彻底的一次组织改变。这次改变，把IBM从小沃森建立的阶梯形机构（hierarchical organization）变成一个多维度的矩阵型机构（matrix organization），方便管理多元化的产品、行业和地区需要。

在这个过程中，郭士纳将老沃森建立的IBM世界贸易公司（IBM World Trade Corporation）管理模式改变，将IBM从一个以国家地区为资源核心的组织方式，变成一个以产品和行业为主的组织方式，把决定权力从国家地区转向总部。这种垂直的权力转移乍眼看来似乎减弱了老沃森时代建立的对美国本土外的支持，但实质上这也是IBM由国际化过渡到全球化经营的序幕。因为有了垂直管理，这些部门可以实施全球一致的策略，并在全球范围内进行最优化的资源调配。另外，通过这次组织改变，IBM也确立了以产品部门（含服务）为利润中心，行业部门为客户中心的重要经营思想，国家地区的角色相对淡化，逐渐被全球化思想代替。这个过程虽然并不容易，但历史证明这次的改变非常成功，将IBM从失败的边缘拯救回来，成为“会跳舞的大象”。

这样的组织运营了10年之久。其间，彭明盛注意到全球化趋势的进一步发展，为了更好地抓住这些机遇，在2006年年底，IBM提出更进一步适应全球化的组织架构——全球整合企业的观念。全球整合企业的概念，突破了跨国企业以总部为中心，在各个海外国家和地区组织生产、运营和销售的经营观念，也摆脱以成熟国家作为总部的做法，提倡以能力和经济规模为选择条件，根据各个地区的资源和特长，在全球建立多个职能中心，把不同的资源能力建设于最适当的地方，并辅以最先进的通信手段，让各种职能在全世界范围内能无间有效地协同合作，从而实现增长和效率双赢。全球整合企业提倡把企业不同的部门按照企业内技能集中的情况加以区分，然后把部门总部设在技能最集中的地区。IBM抛弃过去国家地理位置为本的“内向”做法，把美国以外的总部不以传统的地域观念来划分，转而把总部设在靠近最多资源和最重要客户的地方。为此，IBM将全球的采购总部迁移至中国深圳，又在全球不同的城市根据技能集中的情况，建立多个全球资源中心。这次改变，真正把IBM推向一个全球一体运营的企业。

同一时间，IBM又注意到新兴市场的成长已成为地球经济的新火车头，于是决定成立新的成长市场集团（Growth Markets Unit，简称GMU）组织，把总部设在上海，打破过去跨国企业以地理区域（欧洲、亚太区等）分区经营的做法，把全球成长速度最快的国家地区，比如金砖国家、东南亚国家、拉美国家等约50个每年成长在10%以上的IBM

国家地区都放在成长市场集团统一管理。这样的做法，有利于新兴市场之间共性经验的交流、投资的专注，以及如何管理新兴市场的能力培养。

这三次组织转变凸显IBM组织能力的强大。作为长久以来一直走在前沿的高科技跨国企业，IBM的组织观一直是站在前沿位置。从国际化、矩阵化到全球化，它无时无刻不在思考如何去调整组织才能与时代接轨。

IBM的技能管理

在第八章中我们探讨了IBM对人才追求的理念，提到“找对人、先造人、再造技能”的做法。在这个源于“尊重个人”的理念熏陶下，IBM一直都对人才以及技能的提升十分重视，无论是销售、工程师、软件程序员、客户工程师还是对生产的员工，IBM很早就开始了内部技能培训课程。IBM相信只要找到“对”的人，就应该加以投资去发挥每个员工的潜能，相信他们获得的技能能够满足工作的需要。在IBM的前80年的历史中，由于市场的节奏不如今天的快速，加上大部分产品和技术都是自己的，IBM一直奉行几乎所有产品、销售和管理技能都从内部培养的做法；在当时，技能的管理也不如后来的精细和系统化，除了对以上几个方面的人员需求有比较详细的计划外，对其他的专业技能稍有不足。但无论如何，IBM对所有员工的培训，在行业中一直最广为从业人员羡慕。

在走出低谷并开始转型以后，IBM对技能的管理发生了变化，开始变得更加机动和长短结合，而且越来越精细和系统化。这个改变有两个原因：一是因为IBM在转型矩阵后，流程和分工越来越细，员工的角色趋向于专业化（像市场、销售、技术售前、客户关系、服务，等等）。郭士纳相信要走专业化的路线，整个企业和各个员工的技能分布变得十分重要。人事部重新提出十几大类专业人员的事业发展路径（下含更多的工作岗位），然后对每一大类的专业提出不同的技能细分要求。二是由于IBM的业务重心转移到服务，因而带出非常多的新的服务技能的需求，特别是有关于不同的技术方面的要求（运维、网络、安全、应用软件、程序人员、分析员，等等）。这些服务技术技能的特点是它们大部分不再是IBM独有的，而且对某项技能的需求因应项目进行而发生，波动性特别高。在这两个原因下，IBM对企业整体和员工的技能管理需要变得非常精细而复杂。

但简单来说，当IBM把所有工作所需的技能放在一起，会产生整体需要的技能

（Skills Needs）（在特定时间内）。另外，当所有员工的技能评估被放在一起时，又会出现一幅“技能地图”（Skills Map），通过技能地图和需求比对，IBM了解到当前技能的情况，对技能和资源的落差进行分析，对重要的技能进行“保护”。这个信息帮助IBM制订年度的培训计划，但是除了内部培训外，IBM也开始使用更多的公开培训（因为很多技能是开放的）。

由于IBM涉足服务行业的原因，负责交付服务的人员变成“服务成本”。为了控制成本，IBM不可能无限储备所有服务资源和技能，必须在适当的时候提供适当的技能（相当于制造业的“Just In Time”——适时生产），否则会直接影响IBM整个服务业务的成本和盈利。

为此，IBM开始采用不同的方法去获得适当的技能。一是IBM会从市场“购买”（招聘）拥有适当成熟技能的人（而不是从头培训）。二是从第三方资源公司以短合约形式获得其他的技能资源。同时，IBM在全球不同地方发展自己的全球交付和资源中心（Global Delivery and Resource Center），通过经济规模来得到成本较低的资源能力。

今天的IBM技能管理变成一个考虑全面的流程，横跨所有部门，每个大部门都一定设有“技能管理经理”的角色，负责监督部门技能情况、制订技能地图和计划等工作。而对IBM整体来说，获得技能的策略也已从IBM内部培训延伸到外部；也要从局部地区延伸到全球的范围。为了适应生存的需要，IBM的技能管理能力已逐渐变成一门科学。

对标一流组织

不过，矩阵管理并不是放诸四海而皆准的方法，一般而言更适合用在多产品、多行业和多地区的业务之中。而且实行时，不仅需要制度，更重要的是需要有相应的文化、领导力和技能等才有机会成功。

企业的组织改变在漫长的发展中总是免不了，关键是需要因时制宜，让组织更好地执行当前的策略。我们经常听到某些公司改组或某人上下台的消息，甚至有时候一年超过一次，但所谓组织能力，并不是像我们在媒体上听到简单地任命不同的领导而已。固然组织任命领导人是重要的事情，但组织的能力须由多方面来形成。在我看来，一个组织是否能发挥高效，有几个重要的特点：

· 合理的结构和规模。这里有两个层次：第一个是整个企业的层次；第二个是企业里每个部门的层次。两者都需要合理的结构和规模。根据自身的特点，一个企业需要制定适合自己的整体组织架构——有多少个部门，它们各自的职能是什么、它们的关系为何等。合理的组织架构应当顺利地支持企业的目标和流程，同时部门之间能有清晰的界限和最少的重叠，这样企业可以更有效地运用有限的资源。在个别部门的层面上，技能种类、水平、数量和分布的定义和计划，以及执行时上呈下达的沟通机制，都需要好好安排。可是，当我们提出结构的重要性的同时，我们也要充分意识到企业的这些结构性的东西应该是为执行所用，而不应该成为妨碍执行的力量。“结构”顾名思义在改变时没那么灵活，但我们也不能让结构变得僵化，从而影响执行，特别是那些需要跨部门组织合作的事情上。通常，高效的组织会通过组织的氛围（Organizational Climate）去避免这样的事发生。

· 良好的组织氛围。任何一个强大的组织，必定都拥有良好的组织气氛。在现代的企业中它应该包含高度的学习（Learning）、协同合作（Collaboration）、热情（Passion）和结果导向（Results Oriented）的精神面貌。组织上的这个气氛的形成受整个企业的主文化影响，但并不是百分之百。每个组织因为它的领导者的能力和组织人员之间的互动会产生自己独特的组织氛围；而这个氛围也可以随着领导者的风格、组织的成熟度和所处的环境而改变。技能好而成熟度较高的组织，领导者可以通过授权和鼓励的方式去凝造一个合适的氛围；面对成熟度较低的组织，领导者可以通过他或她的经验视野去引领团队；遇到困难而紧急的环境，领导者可能要以直接命令的方式去动员所有团队成员。无论是哪种情况，创造一个适当且良好的组织氛围能够带动团队更好地完成使命。

· 有效的领导能力。任何组织都由人组成。要有效地带领组织去完成任务，除了规章制度以外，更重要的是领导者的能力。领导力不单代表权力，领导者也不能一味地通过权力去达到结果。领导者要通过不同的方法，包括他（或她）的视野、策略、沟通、经验、决策，甚至情感的能力去影响团队。除了计划、分析决策、发布命令以外，领导者最重要的工作是创造一个良好的组织氛围，让团队组织能把它的潜在能力发挥到极致。有关更多领导能力的讨论将在下一节会继续。

· 齐全而适合的技能。技能的重要性显而易见。关于技能的管理问题，我将在下一节讨论。

可见，所谓的组织能力，是不断地根据流程和执行的需要，及时调整人员的技能，使他们能够按需要执行，同时在面对不同的外在或内部环境时能够打造良好的氛围，让团队人员有良好的心态，时刻充满热情和动力。当然，在面对重要改变的时候，能够当机立断去作出机构组织的调整和重组，也是一个企业组织能力的具体体现。

我们应当注意的是，组织是为了服务企业核心流程而存在。但有些时候，我们会错把组织设计变成一个权力分配的游戏，形成我们所谓的官僚。这样本末倒置的情况一旦出现，很可能会导致机构重叠，责任不清，或者是“兵力”分布不均。无论是哪种情况出现，企业的执行能力都会大打折扣。越是成功的企业，越容易走进这样的误区，唯有通过组织能力的提升，不断审视和防止这种问题的出现。

如何管理技能

技能管理（Skills Management）对现代的企业也是极为重要的，尤其是那些想要走高价值高端路线的企业，我身处的IT行业——尤其是IT服务行业——更是如此。相对于前面提到企业对人才的追求的基因来说，技能管理能力更具短期目的性和更微观。企业对人才的追求是如何把各样人才吸引到企业并加以保留发展，技能管理则是针对企业业务上的需要（通常是短中期，但也有长期的考量），去让企业的人才满足于业务所需的技能。在这个过程中，由于时间更短的关系，不免有时候需要临时招聘或高价“购买”合适的技能去弥补技能的空缺。但更多时候，企业应该是及时把公司组织里人才的技能加以补足或提升去满足需要。技能的管理并不是一门很高深的学问，观念很简单，但越是多元化和庞大的企业，技能的种类就越多，要追踪和计划的难度就会相应提高，也需要更专门的管理。事实上，在IBM的全球信息科技服务部（GTS）和全球企业咨询服务部（GBS）中，均设有专门的技能管理经理。

首先，每一个组织部门需要根据在未来一段时间的部门职能需要和业务的规模，定出对技能的需求和数量（Skills Needs）。另一方面每个员工会被编入某一类专业，同时要对自己工作技能按要求作出评估，在得到经理的认可后，输进系统记录。跟着企业对部门员工的技能作出评估，从而得到部门总体的技能分布情况，称为“技能地图”（Skills Map）。然后，把技能的需求和技能地图加以比较分析，得出“技能落差”（Skills Gap）分析。针对落差，部门提出提升技能的计划，视技能的性质，可能包括现有人员的培训和向外部“购买”，具体策略需要企业自行因应技能供求情况和自身条件制定。

对于员工个人来说，管理个人技能是每一个员工自己的责任。员工应该及时了解工作对技能的要求和将来晋升的条件，在了解自己的差距后，和部门经理商量如何提升并制订计划。而部门经理也有责任协助员工管理并提升自己的技能。当然，对于那些本来技能已能满足需要的员工而言，他们应该按照公司的发展方向和自己的兴趣去进一步提升自己的能力。

当各部门的技能情况和计划汇总之后，企业就可以对整体的技能情况有宏观的了解，从而制定更重要的战略决定去支持未来的发展。在这一层次上，企业可以看到不同部门之间技能是否可以调配，或者是否有共同之处。技能的计划（skills plan）可以是非常短期或长期，视技能的性质和供求的环境而定。企业在设计自己的技能管理体系时需要就自身的情况加以决定，如何在适当的时间得到最适当的技能，不过多也不过少。技能的管理，直接影响到企业执行的质量和水平，也直接影响企业短期的结果成绩。

因此，作为执行能力的一部分，技能管理也应该变作流程方便管理，而上一节提到有关优秀的核心流程的特点，也可以应用在技能管理的流程上。事实上，在前面提到IBM十大流程的服务交付管理流程中，技能管理就是其中一个子流程。

要做到执行有效、高效和反应快速，企业要找到足够拥有适当技能的人，并把这些人员有效地组织起来，分工合作，方能成事。拥有相关技能的人被组织在一起，也可以让技能的培养和人员的激励工作更容易开展。因此，组织和技能的能力在很大程度上影响执行的速度和结果。

人人都要有的领导力

领导力是什么

在数千年中国的历史和文化中，我们对“领导”的概念绝不陌生，大有皇帝君临天下、小至家庭中的父子伦常都是。先撇开领导能力好坏不谈，它的重要性是不言而喻的，否则国家也不会出现不同年代的兴盛和衰败。企业也一样，有再好的环境、产品、组织和人才，如果领导不当，还是强大不起来；相反，如果领导有方，则会事业兴隆。

过去我们对领导能力的理解，无论是通过人治还是法治的做法，更多是以管理和控制为目的出发的。而由于权力相对高度集中，领导权力集中在少数的“领导”手里，因此领导能力也只是少数“领导”的问题，早期的东西方企业也有同样问题。但随着社会的进步和环境的复杂化，企业对领导力开始有了新的认识。企业知道要想成功，不能只是通过方法控制，而要激励和动员所有员工，为同一方向努力。我们不妨先看看彭明盛在数年前提出IBM对领导能力的定义和要求：

- 对IBM未来的热忱（Passion for IBM's Future）
- 明智的判断力（Informed Judgement）
- 推动业绩和增长（Enabling Performance and Growth）
- 协同影响力（Collaborative Influence）
- 勇于承担战略性风险（Strategic Risk Taking）
- 与客户合作（Client Partnering）
- 拥抱挑战（Embracing Challenge）

· 横向思维（Thinking Horizontally）

· 培养IBM员工和社群（Developing IBM People and Communities）

· 赢得信任（Earning Trust）

在彭明盛的眼里，领导能力可谓包罗万象。从个人思维开始，IBM认为领导能力的根本是“明智的判断力”、“横向思想”、“拥抱挑战”和“勇于承担战略性风险”，这样才能一方面作出客观而全面的决定，同时又敢于不断突破、做大做强。IBM也意识到今后的成功，不能只是依靠个人能力，而是需要分工合作，因此“赢得信任”、“协同影响力”和“与客户合作”的能力，变得非常重要。而领导能力的第三个方面，则是要向“目标”负责。所谓目标，指的是IBM的领导者需要对IBM的未来、对员工和社会，以及对短期的业绩和成长有所担当。IBM领导能力中“对IBM未来的热忱”、“培养IBM员工和社区”和“推动业绩和成长”的三条，说的就是这个。

这是IBM当前对领导能力的定义。当然，和中国的机关企业一样，在IBM百年的历史中，对领导能力的看法也有一个演变过程。

领导力和经理人的关系

我刚到中国内地工作的时候，经常听到客户提到“领导”和“干部”这些名称。开始的时候我不了解它们代表什么意思，后来才发现，他们所指的“干部”是机关或部门的负责人，也就是当时西方企业所谓的“经理人”。这些“干部”拥有人事权，能控制手下的前途（在西方管理中，经理人不一定有人事权。有些经理人只管“事”而并不管“人”）。至于“领导”，指的也是机关或部门的“干部”，不同的是“领导”是一个相对称呼，带有几分尊敬的意思，而“干部”则是对经理人的统称，是一个职位。因此，“领导”就等于带有人事权的经理人的尊称。

在当时，中国的管理权力通常高度集中在机关部门中最高级的“领导”或“干部”手里，下放程度很低。在我和客户的沟通中，最经常听到的一句话是“这件事我要回去请示一下领导”。无论这只是说话的习惯还是真的需要领导批准，把“干部”称为“领导”，隐含的意思就是干部（经理人）应该去领导组织而不是其他人，因此领导能力应该只和干部（经理人）挂上关系。

其实同样的观念在20世纪的西方也十分雷同，所不同的可能只是名称和授权的程度而已。当时的管理结构大多是“阶梯式”（hierarchical）的。在这样的组织环境下，权力通过授权（包括人事和业务）落到经理人身上，而经理人更多是通过这种被赋予的权力来“领导”他（或她）的部门（当然经理人的个人魅力或其他能力也有帮助）。因而，“经理人”和“领导”也经常被混为一谈，而领导能力也成为经理人的“专属”能力。

但随着企业的多元化和跨国经营的发展，企业的职能变得越来越复杂。旧有的阶梯式组织架构虽然在指挥和控制（command and control）上更为清晰和有力，可是在面对多产品和多国家的经营环境，这样的管理方式显得反应速度太慢，而且经常因为信息传递误区致使决策错误。在这样的情形下，“矩阵式”（matrix）的组织架构应运而生。而随着这样的组织架构的出现，大企业需要改变它的管理方式。如何在依旧遵守严谨的流程和规章制度下，让分布在全球各地的大小部门能够快速而准确地响应市场的变化，成了大企业管理的挑战。企业家们知道，他们还需要高效的经理人，通过运用公司的授权去完成部门的使命，甚至是更多的授权。他们也愿意通过流程的改变去尽量明确部门之间如何合作。但市场的变化实在太快，光是流程和赋予更多的授权给经理人还是无法解决问题。

于是企业家们想到其他员工，希望他们在不是经理人的职位上负起更多领导的责任。在全球化的环境下，很多事情都要由跨部门的合作去完成，很多时候不同部门的专业人员要组成临时团队一起工作，在这时候，由于专业知识的原因，专业员工需要担起临时“领导”的角色协调工作，而非传统的经理人。随着这种情况的增加，领导能力逐渐不再是经理人的“专属”能力，而是企业中包括经理人和专业人员在内的一个通用而重要的技能。

IBM就是这样的企业。在早期的IBM，领导力主要是通过经理人来体现，这和我到中国内地时认识的国情是一样的。所不同的地方可能只是IBM对经理人工作内容的定义而已。虽然在过去几十年中IBM的经理人的角色发挥对IBM的成功影响巨大，但为了要适应新的环境，IBM还是重新定义对经理人和领导能力的要求。在下面，我会分享我对IBM的经理人和领导力的认识，或许能为那些将会全球化的中国企业，提供一些管理的参考。

把经理人当做专业人员培养

对于任何一个企业来说，它所有的行动无非围绕两类活动展开：其一是执行和企业业务（财务、制造、销售、市场、研究等）策略相关的一切活动；其二则是执行和企业中员工相关的所有活动。第一部分的工作都是通过企业的员工来完成，所以越是能够做好第二部分，越能够激励和帮助员工去更好地完成第一部分的工作。IBM对经理人工作的定义也是围绕着这两个部分展开的。这是为什么企业需要经理人的原因，也是为什么IBM特别重视经理人的原因。

在IBM的管理字典中，有些经理人只是管理某一项专门的业务或职能；有些经理人既要负责业务的管理，同时还要肩负对员工的领导和管理的责任。为了更全面起见，在本书中的经理人，我集中讨论后者。

IBM把经理人当做是一个专业来看待，就像我们看待医生、建筑师、律师，或者是IT行业里软件设计师、网络工程师等专业一样，IBM认为经理人需要拥有特殊的技能，比如业务管理、人事管理等和领导能力相关的“专业”技能，另外还要再加上相同的价值观和文化，才能成为合格的IBM经理人。

为了让经理人的专业做得更好，IBM十分重视对经理人培养的一整套体系，从经理人的物色和筛选，到技能的培训及经理人的发展和激励的机制，它都有一套方法。和其他很多企业不一样，IBM从不会把“经理人”当做是某种业务工作升迁的自然延伸，或是对业务表现优异员工的一种“奖励”。因此，IBM培训出来的经理人是“纯度”很高的“专业经理人”，历来在企业人才市场中一直是非常抢手的一群。

通过对经理人的一整套专业的理念、策略和做法，IBM在其100年的历史中，培养出一代代强大的经理人队伍，并且不断强化这支队伍的力量。而通过这支强大的经理人队伍，IBM把它想要执行的行动推行到IBM的每一个角落，从上到下，从里到外。

IBM的级别制度

在我们探讨IBM经理人的培养制度之时，我们不妨先理解IBM的人事级别体制。在20世纪90年代转型以前，IBM的人事等级非常多而细碎，共有数十级之多（我从来没有搞清楚过，但我知道业务代表的级别从53到59级不等，而业务经理从57到61级，甚至更高），而且不同部门专业人员岗位之间有不同级别分布（比方说，系统工程师的级别就比业务代表低一些，从51到57级）这样也产生了不同部门之间很多的不一致性。

随着矩阵组织的出现和更专业化的职能细分，这种偏重不再适合发展的需要，同时级别太多对员工掌握自己的事业发展规划不利，同时也不利于部门之间的人才调配（因为级别体系不同容易带来不必要的争议）。郭士纳推行了人事级别的重新制定，把所有工作按重要性和技能要求分成10个级别（bands），从band 1到band 10。无论是销售还是后勤的职能都按不同的级别标准化。而对于band 10以上的更高级人员，则另设以英文字母A、B、C、D分级，称为“高级管理人”（banded executives，还有更高的级别，此处不另谈）。band D是初阶，如此类推。每一阶级的升迁，都有一定的标准和批准的权力。

找“对”的人做经理人

在很多企业或机构中，往往会把从事某专业（比如销售、财务、市场、研发等）最出色的专业人员提拔成为经理，以为在专业上表现出色自然会是好的经理人，却不知道最强的专业人员可能不是最好的经理人才。这一点从很多的运动项目（特别是团队运动，像篮球和足球）中可以看到。固然出色的球员有能够成为同样出色的教练的机会，但我们也可以看到更多的出色教练来自于一般水平的球员，甚至是不曾做过球员的人。

在第八章中，我提到过IBM“找对人”的人才理念。这对于经理人这个专业尤为重要。如是者，挑选经理人并不是必然把表现出色的业务人员作为经理人这么简单的一个选择。IBM非常清楚这个道理，所以在选择经理人的时候也特别小心，要考虑很多的因素，如价值观、沟通能力、性格和行为的特征等。因为如果选择错误，不仅可能损害了工作、影响一组他（或她）所带领的团队人员，同时也可能影响到这个人自身作为一个好员工的发展前途。

在IBM眼里，经理人对业务的了解固然重要，但要成为一个好的IBM经理人，除了对所负责的业务要熟悉以外，同样重要的是他（或她）对员工团队的了解、对沟通和协调能力的掌握、对公司策略和价值观的认同，以及他（或她）是否愿意贯彻执行公司政策的决心（当然也要有对少数情况下公司不正确的决定做出挑战的决心）。在21世纪中，经理人更多的时候是要通过帮助、激励和协调员工来完成任务，而不是个人冲锋陷阵的能力。

古人说过千里马也需要伯乐，对IBM的人才来说也一样。只是IBM除了伯乐以外，还依赖一套制度性的方法去帮助筛选经理人。前面提到，经理人的其中一项工作就是要做人的工作，而其中一项“人”的工作，就是要对员工的潜能不断评估，并协助他们发挥自己的潜能，在公司里走得最远。好的人才有些适合走专家路线，有些适合成为经理人。IBM的经理人通过对员工的表现、性格和行为等的观察，从中物色“高潜力的专家型”人才（High Professional Potential，HPP）和“高潜力的经理人”人才（High Management Potential，HMP）。这些人才固然需要在他们本身的工作上表现出色，同时也在诚信和价值观上与IBM一致（通常是band 7和band 8的员工）。

每一年，IBM的人事部都有一个流程，让各部门的经理人把他们心目中的“高潜力的经理人”（HMP）选提出来，这些人不一定是马上就已预备好成为经理人，可以是一年后、两年后，甚至更长。这些名单会经过自己部门的最高负责人审阅，并和举荐他们的经理人讨论，进一步了解这些“高潜力的经理人”人选的特点。如果也得到部门负责人的同意，这些“高潜力的经理人”人选就会被人事部记录下来放到人才储备中。当所有部门的“高潜力的经理人”人选汇总以后，IBM会进行两项工作：一是各部门的负责人之间会进行讨论，使这些负责人对其他部门的“高潜力的经理人”人选有所认识，方便将来“跨部门”的提升和任用；二是公司会为这群“高潜力的经理人”提供“高效领导”（High Performance Leader，HPL）的培训，让他们更早接触经理人的角色和领导的意义，帮助他们进一步提升能力和认识IBM。在这些培训中，会有资深的经理参加课程，并且观察这些员工表现出来的素质是否符合IBM的领导力、价值观和行为准则要求，是否具备IBM经理人的特点，而不光是去看他们的业务能力。这些培训的人才的表现会被记录到人才档案之中，方便参考。“高效领导”的培训，其实也用于“高潜力的专家型”人才身上，只是我讨论的焦点是经理人，不另讨论。

除了初次提升的经理人外，IBM也对成熟的经理人（Experienced Manager）加以观察和举荐。和“高潜力的经理人”一样，IBM每年也会由二线以上经理举荐一线以上的经理人，作为下一线经理人的储备。更优者还会被举荐为“高级管理人资源”（Executive Resources，ER），也就是“高级管理人”（Banded Executives）的储备。

“高级管理人”在整个IBM的30多万人中只有数千，约占1%。这些人承担具有一定规模的IBM部门或组织的领导工作，通常以业务大小、利润中心责任和业务复杂程度划分，但也能包括部分专家级的专业人才。所有“高级管理人”的任命都需要得到总部批准，而总部从全公司全球角度控制每一级别“高级管理人”的人数，每一个人都是经过多方审查方能决定。而在众多的审查标准上，越是高级，越对人员的诚信、价值观和领导力看得更重，而不是只看业务的能力。在IBM的历史中，遇到诚信有关的问题而中途撤掉“高级管理人”甚至更资深的人发生不多，但一旦发生，IBM的态度绝对是“零容忍”。

被举荐为“高级管理人资源”储备的人，会被人事部汇总，然后分别被该部门全球的负责人和所有地区作全球性的评估和比较，同时在大中华地区中由大中华区总裁作本地区跨部门的评估和比较。他们两方面都会对每一个‘高级管理人资源”作出讨论，把他们的特点、优点、缺点和需要锻炼的地方都加以讨论并记录到全球统一的档案系统之中。而全球业务负责人会和大中华地区总裁针对某一个“高级管理人资源”达成共识，制定发展之路。在这一过程中，“高级管理人资源”的直接经理人也会参加讨论，确保评估的准确性。当然，在这个级别中的英文字母越来越“小”的时候，他们对IBM的重要性也更高。他们的一举一动和表现，也经常受到评估和追踪。

还有一点值得分享：在IBM经理人之间有一个很重要的任务，就是要为自己物色能够代替自己的人才，以便自己升迁时可以替代自己。这一概念，很好地鼓励了经理人去物色人才，同时保证业务不会出现真空。这一做法，由于理念和人才储备不同，在其他企业中并不多见。

这样，只要员工本身具备相同的价值观、经理人特质、足够的业务能力以及组织人事经验等，IBM员工从新任经理人、成熟经理人到高级管理人各级别，都有被伯乐不断发现的机会。

经理人的培训

在新的更复杂而多维度的IBM组织中，领导力对策略和执行有着莫大的关系。正因如此，IBM不惜投下人力/物力去帮助这群经理人员。有了重要人才的储备库后，IBM利用不同的方法去培养和激励他们。IBM最基层的经理人为一线经理，更高的层级分二、三、四线经理，如此类推。中国的三、四线经理一般就是各个部门大中华区的负责人（视部门大小）。当正式成为IBM的一线经理人后通常在三到六个月之内，会被送去参加新任经理的培训（New Manager School，NMS）；成为二线或三线的会参加中层经理培训（Middle Manager School，MMS）。培训内容会包括IBM的策略、业务行为准则、人员管理、员工辅导技巧、团队建设和业务管理等。除了课堂学习和后来的在线学习，还有经理人在所在岗位上进行的自我学习等。

在此之后，对于那些成为“高级管理人”的员工，又会被送到总部参加不同层次的高管培训。在这些培训中，他们不会被直接传授如何去管好一个业务部，或者被教导怎样去更好地抓业绩工作，而是有机会听到模拟IBM的个案讨论、领导力的学习、个人领导力的分析、其他高管（包括CEO）的临场分享等，内容则非常侧重在IBM领导力和素质的讨论和应用。这些总部的培训课程参加者通常不超过20人，都是来自全球各地区最优秀的人员，能和他们一起学习讨论一周本身就是一个学习。而为了这20个学员，公司会有四至五位资深高管作为观察员“陪读”，参加整个培训并对每一位学员进行观察并写下评估，最后和学员沟通（评估也会送回给学员的经理）。

学员还有机会通过事先的问卷得到来自于自己的老板、同伴和下属对自己的领导力和组织氛围的评估。通过来自于如此多方面的信息，这些人有机会对自己的领导力作出客观而准确的了解，同时为自己定下改善的计划和行动。在我的IBM生涯中，先后三次参加这样的培训，每次都获得新的启发和对自己有新的认识。而且对我们这些从亚洲来的学员，下课后正好是中国上班时间，经常舍不得放手中国业务上的事情，以致几乎一天工作学习20小时。但这个培训，也是我工作多年经历最好的培训课程。

前面章节中提到的大中华区独创的G100计划（详见第七章）也是培养领导后备人才的一个重要手段。G100计划每年从高级别员工（主要为band 9和部分band 8）中选拔约100人，作为未来领袖的储备进行培训，他们之中大部分为经理人，部分为专业人员。除了对他们进行财务、领导力、软技巧等培训之外，IBM还举办每季度一次的电话会议、一年一次的论坛，给G100成员提供更多提早“参政议政”的机会。这个做法的目的是加速大中华地区人才发展，并不取代正常的经理人培训。

经理人的实践和实战

除了正式的课程培训外，IBM最成功的经理人培养方法体现在公司如何通过工作的调动去达到锻炼的目的。很多人会注意到，越是做到IBM的高层，很多时候员工会被公司放在不同的部门，甚至派到其他国家或地区去锻炼，这也是IBM把经理人作为一个专业对待的一种表现，希望通过接触不同的文化和问题加速经理人的成长。

IBM大中华区先后两任总经理都是这一制度下的“明星”。前任总经理周伟焜在香港工作10多年后升至香港的运营总监，同时又有机会到东京担任当时AP/G（亚太集团）总裁乔治·康拉德斯（George Conrades）的特别助理，随后立即成为IBM台湾的一把手。他后来又曾经在澳大利亚以及南亚地区分别负责服务和PC的工作，最后成为大中华区的总经理。

现任大中华区总经理钱大群（钱总）的经历和周伟焜有异曲同工之妙，在中国台湾和大中华地区工作一段时间以后，他出任郭士纳的助理，这对于钱总来说不仅是一个难得的机会，同时也是公司对钱总能力的认定，为他日后的进一步提升铺路。这也是IBM对寄予厚望的高管的培养方法，它会不断地给你机会去扩展视野接受新挑战。钱总回来后在大中华区又服务了一段时间，然后接手IBM东南亚地区总经理的工作，加强了他对地区整体工作管治的经验和视野，为他出任IBM大中华地区一把手作更多的铺垫。

对于中国内地的当地员工来说，最佳例子莫过于大中华区副总裁范宇。范总于2011年夏天迎来他在IBM事业的25周年。从系统工程师开始，凭借出色的工作表现和领导力，范总是第一批中国大陆经理人的代表人物。随着大中华区的成立，范总是第一位大中华区部门级的本土管理人，曾负责大中华区S/390主机的工作，也是第一位获得到美国总部外派机会的本土同事，在当时成立的EBO新兴业务机会部门中，统筹中国和总部在技术上的交流，让更多的中国同事和客户到美国访问学习。其后他又先后带领大中华区的政府和电信行业，并曾在亚太地区部门工作，到2005年回到大中华区带领政府行业团队至今。此外，还有其他多名中国大陆、中国台湾和中国香港的同事在这样的制度下成为成熟的经理人，我本人也先后负责过大中华区金融行业、市场部、IBM香港公司和全球信息科技服务部等部门，在这里不再一一叙述。从中可以看到IBM在培养高级管理人才时不光是上培训课，而是不断地用更大的舞台去开阔他们的眼光和经验，用不同的工作去完善高管所需的不同知识，并通过实战去“测试”他们的抗压和业务能力。在这样的“制度”下，IBM的管理人才辈出，而对于IBM的业务需要来说，人事调动也几乎可以做到“无缝衔接”。

经理人言传身教

除了一个强大的经理人体制以外，IBM也非常注重“言传身教”（walk the talk）的重要性。IBM要求每一个经理人在他们日常的工作中，贯彻IBM的价值观和行事方法，让他（或她）的团队成员可以通过他（或她）的一言一行去了解更多关于公司的一切。

经理人又要通过“传、帮、带”的方法去培养他团队的人员。所谓“传”，是通过讨论谈话，去把公司的做法和个人的经验传授给员工；“帮”则是在观察员工的工作后给予所需的帮忙或指正；“带”则是身先士卒和员工一起做一项工作，通过一起工作的过程让员工看到如何去处理一件事情。从广义上来说，这三样事情都可以归纳在我们所谓的“教练式辅导”（coaching）上，而员工的辅导工作，也是所有IBM经理人必须做的一项工作。举个例子，前面提到的G100中每一个成员都会被安排一个大中华区高管作为他（或她）的“导师”（mentor）；另外，他们自己也要去担任其他下属同事的“导师”，把IBM的文化与能力传承下去。至于已经是banded executives的“高级管理人”，当他们在大中华区内为别人做“导师”的同时，他们自己则通过总部的统一安排，由大中华区以外的资深领导为他们辅导。就这样，从IBM的总部到每一个地区，这种“导师”的做法，层层相连，形成一条“经验和知识受授”的链条，不但传承IBM的价值观和工作经验，还能够为日后当这些人有机会在同一部门或任务上合作时，更能心领神会，精诚配合。

这一系列通过IBM经理人所展示出来对人才的做法，在IBM发挥了非常大的作用。IBM的价值观、文化以及业务发展的策略和方法等都是通过他们得到非常强大和快速的贯彻。有了好的理念和策略、好的经理人队伍，有优秀的员工和技能，执行力自然就高。

重新定义领导力

前面提到，随着IBM自身和IT行业变得越来越多元化，IBM所要面对的竞争态势和行业格局都变得愈加复杂，对IBM的组织也带来新的挑战，以致IBM在20世纪90年代中期需要改变组织实行矩阵架构。在这样的环境下，部门经理人的相对单向（由上到下或由下到上）的管理方法不足以满足业务的需要，部门之间需要大量的协同合作作战方能完成任务。另外，在走出低谷的时候，郭士纳认为新一代的经理人和IBM人，应该重燃对“争胜”（win）的决心；而且应该对IBM的未来有所贡献。

他认为，IBM的员工（特别是经理人）不能再以从前的管理思维和方式去工作，经理人不应只是“管理和控制”，而是应该去“领导”。为此，他提出一套领导能力的模型，去补充过去的经理人手册；并指出新的领导能力不再等同于经理人的管理能力。

郭士纳提出的IBM领导能力建立在“争胜（win）、执行（execute）、团队（team）”这个对每位员工的要求之上。它包含了10+1种元素，这11种元素被分为三大组：致力于求胜的决心、调动团队执行的能力和持续成功的动力。

致力于求胜的决心（Focus to Win）

- 对客户需求的洞察力（Customer Insight）
- 突破性思维（Breakthrough Thinking）
- 强烈的成功欲望（Drive to Achieve）

调动团队执行的能力（Mobilize to Execute）

- 团队领导（Team Leadership）
- 直言不讳（Straight Talk）
- 团队协作（Teamwork）
- 决断力（Decisiveness）

持续成功的动力（Sustain Momentum）

- 组织能力建设（Building Organizational Capability）
- 辅导人才（Coaching）
- 个人的奉献精神（Personal Dedication）
- 核心素质（Core）
- 对IBM事业的激情（Passion for IBM Business）

郭士纳认为“对客户需求的洞察力”、“突破性思维”和“强烈的成功欲望”在争取市场胜利时是最重要的领导素质。他又认为“团队领导”、“团队协作”、“直言不讳”和“决断力”对于一个领导者是如何能够动员千军万马的最重要素养。而作为CEO，郭士纳认为所有的IBM领导者除了能争胜和动员团队外，还要能够为IBM的未来成功建立基础，所以“组织能力的建设”、“辅导人才”和“个人的奉献精神”这些领导素质是IBM能否持续发展的动力。而在这10种元素之上，郭士纳增加了最重要的一种

IBM领导素质，那就是“对IBM事业的激情”。在郭士纳的眼里，这11种素质是他期望和希望每一位IBM的员工包括经理人都拥有的素质。

到了彭明盛的时代，像我在开篇时所解释，又对这组领导力进行修改，变成以下10种素质：

- 对IBM未来的热忱（Passion for IBM's Future）
- 明智的判断力（Informed Judgement）
- 推动业绩和增长（Enabling Performance and Growth）
- 协同影响力（Collaborative Influence）
- 勇于承担战略性风险（Strategic Risk Taking）
- 与客户合作（Client Partnering）
- 拥抱挑战（Embracing Challenge）
- 横向思维（Thinking Horizontally）
- 培养IBM员工和社群（Developing IBM People and Communities）
- 赢得信任（Earing Trust）

也许从文字上，新的和旧的领导力似乎有部分相同，又有部分不同。但实际上，新的领导力其实是建筑在郭士纳的领导力之上，而且彭明盛的领导力素质更直接、更明确地和他后来提出来的价值观、全球化理念和策略相吻合，而且文字表述得更具体。

言行一致培养领导力

很值得一提的是，IBM对这一套领导能力的培养和贯彻是非常严谨的，不仅仅停留在理论和文字的层面。围绕这套领导能力，IBM建立了一套培训课程提供给各级经理人和专业人员。它对每一个能力进行详细的描述，又通过案例去说明；并且建立了一个领导能力的模型，把10种领导素质每样分成7级，最低为1级，最高为7级。

经理人会定期参加领导力的问卷调查，调查经理人这10种素质的高低，问卷由他（或她）的上级、下级和同级但不同部门的人进行回答。问卷以非常简洁的心理学问卷的方式提问，所以回答的同事不会知道最后的结果高低。通过系统的分析后，经理人会获得一份个人的领导力报告，详细列明每一个素质的具体评估。根据这个报告，经理人需要和他的教练或经理讨论，制订改善计划，并且定期追踪。这份报告除了对10种IBM领导力素质的评估外，还会对这位经理人是否会“脱轨”（derail）作出评估，让经理人及时纠正。对我个人来说，我曾多次参加这个调查，并以此作为我改进的依据。它让我每一次都看到不足的地方，也看到年复一年的一些进步。我觉得IBM这套领导力的素质，对于复杂大型的企业来说，已然是非常透彻。

对于IBM来说，这些调查的数据被倒进一个庞大的数据库里，从而产生一个IBM整体领导能力的状况。从这里，IBM看到不同级别的经理人在这些素质上的距离；同时也看到整体的IBM在哪些素质上最强、哪些最弱。这样IBM就可以制定不同的培训和其他方法，进一步去补不足的地方，从而增强整体IBM的领导力。举个例子，在我离开前不久，当时IBM整体领导能力最需要提高的是“敢于承担战略性风险”，也成为我们培训时的一个重要话题。

除此之外，在前文也提过“组织氛围”（organization climate）对组织和执行的重要性。而领导能力又能对组织氛围产生极大影响。因此，在同一个领导能力的调查中，也有另一个环节，分析出经理人对所领导的部门营造了什么样的组织氛围，也就是他或她的员工怎么样去评价他们所处的团队工作环境。这样，经理人也可以对症下药，改变自己的领导或管理方式，去营造一个更高效的工作环境。

人人都有领导力

无论是郭士纳还是彭明盛，都深知在“后危机”时代，IBM必须加入更强的领导能力，而这个能力不能只体现在经理人身上，同时也要让更多的员工担起“领导”的责任和角色。原因十分简单，在新的环境中，工作需要更多专业化技能领导，事情需要更多跨部门甚至跨地区合作协调，业务决定要求更快速实施而非仅在总部。传统经理人的“管理和控制”模式不可能应付新环境带来的巨大要求。

因此，在21世纪中，IBM其中一种最重要的“技能”就是领导能力。IBM的企业领导能力将要通过所有员工来体现，拥有越多领导能力强的员工，IBM整体的领导力相对越强。领导力越强，IBM的执行能力也会得到保证。

为此，IBM也把这套领导能力放进不同的员工培训课程中，务求做到IBM人人都可以是“领导”，都可以领导事情、领导项目，而不需要光靠公司赋予经理人的直接权力。这就是IBM现在所提出的新的领导能力。

而当企业有了强大的领导能力、足够适合的技能，加上合理清晰的流程时，执行能力应该已经很高。此时，企业如能再锻炼出包容和应付任何特殊变化的能力，达到“随需应变”状态的话，则企业的整体执行能力将会变成“全天候”。

随需应变

什么是随需应变

“随需应变”是2002年彭明盛带领IBM提出的概念，强调这是所有企业机构在执行时能够达到的最高境界。顾名思义，“随需应变”是指一个企业在执行策略时无论遇到什么环境的变化，能够随着需要，马上调整自己执行的安排，甚至是策略的调整，以期达到最佳的结果，使企业立于不败之地。很明显，这是任何企业梦寐以求的执行能力，就像孙子所说的“兵形如水”。

IBM进一步认为，一个企业要做到真正的随需应变，必须要达到以下的状态：专注的（focused）、顽强的（resilient）、灵活的（flexible）和快速响应的（responsive）。如果企业不够专注，它不可能察觉市场的变化，也不会有清晰的策略。如果企业的响应不够快速，它不可能对变化作出足够快的反应，改变策划。如果企业不够顽强，它可能会在遇到变化带来的困难时就已经倒下。如果企业不够灵活，就算它已经感觉到变化，也可能改变不了做法去应变。这四点很好地定义了随需应变的精神。

因此，要达到“随需应变”这样的执行能力和高度，企业需要在这四个方面都做得出色，而想这四个方面都做到，则需要把我们讨论过的所有能力都整合并发挥出来才行。

一个企业的专注力，受它“基因”的价值观和文化影响很大，也受到它的市场洞察力和策略能力的指引。它是否具有顽强抗逆境的能力，这在很大程度上与它“基因”、“创新能力”和“领导能力”有关。而“业务模式设计”、“核心流程优化”和“组织和技能”，又决定着企业的灵活和反应快速程度。

任何一个企业，能够有一个非凡的愿景和价值观，拥有一个强有力的文化氛围，对市场有深刻的了解并能提出具有创新的思维，做事依据事实而客观，有一个优越的业务模式且对流程有充分掌握，并拥有合适的技能和良好的组织，只要所有的能力都应用在同一个方向上，它将发挥出巨大的能力，同时在面对不同的环境变化上，游刃有余。

因此，这最后一个“随需应变”的企业核心能力，实际上指的是企业的整合能力，也就是其他9个核心能力的综合发挥。这个整合能力把整个企业从内在的基因、到策略、到执行的过程全部打通，在遇到不同的环境和情况时，“随需应变”，随心所欲。

整合核心能力

要能做到如此“知行合一”，除了要具备前面所提的9种能力以外，还需要有效地整合以上的9种核心能力。CEO的魅力和闭环的信息沟通，正是提供最后整合的重要元素。

CEO是一个企业的灵魂人物，在一个伟大的CEO手里，好的企业会变成伟大的企业，一般的企业会变成好的企业。相反，一个“A货”的CEO可以搞砸一个伟大的企业。IBM幸运的是，在100年间的8位CEO中，大部分都是非常优秀的CEO。从老沃森到小沃森，从弗兰克·克里到约翰·欧佩尔，从郭士纳到彭明盛，他们都在各自任内为IBM以及行业带来许多贡献。除了他们自身的能力以外，这些CEO都有他们独特的魅力，他们是企业的精神领袖，也是所有领导能力之源泉。一个强大的CEO，有能力号召所有员工朝同一方向努力，也可以帮助企业打通从策略到执行，及部门之间沟通的障碍，是企业整合的主要力量。

企业能做到随需应变的另一前提，是要拥有畅通无阻和全方位的信息，让企业随时知己知彼。一个良好的信息平台，能使企业获得及时、准确和一致的信息。而这些信息也要及时在企业内部形成良好的闭环（closed loop）机制。信息的闭环是企业执行时经常被忽略的一个环节，特别是那些骄傲或不成熟的企业。优秀的企业要在各个层面上都有“传感器”，及时收集信息，而这些“传感器”需要“嵌入”在企业的各个业务流程中。也就是说，各个核心流程本身应该包含闭环的流程，随时将行动结果的信息传回企业，让企业做出相应的措施。没有每一个环节闭环的能力，整个企业也没有办法做到上下前后一致的整合，即便有心去做，也可能会出现左手和右手互不协调的结果。

IBM经历了20世纪90年代的痛苦经验，深深体会到僵化的组织和做法以及内向和不接受变化的想法给IBM带来的伤害。在痛定思痛后，IBM提出的随需应变不是为了讨好其他客户的一个思想，其实这也是IBM从痛苦经验中学得的总结。

在过去的10年中，IBM自己也朝着随需应变的方向努力，虽然还没做到十全十美，但已经比此前踏进一大步。在2008年席卷世界的全球金融风暴中，尽管IT行业受到了很大冲击、各个企业都在削减IT预算，IBM仍然交出了超出市场预期的成绩单，表现出极强的抗压性。IBM在这次经济不景气时期的表现，显示出了它自己提出的随需应变企业的特点。

第二个100年

纵观百年来IBM执行能力的变迁，和老沃森的时代相比，当时社会发展的步伐远不如今天的急遽，而且产品的复杂度也和今天有天壤之别，因此IBM执行的强度也不需要如今天这样高。甚至倒退到20世纪80年代的时候，当时的社会和股票市场对企业的要求也不如今天的短期。今天，股票市场对上市企业每一季度的业绩看法会毫不留情地反映在股票价格上，这是导致很多现代的企业那么重视短期执行的原因，甚至有时候过分重视短期的表现，而忽略对长期的投入和重视，以及对员工的关怀。

任何一个企业在不断追求完善它的执行机器的同时，很容易把员工当成是这台机器的齿轮，而忽略他们作为个人的贡献和对他们成就的重视。这是一件极其困难的事情，特别是在21世纪讲究个人价值和个性化的时代。如何在一个对集体执行追求极致的公司中，保持对个人差异性的重视，是包括IBM在内的所有企业在执行时需要克服的事情。

和所有企业一样，IBM的资源和精力都是有限的。而在基因能力、策略能力和执行能力三者之间，它们无时无刻不在“竞争”着IBM有限的资源和注意力。很难有一家企业能够做到同一时间内样样皆精，但要成就100年的事业，一个伟大的企业需要能够在不同阶段利用和发挥出不同类别的核心能力，同时在各类的核心能力中取得一个均衡的发展。

很多人提出新的世纪中，我们将会看到“社会企业”（social enterprise）的出现。企业的组织、技能、流程和工作方式可能会和过去100年产生翻天覆地的变化；员工的价值观、对企业的忠诚度和对激励的反应也会随着社会的意识形态而改变；市场环境、技术创新和客户需求也肯定会不停地推动业务模式和企业策略的改良。但无论如何，我相信这10种核心能力对IBM或是一个企业的长期生存仍然会有很大的适用性。

附录一：IBM中国大事记

年份	事件
1990	IBM中国与天津中环集团组成天津先进信息产品公司（TAIPC）组装PS2 PC、ABTS 银行终端和POS机
1991	东亚银行、深圳大学与IBM中国合资成立深圳国际软件开发公司（ISDC）
1992	IBM中国外商独资企业地位获得批准
	软件收费由许可证年费变为一次性收费
1993	IBM上海和广州分公司成立
1994	第二次IBM论坛在北京举行
	IBM大中华区成立
	IBM中国与电子部签订备忘录
	IBM中国与长城计算机合资成立PC生产企业——长城国际信息产品（深圳）公司（IIPC）
	IBM中国与吉通通信合资成立迅通信息网络开发公司
1995	IBM中国与国家教委签订备忘录
	IBM中国研究院成立
	IBM中国与长城计算机合资成立深圳海量存储有限公司
	IBM中国与长城计算机合资成立深圳长科国际电子有限公司
	IBM开始在中国内地采购
1996	国际商业机器工程技术（上海）公司（IBM ETC）在上海外高桥成立
	IBM全球融资部在中国内地获得批准
	IBM中国与铁道部合资成立蓝色快车计算机工程技术有限公司，从事硬件维护服务
1999	IBM中国开发中心成立
2000	IBM董事会第一次在北京召开
2001	IBM中国领导力论坛在纽约帕利塞兹（Palisades）举办
2002	随需应变战略发布
	收购普华永道咨询业务
	将生产存储的合资公司——深圳海量存储设备有限公司股份出售给日立数据
2004	包括区域拓展在内的IBM中国战略项目确立
	IBM中国被《财富》中文版评为中国最受赞赏公司
	IBM中国系统与科技研发中心成立

（续表）

2005	IBM亚太区在上海设立第二总部 IBM采购部在深圳成立中国采购中心 IBM将PC业务出售给联想 IBM与长城国际合资成立国际商业机器系统集成（深圳）有限公司（ISTC） IBM中国系统中心在北京成立 IBM 全球服务执行中心成立（分别在上海、深圳、大连、成都、武汉成立中心）
2006	IBM全球采购中心迁至中国深圳
2007	提出“全球整合企业”理念
2008	IBM成长市场集团成立，总部设在中国上海 “智慧地球”理念诞生
2009—2010	IBM全球铁路创新中心在中国成立 IBM能源与公共事业解决方案实验室在中国成立 IBM中国电子政务研究院成立 IBM中国分析决策创新中心成立 第一位中国大陆员工为IBM服务满25年，进入1/4世纪俱乐部
2011	IBM中国第30家分公司——呼和浩特分公司成立

附录二：IBM中国分支机构

序号	成立时间	分公司
1	1992	北京
2	1993	上海
3	1993	广州
4	1995	沈阳
5	1995	深圳
6	1995	南京
7	1996	成都
8	1996	武汉
9	1997	西安
10	1997	福州
11	1999	重庆
12	2002	昆明
13	2002	乌鲁木齐
14	2002	长沙
15	2004	哈尔滨
16	2005	济南
17	2005	杭州
18	2005	天津
19	2006	南宁
20	2006	郑州
21	2006	南昌
22	2006	合肥
23	2007	苏州
24	2007	宁波
25	2007	太原
26	2007	石家庄
27	2009	青岛
28	2010	厦门
29	2010	长春
30	2011	呼和浩特
31	2011	大连

注：1992年，IBM中国在中国内地注册成为独资企业，总部设在北京。

附录三：IBM历年收入与利润

年份	营业额（10亿美元）	利润（10亿美元）	收入增长率	利润增长率
1914	0.004	0		
1915	0.004	0.001	0%	
1916	0.006	0.001	50%	0%
1917	0.008	0.001	33%	0%
1918	0.009	0.001	13%	0%
1919	0.011	0.002	22%	100%
1920	0.014	0.002	27%	0%
1921	0.009	0.001	-36%	-50%
1922	0.009	0.001	0%	0%
1923	0.011	0.002	22%	100%
1924	0.011	0.002	0%	0%
1925	0.013	0.003	18%	50%
1926	0.014	0.004	8%	33%
1927	0.014	0.004	0%	0%
1928	0.015	0.005	7%	25%
1929	0.018	0.007	20%	40%
1930	0.019	0.007	6%	0%
1931	0.019	0.007	0%	0%
1932	0.017	0.006	-11%	-14%
1933	0.017	0.006	0%	0%
1934	0.019	0.007	12%	17%
1935	0.021	0.007	11%	0%
1936	0.025	0.008	19%	14%
1937	0.031	0.008	24%	0%
1938	0.034	0.009	10%	13%
1939	0.038	0.009	12%	0%
1940	0.045	0.009	18%	0%
1941	0.06	0.01	33%	11%
1942	0.086	0.008	43%	-20%

（续表）

年份	营业额（10亿美元）	利润（10亿美元）	收入增长率	利润增长率
1943	0.131	0.009	52%	13%
1944	0.14	0.01	7%	11%
1945	0.138	0.011	–1%	10%
1946	0.116	0.019	–16%	73%
1947	0.139	0.024	20%	26%
1948	0.156	0.028	12%	17%
1949	0.183	0.033	17%	18%
1950	0.266	0.037	45%	12%
1951	0.335	0.032	26%	–14%
1952	0.412	0.034	23%	6%
1953	0.497	0.039	21%	15%
1954	0.46	0.05	–7%	28%
1955	0.56	0.06	22%	20%
1956	0.73	0.07	30%	17%
1957	1	0.09	37%	29%
1958	1.2	0.13	20%	44%
1959	1.3	0.15	8%	15%
1960	1.4	0.17	8%	13%
1961	1.7	0.21	21%	24%
1962	1.9	0.24	12%	14%
1963	2	0.29	5%	21%
1964	3.2	0.43	60%	48%
1965	3.6	0.48	13%	12%
1966	4.2	0.53	17%	10%
1967	5.3	0.65	26%	23%
1968	6.9	0.87	30%	34%
1969	7.2	0.93	4%	7%
1970	7.5	1	4%	8%
1971	8.3	1.1	11%	10%
1972	9.5	1.3	14%	18%
1973	11	1.6	16%	23%
1974	12.7	1.8	15%	13%
1975	14.4	2	13%	11%
1976	16.3	2.4	13%	20%

（续表）

年份	营业额（10亿美元）	利润（10亿美元）	收入增长率	利润增长率
1977	18	2.7	10%	13%
1978	21.1	3.1	17%	15%
1979	22.9	3	9%	−3%
1980	26.2	3.6	14%	20%
1981	29.1	3.3	11%	−8%
1982	34.4	4.4	18%	33%
1983	40.2	5.5	17%	25%
1984	45.9	6.6	14%	20%
1985	50.1	6.6	9%	0%
1986	51.2	4.8	2%	−27%
1987	54.2	5.3	6%	10%
1988	59.7	5.8	10%	9%
1989	63.4	3.8	6%	−34%
1990	69.1	6	9%	58%
1991	65.4	−2.8	−5%	−147%
1992	65.1	−5	0%	−
1993	62.7	−8.1	−4%	−
1994	64.1	3	2%	−
1995	71.9	4.2	12%	40%
1996	75.9	5.4	6%	29%
1997	78.5	6.1	3%	13%
1998	81.7	6.3	4%	3%
1999	87.5	7.7	7%	22%
2000	88.4	8.1	1%	5%
2001	85.9	7.7	−3%	−5%
2002	83.1	3.6	−3%	−53%
2003	89.1	7.6	7%	111%
2004	96.3	8.4	8%	11%
2005	91.1	7.9	−5%	−6%
2006	91.4	9.5	0%	20%
2007	93.8	10.4	3%	9%
2008	103.6	12.3	10%	18%
2009	95.8	13.4	−8%	9%
2010	99.9	14.8	4%	10%

续表　IBM发展三阶段成长与利润分析

	年份	收入增长率	利润增长率
创业期	1914—1956年	13.2%	10.9%
高峰期	1957—1992年	12.7%	12.7%
	1957—1971年	17.6%	20.2%
	1971—1985年	13.7%	13.7%
	1985—1992年	3.8%	-1.9%
成熟期	1993—2010年	2.8%	10.5%
	1914—2010年	11.1%	10.6%

注：

1. 创业期（1914—1956年）——老沃森担任CEO的时期。IBM的营收和利润分别以13.2%和10.9%的复合年均增长率增长。这个成绩在两次世界大战和"大萧条"的环境中取得，虽然实际数字的起点比较低，其实十分难得，这短时期为后来IBM的"崛起"奠定了基础。

2. 高峰期（1957—1992年）——包括三个阶段：

1957—1971年，小沃森带领IBM开创现代计算机行业，在15年间，取得营收和利润分别为17.6%和20.2%的复合年均成长率的辉煌成绩，是IBM历任CEO中成长最快的时候。

1971—1985年，分别在利尔森、克里和欧佩尔三位CEO的领导下，IBM如日方中，营收和利润的复合年均增长率均为13.7%。由于基数大了，成长率开始回落，但收入在大型主机和PC的同时带动下，到达当时的高峰。

1985—1992年，埃克斯担任CEO的时期。伴随着IBM高峰的衰落，期间营收只有微弱增长，而盈利更是倒退，营收和利润的复合年均增长率分别只有3.8%和-1.9%。

3. 成熟期（1993—2010年）——郭士纳和彭明盛任CEO时期。这期间，营收企稳，为2.8%；但最重要的是利润在此时回到双位数字（10.5%）的复合年均成长率，和整个90多年上市历史的利润增长率（10.6%）几乎持平。

4. 有记录的全部成长期（1914—2010年）——IBM在97年间营收和利润分别做到11.1%和10.6%的复合年均成长率。能够在如此长时间保持双位数的增长率的企业，在世界历史上屈指可数。

5. 上表中高峰期的利润率计算到1990年为止，因为1991年和1992年均为负数。成熟期的利润率从1994年开始算，因为1993年为负数。

参考文献

1. Kevin Maney. The Maverick And His Machine :Thomas J Watson Sr. And The Making of IBM[M]. New York:John Wiley & Sons Inc.， 2003.

2.Emerson W. Pugh. Building IBM–Shaping An Industry And Its Technology[M]. Boston:MIT.Press,1995.

3. Thomas J Watson Jr. A Business And Its Beliefs–The Ideas That Helped Build IBM[M]. New York:McGraw–Hill Inc.,2003.

4. Thomas J Watson Jr. and Peter Petre. Father, Son & Co.–My Life At IBM And Beyond[M]. New York ： Bantam Books,1990.

5. Louis V Gerstner Jr. Who Says Elephants Can't Dance? –Inside IBM's Historic Turnaround[M]. New York:Harper Collins, 2002.

6. Paul E Caruzzi .A History of Modern Computing[M]. Boston:MIT.Press,1998.

后 记

我不确定最后这本书会落到哪些人的手里，我只希望对每一位读者都有一点价值。

虽然我是香港土生土长和受教育的人，但是我的前半辈子大多都在内地度过，而且一直和它紧紧相连着。在很多人选择移民的时候，我选择到内地工作，通过IBM，我有机会从一个独特的角度追踪我国企业改革开放的足迹。我看到民企的崛起和国企的改造，它们的成就有目共睹。30多年过去了，部分国企已经跻身《财富》全球最大的企业榜单，大量的民企也为众多的创业者创造巨大的财富，资本市场运作、满足内需和全球化经营等也成为企业走向成功的必然道路之一。

诚然，无论是国企还是民企，它们的壮大都是通过某些能力和自身努力得来的，但这中间也有环境带来的帮助。尤其在改革早期，开放带来大量的出口和本土机会，企业和创业者只要找到一个机会，就有可能获得成功；部分国企坐拥重要资源、基建或政策，也几乎保证立于不败之地。竞争虽然存在，但在饱和度不算高的情形下，真正严峻的竞争还未出现，策略和执行也未需要做到极致。但随着中国市场的开放程度深化，消费者的成熟度和要求越来越高，市场的透明度、纪律和竞争将会越来越烈。此时，如果企业还只是依赖于过去成功的板斧，而不去完善整体的核心能力的话，将会在未来的竞争中处于劣势。

事实上在这时候，中国企业的发展环境已经不如从前宽松，市场对它们的要求也水涨船高。来自全球的竞争正在加剧的同时，中国消费者的安全、质量和合理定价等消费权益随着一连串的事件曝光而获得更多重视。而当国内企业在海外资金市场上遭遇诚信的质疑的同时，在全球化发展的并购策略上也碰到不少挑战。

我在书里提到IBM的10种核心能力，固然只是我的一己观察，很可能某个企业认为只需要部分而不需要全部或其他。我的目的只是想通过IBM的例子，提醒读者每种能力的需要和存在，同时强调它们作为一个整体的重要性，至于企业如何取舍和获得这些能力，则需要企业自己去决定。

对于价值观是否重要，诚信是否真如“千金”般贵，人才是否可以简单地用钱买来，企业文化的价值是什么，策略是否只需要天马行空还是基于知识累积，真正原始创新和“二次”创新的差别，什么样的业务模式会事半功倍，企业是要做大做强还是做“最好的跟随者”，执行力是否只要通过“人治”就能获得，什么事情需要流程化，以及如何让适当组织和技能帮助执行效率等问题，每个企业领导者（包括创业者）可能有不同的答案。能够考虑清楚然后为自己企业决定取舍和优先级，起码会对企业的核心能力有更全面的看法。

而对于那些心向全球的企业来说，IBM的经验告诉我们长期承诺和耐性是转战国外最基本的条件。虽然中国在改革开放期间曾经多次出现“跨越式”的进步，人家数十年才能做到的我们只花一半甚至更短时间，但是毕竟中外有别，而且IBM作为最早走出国门的美国企业之一，曾经历国际化和跨国企业经营，先后经过80多年的发展，方才走进全球化经营的门槛。而IBM中国的30年发展，同时又提醒我们需要认识和适应在异国经营时文化、制度和市场的不同。我国企业要往海外发展，和当年跨国企业到中国一样，都需要互相了解，方能融合到当地的市场中，很难一蹴而就。

改革开放造就了大批成功的企业家。对于他们而言，创业的目的是什么？有些创业者认为是把企业做到足够上市或者被别人收购用以致富。他们把上市（或收购）变成创业的目的而不是帮助发展的手段，认为能否成为百年老店无关紧要。对于这类创业者，IBM的例子可有可无。但对于那些真正希望基业长青的创业者来说，IBM的历史特别有价值。和今天某些创业板的企业不同，早早上市（1916年）的IBM并没有因上市而改变创业的心态；相反，老沃森穷他后半生（1914—1956年）为IBM尽力打基础。老、小沃森的故事，又让我们看到创业者如何从传承衣钵的“家天下”过渡到选贤任能的“公天下”，它告诉我们关键是如何找到“对”的人，为企业“富过三代”的发展铺路。

如果和我一样不是创业者，而是在像IBM这样的企业里担任职业经理人的话，我觉得职业生涯更像一场马拉松比赛（相对多次的百米赛短跑），时有顺境逆境、有上山下坡，过程中很难保持每刻都第一，但最好一直在领跑群中，然后在最后再作冲刺。20多年下来，我从IBM中不同层级的朋友和同事身上，观察到十条成功的“定律”，不管它们是否放诸四海而皆准，只想和那些希望在IBM这类现代企业发展的人们分享：

1. IQ（智商）和学历给你“上岗证”（尤其是毕业生）

2. 诚信、诚实是垫脚石（不是你身边同事的肩膀）

3. 勤奋工作让你的工作相对安稳（没有功劳也有苦劳）

4. EQ（情商）和AQ（逆商）使工作挑战变成乐趣（特别是对80后和90后）

5. 团队成功大于个人成功（记住自己是机器的一个齿轮，不是一部机器）

6. 在需要时承担风险表现自己（不怕枪打出头鸟）

7. 妥协并不等于软弱（特别是领导对下属时）

8. 首先考虑公司利益（是公司给你发薪水，不是你的老板或业务伙伴）

9. 不是只有经理人才需要领导力（但是有领导力才有机会做好的经理人）

10. PQ（political quotient，政商）助你更上一层楼（到这层次，就像庖丁解牛，游刃有余）

谨以此书献给中国的企业和企业的所有职业经理人，希望在21世纪，中国企业会成为全球管理能力最强的企业群体。

张烈生

2011年10月

关于作者

本书作者张烈生先生1984年从香港中文大学毕业后即加入IBM成为客户代表实习员，20多年职业生涯中的绝大部分时间都在中国内地工作。他从一个见习销售一直做到IBM大中华区副总裁，几乎见证了IBM在中国发展的全过程，并且为IBM大中华区和中国内地市场的业务发展作出了突出贡献。

1985年，尚在实习期的张先生自愿加入刚在香港组建的IBM华南区团队，随后来到北京成为专门负责中国工商银行客户的业务代表，并且签下了IBM在内地银行业的最大核心银行系统订单。在他直接参与销售的年代，他从未落空过一年一度的销售表彰大会“百分百俱乐部”，也赢得过四次IBM销售的全球最高荣誉“金圈大会”的资格。

张先生于1990年成为经理人，从1993年开始，他先后负责了IBM华南分公司、IBM大中华区直销市场部、IBM大中华区市场部和IBM大中华区科技事业部等机构的组建。2000—2003年，他在担任IBM大中华区金融行业事业部总监期间，推动了中国银行业数据大集中工程；在2006—2008年担任IBM大中华区副总裁兼全球信息科技服务部总经理期间，推动了IBM以及中国IT服务行业的转型。其间，他还担任过IBM香港总经理，致力于引导香港客户和业务融合进中国的大家庭中。

在IBM工作的22年中，张先生曾在11个部门里为19位直属经理工作，服务过大部分IBM面向市场和客户的部门，对IBM的管理思想和实践以及海峡两岸的市场都有深刻见解和丰富经验。2007年，在大中华区总经理和亚太区服务部总经理的提名下，他还被IBM全球董事长兼首席执行官彭明盛先生选为“整合与价值团队”成员，这是一个从IBM全球近40万员工中选拔出的300名高级管理人员组成的小组，作用是推动IBM的创新和变革。

2008—2010年，张烈生先生出任世界最大的管理软件公司SAP中国区总裁和快速成长市场中国主管，负责SAP公司在中国内地的运营和长期战略计划。在20世纪90年代中期，张先生还曾服务于兴华集团（Schmidt Group of Companies）负责华南区业务。